國家古籍工作規劃項目

本書出版得到國家古籍整理出版專項經費資助

國家社科基金重大項目「中國古代方言學文獻集成」（16ZDA202）
河南古都文化研究中心資助項目

古代方言文獻叢刊　華學誠主編

王維言方言釋義

王彩琴　點校

中華書局

圖書在版編目(CIP)數據

王維言方言釋義/王彩琴點校. —北京:中華書局,2023.5
(古代方言文獻叢刊/華學誠主編)
ISBN 978-7-101-16127-4

Ⅰ.王…　Ⅱ.王…　Ⅲ.漢語方言-文獻-匯編-中國-古代　Ⅳ.H17

中國國家版本館 CIP 數據核字(2023)第 048111 號

責任編輯:張　可
責任印製:陳麗娜

古代方言文獻叢刊
華學誠 主編
王維言方言釋義
王彩琴 點校
*
中 華 書 局 出 版 發 行
(北京市豐臺區太平橋西里 38 號　100073)
http://www.zhbc.com.cn
E-mail:zhbc@zhbc.com.cn
天津善印科技有限公司印刷
*
880×1230 毫米 1/32・24 印張・2 插頁・468 千字
2023 年 5 月第 1 版　2023 年 5 月第 1 次印刷
印數:1-1000 册　定價:128.00 元

ISBN 978-7-101-16127-4

古代方言文獻叢刊總序

華學誠

一

方言痕跡可考於我國最早的出土文獻和傳世文獻，方言記載、方言論述也零星見於先秦時期的文獻，而以活的方言爲對象並結合古方言資料作出系統研究的則始於漢代揚雄，此後近兩千年，研究者代不乏人，積累的成果非常豐富。

對這漫長的方言歷史和方言研究歷史，近現代以來雖有一些專題討論，但既不全面，也不系統。形成這一局面的原因當然不是單一的，但古代方言學資料没有得到全面收集、系統建構、科學整理，致使相關研究缺少必要的學術基礎，則是最基本也是最關鍵的原因。中國古代方言學文獻的整理出版，並不是没有取得成績，只是從總體上來説，數量很少，品質參差不齊，整理出版選題也缺乏科學規劃，所以遠遠無法滿足方言學史、方言史、漢語史、現代漢語方言研究的需要和其他相關學科研究的需要。

揚雄方言校釋匯證二〇〇六年在中華書局出版之後，我就開始思考上述問題，並與顧青編審、秦淑華編審有過多次深入的交流。在中華書局的支持下，我的想法經由全國古籍整理出版規劃領導小組批准而列入了二〇一〇—二〇二〇國家古籍整理出版規劃，中華書局負責出版。二〇一二年擬出了古代方言文獻叢刊分輯及其基本選目，着手組織隊伍；二〇一三年春天在京召開了項目籌備研討會，重點討論了叢刊方案、組織方式、作者選聘、整理原則、宏觀體例等主要問題，項目正式啟動。二〇一六年由我負責申報的中國古代方言學文獻集成批准爲國家社科基金重大項目（編號：16ZDA202），研究隊伍進一步加强，入選書目進一步優化，整理方式進一步完善，爲彌補上述學術缺憾而實施的古籍整理工作得以全面展開。

本項目所整理的方言學文獻限於古代。我們所説的古代，原則上截止到清末，但一九四九年之前承紹古代學術傳統方法研究方言的重要著作如孫錦標的南通方言疏證、重要資料如方志所載方言等則予以收録。明代以來傳教士所撰方言教科書、聖經方言譯本、雙語辭書等資料，當然屬於古代方言學文獻，量很大，價值也很大，因爲這批材料與中國傳統學術無關，且文本中很多或純粹是外文，或漢文與外文間雜，須要用特殊而專門的方法進行整理，所以不納入本項目。

中國古代方言學文獻可以按照多種方式進行分類。比如可以按照周秦漢晉、南北朝唐宋、元明、清代四期來分，用分期來處理資料，時代斷限明確，有利於歷時研究對資料的利用；但是，中國古代方言研究文獻產生的實際情況和存世的情況不利於按照時代順序來處理，如果這樣處理，從古到今就會形成倒寶塔型，時代越早資料越少，時代越遲資料越多，這在項目的組織安排和實際操作上會出現困難。又如可以按照語音、詞彙、語法、文字（方言字）等内容來分，每類中再按照時代來劃分，這樣分類有利於學科内部的專題化研究；但是，中國古代方言學文獻的實際情況是，語法資料極少，詞彙最多，語音其次，且語音、詞彙、文字常常不可分離，所以不僅各類資料的數量極不平衡，而且不少資料的歸類也將面臨無解的難題。因此，按照文獻特點和存世形態來分類，就成爲最好的選擇，這也符合項目的「文獻」特點和「集成」要求。

按照文獻來源，首先把中國古代方言學文獻分成兩大類：一是中國傳統方言學文獻，二是傳教士方言學文獻。如前所説，後一類不列入本項目，所以本項目的第二步分類實質上就是對前一類的劃分。按照文獻存世形態，結合文獻内容、文獻存世數量，本項目把中國傳統方言學文獻分成五類，形成五個子課題，成果出版物則形成五輯；各子課題内部再按照時代先後爲序編排，以體現史學要求。除明代以來傳教士所撰方言類著作之外，本項目囊括了漢代以來中國古代方言學的各類主要文獻，形成以文獻特徵和時代爲經緯構成的資料集成。

本項目的完成，在學術研究上至少有如下幾點重要價值值得期待：有利於系統建構中國古代方言研究史，有利於解決漢語史、方言史研究中的相關問題，有利於深入進行方言本體各分支學科的研究，有利於拓展其他相關歷史學科的專門研究，有利於後續信息化處理歷代方言研究資料。

二

方言校注本整理，由華學誠教授、魏兆惠教授負責。自晉代郭璞以後，直到明代之前，方言的相關研究甚少。明清時期出現多個校注本，有價值者共七種，即：明陳與郊方言類聚四卷，清戴震方言疏證十三卷，清盧文弨、丁傑重校方言十三卷附校正補遺一卷，清劉台拱方言補校一卷，清錢繹、錢侗方言箋疏十三卷，清王維言方言釋義十三卷，清王秉恩宋本方言校勘記。王念孫在方言研究上下過很大功夫，有很多發明，他的一些説法散見於王氏父子存世的各類著作之中，值得輯録以彰顯他的遺説。國内出版過錢氏方言箋疏點校本和戴氏方言疏證的整理本，但戴氏疏證本的整理存在不少問題，須要重校。

其他五種均無現代整理本，爲學術研究服務的集成整理從未有過。本項目對錢氏方言箋疏之外的六種明清方言校注本進行全面整理，加上王念孫遺説的輯録，構成一輯。

廣續方言整理、散存資料輯佚，由華學誠教授、王耀東副教授負責。「廣續方言」指增廣或續補揚雄方言的專書，包括杭世駿續方言，程際盛續方言補，徐乃昌續方言又補，程先甲廣續方言、廣續方言拾遺，張慎儀續方言新校補、方言别録等。「散存資料」指保存在注疏、音義、筆記、辭書等著作形態中而有明確地域指向的方言材料，不包括通行區域不明的俗語、少數民族語和社會方言，亦不包括客觀上反映方言的文學作品、音切、對音材料、外國借字和俗文學中的别字異文等。古代散存方言資料分爲方言記載和方言論述兩類，二者的區别在於有無作者的主觀認識和評價。散存資料整理難度最大，迄無全面輯佚的集成之作。清人廣續方言類著作其實就是搜集的散存方言資料，但很不完整，且訛舛不少，須要進行科學整理；新輯佚的資料與廣續方言中的資料本質上是相同的，所以合併在一起構成一個專題，構成一輯。

非音韻類方言專書整理，由周遠富教授、劉祖國副教授負責。非音韻類方言專書包括貫通方言類、分地方言類。貫通方言類如匯雅前編、方言據、諺原、鄉言解頤、方言轉注録、鄉音俗字通考、今方言溯源、新方言、續新方言等。分地方言類如安丘土語志（山東），秦音、西安村語考字録（陝西），黔雅（貴州），蜀語、蜀方言（四川），吴下方言考、南通方言疏證（江蘇），古歙鄉音集證（安徽），越語肯綮録、越言釋、越諺、湖雅（浙江），操風瑣録（福建），嶺外三州語、客方言（客家話）等。分地方言類只收録獨立的單本著作，不包括地方志中的「方言志」。非韻書類方言專書很難確定邊界，漏收在所難免；已經選入進行整理的專書，也可能會有異議，因爲有些書中的内容未必盡是方言。這類文獻，構成一輯。

歷代方言韻書整理，由徐朝東教授、高永安教授、謝榮娥教授負責。古代方言韻書的整理與研究，近些年來已經受到學界關注，如馬重奇教授帶領的團隊對閩方言韻書的整理與研究就已經取得了豐碩的成果。本項目所説的方言韻書包括官話方言韻書，整理的韻書有以下各類：官話方言包括皇極經世書聲音唱和圖、中原音韻、文韻考衷、交泰韻、元韻譜、韻略匯通、重訂司馬温公等韻圖經、合併字學集韻、音韻集成、書文音義便考私編、韻略易通、五聲譜、五方元音、拙庵韻悟、韻籟、黄鐘通韻、七音譜、徐州十三韻、射聲小譜、字音會集、韻學驪珠、古今韻表新編、中州音韻等；吴語包括荆音韻彙、聲韻會通、韻要粗釋、併音連聲字學集要、字學指南、元聲韻學大成、音韻正訛等；贛語包括類聚音韻；閩語包括戚參軍八音字義便覽、珠玉同聲、拍掌知音、彙音妙悟、建州八音、彙集雅俗通十五音、渡江書十五音、潮聲十五音等；徽語包括山門新語、新安鄉音字義考正等。這類文獻，構成一輯。

歷代方志中的方言資料整理，由曹小雲教授負責。舊方志中的「方言」，包括漢語方言和中國境内民族語言兩大類，漢語方言是主體。漢語方言有官話、晉語、吴語、粵語、湘語、閩語、贛語、客家話、平話和土話等，民族語言有壯語、苗語、瑶語、彝語、蒙古語等。搜集整理的基本原則是：凡方志中標以「方言、言語、語音、俗語、土語、方音」等卷目、節目的，或雖未標明，但在方志中自成一節專門記録方言的，悉數收録。據此，共輯出方言文獻九百六十六種，地域上覆蓋今三十二個省、直轄市和自治區。從方志編纂時代上看，南宋一種、明代二十八種、清代四百八十三種、民國時期四百五十四種。所輯出的文獻均重新編排，文獻内容逐一録入，逐字校勘，逐篇解題，形成精校新排文本。這類文獻，構成一輯。

三

本項目規模如此之大，參與工作的有數十人之多，要把工作做好，要想實現預期目標，困難可想而知。爲了有效開展工作、儘量減少失誤，提前研判各種問題，提出針對性措施，就是必須的。因此，立項之初我們就擬定了詳細的工作規程，明確了各個工作環節的原則、方法和要求。

文獻整理的基礎工作，首先是要選定好底本。規程要求，目録確定之後，每一種書的存世版本都必須全面排查，同時釐清版本系統，在此基礎上，比勘各本，選擇底本。比如戴震方言疏證存世古籍版本共有二十二種，以微波榭叢書本爲代表的各本可稱之爲「遺書系本」，以武英殿聚珍版爲代表的各本可稱之爲「四庫系本」。樊廷緒在嘉慶六年有一個刊本，是武英殿聚珍版書的翻刻本，所以還是屬於四庫系本。比勘之後，發現武英殿聚珍版所依據的是戴震最後的定本，刊行時間不遲於微波榭叢書所收戴氏遺書本，刊校質量也最精，所以確定該本爲底本。

有些古籍須要影印而不能録排，這類古籍採用圈點方式句讀。規程要求，整理結果採用録排方式形成文本的，一律斷句標點。録排採用通用繁體字形（遇有古今字、通假字、異體字、正俗字，採用底本式整理的保留底本原字形），直排，標點符號使用直排式。頓號、引號、書名號、專名號等標點符號的使用容易出現各種各樣的問題，工作規程特别做了具體詳明的規定。

由於本項目涉及的文獻資料異常複雜，校勘採用定本式還是底本式，没有要求統一。但規程明確提出了總原則，即：校各本異同，校底本是非，校引文正誤，不校立説是非。針對校勘中須要注意的問題，規程特别提出了四點要求。第一，要區分校勘與考證的界限。比如文獻中純係事實、材料等方面的出入，是箋證、考釋應當解決的問題，不屬於校勘範圍。第二，凡底本不誤而他本誤者，一般不出校記。遇有特殊情況，比如別本異文仍有參考價值，則視情況而定。第三，一般虛字出入且不影響文意者，在校記中直接表明改正意見；但如涉及文意，則須要説明校改依據。第四，古今字、通假字、異體字、正俗字，採用底本式的保持文字原貌，在校記中分别用「後作某、通某、同某、正字作某」指明，以供研究者參考。

本項目的第二個子課題，基礎工作就是輯佚。由清人完成的廣續方言作品，須要依據輯佚材料來源進行校訂，按照專著進行整理；而更爲重要的工作則是，從現存古籍中全面輯佚散存的歷代方言研究資料，合理編纂。規程確定了散佚資料的編纂通例，包括如何保障輯佚資料的完整性，輯佚資料的著録方式，輯佚資料的年代確定等等。還特别提出了輯佚工作須要注意的問題，包括謹慎選擇輯佚所依據的版本，深入瞭解輯佚所據著作的原書體例，正確處理所據資料存在的關鍵異文，注意甄别補綴、去重辨僞，注意輯佚的目的在於重建方言學術史資料，等等。

其他如，古籍整理提要式前言的撰寫，具體課題承擔人工作的步驟，各子課題成果的提交，索引的編製，項目負責人與子課題負責人的職責，定稿流程，等等，在工作規程裏都有明確要求。

四

由於文獻數量巨大，文獻樣態複雜，項目承擔人水平有限，整體協調難度較大，主編難以逐字逐句審讀，整理出的這個集成文本一定會存在很多問題，如應收而漏收的，底本選擇不理想的，標點斷句有問題的，校勘結果值得商榷的，輯佚質量有瑕疵的，前言論定不準確的，等等，希望得到學界嚴肅的批評指正。

當然，在有限人力、有限時間内，企圖把中國古代方言學文獻全部「集成」，肯定是不可能的。項目是封閉性的，但工作則是開放性的，這個項目的完成並不是這項工作的終結。希望有更多的專家參與進來，不僅能够提出嚴肅的批評指正意見，而且能够「在綫」補充新文獻、新資料，以便使這個文獻集成不斷充實，不斷完善。這不僅是本項目全體承擔人的想法，也是中華書局的意圖。

是爲序。

新冠肆虐、囚禁家中

二〇二〇年二月二十三日初稿

二〇二〇年四月二十七日改定

目録

前言

方言釋義，王維言著，稿本。十三卷，分裝爲金、木、水、火、土五册，藏於山東省圖書館。中國古籍善本書目著録。山東大學出版社影印收入山東文獻集成（第一輯）出版。

王維言，山東濟南歷城縣人。生平事蹟見於文獻記載者很少。據方言釋義自序云：「少嗜學，於訓詁家言尤囑意焉。年十五從家大人學，爲制藝及詩賦，雜作解經諸學，幾二十年。趨庭之暇，輒肆力於故訓，自爾雅、説文以至廣雅、釋名各書，凡有關於訓詁者，無不習之。」可知王維言對訓詁情有獨鍾，且能博覽群籍，所以方言釋義引徵豐贍。據民國續修歷城縣誌載，王維言曾參加光緒十九年、二十年鄉試，曾參與歷城縣誌的分纂工作。據民國山東通志載，王維言爲光緒二十年（一八九四）舉人，撰有方言釋義、玉映樓多識四種本（即毛詩疏證補陸、陸疏廣證、毛詩名物狀、夏小正箋疏）、玉映樓緗芳集（即玉映樓文集），這些都是稿本，現藏於山東省圖書館，山東文獻集成（第一輯、第二輯）據以影印出版。據其作品可知，王維言生年應在同治三年至四年（一八六四—一八六五）間，曾經生活的地方有濟南、登州、聊城等，一生以讀書、遊歷、著述爲主。

其卒年不可考，目前所能見到的關於王維言生平最晚的文獻資料是他在民國三年（一九一四）出任商河縣承審[一]。

據方言釋義自序可知，王維言在參考了戴震方言疏證的基礎上，「於群書中」廣泛搜尋「於方言字義有合者」來「解釋其義」。經過長時間的資料搜集，最後集中兩年時間進行整理，「在太歲在强圉作噩季夏」即丁酉年季夏撰成。稿本版式爲半頁六行，行二十二字，白口，四周雙邊，稿紙版心有「玉映樓全集」字樣。書前有「自序」，正文每卷右上頂格題寫「方言釋義卷幾」，第二行下部題「歷下王維言學」，第三行開始先頂格列出方言條目，郭璞注雙行小字隨文夾注，其後爲王氏「釋義」，低一格以「維言案」領起，「維言」二字以小字偏左。

方言釋義是清末的一部校注全本，在學術史和方言研究上都有一定的參考價值。我們認爲，該書下列特點值得重視。一是釋義引例廣泛豐富。方言釋義中的每一條訓釋，都引用了大量文獻訓詁資料，既有工具書，也有經史子集類傳世文獻，還引用了不少碑誌。工具書如爾雅、説文、釋名、廣雅、小爾雅、一切經音義、玉篇、廣韻、集韻、韻會、説

[一] 范晴：王維言生平與著述研究，山東大學二〇一九年碩士論文，第五—六頁。

文解字繫傳、六書故、正字通、康熙字典等；傳世文獻如易經、尚書、春秋、論語、詩經、楚辭、周禮、儀禮、禮記、孝經、公羊傳、穀梁傳、左傳、墨子、老子、莊子、列子、孟子、荀子、管子、韓非子、吕氏春秋、淮南子、賈子、鬼谷子、史記、漢書、白虎通、文選、山海經、風俗通、素問、毛詩草木蟲魚疏、匡謬正俗、本草綱目等；碑誌如郭旻碑、漢先生郭輔碑、魯峻碑、武榮碑等。除此之外，王維言還廣泛參考了清代學者關於爾雅、説文、方言、廣雅、釋名等專書的研究成果。二是繼承了乾嘉以來因聲求義之法。因聲求義的訓詁方法經乾嘉學者的科學界定、大力提倡和廣泛使用，已經趨於成熟，王維言的釋義工作在這方面非常努力，推語源、明詞義、辨假借、求本字、探求命名理據，王維言都很重視因聲求義方法的運用。與這一方法有關的表述用語，據粗略統計就有如下這些：「聲近義同」一〇五次，「一聲之轉」三十九次，「轉聲」二十五次，「古字通用」十五次，「古通用」十一次，「聲轉」三次，「聲義近同」四次，「聲義相近」四次，「古今字」五次。三是重視使用當代方言資料進行印證。佐證釋義，王維言主要使用清代山東方言，也使用了一些其他地區方言俗語和實物資料。四是對文本有一些新的校勘意見。方言釋義主要集中於疏解，但也偶涉校勘，新出校勘意見都有分析，做到持之有據，有時是隨釋義指出方言傳寫之誤，有時是辯證方言疏證的校勘並有所申説，當然也不免時有承襲。

方言釋義也存在不少問題。重要的譬如，釋義時常無視已有定論，又常襲用不舉；小問題譬如，同一文字在不同卷次採用不同的異體，書名、作者名、簡稱、全稱混用等等。總體而言，方言釋義纂集之功大，發明之功少。但作爲清末一部全本方言注本，且一直是以稿本存世，還是值得整理出版，以供研究者參考。這次對方言釋義的整理，以山東文獻集成（第一輯）所收稿本影印本爲底本，重點參考了華學誠揚雄方言校釋匯證，特此説明並致謝。具體做法，參見本書凡例。

由於整理者學識水平有限，問題和錯誤在所難免，期望讀者批評指正。

凡例

一、本書以山東省圖書館藏王維言方言釋義稿本影印本爲底本。

二、録排採用通用繁體字形。避諱字改回本字，如「元」改「玄」，「邱」改「丘」。常見筆誤訛字徑改，如「己、己、巳」誤混，「商」誤作「商」，「穀」誤作「穀」等。古字、俗字、通假字原則上保留底本原字形，但同一個字的不同形體在不同卷次中並存，且與字形分析無關時，出於便利檢索的考慮，酌予統一。

三、各卷條目，均按原文先後次序編定序號，列於各條之前。

四、採用全式標點，對全文進行標點斷句。方言各條下王維言釋義文字原均接排，爲方便讀者閱讀使用，現按所釋詞目換行。

五、方言本文與郭注文字，以戴震方言疏證和華學誠揚雄方言校釋匯證參校，並酌情出校提示。

六、王維言釋義中引用其他典籍之處儘量核對所引文獻。王維言引書往往以意删節，甚至於爲了文氣貫通而改易所引文獻的部分字詞，爲尊重方言釋義原貌，一律不改動原文；若有引文與傳世文獻差異較大的，則在校記中加以説明。書中所加引號爲閲讀方便而設，不表示傳世文獻原文如此，讀者如有引用，請務必核對原文獻。

七、校勘參考的主要書目列在書後，注明版本，以備讀者查考。

八、书後附按照方言詞目編製的索引，以便讀者查檢。

方言釋義　金部

方言釋義自序

蓋聞讀書莫先識字，識字莫要窮經，經義明而訓詁之學昉焉。夫爾雅爲訓詁之祖，説文爲訓詁之宗，學者欲治訓詁，舍二書而安適哉。維言少嗜學，於訓詁家言尤屬意焉。年十五從家大人學，爲制藝及詩賦，雜作解經諸學，幾二十年。趨庭之暇，輒肆力於故訓，自爾雅、説文以至廣雅、釋名各書，凡有關於訓詁者，無不習之。稍有疑難，輒請家大人爲之剖解，靡不怳然有得。家大人復示維言以雙聲疊韻之學，至是始知古人制字凡雙聲皆可假借、凡疊韻皆可通轉，蓋訓詁之關紐在此，而反切字母、一切音韻奥旨亦因之貫通。其意了然於心。一日，家大人詔維言而誨之曰：昔揚子雲方言一書，綜天下言語之義，因字求解，殊土辨方，其精可以上繼爾雅而下啟説文者也，爾其識之。維言唯唯。然方言無單刻，於古叢書中得之，朝夕研讀，茫然也。曰是書非解釋其義不可讀。遂取戴東原先生方言疏證閲之，仍有未愜。乃於羣書中凡於方言字義有合者即爲札記，久之遂盈篋笥，然斷簡零篇無復次序也。乙未春，公車東旋，偶檢素昔所札記者琳琅觸目，不忍棄置。遂彙而抄之，删其煩，益其簡，自乙未五月至丁酉六月，其功始竣，計方言凡十三卷，每句繹之，得二十餘萬言。書既成，請名於家大人，因賜名曰「釋義」。釋義者，謂僅釋字義而已，而於爾雅、説文之精義，毫無一得也。維言敬誌之，遂以「釋義」二字書於首。旹在太歲在强圉作噩季夏伏日，歷下王維言海秋氏謹識於東郡學署。

方言釋義卷一

歷下　王維言學

一　**黨、曉、哲，知也。楚謂之黨，**黨朗也，解寤貌。**或曰曉；齊宋之間謂之哲。**

維言案：知者，説文作「智」，云：「識詈也。」釋名云：「智，知也。無所不知也。」白虎通云：「智者，知也。獨見前聞，不惑於事，見微知著也。」「智、知」古通用。墨子經上篇云：「知，接也。」莊子桑庚楚篇亦云[一]：「知者，接也。」蓋「接」以「交會、對合」爲義。

黨者，説文：「黨，不鮮也。」或作「曭」。楚辭遠遊篇云「時曖暖其曭莽」[二]，王逸注云：「日月晻黮而無光也。」然則「黨、曭」古今字。方言訓「智」者，與説文之義相反而實相成者也。廣雅：「黨，智也。」又云：「黨，善也。」字或作「讜」。逸周書「拜手稽首

[一]「桑庚楚」當作「庚桑楚」。

[二]「暖」當作「曖」。

黨言」，趙岐注孟子「禹聞善言則拜」引尚書曰「禹拜讜言」，今尚書作「昌言」。是「昌、讜」亦通也。然「善」亦訓「領解」之義。禮記學記云「相觀而善之謂摩」，疏云：「善猶解也。」然則「黨、善」二字義同。郭注謂「黨朗，解悟貌」者，廣韻：「爣朗，火光寬明也。」「爣」與「黨」亦通。

曉者，廣雅：「曉，曶也。」説文：「曉，明也。」史記西南夷傳云：「指曉南越。」前漢書元后傳云「未曉大將軍」，顔師古注云：「曉猶白也。」今俗語猶呼「曉得」，亦「領悟」之義也。

哲者，説文：「哲，知也。」廣雅：「哲，曶也。」「知、智」古字通。爾雅釋言：「哲，智也。」書皋陶謨：「知人則哲。」詩下武篇「世有哲王」，瞻卬篇「哲夫成城，哲婦傾城」，鄭箋云：「謂多謀慮也。」書伊訓「敷求哲人」，釋文云：「哲，本作喆。」詩烝民篇「既明且哲」，郭旻碑作「既明且喆」。漢書五行志云：「悊，知也。」王莽傳云：「熒惑司悊。」詩小旻篇「或哲或謀」，漢書敘傳作「或悊或謀」；瞻卬篇「懿厥哲婦」，漢書谷永傳作「懿厥悊婦」。是「喆、悊」並與「哲」同，皆「智」之義也。

二　**虔、儇，慧也。**謂慧了。音翾。**秦謂之謾；**言謾詑音。詑，大和反。謾，亡山反。**晉謂之㥜；**

音悝〔一〕，或莫佳反。**宋楚之間謂之倢**；言便倢也。**楚或謂之䜤**；他和反，亦今通語。**自關而東趙魏之間謂之黠，或謂之鬼。**言鬼脈也。

維言案：説文「慧，儇也」，徐鍇傳云：「慧，敏也。」「慧」又訓「智」。左氏成十八年傳云「周子有兄而無慧」，杜預注云：「不慧，蓋世所謂白癡。」白癡，即「不智」之義。又通作「惠」。論語衛靈公篇「好行小惠」，鄭注云：「謂小小才智也。」今本作「慧」。列子周穆王篇云「秦人逢氏有子，少而惠」，前漢書昌邑王傳云「清狂不惠」，陸璣弔魏武帝文云「知惠不能去其惡」，並與「慧」同。

郭注「謂慧了」者，齊語云「聰慧質仁」，韋昭注云：「慧，解瞭也。」「瞭」與「了」，聲義近同。素問八正神明論云「慧然獨悟」，王砯注云「謂清爽也」，義亦與「慧了」相近。

虔者，廣雅：「虔，慧也。」下文云「虔，謾也」，與此節互訓。

儇者，説文：「儇，慧也。」詩還篇「揖我謂我儇兮」，毛傳云「儇，利也」，韓詩作「揖我謂我婘兮」。「婘」又通作「嬽」。玉篇：「婘，好貌。或作嬽。」又通作「卷」。詩澤陂

〔一〕按，玉篇、廣韻、集韻「㦟」字俱無「悝」音；王念孫疏證補作「音埋」。

篇「碩大且卷」，毛傳云：「卷，好貌。」釋文云：「卷，本又作婘。」廣雅：「婘，好也。」是「婘、孉、卷」並與「儇」通，義亦相近。「儇」既訓「利」，蓋言慧者多便利也。荀子非相篇云「鄉曲之儇子」，楚辭九章云「忘儇媚以背衆兮」，並言「慧利」之義。淮南子主術訓云「辯慧懁給」，「懁」亦與「儇」通。

謾者，廣雅：「謾，慧也。」説文：「謾，欺也。」「欺」與「慧」義近。郭注謂「言謾訑」者，「訑」又作「詑」。廣雅：「忚謾，欺也。」「忚」與「訑」通。又云：「詑，欺也。」「謾詑」亦疊韻連語。韓非子守道篇云：「所以使人不相謾也。」賈子道術篇云：「反信爲謾。」韓詩外傳：「謾讀者，趨禍之路。」楚辭九章云：「或訑謾而不疑。」淮南説山訓云：「媒但者〔一〕，非學謾他。」「他」與「訑」通。「謾、訑」二字並訓「欺」，與「慧利」之義相發明也。

䜌者，廣雅：「䜌，慧也。」

倢者，説文：「倢，佽也。」廣雅：「倢，疾也。」説文又云：「疌，疾也。」「倢、疌」並與「倢」同。廣雅又云：「倢，健也。」「健」與「慧」義近。又云：「捷，慧也。」詩烝民

〔一〕「但」，二十二子本作「但」，當據改。

篇：「征夫捷捷。」漢書東方朔傳云：「捷若慶忌。」後漢書方術任文公傳云：「惟文公大小負糧捷步。」「捷」並「倢」之假借字。「捷」通作「唼」。詩巷伯篇「捷捷幡幡」，漢書注引作「唼唼幡幡」。是「捷、唼」聲義相近，並與「倢」通也。

𧦝者，廣雅：「𧦝，慧也。」繆襲尤射云「烈黨蝦𧦝，惔若濬靖」，注云「言其德也」，義與「慧」相近。案：「𧦝」字或作「詑」，又作「訑」。詳前「謾」字注。

黠者，廣雅：「黠，慧也。」亦訓「奸巧」之稱。史記貨殖列傳云「桀黠奴」，漢書注云「黠，惡也」；仲長統覈性賦云「推此而談，孰癡孰黠」：並訓「奸巧」之義，與「慧利」義亦近也。

鬼者，廣雅：「鬼，慧也。」

郭注「言鬼眽」者，坊本「眽」訛作「眎」，今訂正。廣雅：「眽，視也。」廣韻引說文「眽，目邪視也」，與「慧」義相近。今人呼奸巧之人曰「鬼」，亦「慧」之義也。

三　**娥、㜲，**音嬴。**好也。秦曰娥，**言娥娥也。**宋衛之間謂之㜲。**言㜲㜲也。**秦晉之間凡好而輕者謂之娥；自關而東河濟之間謂之媌，**今關西人呼好爲媌。**或謂之姣。**言姣潔也。

趙魏燕代之間曰姝，音株。亦四方通[一]。**或曰妦。**言妦容也。音妦[二]。**自關而西秦晉之故都曰妍。**秦舊都，今扶風雍丘也。晉舊都，今太原晉陽縣也。其俗通呼好爲妍，五千反。**好，其通語也。**

維言案：説文：「好，媄也。」引伸爲凡「美」之稱。正韻：「好，美也，善也。」晉語「不可謂好」，韋昭注云：「好，美也。」禮記仲尼燕居「領惡而全好者與」，鄭注云：「好，善也。」詩遵大路篇「不寁好也」、何人斯篇「作此好歌」、緇衣篇「緇衣之好兮」，後漢書張酺傳注云「好醜，美惡也」，並訓「美好」之義。下文云「凡美色謂之好」，亦此義也。

娥者，説文：「秦晉謂好曰娙娥。」廣雅：「娥，美也。」「娥」或通作「俔」。「舜妻娥皇」，大戴禮五帝德作「俔皇」。「娥、俔」雙聲字也。

郭注「言娥娥」者，廣雅：「娥娥，容也。」漢先生郭輔碑云：「娥娥三妃。」古詩「娥娥紅粉妝」，皆言「美」也。「娥娥」通作「峩峩」。宋玉神女賦「其狀峩峩，何可極言」，是也。今人呼小女子曰「娥」，即此義也。

㜲者，廣雅：「㜲，好也。」説文作「嬴」。「㜲」，俗字也。史記趙世家云：「吴廣女名娃嬴。」字通作「娙」。説文：「娙，長好也。」漢書外戚傳注云：「娙、娥，皆美貌也。」

[一]「亦四方通」不成句。戴震疏證本作「亦四方通語」，當據改。

[二]「音妦」，戴震疏證本作「音蜂」，當據改。

史記外戚世家云「衆人謂之娙何」，服虔注云：「娙，音近妍。」是「嬴、娙」聲近義同。

郭注「言嬴嬴」者，通作「盈盈」。古詩云「盈盈樓女」[一]，與「嬴嬴」同。廣雅：「嬴嬴，容也。」

媌者，廣雅：「媌，好也。」説文：「媌，目裏好也。」列子周穆王篇云「簡鄭衛之處子娥媌靡曼者」，張湛注云：「娥媌，妖好也。」

郭注「今關西人呼好爲媌」者，「媌、好」一聲，義本相同。

姣者，廣雅：「姣，好也。」楚辭東皇太一篇云「靈偃蹇兮姣服」，大招篇云「姣麗施只」；吕氏春秋達鬱篇云「公且姣麗」；荀子非相篇云「古者桀、紂長巨姣美」；史記蘇秦傳云「前有樓閣軒轅，後有長姣美人」；漢書東方朔傳云「左右言其姣好」，注云「姣，美麗也」：並訓「美好」之義。字通作「嬌」。説文：「嬌，態也。」增韻：「嬌，妖嬈也。」又通作「妖」。説文作「媄」，云：「媄，巧也。一曰女子笑貌。」「嬌、妖」並與「姣」聲義相近。又與「佼」同。詩月出篇云「佼人僚兮」，釋文「佼，字作姣」，毛傳云「佼，好貌」；碩人箋「長麗佼好」；月令「養壯佼」，鄭注云「謂形容佼好」；家語入官「量之

[一]「樓」下脱「上」字，當補。

無佼民之辭」，注云「佼猶好也」；荀子成相篇云「君子由之佼亦好」[一]，楊倞注云「佼亦好也」；王充論衡云「上世之人侗長佼好」；後漢書劉盆子傳云「庸中佼佼」，注云「佼，好貌也」：並與「姣」同。

郭注「言姣潔」者，通作「皎」。文選班倢妤怨歌行云：「新製齊紈扇，皎潔如霜雪。」「皎潔」與「姣潔」同。

姝者，説文作「姁」，云「姁，好也」，引詩：「靜女其姁。」今詩作「姝」，毛傳云：「姝，美色也。」韻會：「姝，美好也。女之美者曰姝。」又士之美者亦曰「姝」。詩干旄篇「彼姝者子」，是也。字又作「袾」。廣雅「袾，好也」；説文「袾，好佳也」亦引詩「靜女其袾」，又云「姝，好也」：並字異而義同。

妦者，廣雅：「妦，好也。」字通作「丰」。詩丰篇「子之丰兮」，毛傳云：「丰，豐滿也。」「豐滿」與「好」義相近。

郭注「言妦容」者，廣韻：「丰茸，美好也。」謝靈運詩「升長皆丰容」。「丰茸、丰容」並與「妦容」同。

[一]「亦」，二十二子本作「以」，當據改。

妍者，廣雅：「妍，好也。」韻會：「妍，美麗也。」〔一〕釋名云：「妍，研也。研精於事宜，則無蚩謬也。」「蚩」，「癡」也。今用「妍媸」字。陸機文賦云：「妍媸好惡，可得而言。」案：「妍」字，説文凡有五訓，惟「技也、慧也」近理，曰「不省録事」，曰「無侵」，曰「安也」，皆非本義〔二〕。

四　烈、枿，餘也。謂烈餘也。五割反。**陳鄭之間曰枿，晋衛之間曰烈，秦晋之間曰肄，**音謚。傳曰：「夏肄是屏。」**或曰烈。**

維言案：説文：「餘，饒也。」玉篇：「餘，殘也。」廣韻：「餘，賸也。」三説互相發明。廣雅：「餘，盈也。」秦策云：「不得暖衣餘食。」吕氏春秋辨士篇云「亦無使有餘」，高誘注云：「餘猶多也。」荀子富國篇云「不求其餘」，楊倞注「餘，謂過度」，義與「多」同。「盈、多」並即説文「饒餘」之義。公羊春秋序云「此世之餘事」，疏云：「餘，末也。」「末」與「殘、賸」義亦近。鄭注周禮地官小司徒云：「餘，謂羨也。」孟子滕文公篇「以羨補不足」，趙岐注云：「羨，餘也。」詩十月之交篇「四方有羨」，毛傳云：

〔一〕韻會原作「妍，媚也，麗也，美好也」。
〔二〕「慧也」，説文原作「惠也」；「無侵」作「難侵」。

「羨，餘也。」是「羨餘」之義亦與「饒餘」近也。字通作「余」。周禮委人云「凡其余聚以待頒賜」，鄭注云：「余，當爲餘。」史記屈賈傳云「餘何畏懼兮」，索隱曰：「楚辭餘並作余。」「余、餘」古字通用。吴仲山碑云：「父有余財。」「余」與「餘」同。

烈者，爾雅釋詁「烈，餘也」，郭注云：「陳鄭之間曰烈。」「烈」爲「裂」之假借字。説文：「⿱列灬，繒餘也。」玉篇作「⿰巾列」，云：「⿰巾列，帛餘也。」廣雅作「⿱列巾」，云「⿱列巾，餘也」。是「⿰巾列、⿱列巾、⿱列灬、裂」並與「烈」同。詩雲漢序「宣王承厲王之烈」，鄭箋云：「烈，餘也。」字通作「厲」。詩都人篇「垂帶而厲」，鄭箋云：「厲字當作裂。」是「厲、裂」一聲之轉，並訓「餘」也。「厲」作「裂」者，猶厲山氏作烈山氏也。禮祭統「厲山氏之有天下也」，鄭注云：「厲山氏，炎帝也。起於厲山，或曰烈山。」魯語作列山，左傳作烈山。詩思齊篇「烈假不瑕」，鄭箋作「厲假」，並「烈」通「厲」之證。

枿者，爾雅釋詁「枿，餘也」，郭注云：「晉衛之間曰蘖。」「蘖」與「枿」通。案：郭注所引本於方言，據方言當是「晉衛之間曰烈，陳鄭之間曰蘖」。郭所見本與今本異，恐傳寫者倒置其文耳。「枿」爲「梓」之别體。説文作「巘」，或作「蘖」，云「伐木餘也」，引商書「若顛木之有甹巘」。古文「不」作「梓」。案：「梓」，蓋从辛聲，「辛」即「𢆉」字之省，隸書變「𢆉」爲「卉」，「三」「十」並也。古文作「𡿨」，經典作「卉」，「卉」與「𢆉」

同。則「梓」亦與「枿」同也。書盤庚正義引李巡曰「枿，槁木之餘也」，今盤庚篇作「櫱」，蓋假借字也；詩長發篇「苞有三蘖」，廣韻引作「枹有三枿」：俱「梓」變之「枿」。淮南子俶真訓云「百事之莖葉條梓」，高誘注云：「梓，讀詩頌『苞有三櫱』同。」又云「則必無餘梓」，高誘注云：「梓，櫱。」「梓」字經典中惟此二見，餘並借爲「櫱」字，今詩作「蘖」，是「櫱、蘖」並「梓」之假借字也。爾雅釋文「枿」本作「梓」，是其證。玉篇「梓」下復出「枿」字，是從隸變也。然「梓、枿」一字，不當兩釋。玉篇當於「梓」注云「古文枿字」，則得之矣。張衡東京賦云「山無槎枿」，薛綜注云：「斜曰槎[一]，斬而復生曰枿。」亦與「櫱」字義同，故並訓「餘」也。

隸者，廣雅：「隸，餘也。」通作「肄」。詩汝墳篇「伐其條肄」，毛傳云：「肄，餘也。斬而復生曰肄。」說文：「聿，習。」篆文作「肄」。「肄」訓「餘」者，以「肄」爲「枿」之假借字。玉藻云「肆及束帶」[二]，鄭注云：「肆，讀爲肄。肄，餘也。」左氏襄二十九年傳云：「而夏肄是屏。」「肄」亦訓「餘」。是「肄、肆、聿」並與「隸」通。郭注引傳用古文「隸」字，今傳則作「肄」字矣。

[一] 文選「斜」下有「斫」字。
[二] 十三經注疏本作「肆束及帶」，當據改。

五　台、胎、陶、鞠，養也。台猶頤也，音怡。**晉衛燕魏曰台，陳楚韓衛之間曰鞠，秦或曰陶，汝潁梁宋之間曰胎，或曰艾。**爾雅云：「艾，養也。」

維言案：玉篇：「養，育也，畜也，長也。」説文：「養，供養也。」郊特牲云：「凡食養陰氣也，凡飲養陽氣也。」荀子禮論篇云「父能生之，不能養之」，楊倞注云：「謂哺乳之也。」管子國蓄篇云「塞民之養」，房玄齡注云：「養，利也。」中山經云「養之可以已憂」，郭璞注云：「謂蓄養之也。」夏小正云「時有養日」，傳云：「養，長也。」「養」或通「羕」。「羕」有「長」義。故「養」訓「長養」，又訓「取」。詩酌篇「遵時養晦」〔一〕，毛傳云：「養，取也。」「養」猶「將」也。詩四牡篇「不遑將父」、桑柔篇「天不我將」，傳、箋並云：「將，養也。」淮南子原道訓云「聖人將養其精神」〔二〕，是其義也。今俗人猶有「將養」之言。「養」又訓「使」。廣雅：「養，使也。」夏小正云：「執養宮事。」傳訓「養」爲「長」，失之。

台者，通作「頤」。爾雅釋詁：「頤，養也。」又通作「宧」。説文：「宧，養也。」李

〔一〕十三經注疏本作「遵養時晦」。
〔二〕二十二子本「神」上無「精」字。

爾雅注亦云：「宧，養也。」舍人注云：「東北陽氣始起，萬物所養，故謂之宧。」釋名云：「宧，養也。東北陽氣始出，布養物也。」「宧」並與「頤」同。易序卦云：「頤者，養也。」雜卦云：「頤，養正也。」曲禮云「百年曰期頤」，鄭注云：「頤，養也。」廣雅亦云：「頤，養也。」是「台、頤、宧」並聲義俱同。

胎者，又通作「台」。説「台」从目聲[一]，「胎」从台聲，二字古同聲，故「台、胎」皆訓「養」也。爾雅釋詁「胎，始也」，舊注云：「胎，始養也。」釋文：「胎，本或作台。」是「台、胎」二字同也。

陶者，廣雅：「陶，養也。」詩君子陽陽篇「君子陶陶」，毛傳云：「陶陶，和樂貌。」「和樂」與「養」義近。字通作「繇」。書禹貢「厥草惟繇」，亦「長養」之義。又通作「傜」。説文：「傜，喜也。」檀弓云：「人喜則斯陶。」爾雅釋詁：「鬱、繇，喜也。」廣雅：「養，樂也。」則「喜、樂」皆「養」之義也。「陶、繇、傜」古字並通。

鞠者，「毓」之假借字。説文「毓」同「育」，云：「養子使作善也。」是「毓、育」並訓「養」也。詩谷風篇「昔育恐育鞠」，鄭箋云：「昔育，育稚也。」爾雅釋言：「鞠，稺也。」

[一]「説」下脱「文」字，當補。

廣雅：「毓，稺也。」通作「鬻」。詩鴟鴞篇「鬻子之閔斯」，毛傳云：「鬻，稺也。」文選洞簫賦李善注云：「鬻、育，古字同。」又通「鞠」。是「毓、育、鬻」並與「鞠」聲近義同。爾雅釋言又云：「鞠，生也。」周禮太宰鄭注云：「生猶養也。」詩蓼莪篇「母兮鞠我」，毛傳云：「鞠，養也。」爾雅釋詁：「育，長也。」「長、養」義亦近。

艾者，爾雅釋詁：「艾，長也。」又云：「艾，養也。」「長、養」義同。小爾雅云：「艾，大也。」「大」與「長、養」義近。詩鴛鴦篇「福禄艾之」，毛傳云：「艾，養也。」南山有臺篇「保艾爾後」，毛傳亦云：「艾，養也。」左氏襄九年傳云：「大勞未艾。」杜預注云：「艾，息也。」哀十年傳云「是得艾也」[一]，杜預注云：「艾，安也。」「安、息」並與「養」義相近。字通作「乂」。書「萬邦作乂」，鄭注云：「乂，養也。」是「乂」與「艾」古同音，字相通也。

六　**憮**、亡輔反。**俺**、音淹。**憐、牟，愛也。韓鄭曰憮，晉衛曰俺，**俺儉，多意氣也。**汝潁之間曰憐，宋魯之間曰牟，或曰憐。憐，通語也。**

[一]「十」下脱「六」字，當補。

維言案：愛者，「㤅」之假借字。説文：「㤅，惠也。」古文作「𢟪」，通作「愛」。廣雅：「愛，仁也。」表記云「愛莫助之」，鄭注云：「愛，惜也。」孝經「愛親者，不敢惡於人」，注引沈宏云：「親至結心爲愛。」論語憲問篇「愛之能勿勞乎」，皇侃疏云：「愛，慕也。」詩靜女篇「愛而不見」，卷六注引作「薆而不見」。爾雅釋言：「薆，隱也。」廣雅：「翳，愛也。」是「薆」與「愛」通。又通作「哀」。樂記云：「肆直而慈愛者宜歌商。」「愛」或爲「哀」。吕氏春秋報更篇云「人主胡可以不務哀士」，高誘注云：「哀，愛也。」是「愛、哀」聲義同。「哀憐」亦「愛憐」之義也。

憮者，通作「㥥」。爾雅釋詁：「㥥，愛也。」説文：「㥥，撫也。」「撫循」義亦爲「愛」。爾雅釋言「憮，撫也」，郭注：「憮，愛撫也。」説文：「憮，愛也。」是「憮、㥥」古字通用。「憮、撫」聲近義同。

㤿者，集韻：「㤿，愛也。」廣雅：「憮㤿，愛也。」爾雅釋訓作「撫掩」，云：「矜憐，撫掩之也。」郭注云：「猶撫拍，謂慰卹也。」後漢書趙壹傳云：「撫拍，相親狎也。」[一]「親狎」亦「愛」之義。「憮、撫、㤿、掩」並通。

[一] 上引文實爲趙壹傳「撫拍豪强」句注文。

憐者，爾雅釋詁：「憐，愛也。」魯連子引古諺云：「心誠憐，白髮玄。」「憐」亦訓「愛」。今人猶呼「愛惜」爲「憐惜」也。

牟者，「㥩」之轉音。廣雅：「牟，愛也。」廣雅作「牟」，爾雅作「㥩」。是「牟、㥩」義同，古字通用。又通作「㤝」。荀子榮辱篇云「㤝㤝然惟利之見」[一]，楊倞注云：「愛欲之貌。」是「㤝」亦「愛」之義也。

七　㥄、憮、矜、悼、憐，哀也。㥄亦憐耳，音陵。**齊魯之間曰矜，陳楚之間曰悼，趙魏燕代之間曰㥄，自楚之北郊曰憮，秦晉之間或曰矜，或曰悼。**

維言案：說文：「哀，閔也。」玉篇：「哀，傷也。」廣雅：「哀，痛也。」又云：「哀，悲也。」書：「允蠢鰥寡，哀哉。」詩小宛篇「哀我填寡」，鄭箋云：「可哀哉，我窮極寡財之人。」春秋繁露云：「哀氣爲太陰而當冬。」周禮大宗伯云「以凶禮哀邦國之憂」，鄭衆注云：「救患分裁。」孟子公孫丑篇「舍正路而不由，哀哉」，趙岐注云：「哀，傷也。」穆天子傳云「天子作詩三章以哀民」，郭璞注云：「哀猶愍也。」並與「閔、傷」義近。

[一] 二十二子本「利」下有「飲食」二字，當據補。

「傷」，説文作「傷」，云：「傷，憂也。」「哀、傷」二字互訓。説文：「悽，痛也。」「哀、悽」二字亦互訓。爾雅釋訓「哀哀、悽悽，懷報德也」，是其證。

憮者，廣雅：「憮，哀也。」「哀」與「愛」聲義相近，故「憮、憐」既訓爲「愛」而又訓爲「哀」也。

惔者，廣雅：「惔，哀也。」集韻：「惔，憐也。」惔，又訓「驚」。張衡西京賦云「百禽惔遽」，薛綜注云：「惔，怖也。」羽獵賦作「陵遽」，並訓「驚怖」之義，與「哀」義相發明也。

郭注謂「惔亦憐」者，「惔、憐」一聲之轉，義同。「憐」之别體作「怜」，亦有「領」音，與「惔」音相近。故郭云然。

矜者，廣雅作「矜」，云：「矜，哀也。」「矜」與「矜」同。六書略云：「矜本矛柄，因音借爲矜憐之矜。」廣雅又云：「矜，急也。」「急、哀」義亦近。詩鴻雁篇「爰及矜人」，毛傳云：「矜，憐也。」小爾雅：「矜，惜也。」公羊宣十五年傳云「見人之厄則矜之」，何休注云：「矜，閔也。」爾雅釋言「矜，苦也」，郭注云：「矜憐者，亦辛苦。」詩菀柳篇「居以凶矜」，毛傳云：「矜，危也。」並與「哀」義相近。「矜」，本作「矜」，从令得聲。「令」，古讀如「憐」。漢書地理志云「金城郡」，注云：「令，讀若陵延切。」[一]是其證也。

悼者，廣雅云：「悼，哀也。」廣韻：「悼，傷也。」詩終風篇「中心是悼」，毛傳云：「悼，動也。」曲禮云「七年曰悼」，鄭注云：「悼，愛憐也。」「愛憐」與「哀憐」義同。釋名云「七年曰悼。悼，逃也。知有廉恥，隱逃其情也」，亦與「哀憐」義近。今人謂「哀痛」曰「悼」，出此。

憐者，説文：「憐，哀也。」廣雅亦云：「憐，哀也。」吴越春秋河上歌云：「同病相憐。」「憐」訓「痛惜」之義。今人猶謂「痛惜」曰「可憐」也。

八　咺、香遠反。唏、虚几反。灼、音的，一音灼。怛，痛也。凡哀泣而不止曰咺，哀而不泣曰唏。於方，則楚言哀曰唏，燕之外鄙鄙，邊邑名。朝鮮洌水之間朝鮮，今樂浪郡是也。洌水，在遼東，音烈。少兒泣而不止曰咺。少兒猶言小兒。自關而西秦晉之間凡大人少兒泣而不止謂之唴，丘尚反。哭極音絶亦謂之唴。平原謂啼極無聲謂之唴哴；哴，音亮。今關西語亦然。楚謂之噭咷，叫、逃兩音。字或作叴，音求。齊宋之間謂之喑，音蔭。或謂之惄。奴歷切。

[一] 漢書地理志下金城郡令居下無此注。

維言案：説文：「痛，病也。」内經有舉痛論。釋名云：「痛，通也。通在膚衇中也。」易説卦云「坎爲耳痛」，一切經音義引張揖雜字云「痛癢疼也」，義並訓「病」。廣雅：「痛，慯也。」玉篇：「痛，傷也。」「慯」與「傷」同。左氏成十三傳云「斯用是痛心疾首」[一]，漢書楚元王傳云「言多痛切，發於至誠」，史記秦本紀云「寡人思先君之意，常痛於心」，並訓「痛」爲「傷」。楚語云「使人無有怨痛于楚國」[二]，韋昭注云：「痛，疾也。」吕氏春秋博志篇云「苦痛之」，高誘注云：「痛，悼也。」「悼」與「哀痛」義近。字通作「恫」。爾雅釋言：「恫，痛也。」「恫、痛」一聲之字相假借也。賈誼治安策云：「臣竊爲今之事勢[三]，可爲痛哭者一。」是言「哀痛」之義。案：方言之義，當以訓「痛哭」者爲是。字又通作「慟」。論語先進篇「子哭之慟」，馬融注云：「慟，哀過也。」皇侃疏引郭象曰：「人哭亦哭，人慟亦慟，蓋無情者與物化也。」案：説文無「慟」字，漢碑作「憅」，「憅」當爲「慟」之省。是「慟、憅」並與「痛」聲近義同。

咺者，説文「朝鮮謂兒泣不止曰咺」，是用方言。漢武帝悼李夫人賦云「悲愁於邑，

[一] 十三經注疏本作「斯是用痛心疾首」。
[二] 「人」，群書治要本作「神」。
[三] 「爲」，郝經集校勘箋注本作「惟」。

喧不可止兮」，顏師古注云：「朝鮮之間謂小兒泣不止名爲喧。」是「喧」與「咺」同。字亦通作「㬉」。下文卷十二云：「㬉，哀也。」廣雅：「㬉，愁也。」是「咺、喧、㬉」古並通用。

唏者，廣韻：「唏，啼也。」正韻同。史記十二諸侯年表云「紂爲象箸，而箕子唏」，索隱曰：「唏，歎聲。」張衡思玄賦云：「慨含唏而增愁。」集韻「唏」與「欷」同，歔也。説文「欷，歔也」，徐鍇傳云：「歔欷者，悲泣氣咽而抽息也。」增韻：「欷，泣餘聲。」韓愈詩云「獨子之節可歎唏」，注云：「與欷同。」是「唏、欷」二字通用。

怮者，廣雅：「怮，痛也。」後漢書楚王英傳云：「懷用悼灼。」「灼」與「怮」同。廣雅又云：「怮，驚也。」下文卷十三云：「灼，驚也。」「驚」與「痛」義近，「怮、灼」聲義亦同。

怛者，廣雅：「怛，痛也。」詩匪風篇「中心怛兮」，毛傳云：「怛，傷也。」漢書王吉傳作「悬」，顏師古注云：「悬，古怛字。」廣雅又云：「怛，憂也。」又云：「怛怛，憂也。」説文：「怛，憯也。」漢書武帝詔云：「支體傷則心憯怛。」史記屈賈傳云：「疾痛慘怛。」「慘怛」與「憯怛」同。又與「惻」同義。「怛、惻」一聲之轉。魯峻碑云：「中心忉怛。」李陵答蘇武書云：「祇令人增忉惻。」「忉惻」即「忉怛」也，並與「痛」義相近。

咷者，說文「秦晉謂兒泣不止曰咷」，是用方言。廣雅：「咷，悲也。」「悲」亦「痛」也。

咷哴者，「哴」通作「喨」。廣雅：「喨，悲也。」玉篇「啼極無聲謂之咷哴也」，亦本方言。

噭咷者，說文：「噭，吼也。一曰呼也。」[一]廣雅：「噭，鳴也。」又云：「噭，嘹也。」廣韻：「噭噭，深聲。」曲禮云「毋噭應」，鄭注云：「噭，呼號之聲也。」[二]公羊昭二十四年傳云「昭公於是噭然而哭」，何休注云：「噭，哭聲。」[三]漢書韓延壽傳云：「噭咷楚歌。」楚辭傷時篇云「噭咷兮清和」[四]，王逸注：「清暢貌也。」是聲之大者曰「噭咷」也。然則大聲曰「噭咷」，大哭亦曰「噭咷」，其義一也。「噭咷」轉爲「號咷」。易同人云：「九五，同人先號咷而後笑。」案：「噭咷、號咷」皆疊韻連語，今江西人呼大哭爲「噭咷」，猶古義也。

[一] 説文「曰」下有「噭」字。
[二] 「呼號」，十三經注疏本作「號呼」。
[三] 十三經注疏本「聲」下有「貌」字。
[四] 楚辭補注「噭」上有「聲」字。

喑者，廣雅：「喑，唶也。」説文「宋齊謂兒泣不止曰喑」，廣韻「喑，啼泣無聲」，並用方言。案：「喑」假借爲「瘖」，啼極無聲響，徒喑喑而已。尹文子云：「皋陶喑而爲大理。」是「喑」本與「瘖」通。

愵者，廣雅：「愵，痛也。」説文：「愵，憂也。」字通作「惄」。説文：「惄，憂貌。讀與愵同。」詩汝墳釋文云：「愵，韓詩作惄。」又通作「惄」。文選洞簫賦云「憤伊鬱而酷惄」，李善引蒼頡篇曰：「惄，憂貌。」「憂」與「痛」義相近也。

九　悼、愵、悴、憖，傷也。詩曰：「不憖遺一老。」亦恨傷之言也。憖，魚𢈪反。**自關而東汝潁陳楚之間通語也。汝謂之愵，秦謂之悼，宋謂之悴，楚潁之間謂之憖。**

維言案：正韻：「傷，痛也。」爾雅釋詁：「傷、憂，思也。」釋文「傷」作「慯」。説文：「慯，憂也。」廣雅亦云：「慯，憂也。」又云：「慯，痛也。」經傳皆假借作「傷」。詩卷耳篇「維以不永傷」、陂篇「傷如之何」[一]、小宛篇「我心憂傷」，「傷」並訓「憂」。秦策云「天下莫不傷」，高誘注云「傷，愍也」；法言孝至篇云「故習治則傷始亂也」，李

[一]「陂」上脱「澤」字，當補。

軌注云「傷，悼也」：並與「憂傷」義近。

悼者，廣韻：「悼，傷也。」廣雅：「悼，傷也。」詩羔裘篇「中心是悼」，毛傳云：「悼，動也。」氓篇「躬自悼矣」、菀柳篇「上帝甚蹈」，鄭箋云：「蹈，病也。」「蹈」與「悼」通，義並與「傷」近。餘見上文。

惄者，說文：「惄，憂也。」「憂」亦「傷」也，餘互見上下文。

悴者，說文：「悴，憂也。」廣雅：「困，悴也。」集韻：「悴，憂也。」楚辭漁父篇云：「顏色憔悴。」九歎云：「顧僕夫之憔悴。」左氏昭七年傳云：「或憔悴事君。」「憔悴」或作「顦顇」。說文：「顇，顦顇也。」爾雅釋詁：「顇，病也。」反離騷云：「慶夭顇而喪榮。」詩雨無正篇：「憯憯日瘁。」「維躬是瘁。」「顇、瘁」並與「悴」通。

憖者，說文訓「憖」爲「問」、爲「敬謹」、爲「說」、爲「甘」四訓[一]，皆非方言之義。案：說文「慗」字注云：「楚潁之間謂憂爲慗。」說文之訓多本方言。是知方言「憖」乃「慗」字形似之譌。「傷」讀「憂傷」之「傷」。廣雅「憖，傷也」，又云「憖，憂也」；廣韻一曰「傷也」：並因方言之誤而誤。郭氏方言本已誤作「憖」，因引詩「不憖遺一老」云

[一] 「甘」，說文作「且」。

「亦恨傷之言也」，誤矣。今據説文「慦」字以辨郭注之失。

一〇　**慎、濟、𥈛、惄、溼、桓，憂也。**𥈛者，憂而不動也，作念反。**宋衛或謂之慎，或曰𥈛。陳楚或曰溼，或曰濟。自關而西秦晉之間或曰惄，或曰溼。自關而西秦晉之間凡志而不得、欲而不獲、高而有墜、得而中亡謂之溼，**溼者，失意潛阻之名。阻，一作沮。**或謂之惄。**

維言案：爾雅釋詁「憂，思也」，邢昺疏云：「憂者，愁思也。」鬼谷子權篇云：「憂者，悶塞而不泄也。」[一]淮南子原道訓云：「憂悲，德之失也。」易説卦傳云：「坎爲加憂。」詩小宛篇：「我心憂傷。」説文作「𢝊」，云：「𢝊，愁也。」通作「憂」。「憂」又「患」也。論語子罕篇「仁者不憂」，皇侃疏云：「憂，患也。」「憂」又訓「病」。樂記云「病不得其衆也」，鄭注云：「病猶憂也。」孟子公孫丑篇「有採薪之憂」，趙岐注云「憂，病也」，引曲禮「有負薪之憂」。爾雅「憂、病」相次，其義同也。「憂」又訓「懼」。呂氏春秋知分篇云「余何憂於龍焉」，高誘注云：「憂，懼也。」開春篇云「君子在憂」，高誘注云「憂，阨也」，義亦相近。又與「懮」同。楚辭抽思篇云「傷余心之懮懮」，王逸注云：

〔一〕「悶」，鬼谷子集校集注本作「閉」。

「懮，痛貌也。」「憂」又訓「慮」。素問五行篇云「其志爲憂」，王砅注云：「憂，慮也。」「憂」之轉聲爲「恁」。廣雅「恁，思也」，與「憂」義相近。

慎者，爾雅釋詁：「慎，思也。」下文亦云：「慎，思也。」「思」與「憂」義近。「慎」字古文爲「㥲」。篇海云：「㥲，恚也。」書「慎徽五典」，古文作「昚徽五典」。是「昚」與「慎」同，又與「恤」通。爾雅釋詁：「恤，憂也。」「恤、慎」一聲之轉。「慎」或通作「悔」。大戴禮曾子立事篇云「往者不慎也」，禮記儒行作「悔」。「悔」與「憂」義亦近。

濟者，通作「懠」。廣雅：「懠，愁也。」「愁」亦「憂」也。「濟、懠」聲近義同。

䀹者，通作「憯」。爾雅釋詁：「憯，憂也。」又通作「憯」。說文：「憯，痛也。」詩十月之交篇「胡憯莫懲」，釋文：「憯亦作慘。」民勞篇「憯不畏明」、月出篇「勞心慘兮」，釋文云：「慘，憂貌。」史記屈賈傳云：「疾痛慘怛。」是「慘」訓「憂傷」之義。正義訓「毒」，失之。玉篇「䀹之言潛也」，即郭注所謂「失意潛阻」也。是「䀹、憯、慘、潛」並聲近義同。列子楊朱篇云「慘於腹」，釋文云：「慘，痛也。」詩抑篇「我心慘慘」，毛傳云「慘慘猶戚戚也」，北山篇「或慘慘畏咎」義同。爾雅釋訓「慘慘，愠也」，李巡注云「憂，怒之愠也」，義並與「䀹」相近。

惄者，說文：「惄，憂也。」餘互見上下文。

涇者，通作「僁」。荀子不苟篇云「小人通則驕而偏，窮則弃而僁」，楊倞注云「僁當爲濕」，引方言：「濕，憂也。」案：「涇」本作「濕」，假借爲「涇」耳。今俗言：凡志而不得、欲而不獲、高而有墜、得而中亡者，山東人曰「失」，山西人曰「涇」，重讀則爲「失」，輕讀則爲「涇」，「涇」之對文爲「乾」。今人取財曰「乾没」，失財曰「乾折」，失笑曰「乾笑」，皆訓「失」之義。惟山、陝二省尚有「涇」音。

桓者，廣雅：「桓，憂也。」「盤桓」，躊躇難進之義。今人呼「躊躇」曰「盤桓」，即此義也。又「無患木」呼爲「桓木」，「無患」合聲爲「桓」，「無患」者言無憂患也，此反言以明之義也。

一一　**鬱悠、懷、惄、惟、慮、願、念、靖、慎，思也。晉宋衛魯之間謂之鬱悠。**鬱悠猶鬱陶也。**惟，凡思也。慮，謀思也。願，欲思也。念，常思也。東齊海岱之間曰靖，**岱，太山。**秦晉或曰慎，凡思之貌亦曰慎，**謂感思者之容。**或曰惄。**

維言案：思，説文作「恖」，云：「恖，容也。从囟聲。」案：从囟，聲兼意。囟，腦蓋也。人从囟至心，如絲相貫，心、囟二體皆慧知所藏，人之思慮生於心而屬於腦，故善記憶者謂之腦盛，多思慮者謂之傷腦焉。釋名云：「思，司也。凡有所司捕必靜，思忖亦然也。」詩文王篇「思皇多士」，鄭箋云：「思，願也。」孟子公孫丑篇「思與鄉人立」，趙岐注云：「思，念也。」案：思有二義：一爲「意思」之思，一爲「思念」之思。方言之訓皆「思念」之義也。

鬱者，説文：「鬱，木叢生者。」詩晨風篇「鬱彼北林」，毛傳云：「鬱，積也。」逸周書成開解「發鬱」，孔晁注云：「謂穀帛滯積者也。」左氏昭二十九年傳云「鬱湮不育」，杜預注云：「鬱，滯也。」楚辭離騷云「曾歔欷余鬱邑兮」，王逸注云：「鬱邑，憂也。」司馬遷報任少卿書云「獨鬱悒而誰與語」，注云：「鬱，不通也。」後漢書崔寔傳注云：「鬱抑，不申之貌。」「鬱邑、鬱悒、鬱抑」並通。廣雅：「鬱，長也。」又云：「鬱，幽也。」管子君臣篇注云：「鬱，塞也。」文選舞賦云「或有宛足鬱怒」，李善注云：「鬱，怒氣遲留不發也。」並與「滯、積」義近，與「思」義相發明也。

郭注謂「鬱悠猶鬱陶」者，書五子之歌「鬱陶乎予心」，疏云：「鬱陶，憤結積聚之意。」孟子萬章篇：「鬱陶思君爾。」案：爾雅釋詁「鬱陶，喜也」，郭注引孟子「鬱陶思君」。檀弓云「人喜則斯陶」，邢昺爾雅疏引孟子趙岐注云：「象見舜，正在牀鼓琴，反辭曰：『我鬱陶思君，故來。』爾，辭也。」又引檀弓鄭注云：「陶，鬱陶也。」據此，乃喜而思見之辭。尚書疏訓「鬱陶」爲「憤結」之義，失之。

悠者，爾雅釋詁：「悠，思也。」詩關雎傳亦云：「悠，思也。」重文亦然。爾雅釋訓：「悠悠，思也。」詩青衿篇：「悠悠我思。」字通作「攸」。十月之交篇「悠悠我里」，爾雅釋文引作「攸攸」。司農劉夫人碑云「極攸遠索」，亦以「攸」爲「悠」也。又通作「遙」。詩雄雉篇「悠悠我思」，説苑辨物篇引作「遙遙」，言我思遙遠也。爾雅釋詁又云：「悠，遠也。遠之思也。」「悠、遠」一聲之轉。今人有所憂思，曰「悠悠惚惚」，即此義也。

懷者，爾雅釋詁：「懷，思也。」説文：「懷，念思也。」詩卷耳篇「嗟我懷人」，毛傳亦云：「懷，思也。」終風篇「願言有懷」，毛傳云：「懷，傷也。」楚辭悲回風篇云「嗟佳人之獨懷兮」〔一〕，王逸注云：「懷，念也。」「傷、念」並與「思」義近。詩皇皇者華篇「每懷靡及」，毛傳云：「懷，和也。」魯語云「臣聞：懷和爲每懷」，義亦與「思」近。

惄者，爾雅釋詁「惄，思也」，舍人注云：「志而不得之思也。」詩大東篇「惄焉如擣」，傳、箋並云：「惄，思也。」餘互見上文。

惟者，爾雅釋詁：「惟，思也。」説文：「惟，凡思也。」詩生民篇「載謀載惟」，鄭箋

〔一〕「嗟」，楚辭補注本作「惟」。

云：「惟，思也。」淮南子精神訓云「惟像無形」，高誘注亦云：「惟，思也。」書太甲篇「視遠惟明」；前漢書韋賢傳云「不惟履冰」，翟義傳云「惟經義分析」[一]：義並訓「思」。字通作「維」。詩維天之命釋文引韓詩云：「維，念也。」顔師古匡謬正俗云：「古文尚書皆爲維字，今文尚書變爲惟字。」是「維」與「惟」同。今人作書、札每用「近維」，作疏、表每用「伏惟」等字，並「思」之義也。

慮者，説文：「慮，謀思也。」爾雅釋詁：「慮，謀也。」又云：「慮，思也。」書太甲篇「弗慮胡獲」；詩雨無正篇「弗慮弗圖」；釋名云「慮，旅也。旅，衆也」；易曰「一致百慮，慮及衆物，以一定之也」；荀子禮論篇云「禮之中焉能思索謂之能慮」，正名篇云「情然而心爲之擇謂之慮」；孟子盡心篇「所不慮而知者」：皆以「慮」爲「思」。墨子經上篇云：「慮，求也。」「求」與「思」義近。

願者，爾雅釋詁：「願，思也。」詩終風篇「願言則嚏」，鄭箋亦云：「願，思也。」二子乘舟篇「願言思子」、伯兮篇「願言思伯」，鄭箋並云：「願，念也。」「念」亦「思」也。荀子榮辱篇云「小人莫不延頸舉踵而願曰」，楊倞注云：「願，慕也。」「慕」與「思」義

[一]「義」，漢書原作「藝」。

亦相近。案：「願、欲」二字互訓。今人有所欲之事曰「願欲」，或單言「願」，皆「欲思」之義也。

念者，爾雅釋詁「念，思也」，邢昺疏云：「念，常思也。」釋訓：「勿念，勿忘也。」小爾雅云：「無念，念也。」詩文王篇「無念爾祖」，毛傳亦云：「無念，念也。」孝經釋文引鄭注云「無念，無忘也」，義本爾雅釋訓。釋名云：「念，黏也。意相親愛，心黏著不能忘也。」論語公冶篇「不念舊惡」，皇侃疏云「念猶識録也」，義與「思」義近。今人凡相思曰「相念」，或曰「念念不忘」，並「思」之義也。

靖者，爾雅釋詁：「靖，謀也。」書盤庚篇「自作弗靖」，傳云：「靖，謀也。」詩召旻篇「實靖夷我邦」，毛傳亦云：「靖，謀也。」「思、謀」二字義近。今人謂苦思曰「儘思」。「儘、靖」一聲之轉。字通作「精」。説文：「一曰細貌。」又通作「靜」。字林：「靜，審也。」「審」與「思」義近。詩「靜言思之」，是「靜」爲「思」也。「精、靜」並與「靖」聲近義同。

慎者，廣雅：「慎，恖也。」「恖」與「思」同。王制云「凡聽五刑之訟，必意論輕重之序，慎測淺深之量，以别之」，賈子道術篇云「僶勉就善謂之慎」，義並與「思」近。説文：「慎，謹也。」「謹、慎」二字皆爲「思」，故中庸言「慎思之」也。今人謂遲疑以思曰「慎」，即此義也。上文云「慎，憂也」，「憂」與「思」亦近。

一二　敦、豐、厖、鴟鵂。乔、音介。憮〔一〕、海狐反。般、般桓。嘏、音賈。奕、戎、京、奘、在朗反。將，大也。凡物之大貌曰豐。厖，深之大也。東齊海岱之間曰乔，或曰憮；宋魯陳衛之間謂之嘏，或曰戎。秦晉之間凡物狀大謂之嘏，或曰夏。秦晉之間凡人之大謂之奘，或謂之壯。燕之北鄙齊楚之郊或曰京，或曰將。皆古今語也。語聲轉耳。初别國不相往來之言也，今或同，而舊書雅記故俗語，不失其方，皆本其言之所出也。雅，小雅也。而後人不知，故爲之作釋也。釋詁、釋言之屬。

維言案：説文：「天大地大人亦大，故大象人形。」老子云「域中之大有四：道大，天大，地大，王亦大」，是説文所本。易大有釋文云：「大有，包容豐富之象。」詩泮水篇「大賂南金」，鄭箋云：「大猶廣也。」荀子性惡篇云「大信齊焉而輕貨財」〔二〕，楊倞注云：「大，重也。」太玄玄衝篇云：「大，肥也。」漢書劉向傳注云：「大，巨也。」呂氏春

〔一〕「憮」，匯證據戴震疏證、盧文弨重校方言、錢繹方言箋疏、周祖謨方言校箋改作「幠」，又據廣韻「幠」音荒烏切，與本條郭音「海狐反」同，指出郭氏本爲「幠」注音，形近而訛爲「憮」。

〔二〕「大信齊」，二十二子本作「大齊信」，當據改。

秋慎大篇云「江河之大也」，高誘注云：「大，長也。」勿躬篇云「神合乎大一」，高誘注云：「大，通也。」「大」讀如「太」。「大、太」義同。勿躬篇又云「壄田大邑」，高誘注引新序「大」作「籾」，韓詩外傳作「壄田仞邑」。「籾、仞」義並與「大」通。淮南子覽冥訓云「殫盡大半」，高誘注云：「大半，過半也。」白虎通五行篇云：「大者[一]，大也。」風俗通云：「大者，太也。」是「太」與「大」通。莊子天地篇云：「不同同之之謂大。」老子云「强名之曰大」，王弼注云：「大者，高而無上，羅而無外，無不包容。」案：諸家之説，皆「大」義所引伸也。正韻：「大，小之對也。」是凡不小之物皆謂之「大」也。

敦者，廣雅：「𢾾，大也。」「𢾾」與「敦」同。爾雅釋天「太歲在午曰敦牂」，孫炎注云：「敦，盛；牂，壯也。」「壯」訓「大」之義。「敦」又音徒昆切，其義亦爲「大」。漢書「敦煌郡」，應劭注云：「敦，大也；煌，盛也。」周語「敦厖純固」，韋昭注云：「敦，厚也；厖，大也。」詩長發篇「爲下國駿厖」，毛傳云：「厖，厚也。」墨子經上篇云：「厚，有所大也。」「厚」有「大」義。今俗語言「敦厚」，亦是「壯大」之義。

豐者，廣雅：「寷，大也。」説文：「寷，大屋也。」「寷」與「豐」同。玉篇：「豐，大

[一]「大」，白虎通疏證本作「太」，當據改。

也。」易序卦云：「豐者，大也。」廣雅又云：「豐，滿也。」易豐卦鄭注云：「豐之言腆，充滿之意也。」雜卦傳云：「豐多故親。」詩「豐年多黍多稌」，鄭箋云：「大有年也。」湛露篇「在彼豐草」，毛傳云「豐，茂也」；周禮大司徒云「其民豐肉而庳」，鄭注云「豐猶厚也」；楚語云「不爲豐約舉」，韋昭注云「豐，盛也」；張衡西京賦云「地沃野豐」，薛綜注云[一]；宋玉神女賦云「貌豐盈以莊姝兮」，李善注云「豐，肥滿也」：義並與「大」相近。今人凡盛大者呼爲「豐盛」，肥大者呼爲「豐肥」，盈滿者呼爲「豐滿」，五穀大收呼爲「豐收、豐年」，皆「大」之義也。

庬者，爾雅釋詁：「庬，大也。」説文：「庬，石大也。」玉篇亦云：「庬，大也。」邢昺爾雅疏引左傳「民生敦庬」，言人生聚豐厚大有也。字與「蒙」通。詩長發篇「爲下國駿庬」，荀子引詩作「駿蒙」，是也。又通作「懞」。周語「敦庬純固」，管子五輔篇作「敦懞純固」，義並訓「大」。

夵者，説文：「夵，大也。」經典通作「介」。爾雅釋詁：「介，大也。」逸周書武順

[一]「薛綜注云」下脱「豐，饒也」三字，當據文選補。

解云「集固介德」，孔晁注云：「介，大也。」離騷云「彼堯舜之耿兮」〔一〕，王逸注亦云：「介，大也。」易晉卦「受茲介福」；左氏襄二十八年傳云「寡君之貴介弟也」，昭二十四年傳云「問於介衆」，哀十四年傳云「有介麇焉」，「介」並訓「大」。字通作「价」。正韻：「价，善也，大也。」詩板篇「价人維藩」，毛傳云「价，善也」，「善」與「大」義近。

憮者，集韻：「憮，大也。」詩巧言篇「亂如此憮」，毛傳云：「憮，大也。」案：「憮」者，「幠」之假借。爾雅釋詁「幠，大也」，郭注引詩「亂如此幠」。説文：「幠，覆也。」覆冒義爲「大」。爾雅釋言：「憮，傲也。」字亦以作「幠」爲正。禮記投壺云「毋幠毋敖」，鄭注：「幠，傲慢也。」「傲」者，「大」義之引伸。字通作「膴」。儀禮公食大夫禮及周禮腊人鄭注並云：「膴，大也。」「膴」義與「廡」同。晉語云「不能繁廡」，韋昭注云：「廡，豐也。」張衡東京賦云「草木繁廡」，薛綜注云：「廡，盛也。」「豐、盛」皆「大」也。釋名云：「大屋曰廡。廡，幠也。幠，覆也。」管子國蓄篇「夫以室廡籍謂之毁成」，房注云：「大曰廡。」説文「無，豐也」，引商書「庶草繁無」，今書「無」作「廡」。「廡、無」聲義並同。「憮」之轉聲爲「荒」。詩天作篇「大王荒之」，毛傳云：「荒，大也。」是「憮、

〔一〕楚辭補注「耿」下有「介」字，當據補。

憮、膴、廡、無」並字異義同。「憮、荒」一聲之轉也。

般者，廣雅：「般，大也。」孟子公孫丑篇「般樂怠敖」，趙岐注云：「般，大也。」字通作「胖」。大學「心廣體胖」，鄭注云：「胖猶大也。」説文：「伴，大皃。」詩卷阿篇「伴奐爾游矣」，毛傳云：「伴奐，廣大有文章也。」「伴」與「般」通。士冠禮注云：「弁名出於槃。槃，大也。言所以自光大也。」説文：「幋，衣大巾也。」「鞶，大帶也。」易訟卦九二「或錫之鞶帶」[一]，馬融注云：「鞶，大也。」文選嘯賦引聲類云：「磐，大石也。」是「胖、伴、槃、鞶、幋、磐」並與「般」聲近義同。

郭注音「般桓」者，廣雅：「般桓，不進也。」易屯卦：「般桓利居貞。」史記索隱云：「般，槃桓也。」今借爲「盤桓」字。是「般桓、槃桓」並與「盤桓」通也。

嘏者，爾雅釋詁：「嘏，大也。」説文：「嘏，大遠也。」郊特牲云：「嘏，長也，大也。」「長、遠」皆「大」之義也。詩賓之初筵篇「錫爾純嘏」，卷阿篇「純嘏爾常矣」，鄭箋云：「予福曰嘏。」我將篇「伊嘏文王」，閟宮篇「天錫公純嘏」，鄭箋云：「受福曰嘏。」載見

[一]「九二」當作「上九」。

篇「俾緝熙于純嘏」，鄭箋云：「天子受福曰曰大嘏。」[一]是凡言「嘏」者，皆「受福」之義也。受福者欲其大，故「嘏」義與「大」相近也。字通作「格」。少牢饋食禮云「以嘏於主人」，鄭注：「古文嘏爲格。」士冠禮云「孝友時格」，鄭注：「今文格爲嘏。」又通「假」。爾雅釋詁：「假，大也。」詩烈祖篇「鬷假無言」，左氏昭二十年傳作「鬷嘏無言」。是「嘏、假」同也。又通作「遐」。詩南山有臺篇：「遐不眉壽。」旱麓篇：「遐不作人。」斥長田君碑「遐尒」作「遐」，侯成碑「遐爾」作「遐」，「遐、遐」並與「遐」同。爾雅釋詁：「遐，遠也。」詩天保篇「降爾遐福」、汝墳篇「不我遐棄」，義並訓「遠」，「遠」與「大」義近也。

奕者，爾雅釋詁：「奕，大也。」重文亦然。詩韓奕篇「奕奕梁山」、巧言篇「奕奕寢廟」，毛傳皆云：「奕奕，大貌。」文選秋懷詩注引韓詩薛君章句云：「奕奕，盛貌。」廣雅亦云：「奕奕，盛也。」「盛、大」義近。「奕奕」通作「繹繹」。詩閟宮篇「新廟奕奕」，周禮僕隸注作「繹繹」。字又通作「亦」。詩噫嘻篇「亦服爾耕」、豐年篇「亦有高廩」，鄭箋並云：「亦，大也。」文王篇「不顯亦世」，後漢書袁術傳及魏書禮志並作「不顯奕

[一] 上句衍一「曰」字。

世」。武榮碑云「亦世載德」，周語作「奕世載德」。是「亦」與「奕」同。

戎者，爾雅釋詁：「戎，大也。」詩民勞篇「戎雖小子」，毛傳云：「戎，大也。」烈文篇「念茲戎功」，鄭箋云：「戎功，大功也。」緜篇「戎醜攸行」、思齊篇「肆戎疾不殄」，「戎」皆訓「大」。書盤庚篇「乃不畏戎毒於遠邇」，注云：「戎毒，大毒也。」爾雅釋草：「戎菽謂之荏菽。」詩生民篇「荏菽旆旆」，鄭箋云：「戎菽，大豆也。」逸周書王會解云「山戎之菽」，孔晁注云：「巨豆也。」「巨」亦「大」也。爾雅釋畜「馬八尺爲駥」，釋文本作「戎」，是「戎」爲「大」也。並「戎」訓「大」之證。

京者，爾雅釋詁：「京，大。」釋丘：「絶高謂之京。」「高」與「大」義近。左氏襄二十五年傳云「辨京陵」；淮南子覽冥訓云「築重京」；呂氏春秋禁塞篇云「爲京丘，若山陵」，高誘注云「令土築之[一]，以爲京觀」：並本爾雅釋丘之義。詩皇矣篇「依其在京」，毛傳云：「京，大阜也。」定之方中篇「景山與京」，毛傳云：「京，高丘也。」大明篇「曰嬪于京」，毛傳云：「京，大也。」左氏莊二十二年傳云「莫之與京」，杜預注亦云：「京，大也。」公羊桓九年傳云：「京師者何？天子之居也。京者何？大也。」蔡邕獨斷

[一]「令」，二十二子本作「合」。

云：「天子所居曰京師。京，大也；師，衆也。」詩文王篇「裸將于京」、有聲篇「宅是鎬京」，並訓「京」爲「京師」。今人謂帝王建都之地曰京，出此。是凡言「京」者，皆「大」之義也。字通作「景」。爾雅釋詁：「景，大也。」詩楚茨篇「以介景福」、車舝篇「景行行止」、烈祖篇「景員維何」，義並訓「大」。定之方中篇「景山與京」，毛傳云：「景山，大山。」白虎通云：「景者，大也。」是「景」與「京」聲近義同。

奘者，說文：「奘，駔大也。」爾雅釋言「奘，駔也」，郭注云：「駔猶麤也。」樊光、孫炎本並作「將，且也」。釋文：「沈集注本作奘」。案：「奘」乃「將且」之誤。字通作「壯」。爾雅釋詁：「壯，大也。」說文亦云：「壯，大也。」廣雅「壯，健也」；易「大壯」，王肅注云「壯，盛也」：並與「大」義相近。管子小問篇云「至其壯也」，房注云：「謂苗轉長大。」字又通作「將」。爾雅釋詁：「將，大也。」禮記射義云「幼壯孝弟」，鄭注云：「壯，或爲將。」詩北山篇「鮮我方將」，毛傳云：「將，壯也。」正月篇「亦孔之將」、長發篇「有娀方將」，毛傳並云：「將，大也。」廣雅：「將，美也。」又云：「將，長也。」「長」、「美」並與「大」義相近。

夏者，爾雅釋詁：「夏，大也。」禮記鄉飲酒義云：「夏之爲言假也。」尚書大傳云：「夏者，假也。」釋名云：「夏，假也。寬假萬物，使生長也。」爾雅釋詁：「假，大也。」是

「夏、假」二字聲近義同。詩權輿篇「於我乎夏屋渠渠」，毛傳云「夏，大也」；時邁篇「肆于時夏」，鄭箋云「樂歌大者稱夏」；楚辭招魂篇云「冬有突夏」，王逸注云「夏，大屋也」；哀郢篇云「曾不知夏之爲丘兮」，王逸注云「夏，大殿也」；呂氏春秋求人篇云「夏海之窮」，高誘注云「夏，大冥也」[一]：並「夏」訓「大」之證。崔靈恩三禮義宗云：「夏，大也。至此之時，物已長大，故以爲名。」是四時之「夏」爲其本訓，餘皆假借字也。

一三 **假**、音駕。**洛**、古格字。**懷、摧、詹、戾、艐**，古屆字。**至也。邠唐冀兖之間曰假，或曰洛。**邠，今在始平漆縣。唐，今在太原晉陽縣。**齊楚之會郊**兩境之間。**或曰懷。摧、詹、戾，楚語也。**詩曰「先祖于摧」「六日不詹」「魯侯戾止」之謂也。此亦方國之語，不專在楚也。**艐，宋語也。皆古雅之別語也，**雅，謂風雅。**今則或同。**

維言案：說文：「至，鳥飛从高下至地也。从一，一猶也。」[二]文選長笛賦注引字林云：「至，到也。」論語子罕篇：「鳳鳥不至。」樂記云「物至知知」，鄭注云：「至，

[一]「夏」，二十二子本作「夏海」，當據改。
[二]說文「猶」下有「地」字，當據補。

來也。」楚語云「至于神明」，韋昭注云「至，通也」；史記春申君傳云「物至則反」，注云「至，極也」：並與「來到」義近。字通作「致」。廣雅：「致，至也。」樂記云「右致憲左」[一]，鄭注云：「謂膝至地也。」漢書公孫宏傳云「致利除害」，注云：「謂引而至也。」是「致」與「至」義同。禮記大學篇云：「先致其知。」中庸篇云：「其次致曲。」月令云：「必工致爲上。」玉藻云：「稽首據掌致地。」[二]曲禮云：「五十不致毀。」禮器及莊子外物篇釋文並云：「致，本作至。」是「致、至」古通用。又通作「砥」。聘禮注云：「今文至爲砥。」又通作「之」。詩柏舟篇「之死矢靡他」，毛傳云：「之，至也。」又通作「止」。泮水篇「魯侯戾止」，毛傳云：「止，至也。」又通作「抵」。漢書禮樂志云：「草木零落，抵冬降霜。」是「抵」爲「至」也。是「至、致、砥、之、止、抵」並聲近義同。

假者，說文：「假，至也。」又云「假，一曰至也」，引虞書：「假于上下。」今堯典作「格于上下」。是「格」與「假」同。詩雲漢篇「昭假無贏」，毛傳云：「假，至也。」禮

〔一〕「右致」，十三經注疏本作「致右」。

〔二〕十三經注疏本「致」下有「諸」字。

記王制云「歸假於禰祖」〔一〕，孔子閒居云「昭假遲遲」〔二〕，鄭注並訓「至」。是「假」者，「假」之假借字也。

佫者，古「格」字也。爾雅釋詁：「格，至也。」釋言：「格，來也。」「來」亦「至」也。小爾雅云：「格，止也。」「止」亦「至」也。詩抑篇「神之格思」，毛傳云：「格，至也。」楚茨篇「神保是格」，毛傳云：「格，來也。」字通作「假」。凡書之「來格、格王、格人、格于皇天」之「格」，史記、漢書俱作「假」。又通作「嘏」。士冠禮注云：「今文格爲嘏。」又通作「佫」。逸周書小開武解云：「非時罔有佫言。」〔三〕「佫」即古「格」字。是「假、嘏、佫」並與「格」古通用。

懷者，爾雅釋詁：「懷，至也。」郭注用方言。釋詁又云：「懷，止也。」「止」亦「至」也。釋言：「懷，來也。」「來」亦訓「至」。釋名云：「懷，回也。本有去意，回來就己也。亦言歸也，來歸己也。」「回歸」義亦爲「至」。詩南山篇「曷又懷止」，鄭箋云「懷，來也」；鼓鐘篇「懷允不忘」、匪風篇「懷之好音」，毛傳云「懷，歸也」；周禮小宰云「以

〔一〕「禰祖」，十三經注疏本作「祖禰」。
〔二〕「昭假遲遲」實出詩經商頌長發。
〔三〕「時」，逸周書原作「使」。

懷賓客」，鄭注云「懷亦安也」：義並與「至」相近。

摧者，爾雅釋詁：「摧，至也。」詩雲漢篇「先祖于摧」，毛傳云：「摧，至也。」張衡東京賦云「五精帥而來摧」，薛綜注云：「摧，至也。」太玄玄圖篇云「摧上萬物」，注云：「摧，極也。」「極」與「至」義近。字通作「誰」。詩北門篇「室人交偏摧我」，韓詩「摧」作「誰」。又通作「嗺」。雲漢箋云「摧，當作嗺」，是也。義又近「察」。尚書大傳云：「察者，至也。」廣雅：「察，至也。」「摧、察」一聲之轉。

詹者，爾雅釋詁：「詹，至也。」詩采綠篇「六日不詹」、閟宮篇「魯邦所詹」，毛傳並云：「詹，至也。」張衡思玄賦云「黄靈詹而訪命兮」，舊注亦云：「詹，至也。」「詹、至」雙聲之字。字通作「瞻」。「魯邦所詹」，説苑、風俗通並作「瞻」是也。

戾者，爾雅釋詁：「戾，至也。」詩泮水篇「魯侯戾止」，毛傳云：「戾，來也。」「來」亦「至」也。旱麓篇「鳶飛戾天」、采菽篇「亦是戾矣」，毛傳並云：「戾，至也。」爾雅釋詁又云：「戾，止也。」書康誥篇云「未戾厥心」，注云：「戾，止也。」「止」亦訓「至」。廣雅：「戾，定也。」左氏襄二十九傳云「乃猶可以戾」，杜預注云：「戾，定也。」「定」與「至」義亦相近。

艐者，説文：「艐，船箸不行也。」[一]廣韻引説文作「箸沙不行」。爾雅釋詁：「艐，至也。」史記司馬相如傳云「蹋以艐路兮」，徐廣注云「艐，至也」，是矣。漢書張揖注云「艐，著也」，失之。

郭注謂「古屆字」者，本孫炎説以「艐」爲「屆」。郭注爾雅用方言，竟以「屆」字代「艐」字，失之。爾雅釋文：「艐，郭音屆，孫云『古屆字』。」然「凷、㚇」聲隔，「屆」義非「屆」音也，孫與郭皆失之。爾雅釋言：「屆，極也。」「極」亦「至」義。張參五經文字云：「艐，爾雅作屆。」則唐本爾雅並「大」文而亦誤矣。今人呼至期曰「屆期」，俗語相沿皆用「屆」字，不知「艐」之音義矣。

一四　**嫁、逝、徂、適，往也。自家而出謂之嫁，由女而出爲嫁也。逝，秦晉語也。徂，齊語也。適，宋魯語也。往，凡語也。**

維言案：往，説文作「徃」，云：「徃，之也。」「徃、之」互相訓。釋名云：「往，暀也。歸往於彼也。」廣雅：「往，至也。」又云：「往，去也。」易咸卦云「憧憧往來」，虞翻注

[一]「箸」，説文原作「著」。下廣韻引文同。

云：「之外爲往。」晉語云「吾言既往矣」，韋昭注云：「往，行也。」論語述而篇云「不保其往也」，鄭注云：「往猶去也。」義並相近。字通作「徃」。廣雅：「徃，往也。」字又通作「迋」。説文：「迋，往也。」古文「徍」作「迬」，「迋」即「迬」之省文。左氏襄二十八年傳云「君使子展迋勞於東門之外」，漢書五行志「迋」作「往」。是「往、徃、迋、迬、徍、往」聲義並同。

嫁者，爾雅釋詁：「嫁，往也。」説文：「嫁，女適人也。」易序卦「歸妹」，虞翻注云：「嫁，歸也。」儀禮喪服「子嫁反」，注云：「凡女子行於士大夫以上曰嫁〔一〕，行於士庶人曰適。」此對文耳，若散文則「嫁」亦訓「適」，「適」亦訓「嫁」。「嫁、適」俱訓「往」也。列子天瑞篇云「子列子居鄭圃。將嫁於衛」，「嫁」即「往」也。趙策云：「韓之所以內趙者，欲嫁其禍也。」是以「嫁」爲「賈」。「賈」者，「嫁」之假借字也。孟子滕文公篇云「往之女家」謂「女子之嫁也」，故白虎通云「嫁者，家也。婦人外成以出，適爲嫁」，並以「嫁」爲「往」。今俗語謂女子適人猶曰「嫁」也。

逝者，爾雅釋詁：「逝，往也。」説文與爾雅同。廣雅：「逝，行也。」「行」與「往」

〔一〕十三經注疏本無「士」字。

義近。論語子罕篇云「逝者如斯夫」，皇侃疏云「往去之詞也」；陽貨篇云「日月逝矣」，皇侃疏云「逝，速也」；詩谷風篇「無逝我梁」，毛傳云「逝，之也」；十畝之間篇「行與子逝兮」，鄭箋云「逝，逮也」：義並與「往」相近。字通作「遰」。說文：「遰，去也。」夏小正「遰鴻雁」，傳云：「遰，往也。」易大有釋文云：「晢，鄭本作遰，陸本作逝。」史記屈賈傳云「鳳漂漂其高遰兮」，索隱曰：「遰，音逝。」漢書賈誼傳「遰」作「逝」。是「逝、遰」通用也。

徂者，爾雅釋詁：「徂，往也。」說文作「退」，云：「退，往也。或作徂。」是「徂」乃「退」之或體。字通作「且」。詩溱洧篇「士曰既且」，釋文云：「且，往也。」玉篇作「趄」。是「趄、且」並與「徂」聲近義同。詩氓篇「自我徂爾」、桑柔篇「云徂何往」、東山篇「我徂東山」，穆天子傳云「我徂黃竹」，書大禹謨云「惟時有苗弗率，汝徂征」，文選諷諫詩云「歲月其徂」，義並訓「往」。經典相承，皆用「徂」字，是本爾雅。

適者，爾雅釋詁：「適，往也。」書盤庚云「民不適攸居」，呂刑云「上刑適輕，下服」，詩四月篇「爰其適歸」，儀禮大射儀云「降，適阼階下」，周禮小行人云「使適四方」，禮記內則云「以適父母舅姑之所」，左氏昭十五年傳云「民知所適」，論語子路篇云「子適衛」，義並與「往」近。說文：「適，之也。」詩緇衣篇「適子之館兮」，「適」亦訓「之」。

「之」與「往」義亦近也。

一五　謾台、蠻、怡二音。**脅閲，**呼隔反。**懼也。燕代之間曰謾台，齊楚之間曰脅閲。宋衛之間凡怒而噎噫，**噎謂憂也。噫，央媚反。**謂之脅閲。**脅閲猶閲穀也〔一〕。**南楚江湘之間謂之嘽咺。**湘，水名，今在零陵。咺，音香遠反。

維言案：説文：「懼，恐也。」字通作「愯」。廣雅：「愯，驚也。」「驚、恐」義近。莊子天運篇云「吾始聞之懼」，庚桑楚篇云「南榮趎懼然顧其後」，釋文並云：「懼，本作愯。」前漢書惠帝贊云「聞叔孫通之諫則懼然」，東方朔傳云「吴王懼然改容」，並當作「愯」。「愯」與「懼」，聲義近同。説文「瞿」字注云：「舉目驚瞿然也。」管子戒君篇云「請矍已乎」〔三〕，房注云：「矍已，謂有驚懼而問未止也。」「瞿、矍」並與「懼」亦聲近義同。

謾台者，廣雅：「謾台，懼也。」「謾台」猶「謾訑」也。「謾訑」訓「欺」、「謾台」訓

〔一〕「閲穀」，戴震疏證本作「潤沭」。
〔三〕「君」字當在「云」下。

「懼」，皆古之方土語也。

脅閱者，廣雅：「脅閱，懼也。」爾雅釋言：「閱，恨也。」詩常棣篇「兄弟閱于墻」，毛傳云：「閱，很也。」曲禮鄭注云：「很，閱也。」「很」與「恨」同。説文：「閱，恒訟也。」「恨、訟」並與「懼」義相近。「脅」者，「怯」之假借字也。淮南子本經訓云「明于性者天地不能脅也」，高誘注云：「脅，恐也。」字又作「愶」。廣雅：「愶，怯也。」「愶」與「脅」通。郭云「閱穀」未詳，要是方土俗語耳。

噎噫者，詩黍離篇「中心如噎」，毛傳云：「噎，憂不能息也。」字通作「唈」。爾雅釋言「僾，唈也」；荀子禮論篇云「愅詭唈僾」，楊倞注云「氣不舒憤鬱之貌」；淮南子覽冥訓云「爲之增欷歍唈」，高誘注云「唈，失聲也」：義並與「噎」近。字又通作「嗄」。集韻：「嗄，氣逆也。」楚人謂啼極無聲曰「嗄」。噫者，玉篇：「噫，傷痛之聲也。」廣韻：「噫，恨聲。」案：「噫」訓「恨聲」，則「噎」亦當訓「恨痛」之義，與「脅閱」相合，乃與郭注訓「憂」之義相近也。

嘽咺者，集韻：「嘽咺，迂緩貌。」「咺」通作「喛」。集韻又云：「嘽喛，泣貌。」上文「凡哀泣而不止曰咺」，與「嘽喛」之義相發明。「咺」又通作「唌」。集韻：「嘽唌，聲舒緩也。」王褒洞簫賦云：「嘽唌逸欲戒其失。」[一]「嘽唌」與「嘽咺」聲近。集韻又云：「嘽，慄也。」「慄」與「懼」義相近，故「嘽咺」亦借爲訓「懼」之義。

一六　**虔、劉、慘、惏，殺也。**今關西人呼打爲惏，音廩，或洛感反。**秦晉宋衛之間謂殺曰劉，晉之北鄙亦曰劉。秦晉之北鄙燕之北郊翟縣之郊謂賊爲虔。**今上黨潞縣即古翟國。**晉魏河内之北謂惏曰殘，楚謂之貪，南楚江湘之間謂之欺[二]。**言欺惏難猒也。

維言案：說文：「殺，戮也。」爾雅釋詁：「殺，克也。」釋名云：「殺，竄也。埋竄之使不復見也。」廣雅：「殺，賊也。」風俗通云：「殺，治也。吳越曰殺。」書咸有一德釋文云：「殺，害也。」王制鄭注云：「殺，獲也。」李軌莊子注云：「殺，猶亡也。」「殺」又同「死」。孟子盡心篇云：「凶年不能殺。」言不能死之也。皆與「殺戮」之義相近。字或作「煞」。孫叔敖碑云「陰爲賊寇所煞」，武梁祠堂畫象贊云「豫讓煞身」，並作「煞」。「煞」與「殺」同。

[一]「欲」，文選原作「豫」。

[二]「欺」，戴震疏證本作「飲」。注内同。

虔者，左氏成十三年傳云「虔劉我邊陲」，杜預注云：「虔、劉，皆殺也。」左思魏都賦云「席捲虔劉」，義與左傳同。玉篇「虔，强取也」，亦與「殺」義相近。案：虔者，「𢦟」之假借字也[一]。説文「𢦟，殺也」，引書「西伯既𢦟黎」，今書作「西伯戡黎」。「𢦟」與「戡」通。「𢦟、虔」聲近義同。

劉者，爾雅釋詁：「劉，殺也。」又云：「劉，克也。」「克」與「殺」義近。説文作「鎦」，云：「殺也。」通作「劉」。書盤庚云：「無盡劉。」詩武篇「勝殷遏劉」，毛傳云：「劉，殺也」。周書世俘解云「則咸劉商王紂」，孔晁注云：「劉，尅也。」假借爲「膢」。漢書武帝紀注引漢儀注云「立秋，貙膢」，伏儼注云：「膢，音劉。劉，殺也。」顔師古注云：「續漢書作貙劉。」「劉、膢」聲近義通。

慘者，説文：「慘，毒也。」「毒」與「殺」義近。漢書陳湯傳云：「慘毒行于民。」後漢書周紆傳云「苛慘失中」，注云：「慘，虐也。」「虐」與「殺」義亦近。字通作「𤢄」。説文：「𤢄，賊疾也。」廣雅：「𤢄，賊也。」「𤢄」與「慘」聲近義同。

㨆者，郭注謂「關西人呼打爲㨆」。案：「㨆」疑是「抌」字。説文「抌，深擊也」；

[一] 據下引書證，本條「𢦟」皆當作「𢦟」。

廣雅「扰，刺也」；列子黄帝篇云「攩拯挨扰」，張湛注云「扰，擊背也」：義並與郭注相近。「扰、掫」亦聲近義同。

賊者，説文：「賊，敗也。」玉篇：「賊，劫人也。」書舜典云「寇賊奸宄」，鄭注云「殺人曰賊」；論語先進篇云「賊夫人之子」，皇侃疏云「賊猶害也」；左氏僖九年傳云「不僭不賊」，杜預注云「賊，傷害也」；昭十四年傳云「殺人不忌爲賊」；大戴禮曾子立事篇云「殺人而不戚也，賊也」；周禮夏官大司馬云「賊賢害民則伐之」：皆與「殺」義相近。晉語云「使鉏麑賊之」，韋昭注云「賊，殺也」，是其正義。

殘者，説文：「殘，賊也。」蒼頡篇云：「殘，傷也。」孟子梁惠王篇云：「賊仁者謂之賊，賊義者謂之殘。」是「殘、賊」義同也。周禮夏官大司馬「掌九伐之法，放弑其君則殘之」，鄭注云：「殘，殺也。」釋名云：「殘，踐也，踐使殘壞也。」秦策云「昔智伯瑶殘范中行」，高誘注云：「殘，滅也。」齊策云「則汝殘矣」，高誘注云：「殘，壞也。」「滅、壞」並與「殺」義近。史記樊噲傳云「殘東垣」，注云「謂多殺傷也」[一]；樊酈滕灌傳云「凡二十七縣殘」，集解云「謂多所殺傷」；西山經五殘郭注云「五刑殘殺之氣也」：並

〔一〕史記「多」下有「所」字。

「殘」訓「殺」之證。

貪者，説文：「貪，欲物也。」廣雅：「貪，欲也。」「貪、殘」一聲之轉，義同。言「貪」猶言「殘」也。

欺者，郭注：「言欺惏難猒也。」案：「欺惏」當作「欺惏」。説文：「河内之北謂貪曰惏。」左氏昭二十八年傳云「貪惏無厭」，賈逵注云：「惏，嗜也。」「惏」與「婪」略同。説文：「婪，貪也。」楚辭離騷云「衆皆競進而貪婪兮」，王逸注云：「愛食曰婪。」是「惏、婪」聲近義同。郭注作「惏」，失之。李翊俗呼小録云：「見陵於人爲欺負。」今俗語謂陵人曰「欺負」出此。又謂貪而無厭者曰「欺」。是「貪、欺」義同也。

一七　亟、憐、憮、㤉，愛也。東齊海岱之間曰亟。詐欺也。**自關而西秦晉之間凡相敬愛謂之亟；陳楚江淮之間曰憐；宋衛邠陶之間曰憮，或曰㤉。**陶唐，晉都處。

維言案：憐、憮、㤉、愛俱見上文。

亟者，「暱」之假借也。爾雅釋言：「暱，亟也。」廣雅：「慲，愛也。」「慲」與「亟」通。韻會：「亟，敏也。疾也。」字通作「棘」。詩文王有聲篇「匪棘其欲」，鄭箋云：「棘，急也。」又通作「極」。易説卦「爲亟心」，荀本作「極」；荀子賦論云「反覆甚極」，楊倞注云「極與亟同」：並與郭注訓「詐欺」之義異。廣雅又云：「亟，敬也。」「敬、愛」義近，故曰凡相敬愛謂之「亟」也。

一八　眉、梨、耋、鮐，老也。東齊曰眉，言秀眉也。**燕代之北鄙曰梨，**言面色如凍梨。**宋衛兗豫之内曰耋，**八十爲耋。音經。**秦晉之郊陳兗之會曰耇鮐。**言背皮如鮐魚。耇，音垢。

維言案：爾雅釋詁：「老，壽也。」説文「老，考也。七十曰老」，本曲禮文。論語季氏篇云「及其老也」，皇侃疏：「謂五十以上。」管子海王篇注云：「六十以上謂老男，五十以上謂老女。」鄭衆注周禮鄉大夫云：「謂若八十九十復羨卒也。」〔一〕諸家説「老」不同。要自五十以上皆稱「老」也。釋名云「老，朽也」；蔡邕獨斷云「老謂久也，舊也，壽也」；白虎通云「老者，壽考也」：俱本爾雅之義爲説也。

眉者，廣雅：「眉，老也。」詩七月篇「以介眉壽」，毛傳云：「眉壽，豪眉也。」正義云：「人年老者，必有豪毛秀出。」南山有臺篇「遐不眉壽」，毛傳云：「眉壽，秀眉也。」閟宫篇「眉壽無有害」，鄭箋云：「秀眉，亦壽徵。」儀禮士冠禮云「麋壽萬年」作「麋」，

〔一〕十三經注疏本「謂若」上有「老者」二字，下有「今」字，當據補。

少牢禮作「微」。是「麋、微」並與「眉」通。

梨者，廣雅：「梨，老也。」

郭注謂「面皮如凍梨」者，釋名云「九十曰鮐背，或曰凍梨，皮有班點如凍梨色也」；荀子堯問篇云「顏色黎黑而不失其所」，楊倞注云「謂面如凍梨之色」：義並與郭同。字通作「黎」。吴語云「播棄黎老」，韋昭注云：「黎，凍梨，壽徵也。」「黎、梨」聲近義同。

耊者，爾雅釋言「耊，老也」，邢昺疏云：「耊，鐵也，老人面如鐵色。」郭注謂「八十曰耊」者，説文「八十曰耊」，「耊」與「耊」同。左氏僖九年傳云「以伯舅耊老」，杜預注云：「七十曰耊。」易雜卦釋文亦云：「七十曰耊。」離卦「則大耊之嗟焉」，馬融注亦云：「七十曰耊。」公羊宣十二年傳云「使率一二耊老而綏焉」，何休注云：「六十稱耊。」是「耊」訓八十，亦訓七十、六十，無正文也。字亦作「戴」。漢書孔光傳云「犬馬齒戴」，注云：「戴，老也。」是「戴」與「耊」亦同。

鮐者，爾雅釋詁「鮐背，壽也」，舍人注云：「老人氣衰，皮膚消瘠，背若鮐魚也。」説文：「鮐，海魚也。」釋名云：「九十曰鮐背，背有鮐文也。」字通作「台」。詩行葦篇「黄耇台背」，毛傳云：「台背，大老也。」鄭箋云：「台之言鮐也。大老則背有鮐文。」今登萊海上有此魚，土人呼爲鮐鮁，背有黑點如斑，老人背亦有黑斑似此魚，故稱「鮐背」。耇者，說文：「老人面凍黎若垢。」爾雅釋詁「耇，壽也」，孫炎注云：「面如凍梨，色如浮垢，老人壽徵也。」舍人注云：「耇，覯也。血氣精華覯竭，色赤黑如狗矣。」釋名曰：「耇，垢也，皮色驪顇，恒如有垢者。」是「耇、覯、垢」並聲近義同。書微子篇云「拂其耇長」，君奭篇云「耇造德不降」；逸周書皇門解云「克有耇老」：義並與「老、壽」相近。

一九　修、駿、融、繹、尋、延，長也。陳楚之間曰修，海岱大野之間曰尋，大野，今高平鉅野。**宋衛荊吳之間曰融。自關而西秦晉梁益之間凡物長謂之尋。周官之法：度廣爲尋，**度謂絹帛橫廣。**幅廣爲充。**爾雅曰：「緇廣充幅。」**延、永，長也。凡施於年者謂之延，施於衆長謂之永。**各隨事爲義。

維言案：說文：「長，久遠也。」廣雅：「長，常也。」詩文王篇「不長夏以革」，鄭箋云：「長猶常也。」增韻：「長，短之對也。」易說卦云：「巽爲長爲高。」「長」與「高」對文。亦訓「長短」之義。前漢書田橫傳云「尺有所短，寸有長長」〔一〕，亦是此義。「長」

〔一〕「長長」似當作「所長」。按，漢書中未見此句引文。

亦訓「久」。廣雅又云：「長，久也。」詩長發篇「幅隕既長」，鄭箋云：「長猶久也。」老子道德經云：「天地所以能長且久者，以其不自生，故能長生。」是「長、久」二字互訓。「長」又訓「遠」。詩泮水篇「順彼長道」，鄭箋云：「長，遠也。」蒹葭篇「道阻且長」，義亦訓「遠」。甫田篇「禾易長畝」，毛傳云：「竟畝也。」禮記樂記云「長言之也」，鄭注云：「引其聲也。」「竟、引」皆有「遠」義。文選吴都賦云「習御長風」，李善注云：「遠風也。」是「長」訓「遠」之證。

修者，廣雅：「脩，長也。」「脩、修」通用。詩六月篇「四牡修廣」，毛傳云：「修，長也。」爾雅釋宫「陜而修曲曰樓」，郭注云：「修，長也。」考工記匠人云「堂修二七」，鄭注云：「南北之深也。」離騷云「又重之以修能」，王逸注云：「修，遠也。」「深、遠」皆「長」之義也。史記秦始皇本紀云「德惠修長」，索隱云：「修亦長也。」是「修、長」二字義本相近。

駿者，爾雅釋詁：「駿，長也。」詩雨無正篇「不駿其德」、清廟篇「駿奔走在廟」，毛傳並云：「駿，長也。」字又訓「大」。爾雅釋詁又云：「駿，大也。」詩文王篇「駿命不易」、文王有聲篇「遹駿有聲」、崧高篇「駿極于天」、長發篇「爲下國駿厖」，義並訓「大」。「大」與「長」義近也。字通作「峻」。詩「駿命不易」，大學引作「峻」，是「峻、駿」義同。離騷云「翼枝葉之峻茂兮」，王逸注云：「峻，長也。」淮南子本經訓云「山無峻幹」，高誘注云：「峻幹，長枝也。」「峻、駿」聲義皆同。字又通作「俊」。詩長發箋云：「駿之言俊也。」夏小正「時有俊風」，傳云：「俊者，大也。」「初俊羔」，傳亦云：「俊者，大也。」「俊」與「駿」亦聲近義同。

融者，爾雅釋詁「融，長也」，郭注云：「宋衛荆吴之間曰融。」是本方言。白虎通云：「融者，續也。」「續」有「長」義，乃「庸」之假借字也。詩既醉篇「昭明有融」，毛傳云：「融，長也。」周語云「顯融昭明」，韋昭注亦云：「融，長也。」字通作「肜」。文選思玄賦云「展洩洩以肜肜」，李善注云：「融與肜古字通用。」後漢書張衡傳注云：「肜與融同。」是「肜、融」聲並近。今俗呼多而長者曰「宂長」，「宂」與「融」亦聲義相近。

繹者，廣雅：「繹，長也。」説文：「繹，抽絲也。」爾雅祭名：「繹，又祭也。周曰繹，商曰肜。」書高宗肜日正義引孫炎爾雅注云：「繹，祭之明日，尋繹復祭也。」「肜、繹」皆「相尋不絶」之義。論語子罕篇云「繹之爲貴」，馬融注云：「繹，尋也。」「尋」有「長」義。詩車攻篇：「會同有繹。」「繹」乃「奕」之假借字。「奕」訓「大」，「大」亦爲「長」。毛傳訓「陳」，失之。

尋者，廣雅：「尋，長也。」説文：「尋，繹理也。度人之兩臂爲尋，八尺也。」周禮地官媒氏注云：「八尺曰尋，倍尋曰常。」詩閟宫篇「是尋是尺」，毛傳亦云：「八尺曰尋。」儀禮公食禮注云：「丈六尺曰常，半常曰尋。」趙岐孟子注亦云：「八尺曰尋。」小爾雅云：「四尺謂之仞，倍仞謂之尋。」其説「仞」雖異，其説「尋」則同，而史記索隱則云：「七尺曰尋。」案：度廣曰「尋」，度深曰「仞」，皆伸兩臂爲度，度廣則身平臂直，適得八尺；度深則身側臂曲，而僅得七尺。故仞亦或言八尺，尋亦或言七尺也。是凡言「尋」皆「長」之義也。

延者，爾雅釋詁：「延，長也。」説文：「延，長行也。」廣雅：「延，延長也。」左氏成十三年傳云「君亦悔禍之延」，論語摘輔象云「隕丘受延禧」，離騷云「延佇乎吾將反」，文選洛神賦云「延頸秀項」，義並訓「長」。淮南子本經訓云「延樓棧道」，高誘注云：「延樓，高樓也。」「高」與義亦近〔一〕。「延」从木爲「梴」。説文：「梴，長木也。」从手爲「挺」。説文：「挻，長也。」是「延、梴、挻」聲義皆近。又與「蔓延」同義。詩野有蔓草毛傳云：「蔓，延也。」是「蔓、延」亦聲近義同。今俗謂草木引蔓長者曰「蔓延」，即此義也。

〔一〕 據文義，「與」下當有「長」字。

幅廣爲充者，本周禮文。説文：「充，長也。」淮南子説山訓云「近之鐘音充」〔一〕，高誘注云：「充，大也。」「大」與「長」義近。

郭注引「爾雅『緇廣充幅』」者，謂全幅帛廣八尺也。

永者，爾雅釋詁：「永，長也。」「永，遠也。」「永，遐也。」「遠、遐」並與「長」義近。説文亦云：「永，長也。」詩卷耳篇「維以不永懷」、漢廣篇「江之永矣」、常棣篇「況也永歎」，毛傳並云：「永，長也。」堯典「日永星火」、周禮太祝「求永貞」、儀禮士冠禮「永乃保之」、中庸「以永終譽」、論語「天禄永終」，注並訓「永」爲「長」。書金縢「惟永終是圖」，史記作「長」。是「長、永」本通用也。「永」之轉聲爲「養」。夏小正「執養宮事」「時有養日」，傳並訓「養」爲「長」。「養」或通「羕」，「永」爲「羕」之假借字，聲義並近，故「永、養」義亦近同。詩白駒篇「以永今朝」，鄭箋云：「永，久也。」「久」與「長」義亦相近。

二〇　允、訦、音諶。**恂、**音荀。**展、諒、**音亮。**穆，信也。齊魯之間曰允，燕代東齊曰訦，**

〔一〕 二十二子本「之」下有「則」字。

宋衞汝潁之間曰恂，荆吴淮汭之間曰展，汭，水口也。音芮。西甌毒屋黄石野之間曰穆。西甌，駱越别種也，音嘔。其餘皆未詳所在。衆信曰諒，周南召南衞之語也。

維言案：説文：「信，誠也。」「誠，信也。」「信」與「誠」互相訓。廣雅亦云：「信，誠也。」「信，敬也。」「敬、誠」義亦相近。白虎通云「情性」[一]：「信者，誠也。」釋名云：「信，申也，言以相申束，使不相違也。」大戴禮四代篇云：「信，義之重也。」論語學而篇「信近於義」，皇侃疏云：「信，不欺也。」荀子明主篇云「任計不信怒」，楊倞注云：「信亦任也。」周語「信，文之孚也」，韋昭注云：「信，審也。」晉語：「定身以行事謂之信。」左氏僖七年傳云：「守命共時之謂信。」宣十年傳云：「信，德之固也。」襄九年傳云：「信，言之端也。」僖二十五年傳云：「信，國之寶也。」墨子經上篇云：「信，言合於意也。」鶡冠子學問篇云：「所謂信者，無二響者也。」鬼谷子云：「信者，明也。」賈子道術篇云：「期果言當謂之信。」凡言「信」者，皆訓「誠實」之義。今人謂誠實曰「信」是也。

允者，爾雅釋詁：「允，誠也。」「允，信也。」説文亦云：「允，信也。」易晉卦

[一]「情性」，白虎通疏證作「性情」。

「衆允」、書堯典「允恭克讓」、詩定之方中篇「終焉允臧」、左氏襄五年傳云「成允成功」、二十一年傳云「允出兹在兹」、論語堯曰篇「允執厥中」、考工記㮚人云「允臻其極」，注並訓「允」爲「信」。易升卦「允升」，注云：「允，當也。」「當」與「信」義亦相近。

訦者，通作「諶」。爾雅釋詁：「諶，信也。」詩蕩篇「其命匪諶」，韓詩作「訦」。大明篇「天難忱斯」，毛傳云：「忱，信也。」韓詩亦作「天難訦斯」。説文亦作「天難諶斯」。書康誥「天畏棐忱」、大誥「越天棐忱」「天棐忱辭」，傳皆訓「誠」。漢書孔光傳引作「諶」。文選幽通賦注云：「諶與忱，古字通也。」思玄賦云「用棐忱而祐仁」，李善注云：「忱，誠也。」「誠」亦「信」也。故「訦、諶、忱」古並通用。

恂者，爾雅釋詁：「詢，信也。」「詢」亦「恂」通〔一〕。説文：「恂，信也。」小爾雅：「恂，忱也。」大戴禮將軍文子篇云「爲下國恂蒙」，盧辯注云：「恂，信也。」字又通作「洵」。詩溱洧篇「洵訏且樂」，釋文引韓詩作「恂盱」，漢書地理志亦引作「恂盱」。羔裘篇「洵直且侯」，韓詩外傳引作「恂美且異」。擊鼓篇「吁嗟洵兮」，釋文云：「洵，本作

〔一〕據文義，「亦」下脱「與」字，當補。

恂。」宛丘篇「洵有情兮」，毛傳云：「洵，信也。」則「洵」亦當作「恂」。

展者，爾雅釋詁：「展，信也。」「展，誠也。」詩雄雉篇「展矣君子」、君子偕老篇「展如之人兮」、猗嗟篇「展我甥兮」、車攻篇「展也大成」，並訓「誠信」之義。逸周書大匡解云「昭信非展」，寶典解云「展允于信」，亦並訓「誠」。又與「禮」同。詩君子偕老篇「其之展也」，「展」與「禮」通。「展」，又「伸」也。漢書王温舒傳注云：「展，伸也。」「伸、信」音義亦近。

諒者，通作「亮」。爾雅釋詁：「亮，信也。」説文：「諒，信也。」又通作「涼」。詩桑柔篇「職涼善背」，鄭箋云：「涼，信也。」大明篇「涼彼武王」，韓詩作「亮」。玉篇：「亮，信也。」書「亮采有邦」「乃或亮陰」，馬融注並云：「亮，信也。」論語憲問篇云：「高宗諒陰。」作「諒」。詩柏舟篇「不諒人只」，釋文云：「諒，本作亮。」是「諒、涼、亮」並古字通用。

穆者，爾雅釋訓：「穆穆，敬也。」説文作「睦」，云：「睦，敬和也。」「敬」與「信」義相近。廣雅：「信，敬也。」是其證。

二一　**碩、沈、巨、濯、訏、敦、夏、于，大也。** 訏亦作芋，音義同耳，香于反。**齊宋之間曰巨，曰**

碩。凡物盛多謂之寇，今江東有皃，其多無數，俗謂之寇也〔一〕。齊宋之郊楚魏之際曰夥。音禍。自關而西秦晉之間凡人語而過謂之過，于果反。或曰僉；東齊謂之劒，或謂之弩。弩猶怒也。陳鄭之間曰敦，荆吴揚甌之郊曰濯，中齊西楚之間曰訏。西楚，謂今汝南彭城。自關而西秦晉之間凡物之壯大者而愛偉之謂之夏，周鄭之間謂之暇。音賈。郴，齊語也。洛舍反〔二〕。于，通詞也〔三〕。

維言案：大，義見上文。

碩者，説文：「碩，頭大也。」爾雅釋詁「碩，大也。」詩「碩人」「碩鼠」、椒聊篇「碩大無朋」、澤陂篇「碩大且卷」、狼跋篇「公孫碩膚」、巧言篇「蛇蛇碩言」、大田篇「既庭且碩」、崧高篇「其詩孔碩」、閟宮篇「路寢孔碩」，左氏桓六年傳云「博碩肥腯」，禮記大學云「莫知其苗之碩」，穆天子傳云「爰有大木碩草」，並訓「碩」爲「大」。小爾雅云：「碩，遠也。」「遠」亦「大」也。字通作「石」。漢書律曆志云：「石者，大也。」匈奴傳云：「石畫之臣甚衆。」文選爲曹公作書與孫權云：「明棄碩交。」李善注云：「碩與石

〔一〕「寇也」，戴震疏證本作「寇皃」。
〔二〕「洛舍反」，戴震疏證本作「洛含反」。
〔三〕「通詞」，戴震疏證據方言文例改作「通語」。

字通。」

沈者，廣雅：「沈，大也。」沈，讀若「覃」。漢書陳勝傳云「夥頤，涉之爲王沈沈者」，應劭注云：「沈沈，宫室深邃貌也。」淮南子俶真訓云「茫茫沈沈」，高誘注云：「沈沈，盛貌。」上林賦云「沈沈隱隱」，張揖注云：「沈沈，深貌。」張衡西京賦云：「大廈耽耽。」玉篇：「譚，大也。」「譚、耽」並與「沈」通。

巨者，廣雅：「巨，大也。」小爾雅亦云：「巨，大也。」孟子所謂「巨室、巨擘、巨屨」，皆訓「大」。公羊哀六年傳云「力士舉巨囊」，儀禮大射儀云「右巨指鉤弦」，並訓「大」義。字通作「鉅」。説文：「鉅，大剛也。」禮記三年問云「創鉅者其日久」，鄭注云：「鉅，大也。」尚書大傳云「鉅野蔆」，注云：「鉅野，大野也。」「鉅、巨」聲近義同。

濯者，爾雅釋詁：「濯，大也。」詩文王有聲篇「王公伊濯」、常武篇「濯征徐國」，毛傳並云：「濯，大也。」「王公伊濯」，釋文引韓詩：「濯，美也。」「美」亦「大」也。説文：「美从大。與善同意。」廣雅：「濯濯，肥也。」「肥」亦「大」也。漢書劉屈氂傳云「發輯濯士」，注云：「短曰輯，長曰濯。」「長」與「大」，義亦近。

訏者，爾雅釋詁：「訏，大也。」詩中「訏」字，毛傳並訓「大」。玉篇引説文：「齊楚謂大言曰訏。」字通作「芋」。廣雅：「芋，大也。」詩斯干篇「君子攸芋」，毛傳亦云：

「芋，大也。」又通「盱」。魏都賦云「乃盱衡而誥曰」，注云「盱，舉眉大視也」，義並與「訏」近。

敦、夏義並見上文。

于者，禮記檀弓云「于則于」，疏謂「廣大」。尚書大傳云「名曰朱于」，注云：「于，大也。」案：「于」義與「訏」同。从于之字多訓「大」。「宇、芋、訏、盱、吁」等字並有「大」義。

寇者，書舜典云「寇賊奸宄」，傳云「羣行攻劫曰寇」，亦「衆多」之義。

郭注言「小皃謂之寇」者，蓋今寇皃或名冠皃，「冠、寇」形似之誤。

夥者，說文：「齊謂多爲夥。」正韻：「夥，多也。」張衡西京賦云：「炙炰夥。」史記陳涉世家云「夥頤，涉之爲王沈沈者」，服虔注云：「楚人謂多爲夥，故天下傳之。」今江南人猶多曰「夥」。又問幾何曰「夥」，同本合謀曰「夥計」，義皆出此。

過者，廣雅：「僉，過也。」字通作「過」。呂氏春秋貴當篇云「田獵之獲常過人矣」，高誘注云：「過，多也。」「過、過」聲近義同。

僉者，說文：「僉，皆也。」書：「僉曰：『於，鯀哉。』僉曰：『伯夷。』」小爾雅「僉，同也」；楚辭天問篇「僉答何憂」，王逸注云「僉，衆也」；廣雅「僉，多也」：義並相近。

劒者，釋名云：「劒，檢也。所以防檢非常也。」「劒、僉」義近。弩者，釋名云：「弩，怒也。有勢怒也。」今人謂言詞粗壯者曰「劒拔弩張」，即此義也。

暇者，通作「假」。王粲登樓賦云「聊暇日以銷夏」〔一〕，注云：「暇，或作假。」「假」訓「大」。爾雅釋詁「假，大也」，是其證。

郴者，亦發聲之詞。

二二 **牴**、觸牴也〔二〕。**㑊**，音致。**會也。雍梁之間曰牴，秦晉之間亦曰牴。凡會物謂之㑊。**

維言案：爾雅釋詁：「會，合也。」說文亦云：「會，合也。」廣雅：「會，聚也。」詩車攻篇「會同有繹」，義與「合」近。禮記樂記「會守拊鼓」，樂書作「合守拊鼓」。是「會、合」又通用。易乾卦文言云「亨者，嘉之會也」，疏云「使物嘉美之會聚」。書「灘沮會同」，疏謂「二水會合而同」。字通作「給」。說文：「給，古文會。」一切經音義九云：

〔一〕「夏」，文選作「憂」。

〔二〕按，匯證據戴震疏證、王念孫手校明本、盧文弨所見曹毅之本刪「也」字。

「會，古文給。」

牴者，說文：「牴，觸也。」字通作「觝」。嵇康琴賦云「觸巖觝隈」，注云：「觝，至也。」「至」與「會」義近。又通作「抵」。說文「抵，擠也」，廣雅「抵，推也」「抵，至也」「抵，觸也」，義並與「會」近。

儆者，玉篇：「儆，會物也。」字通作「致」。周禮地官遂人云「凡治野，以下劑致氓」，鄭注云：「致猶會也。民雖受上田、中田、下田，及會之，以下劑爲準。」是「儆、致」聲義皆同。

二三　**華、荂，晠也。**荂亦華別名，音誇。**齊楚之間或謂之華，或謂之荂。**

維言案：晠，或作「晟」。說文：「晟，明。」正字通云：「晟，日光充盛也。」集韻：「晟，或書作晠。」案：「晠」乃「盛」之假借字。

華者，爾雅釋草：「華，荂也。」「華、荂，榮也。」說文：「華，榮也。」華，別作「蘤」。後漢書張衡傳云「百卉含蘤」，李賢注引張揖字詁云：「蘤，古華字也。」廣雅：「蘤，華也。」魯語「以德榮爲國華」，韋昭注云「華，榮也」；淮南子墜形訓云「末有十日，其華照池」[一]，高誘注云「華，光也」：義並與「晠」相近。

荂者，爾雅注云：「今江東呼華爲荂。」説文「荂」本作「雩」，云：「草木華也。」廣雅：「荂，華也。」「華、荂」古音同。鄭注禮記郊特牲以「瓜瓠」爲「瓜華」[二]，説文「雩，或作荂」，是其音同之證。

二四　墳，地大也。青幽之間凡土高且大者謂之墳。即大陵也。**張小使大謂之廓，陳楚之間謂之模**[三]。音莫。

維言案：墳者，爾雅釋詁：「墳，大也。」釋丘：「墳，大防。」詩汝墳篇「遵彼汝墳」，毛傳云：「墳，大防也。」苕之華篇「牂羊墳首」，毛傳云：「墳，大也。」楚辭哀郢篇云「登大墳以遠望兮」，王逸注云「水中高者爲墳」；廣雅「墳，厓也」；周禮大司徒「丘陵、墳衍」，鄭注云「水崖曰墳」：義並與郭注「大陵」相近。字通作「坋」。説文：「坋，大防也。」又通作「賁」。詩靈臺篇「賁鼓維鏞」，書「用茲宏賁」，義並訓「大」。「墳、賁」聲義並同。

[一]「池」，二十二子本作「下地」。又「墜」當作「隧」，下同，不再出校。
[二]「瓠」當作「蓏」。
[三]匯證據郭注「音莫」，「莫、摸」廣韻同爲慕各切，「模」廣韻莫胡切，認爲「模」當從宋本作「摸」。

廓者，爾雅釋詁：「廓，大也。」一切經音義引孫炎云：「廓，張之大也。」詩皇矣篇「憎其式廓」，毛傳云：「廓，大也。」通俗文云：「廓，寬也。」文選西京賦云「廓開九市」，薛綜注亦云：「廓，大也。」字通作「擴」。孟子公孫丑篇云「知皆擴而充之也」，趙岐注云：「擴，廓也。」又通作「郭」。釋名云：「郭，廓也。廓落在城外也。」公羊文十五年傳云：「恢，郭也。」風俗通云：「郭，大也。」「郭、廓」聲義近同。今俗謂推而廣之曰「開廓」，張而大之曰「充廓」，義皆出此。

模者，説文「模，法也」，徐鍇傳云：「以木爲規模。」「模」者近「幕」。廣雅：「幕，覆也。」與「墳」義近。音又近「墓」。説文：「墓，丘也。」漢書班固敘傳云「陵不崇墓」，師古注云「墓音模」，與「墳」義互訓。

二五　**嬛、蟬、**火全反。**繝、**音剡。**撚、**諾典反。**末，續也。楚曰嬛。蟬，出也。**別異義。**楚曰蟬，或曰末，及也。**

維言案：説文：「續，聯也。」爾雅釋詁：「續，繼也。」禮記深衣鄭注云：「續猶屬也。」「續」又訓「接」。今俗統言「接續」也。

嬛者，通作「擐」。説文：「擐，貫也。」左氏成十三年傳云「躬擐甲冑」，吴語云「夜中乃令服兵擐甲」，義皆訓「貫」。「貫」與「續」義近也。

蟬者，義同「聯」。漢書揚子本傳云「有周氏之蟬嫣兮」，注云：「蟬嫣，連也。」今人呼「蟬聯」，即此義也。

繝者，廣雅：「繝，續也。」字通作「緂」。淮南子氾論訓云：「緂麻索屨。」[一]又通作「剡」。淮南子人間訓云：「婦人不得剡麻。」「緂、剡」並與「續」義相近。

撚者，廣雅：「撚，續也。」説文：「撚，執也。」廣韻：「撚，以手撚物也。」聲類：「撚，緊也。」今人絡絲，線斷而續之謂之「撚」，故「撚」訓「續」也。

末者，廣雅：「末，續也。」

蟬訓「出」者，「蟬」當通作「僤」。婉僤，行動貌。司馬上林賦云「象輿婉僤於西清」，注云「婉僤，行動貌」，與訓「出」之義相近。

末訓「及」者，廣雅：「末，逐也。」「逐」與「及」義亦近。

二六　**踏、**古蹋字，他匣反。**䠛、**逍遥。**𨁈，**音拂。**跳也。楚曰𨇾。**勅厲反。亦中州語。**陳鄭之間**

[一]「屨」，二十二子本作「縷」。

曰䠛，楚曰蹠。自關而西秦晉之間曰跳，或曰踏。

維言案：說文：「跳，蹶也。一曰躍也。」廣雅：「跳，上也。」通俗文云：「超踊爲跳。」釋名云：「跳，條也。如草木枝條務上行也。」左氏襄二十五年傳注云「特跳此者」，疏云：「跳，躍也。」莊子逍遥遊篇云：「東西跳梁。」史記司馬相如傳云：「馳波跳沫。」漢書項籍傳云「漢王跳」，師古注云：「跳，輕身而獨出也。」[一]王褒洞簫賦云：「跳然復出。」皆訓「跳躍」之義。字通作「趒」。說文「趒，雀行也」，義同。

踏者，說文：「踏，趿也。」亦作「蹋」。說文：「蹋，踐也。」廣雅：「蹋，履也。」釋名：「蹋，榻也。榻著地也。」今俗呼跳曰「跳踏」，出此。

䠛者，說文：「䠛，跳也。」廣韻：「跳䠛，行步貌。」今俗呼跳或曰「跳䠛」，即此義也。

𨁴者，說文：「𨁴，跳也。」玉篇：「𨁴，疾行貌。」又與「𨀁」通。玉篇「𨀁，疾行也」，義亦相近。

𧿹者，集韻：「𧿹，躍。」玉篇：「𧿹，踰也。」「踰」訓「超躍」，然則「𧿹」亦訓「超躍」

〔一〕「獨」，漢書原作「急」。

也。字或作「踅」。集韻「踅，一足行也」，義並與「跳」相近。今湖南人呼屈一脚而跳曰「踅」，出此。

蹠者，説文：「楚人謂跳躍曰蹠。」漢書揚子本傳注云：「蹠，蹈也。」楚辭九章注云「蹠，踐也」，廣韻「蹠，履踐也」[一]，義並與「跳」相近。

二七　躡、郅、音質。**跂、**音企。**洛、**恪亦訓來[二]。**躋、**濟渡。**踚，**踊躍。**登也。自關而西秦晉之間曰躡；東齊海岱之間謂之躋；魯衛曰郅；梁益之間或曰洛，或曰跂。**

維言案：爾雅釋詁：「登，陞也。」説文：「登，上車也。」禮記玉藻云：「登車則有光矣。」左氏隱五年傳云「不登於器」，服虔注訓「登」爲「成」。又云「不登於俎」，服虔注訓「登」爲「升」。周禮羊人云「登其首」，鄭注云：「登，升也。」禮記玉藻云「登席不由前」，鄭注云：「登，升也。」曲禮云：「年穀不登」，鄭注云：「登，成也。」是「升、成」義近。又月令「登麥、登黍」，鄭注並云：「登，進也。」周禮司民「登民數」、考工記

[一] 廣韻「履」上有「足」字。
[二] 「恪」，戴震疏證本作「洛」，當據改。

輈「馬力」[一]，鄭注並云：「登，上也。」周語云「馨香不登」，韋昭注訓「登」爲「上」。晉語云「不哀年之不登」，韋昭注訓「登」爲「高」。是「進、上、高」義亦相近。

躡者，説文：「躡，蹈也。」釋名：「躡，攝也。登其上使攝服也。」廣雅：「躡，履也。」「躡」又訓「急」。史記秦始皇本紀云：「躡足行伍之間。」「躡足」猶「急足」也。並與「登」義相近。

郅者，亦作「騭」。爾雅釋詁：「騭，陞也。」郭注引方言曰「魯衛之間曰騭」，今方言作「郅」。是「郅、騭」通也。

跂者，集韻：「跂與企同。」類篇：「跂，舉踵也。」詩河廣篇「跂予望之」，毛傳云[二]：「跂足則可望見之。」禮記檀弓云：「不至者，跂而及之。」又廣雅：「跂，履也。」莊子德充符篇云「闉跂支離無脤」，司馬彪注云：「跂，企也。」秋水篇云：「掇而不跂。」荀子非十二子篇云「離縱而跂訾者也」，楊倞注云：「謂跂足違俗而恣其志意，亦謂跂足自高而訾毁于人也。」史記高帝紀云「日夜跂而望歸」，亦並與「企」通，俱與「登」義相

[一] 按，上句有脱文，考工記輈人：「勸登馬力。」
[二] 「毛傳」當作「鄭箋」。

近也。

佫者，亦作「格」。爾雅釋詁：「格，陞也。」書「庶有格命」，鄭注云：「格，登也。」爾雅釋訓：「格，格舉也。」淮南子天文訓注云：「格，起也。」「舉、起」並與「登」義相近。又通作「假」。凡詩之「昭假無贏」「湯孫奏假」「來享來假」，鄭箋並云：「假，升也。」「升」與「登」義亦近。

躋者，説文：「躋，登也。」爾雅釋詁：「躋，陞也。」易震卦「躋于九陵」釋文：「躋，升也。」詩蒹葭篇「道阻且躋」、斯干篇「君子攸躋」、長發篇「聖敬日躋」，毛傳並云：「躋，升也。」春秋文二年經云：「躋僖公。」公羊傳云：「躋者何？陞也。」「陞」與「升」同。字通作「隮」。詩蝃蝀篇「朝隮于西」、候人篇「南山朝隮」，並訓「隮」爲「升」；儀禮士虞禮注亦云「隮，升」：並與「登」義相近。

踚者，廣雅云：「踚，履也。」類篇：「踚，行也。」或从龠作「𨇽」，从籥作「⿰足籥」，聲義並同。

二八　**逢、逆，迎也。自關而東曰逆；自關而西或曰迎，或曰逢。**

維言案：説文：「迎，逢也。」增韻：「迎、逆，迓。」淮南子覽冥訓云「不將不迎」，高誘注云：「迎，接也。」時則訓云「以迎歲于東郊」，高誘注云：「逆春也。」史記五帝紀云「迎日推策」，正義云：「迎，逆也。」禮記昏義云「冕而親迎」，詩大明篇「親迎于渭」，「迎」並訓「迓」。

逢者，説文：「逢，遇也。」爾雅釋詁：「逢，逆也。」正韻：「逢，值也。」左氏宣三年傳云「不逢不若」，周語云「道而得神，是謂逢福」，書洪範「子孫其逢吉」，皆訓「值」。孟子告子篇「逢君之惡」，趙岐注云：「逢，迎也。」漢書東方朔傳云：「逢占射覆。」師古注云：「逆占事，猶言逆刺也。」

逆者，説文：「逆，迎也。」周禮春官云「龡豳詩以逆暑」，書呂刑云「爾尚敬逆天命」，禹貢云「同爲逆河」，春秋桓八年經云「祭公來，遂逆王后于紀」，「逆」並訓「迎」。「迎、逆」一聲之轉，義同，故二字互訓。

二九　撏、常舍反[一]。**攓**、音蹇。**摭**、盜蹠。**挻**，羊羶反。**取也。南楚曰攓，陳宋之間曰摭，衛魯揚徐荆衡之郊曰撏。**衡，衡山，南岳名，今在長沙。**自關而西秦晉之間凡取物而逆謂之籑，**

[一]「舍」，戴震疏證本作「含」。

音饌。

楚部或謂之挻。

維言案：説文：「取，捕取也。」釋名：「取，趣也。」廣雅：「取，爲也。」廣韻：「取，受也。」玉篇：「取，資也。收也。」增韻：「取，索也。」詩角弓篇「如酌孔取」，鄭箋云：「謂度所勝多少。」亦訓「索取」之義。史記魯仲連傳云「爲人排難解紛而無取也」，訓「取」爲「受」。禮記儒行云「力行以待取」，「取」亦訓「索」。案：古文奇字引朱謀㙔云：「古文取，疑當從與聲，人與而我取也。」此義甚正。

撏者，廣雅：「撏，取也。」或作「探」。爾雅釋詁：「探，取也。」説文：「探，遠取之也。」易繫辭「探賾索隱」，虞翻注云：「探，取也。」文選西京賦云「探封狐」，薛綜注云：「探，取也。」又通作「撢」。説文：「撢，探也。」一切經音義引蒼頡篇云：「撢，持也。」「持」與「取」義亦近。

攓者，廣雅作「搴」，云：「搴，取也。」説文作「㩮」，云「拔取也」，引離騷「朝㩮阰之木蘭」，今離騷作「搴」。莊子至樂篇云「攓蓬而指之」，義亦與「取」相近。

摭者，廣雅：「摭，取也。」説文作「拓」，「拾也」。禮記禮器云「有順而摭也」，正義云：「摭猶拾取也。」儀禮少牢下篇云：「乃摭于魚腊俎。」「摭」與「拓」同，皆「取」之義也。

挺者，廣雅：「挺，取也。」增韻：「挺，引也。」「引」亦「取」也。晉書食貨志云：「挺亂江南。」唐書盧鈞傳云：「相挺爲亂。」「挺亂」猶言「搧亂」，「煽」與「取」義亦近[一]。

簒者，亦作「簒」。爾雅釋詁：「簒，取也。」説文：「屰而奪取曰簒。」後漢書逸民傳引法言云「鴻飛冥冥，弋人何簒」，李賢注引宋衷曰：「簒，取也。」一切經音義引爾雅舊注云：「盜位曰簒。」白虎通云：「簒猶奪也，取也。」逸民傳注又云：「今人謂以計數取物爲簒。」凡言「簒」者，皆「取」之義也。

三〇　**餥**、音非。**飵**，音昨。**食也。陳楚之内相謁而食麥饘謂之餥**，饘，糜也，音旃。**楚曰飵。凡陳楚之郊南楚之外相謁而飱**[二]，晝飯爲飱。謁，請也。**或曰飵，或曰鲇**；音黏。**秦晉之際河陰之間曰饐**惡恨反。**䭓**，五恨反。今馮翊郃陽河東龍門是其處也。**此秦語也。**今關西人呼食欲飽爲饐䭓。

維言案：釋名：「食，殖也。所以自生殖也。」「食」與「飯」異。少牢饋食禮云「尸

[一] 據上下文義，「煽」當作「搧」。

[二] 匯證據影宋抄本方言和各明本方言推斷「飱」作「飧」。注内同。

又食」，鄭注云：「或言食，或言飯。食大名，小數曰飯。」「食」與「糧」亦異。周禮廩人云「則語其糧與其食」[一]，鄭注云：「行道曰糧，謂糒也。居止曰食[二]，謂米也。」今俗概呼曰「飯食、糧食」，殊失之。

餥者，爾雅釋言「餥，食也」，郭注引方言「陳楚之間相呼食爲餥」，與今本方言小異。説文：「餥，餱也。」案：餱爲乾食糒也，餥爲濡食粥也。説文蓋統二訓而言。

飵者，玉篇「楚人相謁曰飵」，是用方言而小異其文。廣雅：「飵，食也。」説文「楚人相謁食麥曰飵」，亦用方言。「麥饘」者，荀子富國篇云：「夏日則與之瓜麮。」一切經音義引字書云：「麮麥，甘粥也。」蒼頡篇云：「煮麥也。」案：今俗煮大麥爲「粥」，是其遺法。

飷者，廣雅：「飷，食也。」玉篇「相謁而食麥曰飷」，是亦用方言而小異其文。

鐿饐者，廣雅：「鐿饐，食也。」秦人謂謁食麥曰鐿。」郭注言「關西人呼食欲飽曰鐿饐」，蓋方土俗語也。

[一]「語」，十三經注疏本作「治」。
[二]「居止」，十三經注疏本作「止居」。

三一　釗、薄，勉也。相勸勉也。居遼反〔一〕。**秦晉曰釗，或曰薄；故其鄙語曰薄弩**〔二〕**，猶勉弩也。**如今人言努力也。**南楚之外曰薄弩，自關而東周鄭之間曰勔釗。**沈湎。**齊魯曰勗茲**〔三〕**。**勗勸，亦訓勉也。

維言案：說文：「勉，彊也。」小爾雅：「勉，力也。」「力」猶「勸厲」。說文：「勸，勉也。」借作「免」。漢書薛宣傳云：「宣因移書勞免之。」谷永傳云「閔免遁樂」，注云：「閔免猶黽勉也。」又通作「俛」。禮記表記云「俛焉日孳孳」，鄭注云：「俛焉，勤勞之貌。」是「俛」即「勉」也。

釗者，爾雅釋詁：「釗，勉也。」郭注音「釗」「居遼反」，「居遼」合聲爲「教」，「教」亦「勉」之義。說文注引鄭樵曰：「釗，或以弩機。」〔四〕故鄙語呼「薄弩」也。

薄者，廣雅：「薄，勉也。」「薄」之聲轉爲「努」，「努」與「怒」通。廣雅：「怒，勉也。」

〔一〕「居遼反」，戴震疏證本移置於上文「釗」字下。

〔二〕「薄弩」，戴震疏證本作「薄努」；下文「勉弩」作「勉努」。

〔三〕「勗」，戴震疏證本作「勖」。

〔四〕段玉裁說文解字注無鄭樵引語。戴侗六書故引鄭樵云：「釗，或以爲弩機。」

勔者，釋詁：「勔，勉也。」説文：「愐，勉也。」「愐」與「勔」通。文選思玄賦「勔自强而不息」，舊注云：「勔，勉也。」字又通作「僶」。爾雅釋文：「勔，字本作僶。」又作「黽」。詩十月之交篇「黽勉從事」，文選注作「僶俛」。是「勔、愐、僶、黽」並同。

勖者，亦作「勗」。爾雅釋詁：「勗，勉也。」説文用爾雅。書牧誓：「勗哉夫子。」儀禮士昏禮云「勗帥以敬先妣之嗣」，鄭注亦云：「勗，勉也。」詩燕燕篇「以勖寡人」，毛傳云：「勖，勉也。」禮記坊記引詩作「畜」，列女傳引詩亦作「畜」。「畜」與「勖」聲近義同。

勖兹者，猶言「勉旃」，古今通語也。

方言釋義卷二

歷下　王維言學

一　**釥、**錯眇反。**嫽，**洛夭反。**好也。青徐海岱之間曰釥，或謂之嫽。**今通呼小姣潔喜好者爲嫽釥。**好，凡通語也。**

維言案：好，義見卷一。

釥者，廣雅：「釥，好也。」「釥」猶「小」也，凡「小」與「好」義近，故孟喜中孚卦注云：「好，小也。」是「小」或與「釥」通。玉篇云：「釥，美金也。」「美」亦「好」也。嫽者，廣雅：「嫽，好也。」又：「嫽，嬈也。」「嬈」與「好」義近。說文「嫽，女字也」，義亦取訓「好」之義。傅毅舞賦云：「貌嫽妙以妖蠱兮。」是訓「好」之證。字與「僚」同。說文：「僚，同好貌。」[一]詩月出篇「佼人僚兮」，毛傳亦云：「僚，好貌。」釋

[一] 說文「好貌」上原無「同」字。

文作「嫽」。是「僚、嫽」同也。字又通作「鐐」。爾雅釋器：「白金謂之銀，其美者謂之鐐。」説文：「鐐，白金也。」字林亦云：「鐐，美金。」是金之美者謂之「鈔」，亦謂之「鐐」。「鐐」與「嫽」義同。又假借爲「憭」。漢書西夷傳云「憭者，慧也」，義與「好」亦近。

二　朦、忙紅反。**厖，**鴟鴞(一)。**豐也。自關而西秦晉之間凡大貌謂之朦，或謂之厖；豐，其通語也。趙魏之郊燕之北鄙凡大人謂之豐人。燕記曰：「豐人杼首。」杼首，長首也。楚謂之伃，**音序。**燕謂之杼。燕趙之間言圍大謂之豐。**謂度圍物也。

維言案：豐，義見卷一。

朦者，廣韻：「朦，大貌。」集韻：「朦，母項切。音傯。豐肉也。」此字从肉，與从月訓「朦朧」者義别。

厖者，義亦見卷一。

杼首者，小爾雅云：「杼，長也。」左思魏都賦云：「巷無杼首。」是其義。字通作

(一) 按，匯證據劉台拱方言補校、周祖謨方言校箋推斷「鴟鴞」作「鴞鴟」。

「杼」。廣雅：「杼，長也。」又通作「伫」。爾雅釋詁云：「伫，久也。」詩燕燕篇「伫立以泣」，毛傳云：「伫立，久立也。」「久」與「長」義近。又通作「眝、竚」。説文「眝，長眙也」，楚辭九章云「擥涕泣而竚眙」，義並訓「長」。

伃者，或假借爲「舒」，舒，亦長也。史記外戚世家尹婕伃索隱云：「伃，助也。」「助」亦有「長」義，並與「豐、大」義近。

三　**娃**、烏佳反。**嫷**、諾過反。**窕**、途了反。**豔，美也。吴楚衡淮之間曰娃，南楚之外曰嫷，**言婑嫷也。**宋衛晉鄭之間曰豔，陳楚周南之間曰窕。自關而西秦晉之間凡美色謂之好，或謂之窕。故吴有館娃之宫，榛娥之臺**(一)**。**皆戰國時諸侯所立也。榛，音七。**秦晉之間美貌謂之娥，**言娥娥也。**美狀爲窕，**言閑都也。**美色爲豔，**言光豔也。**美心爲窈。**言幽靜也。

維言案：美者，「媄」之省。説文：「媄，色好也。」經典通作「美」。廣韻：「美，好色也。」詩靜女篇「匪女之爲美」，毛傳云：「非爲其徒説美色而已。」左氏桓元年傳云：「目逆而送之，曰：『美而豔。』」齊策云「我孰與城北徐公美」，高誘注云：「美，好也。」

(一) 戴震疏證本「榛娥之臺」上有「秦有」二字。

魯語云「楚公子甚美矣」，韋昭注云：「美，謂服飾盛也。」「盛」與「好」義近。大戴禮易本命篇云「息土之人美」，亦訓「美」爲「好」。字通作「孅」。周禮大司徒云「一曰孅宮室」，鄭注云：「孅，善也。」「善」與「好」義亦近。又師氏「掌以孅詔王」，賈公疏云：「孅，美也。」是用一聲之訓。

娃者，廣雅：「娃，好也。」漢書揚子本傳云「資娵娃之美髢」〔一〕，江淹空青賦云「秦娥吴娃」，皆言「美女」也。字或通作「佳」。「妒佳冶之芬芳兮」，「佳」，一本作「娃」。「佳」訓「善」，「娃」訓「美」，義本相近。左思吴都賦云「幸乎館娃之宫」，劉逵注云：「吴俗謂好女爲娃。」

婧者，廣雅作「嫧」，云：「嫧，好也。」通俗文云：「形美曰嫧。」劉子楊朱篇云〔二〕：「皆擇稚齒婑婧者以盈之。」宋玉神女賦云「嫧被服」，李善注用方言。漢書張敞傳云「被輕婧之名」，曹植七啟云「形婧服兮揚幽」，並與「美」義相近。案：説文本作「嫧」，省作「婧」耳。

〔一〕「美髢」，漢書原作「珍髢」。
〔二〕「劉子」當作「列子」。

窕者，爾雅釋言：「窕，閒也。」詩關雎篇「窈窕淑女」，毛傳云：「窈窕，幽閒也。」廣雅：「窈窕，好也。」楚辭王逸注云：「窈窕，好貌。」文選李善注引薛君韓詩章句云：「窈窕，貞專貌。」「貞專」，亦「好」之義也。「窕」通作「嬥」。廣雅：「嬥，好也。」又云：「嬥嬥，好也。」又通作「姚」。「姚冶」一作「窕冶」。説文「姚，好也」，義並與「美」近。郭注「言閑都」者，「閑都」亦「好」也。司馬相如美人賦云「美麗閑都」，亦「美」之義也。

艷者，説文「艷，好長也。从豐。豐，大也」[一]，徐鍇傳云：「容色豐滿也。」本作「豔」。作「艷」者，俗體也。詩十月之交篇「豔妻煽方處」，毛傳云：「美色曰豔。」左氏桓元年傳云：「目逆而送之，曰：美而豔。」淮南子精神訓云「獻公豔驪姬之色」[二]，高誘注云：「好體曰豔。」楚辭招魂篇云「豔陸離些」，王逸注云：「豔，好貌也。」字通作「閻」。漢書谷永傳云：「閻妻驕煽，日以不臧。」「閻妻」猶「豔妻」也。

榛娥之臺者，集韻引方言以「吴有館娃之宮，榛媠之室」[三]，今本小異。

[一]「好長也」，説文原作「好而長也」。

[二]「色」，二十二子本作「美」。

[三]按：集韻「榛、娥、臺」三字下，均未引方言此語。

四　奕、僷，容也。自關而西凡美容謂之奕，或謂之僷。奕、僷，皆輕麗之貌。僷，音葉。**宋衛曰僷，陳楚汝潁之間謂之奕。**

維言案：説文：「容，盛也。」周禮九嬪「婦言婦容」，鄭注云：「容謂婉娩。」曲禮云「女子十年不出，姆教婉、娩、聽從」[一]，正是「婦容」之義。冠義：「禮文之始[二]，在於正容體。」玉藻所謂「足容、手容、目容、口容、聲容、頭容、氣容、立容、色容」，皆訓「儀容」也。左氏昭九年傳云「物有其容」，杜預注云：「容，貌也。」「容」與「貌」互訓，「容、貌」並言者，論語泰伯篇「正容貌」是也。單言「容」者，論語鄉黨篇「居不有容」是也。「容」與「色」亦互訓，「容、色」並言者，論語鄉黨篇「享禮有容色」是也。又單言「容」者，易繫辭「冶容誨淫」是也。

奕者，重言形況字。廣雅：「奕奕，容也。」又云：「奕奕，盛也。」詩閟宫篇「新廟奕奕」，鄭箋云：「奕奕，姣美也。」「美」與「容」義近。

僷者，亦重言形況字。廣雅：「僷僷，容也。」字通作「葉」。漢先生郭輔碑云：「葉

[一]「曲禮」當作「禮記内則」。
[二]「文」，十三經注疏本作「儀」。

葉昆嗣，福禄茂止。」是「葉葉」亦訓「盛」也。「盛」與「容」義本相近。

五　顯、音綿。下作「矊」，音字同耳。鑠、舒灼反。盱、香于反。揚、䁓，音滕。隻也。南楚江淮之間曰顯，或曰䁓。好目謂之順，言流澤也。黸黸，黑也。瞳之子謂之矊。言矊邈也。宋衛韓鄭之間曰鑠。言光明也。燕代朝鮮洌水之間曰盱，謂舉眼也。或謂之揚。詩曰「美目揚兮」，是也。此本論隻耦，因廣其訓，復言目耳。

維言案：隻，一本作「雙」。説文：「隻，鳥一枚也。从又持隹。持一隹曰隻，持二隹曰雙。」又云：「雙，隹二枚也。从隹又持之。」玉篇：「雙，兩也。」「雙，耦也。」儀禮聘禮云「凡執獻一雙」[一]，正謂鳥二枚也。詩南山篇「冠緌雙止」，亦訓「雙」謂「耦」。今人呼兩隻爲一雙，是本説文訓也。案：隻者，當是「矆」字之誤。字作「雙」者尤誤也。説文：「矆，大視也。」魏都賦云：「矆焉相顧。」蓋「矆」與「隻」字形相似，傳寫誤作「隻」字。又因廣雅「顯，孿也」之義，又誤爲「雙」字，愈失愈遠。郭注訓爲「隻耦」，蓋自晉時而已誤矣。

[一]「執獻」，十三經注疏本作「獻執」。

顯者，亦是「⿰目顛」字之誤，「⿰目顛」與「⿰目旁」義本相通，「顯、⿰目旁」又因形似而誤，亦當作「⿰目顛」字爲是。⿰目縣[一]，本作「⿰目縣」。集韻：「⿰目縣，瞳子黑也。」[二]楚辭招魂篇云「靡顔膩理，遠視⿰目縣些」[三]，王逸注云：「諸女心中⿰目縣脉，時時竊視，安詳審諦，志不可動也。」郭璞江賦云：「江妃含嚬而⿰目縣眇。」「⿰目縣脉、⿰目縣眇」並與注「⿰目縣邈」之義同。

鑠者，猶言「雙眸炯炯」也。何晏景福殿賦云「故其華表則鎬鎬鑠鑠」，注云：「皆謂光明昭明也。」字通作「爍」。顔延之宋文皇帝元皇后哀策文云「圓精初爍」，文選注用方言注。是「爍、鑠」同。又爾雅釋詁「鑠，美也」；詩酌篇「於鑠王師」，毛傳亦云「鑠，美也」；太玄玄斷云「後乃有鑠」[四]，范望注亦云「鑠，美也」：並與「光明」義近。

盻者，當作「盱」。說文：「盱，張目也。」易豫卦「盱豫悔」，注云：「盱，上視也。」漢書王莽傳云「盱衡厲色」，注云：「眉上曰衡。盱衡，舉眉揚目也。」魏都賦云「乃盱衡而誥曰」，注云：「舉目大視也。」重文亦然。荀子非十二子篇云「盱盱然」；莊子寓言

〔一〕 此字疑當作「⿰目顛」。
〔二〕 「瞳子黑也」，集韻原作「目童子黑」。
〔三〕 「遠」，楚辭補注本作「遺」。
〔四〕 「後乃」，太玄集注作「乃後」。

篇云「而睢睢而盱盱」，注云「跋扈之貌」：並與郭注訓「舉眼」義同。

揚者，詩君子偕老篇「揚且之晳也」，毛傳云：「揚，眉上廣。」「揚且之顔也」，毛傳云：「揚，廣揚額角豐滿。」〔一〕疏云：「眉上之美名。」既名爲揚，因謂眉之上眉之下皆曰揚。猗嗟篇「美目揚兮」，義同。字與「眻」同。玉篇：「眉間曰眻。」集韻：「眻，美目也。」又通作「暘」。集韻：「暘，美目也。」是「揚、眻、暘」聲義並同。

䁯者，本作「𦪇」。玉篇：「𦪇，美目也。」案：集韻、正韻並作「𦟪」，俗譌作「䁯」，非。郭注「音滕」，是从朕不从雙目也。

順者，說文「順，理也」，爾雅釋詁「順，敘也」，皆與郭注「流澤」之訓未合。當是「瞬」之假借字。「瞬」，又通作「瞚、旬」，皆訓「目搖動」之義，並與「順」聲義俱近。

黸者，本作「矑」。廣韻：「矑，目童子也。」又通作「盧」。甘泉賦云「玉女亡其清矑」，漢書作「盧」是也。郭注訓「黸」爲「黑」者，是本說文義也。

六　**魏**、羌箠反。**笙**、**揫**、音遒。**摻**，素檻反。**細也。自關而西秦晉之間凡細而有容謂之魏**，

〔一〕「額角」，十三經注疏本作「顔而角」。

魏魏，小成貌。**或曰徥。**言徥借也[一]。度皆也[二]。**凡細貌謂之笙。斂物而細謂之揫，或曰摻。**

維言案：細，說文作「紭」，云：「紭，微也。」廣雅：「細，小也。」書旅獒篇云「不矜細行」，注訓「輕忽小物」。禮記檀弓云：「細人之愛人也以姑息。」「細人」，猶言「小人」。呂氏春秋去宥篇云「細人也」，高誘注云：「小人也。」是凡言「細」者，皆「小」之義也。左氏襄二十九年傳云「其細已甚」，杜預注云「譏其瑣碎」，亦訓「細」貌。今人作粗細之「細」，亦作「子細」。北史源思禮傳云：「何必大子細也。」是「子細」之義自古已作俗語也。

魏者，「嫢」之誤字。說文：「秦晉謂細要爲嫢。」廣雅：「嫢，小也。」「小」亦「細」也。郭注訓「小成貌」者，「嫢嫢」猶「規規」也。莊子秋水篇云：「子乃規規然而求之以察，索之以辨，不以小乎。」說文「𩓡」字注云「𩓡，小頭𩓡𩓡也，讀若規」，義同。亦通作「纗」。廣韻「纗，細繩也」，義亦同。訛作「魏」者，「嫢」之俗體作「覣」，「覣」與「魏」又因形似而誤。

笙者，廣雅：「笙，小也。」「笙」之言「星」也。周官內饔云「豕盲眡而交睫腥」，

[一] 「徥借」，各本作「徥偕」，戴震疏證本改作「徥徥」，盧、錢未從。

[二] 按，據卷六「徥」下郭注「度揩反」，本條「皆」當作「揩」，「也」當作「反」。

鄭注云：「腥，當爲星。肉有如米者似星。」「星」與「笙」聲近義同。今俗言物之細小者，猶曰「星星」也。

揫者，廣雅：「揫，小也。」爾雅釋詁：「揫，聚也。」禮記鄉飲酒義云「秋之言愁也」，鄭注云：「愁，讀爲揫。揫，斂也。」漢書律曆志作「𩏄」，云：「秋𩏄也。物𩏄斂乃成熟。」說文：「𩏄，收束也，从韋䊰聲。或从手秋聲，作揫。」又云：「䊰，小也。」「䊰」訓爲「小」，「𩏄、揫」訓爲「斂」，物斂則「小」，「小」亦「細」也。是「揫、𩏄、䊰」聲義並同。「揫」，又通作「遒」。詩長發篇「百禄是遒」，說文引作「百禄是揫」是也。又通作「㾀」。廣雅「㾀，縮也」，通俗文云「縮，小也。爲㾀」：並是「收斂」之義，與「細小」相近。

摻者，廣雅：「摻，小也。」「摻」之言「纖」也。詩葛屨篇「摻摻女手」，毛傳云：「摻摻猶纖纖也。」韓詩本作「纖纖女手」。古詩云「纖纖出素手」，即此義也。遵大路篇「摻執子之袪兮」，正義引說文云：「摻，斂也。」故斂物而細或謂之「摻」。

七　儴、言瓌瑋也。**渾**、們渾，肥滿也。狐本反。**膞**、膞咽，充壯也。四四反。**䑋**、音壤。**僇**、恪膠反。**泡**[一]，

[一] 戴震疏證本「泡」下有「音庖」二字。

盛也。自關而西秦晉之間語也[一]。陳宋之間曰僇，僇侔，龐大貌。江淮之間曰泡，泡肥，洪張貌。秦晉或曰驤。梁益之間凡人言盛及其所愛曰諱其肥䫉謂之驤。肥䫉多肉。

維言案：廣雅：「盛，多也。」禮記中庸「官盛任使」，疏云：「盛，謂官之盛大。」越語云「盛而不驕」，韋昭注云：「元氣廣大時也。」荀子臣道篇云「而饗其盛」，楊倞注云：「盛謂大業。」素問脉要精微論云「上盛則氣高，下盛則氣服」，王砅注云：「謂盛滿。」「滿」與「多、大」之義相近。增韻：「盛，茂也。」義亦相近。字通作「䫉」。下文卷十三云：「䫉，腯也。」與「盛」義亦近。

傀者，廣雅：「傀，盛也。」字通作「傀」。説文：「傀，偉也。」荀子性惡篇云「則傀然獨立天地間而不畏」，楊倞注云：「傀，偉大貌。」莊子列禦寇篇云「達生之情者傀」，郭象注云：「傀然，大解悟之貌。」

郭注「言瓌瑋」者，司馬相如子虛賦云「俶儻瑰瑋」。「瑰瑋」猶「瓌瑋」也。「傀、傀、瑰、瓌」古字並通用。

渾者，説文：「渾，混流聲也。」廣雅：「渾渾，大也。」荀子富國篇云「財貨渾渾如泉

[一] 戴震疏證本「自」上有「傀」字，當據補，王念孫廣雅疏證引方言亦有「傀」字。

源」，楊倞注云：「渾渾，水流貌。」字通作「混」。說文：「混，豐流也。」老子道德經云：「有物混成。」「混成」猶「渾成」也。又「混沌」，元氣未分也。亦作「渾沌」。是「渾、混」二字同也。枚乘七發云「沌沌渾渾」，注云「渾渾，波相隨貌」，與「混」字義同。班固幽通賦云「渾元運物」，注亦訓「渾」爲「大」。「盛、大」義本近也。

膞者，廣雅：「膞，盛也。」玉篇：「膞，盛肥也。」集韻：「膞，肥壯也。」郭注言「膞呬，充壯也」者，亦是此義。字通作「奰」。說文作「奰」[一]，云：「奰，壯大也。」詩蕩篇「内奰于中國」，毛傳云：「不醉而怒曰奰。」正義云：「奰者，怒而作氣之貌。」張衡西京賦云「巨靈奰屓」，薛綜注云：「奰屓，作力之貌。」「奰屓」，一作「贔屭」。正韻：「贔，作力貌。」「奰屓、贔屭」並與「膞呬」通。

䑋者，廣雅：「䑋，盛也。」又云：「䑋䑋，肥也。」字通作「孃」。說文：「孃，肥大也。」又通作「壤」。釋名云：「壤，䑋也，肥䑋意也。」莊子庚桑楚篇云「畏壘大壤」，列子天瑞篇云「三年大壤」，淮南子原道訓云「田者爭處墝埆，以封壤肥饒相讓」，史記酈

〔一〕「奰」，說文作「奰」。

陽傳云「壤子王梁代」，後漢書馬援傳云「其田上肥壤」〔一〕，皆借「䑋」爲「壤」。又與「穰」通。廣雅：「穰，豐也。」史記天官書云「所居野大穰」，正義云：「豐熟也。」西山經云「文鰩魚，見則天下大穰」，郭注云：「豐穰，收熟也。」漢書張敞傳云「長安中浩穰」，顔師古注云：「穰，盛也。」凡言「穰」者，皆是「䑋」之假借字。「䑋」，集韻又如陽切。凡詩言「降福穰穰、豐年穰穰、零露瀼瀼」，皆「盛多」之義，亦是「䑋」之假借字。

𠑊者，廣雅：「𠑊，盛也。」字通作「僇」。説文「僇，癡行僇僇也」，與郭注「麤大」義近。注言「𠑊侔」者，集韻：「侔，大也。」是「侔」亦訓「盛大」之義。

泡者，廣雅：「泡，盛也。」西山經云「其源渾渾泡泡」，郭氏注云：「水濆涌之聲也。」文選洞簫賦云「又似流波，泡溲泛㴆」，李善注云「泡溲，盛多貌」，與郭注言「泡肥，洪張貌」義近。

八　私、策、纖、䅬、音鋭。**稺、**古稚字。**杪，**莫召反。**小也。自關而西秦晉之郊梁益之間凡物之小者謂之私；小或曰纖，繒帛之細者謂之纖。東齊曰布帛之細者曰綾，**音凌。**秦晉曰**

〔一〕「上」，後漢書作「土」。

靡。凡草生而初達謂之莜。鋒萌始出。**稺，年小也。木細枝謂之杪，**言杪梢也。**江淮陳楚之内謂之篾**〔一〕，篾，小貌也。**青齊兖冀之間謂之葼，**音鬆。**燕之北鄙朝鮮洌水之間謂之策。故傳曰：「慈母之怒子也，雖折葼笞之，其惠存焉。」**言教在其中也。

維言案：説文：「小，物之微也。」玉篇：「小，細也。」是「細、小」義近。爾雅舍人注云「小，少也」，與「細」義亦近。

私者，廣雅：「私，小也。」案：「私」、「厶」之假借字。「厶」與「幺」形相似。説文：「幺，小也。」漢書食貨志有「幺錢」，顔師古注云：「幺，小也。」文選文賦云「猶絃幺而徽急」，李善注亦云：「幺，小也。」是「厶、幺」二字形似義同。

策者，廣雅：「策，小也。」字通作「茦」。説文：「茦，莿也。」爾雅釋草「茦刺」，郭注云：「草刺針也。」案：木曰「朿」，草曰「茦」。字當訓「草芒」爲是，亦「小」之義。

纖者，廣雅：「纖，小也。」説文：「纖，細也。」書禹貢「厥篚玄纖縞」，傳亦云：「纖，細也。」楚辭招魂篇云「被文服纖」，王逸注云：「纖謂羅縠也。」漢書文帝紀云「纖七日，釋服」，顔師古注云：「纖，細布衣也。」周禮冬官考工記輪人云「望其輻，望其轂

〔一〕「篾」，戴震疏證本作「蔑」。注内同。按，本條下王維言釋義亦作「蔑」。

爾而纖也」[一]，鄭注云：「揫纖，殺小貌。」皆與「小」義相近。

茷者，廣雅：「茷，小也。」左思吴都賦云：「鬱兮茷茂。」「茷」之言「鋭」也。左氏昭十六年傳云「不亦鋭乎」，杜預注云「鋭，細小也」；説文「鋭，芒也」；爾雅釋丘「再成鋭上爲融丘」，郭注云「鐵頂者」：義並與「茷」同。説文：「䬈，小餟也。」「䬈」與「茷」亦聲近義同。

稺者，説文：「稺，幼禾也。」五經文字云：「稺，字林作稚。」爾雅釋言：「幼，稺也。」今人呼幼子曰「稺子」，亦「小」義也。

杪者，廣雅：「杪，小也。」説文：「杪，木標末也。」班固漢書敘傳云「造計秒忽」，劉德注云：「秒，禾芒也；忽，蜘蛛網細者也。」「秒」與「杪」同義。又與「眇、藐」相通。廣雅「眇、藐，小也」，並與「杪」聲近義同。今人呼樹梢曰「杪」，又呼十忽爲「一杪」，皆作「細小」之義解也。

綾者，説文「東齊謂布帛之細者曰綾」，是用方言。釋名云「綾，凌也。其文望之如冰凌之理也」，亦「細」之義。

[一]「望」，十三經注疏本作「欲」。

靡者，說文：「靡，披靡也。」司馬相如上林賦云「靡曼美色於後」，張揖注云：「靡，細也。」「細、小」義近。

蔑者，廣雅作「懱」，云：「懱，小也。」小爾雅云：「蔑，末也。」「末」亦「小」也。詩桑柔篇「國步蔑資」，鄭箋云：「蔑猶輕也。」「輕」與「小」義亦近。書君奭云「若兹彝教〔一〕，文王蔑德」，鄭注云：「蔑，小也。」逸周書祭公解云「追學於文武之蔑」，孔晁注云：「言追學於文武之微德也。」「微」亦「小」也。說文：「懱，輕易也。」「輕易」亦「小」也。今人猶謂輕視小爲「蔑視」。周語云「鄭未失周典，而王蔑之，是不賢明也」，韋昭注云：「蔑，小也。」法言學行篇云：「視日月而知衆星之蔑也。」「蔑」亦訓「小」。是凡言「蔑」者，皆「小」之義也。

葼者，廣雅：「葼，小也。」左思魏都賦云「弱葼條實」，張載注云：「葼，木之細枝者也。」案：葼者，「細密」之貌。爾雅釋器「緵罟謂之九罭」，說文「布之八十縷爲稯」，玉篇「騣，馬鬣也」，風土記云「以菰葉裹米謂之糉」，皆「細密」之義也。「細密」與「小」義相近。

〔一〕「若兹」，十三經注疏本作「兹迪」。

九　殗於怯反。**殜，**音葉。**微也。宋衛之間曰殗。自關而西秦晉之間凡病而不甚曰殗殜。**病半卧半起也。

維言案：説文「微，隱行也」，義與方言未合。爾雅釋訓「骭瘍爲微」，孫炎注云：「微，水濕之疾也。」詩巧言篇「既微且尰」，是其義也。字通作「癥」。三蒼云：「癥，足瘡。」又通作「危」。玉篇：「危，不安貌。」廣韻：「危，疾也。」「微、危」古字通訓。「微」爲「疾」，始與方言義合。

殗者，廣雅：「殗，病也。」集韻亦云：「殗，病也。」

殜者，廣雅：「殜，病也。」「殗殜」猶言「殗葉」。左思吴都賦云「重葩殗葉」，注云：「殗，重也。葉，重疊貌。」「殜」，又通作「殜」。集韻「殗殜，病也」，義同「殗殜」，猶「偃仰」也。詩北山篇「或棲遲偃仰」，與郭注「半卧半起」義近。

一〇　臺、敵，匹一作疋。**也。東齊海岱之間曰臺。自關而西秦晉之間凡物大同者謂之臺敵**[一]**。**

維言案：爾雅釋詁：「匹，合也。」合者，言有匹也。故公羊宣三年傳云「無匹不

[一]「物大同」，戴震疏證本作「物力同」。

行」，何休注云：「匹，合也。」釋名云：「匹，辟也。往相辟偶也。」白虎通云：「匹，偶也。」「匹、偶」義同。廣雅：「匹，輩也。」「輩」與「偶」義相近。廣雅又云：「匹，二也。」「匹，孿也。」詩文王有聲篇「作豐伊匹」，毛傳云「匹，配也」；禮記三年問云「失喪其羣匹」，鄭注云「匹，偶也」；左氏僖二十三年傳云「秦晉匹也」，杜預注云「匹，敵也」；楚辭懷沙賦云「獨無匹兮」，王逸注云「匹，雙也」：義並相近。

臺者，廣雅：「臺，輩也。」「臺」之言「相等」也。等，待也。故廣雅又云：「臺，待也。」斗柄下六星，兩兩相比曰「三台」。「台」與「臺」同。

敵者，爾雅釋詁：「敵，匹也。」説文：「敵，仇也。」爾雅亦訓爲「匹」，然則「仇、敵」義同也。左氏文六年傳云「敵惠敵怨」，杜預注云：「敵猶對也。」爾雅釋詁又云：「敵，當也。」「當」與「對」義近。今俗謂「相當」爲「相對」，即此義也。廣雅：「敵，輩也。」秦策云「四國之兵敵」，高誘注云：「敵，强弱等也。」字通作「適」。玉藻云「敵者不在」，釋文：「敵，本又作適。」論語里仁篇「無適也」，釋文：「適，鄭本作敵。」是「敵、適」古字通用。又與「嫡」通。釋名云：「嫡，敵也。與匹相敵也。」「敵」與「特」義近。「特」訓「獨」，亦訓「匹」。詩柏舟篇「實維我特」，毛傳云：「特，匹也。」韓詩作「直」，云：「相當值也。」然則「相當」即「相匹」矣。

一一 **抱嬔，**追萬反。一作娩。**耦也。**耦亦疋，牙見其義耳〔一〕。音赴。**荆吳江湖之間曰抱嬔，宋潁之間或曰嬔。**

維言案：「耦」與「偶」同。爾雅釋詁：「偶，合也。」釋言：「遇，偶也。」釋名云：「耦，遇也。二人相對遇也。」呂氏春秋季秋注亦云：「偶，合也。」左氏襄二十九年傳云「射者三耦」，杜預注云：「二人爲耦。」漢書高帝紀云「耦語者棄市」，顔師古注云：「耦，對也。」左氏宣三年傳云「姬姞耦」，杜預注云：「姞姓宜爲姬姓配耦。」列子力命篇「多偶」，張湛注云：「偶，諧也。」書君奭云「汝命勗偶」，疏云：「偶，配也。」廣雅：「耦，諧也。」「耦，孿也。」「耦，二也。」案：方言之義，當从廣雅訓「耦」爲「孿」者爲正。

抱者，廣韻：「抱，持也。」增韻：「抱，挾也。」詩抑篇「抱子」是其義也。

嬔者，説文作「嬎」，云：「生子齊均也。」周成難字云：「嬔，息也。」同時生爲「嬔」。「嬔」之言「娩」也。「娩」通作「㝃」。説文：「㝃，生子免身也。」纂要云：「齊人謂生子曰娩。」是「嬔、娩」義同，並與「孿」義相近，故訓爲「耦」也。

〔一〕「牙」當作「㸦」，形近而誤。

一二　倚、邱寄反。**踦，**欹奇反。**奇也。**奇偶。**自關而西秦晉之間凡全物而體不具謂之倚，梁楚之間謂之踦。雍梁之西郊凡獸支體不具者謂之踦。**

維言案：說文：「奇，不偶也。」禮記投壺云「一算爲奇」，鄭注訓「奇」爲「隻」。「隻」，「無耦」之義也。周禮春官云：「七曰奇擈。」「奇擈」，一拜也。又訓「零數」，易「歸奇于扐以象閏」是也。白虎通云「嫁娶陽數奇」；海外西經云「奇肱國，其人一臂、一目」；大荒西經云「有人曰吴四奇無左足無右臂」〔一〕；淮南子墜形訓「奇股民」，高誘注云「奇，隻也」：並與郭注「奇偶」義同。

倚者，與「奇」同。荀子修身篇云「倚勉之行」，楊倞注引方言、莊子天下篇云：「南方有倚人焉。」注音義同「畸」。穀梁僖三十三年傳云「匹馬倚輪無反者」，亦訓爲「隻」。

踦者，說文：「踦，一足也。」廣雅：「踦，蹇也。」「蹇」與說文「一足」義同。漢書段會宗傳云「亦足以復雁門之踦」，應劭注云：「踦，隻也。」「踦、隻」，不偶也。左思蜀都賦云「山阜隈積而踦嶇」，注云：「踦，傾側也。」魯語云「踦跋畢行」〔二〕，韋

〔一〕二十二子本作「有人名曰吴回，奇左，是無右臂」。

〔二〕「跋」，國語作「跂」。下同。

昭注云：「踦跂，跰蹇也。」左氏襄十四年傳云：「諸戎犄之。」爾雅：「牛角一仰一俯，觭。」[一]「犄、觭」並與「踦」聲近義同。

一三 **逴**、勑略反。**獡**、音鑠。**透**，式六反。**驚也。自關而西凡蹇者或謂之逴**，行略逴也。**體而偏長短亦謂之逴。宋衛南楚凡相驚曰獡，或曰透。**皆驚貌也。

維言案：爾雅釋詁云：「驚，懼也。」説文：「驚，馬駭也。」文選西京賦注云：「驚、憚，皆使駭怖也。」宋衷春秋緯注云：「驚，動也。」楚辭招魂篇云「宮庭震驚」，王逸注云：「驚，駭也。」廣雅云：「驚，起也。」「驚」之言「警」也。文選嘆逝賦云「節循虛而警立」，李善注云：「警猶驚也。」「警、驚」聲本近。

逴者，廣雅：「逴，驚也。」説文：「逴，遠也。一曰蹇也。」玉篇亦云：「逴，蹇也。」史記霍去病傳云「逴行殊遠」，注云：「逴與卓同，遠也。」班固西京賦云：「逴躒諸夏。」「逴躒」猶「超絶」也。「超絶」與「驚」義近。字通作「趠」。説文：「趠，遠也。」廣雅：「趠，絶也。」上林賦注云：「趠，懸擲。」又通「踔」。説文「踔，踶也」，莊子秋水篇云「吾

[一] 十三經注疏本作「角一俯一仰，觭」。

以一足跉踔而行」，後漢書馬融傳注云「踔，跳也」，羽獵賦注云「踔，踰也」，吴都賦云「騰踔飛超」，並與「驚、蹇」二義相近。又通作「踶」。廣雅「踶，蹇也」，與「逴」聲亦同。

猲者，猲驚也。説文「猲，犬猲猲不附人也」，徐鍇傳云：「犬畏人也。」假借爲「䧿」。説文：「䧿，驚皃。」「猲、䧿」聲近義同。

透者，廣雅：「透，驚也。」左思吴都賦云「驚透沸亂」，劉逵注引方言、賈子容經篇云：「其始動也，穆如驚倏。」「倏」與「透」通。説文「透，跳也」，亦與「驚」義相近。

一四　**儀、佫，來也。陳潁之間曰儀；自關而東周鄭之郊齊魯之間或謂佫曰懷。**

維言案：爾雅釋詁：「來，至也。」「來、至」義同。詩采薇「不來」，毛傳：「來，至也。」鄭箋云：「來猶反也。」左氏文七年傳云「其誰來之」，杜預注云：「來猶歸也。」高誘吕氏春秋注云：「來猶致也。」字通作「戾」。公羊隱五年傳云：「登來之禮。」禮記大學篇注引作「登戾之禮」，「來、戾」聲近。詩泮水篇「魯侯戾止」，毛傳云「戾，來也」，亦「來、戾」二字古同音之證。

儀者，廣雅：「儀，來也。」釋名云：「儀，宜也。得事宜也。」詩烝民篇「我儀圖之」，毛傳云：「儀，宜也。」「宜」與「來」相近。書「鳳凰來儀」，「來、儀」並稱，義相近也。

佫者，又作「格」。爾雅釋詁：「格，至也。」廣雅亦云：「格，至也。」「至、來」義同。餘見卷一。

懷者，爾雅釋詁：「懷，至也。」餘亦見卷一。

一五　紉、音刃。**敜，**音汝。**黏也。齊魯齊徐自關而東或曰紉**[一]，言黏紉也。**或曰敜。**

維言案：說文：「黏，相著也。」蒼頡篇：「黏，合也。」爾雅釋言郭注云：「膠，黏紉。」釋文：「糊也。」字通作「溓」。考工記輪人云「雖有深泥，亦弗之溓也」，鄭司農注云：「謂泥不黏著輻也。溓讀爲黏。」[二]今俗謂相著不解曰「黏」，即此義也。

紉者，廣雅作「䵒」，云：「䵒，黏也。」爾雅釋言：「紉，膠也。」說文「紉、䵒」同，「黏也」，引春秋傳曰「不義不䵒」，今傳作「暱」。杜子春注考工記弓人「不義不昵」云：「昵，或爲紉。」說文：「膠，昵也。」爾雅釋詁「暱，近也」，義並相近。趙策云「膠漆至紉」，義亦爲「黏」。

[一] 戴震疏證本下「齊」字作「青」。

[二] 十三經注疏本作「溓讀爲黏。謂泥不黏著輻也」。

⿰黍攵者，廣雅：「⿰黍攵，黏也。」釋名云：「糝，⿰黍攵也，相黏⿰黍攵也。」字或通作「敉」。說文「粔敉，膏環也」，與「黏」義亦相近。

一六　餬、音胡。託、庇、庇蔭。寓、艛，寄也。齊衛宋魯陳晉汝潁荆州江淮之間曰庇，或曰寓。寄食爲餬。傳曰「餬其口於四方」是也。凡寄爲託，寄物爲艛。

維言案：說文：「寄，託也。」廣雅：「寄，依也。」一切經音義引廣雅：「寄，客也。」齊語云：「令可以寄政。」周語云「國無寄寓」，韋昭注云：「不爲廬舍以寄羈旅之客也。」禮記王制云「東方曰寄」，鄭注云：「東方通言之官，謂傳寄東方之言也。」莊子善性篇云：「物儻來，寄也。」史記酷吏傳云「請寄無所聽」，注云：「請寄猶囑託也。」是「寄、託」義同。

餬者，廣雅：「餬，寄也。」說文：「餬，寄食也。」左氏隱十一年傳云「而使餬其口於四方」，杜預注云：「餬，鬻也。」鬻猶養也。莊子人間世篇云「足以餬口」，李軌注云：「餬，食也。」爾雅釋言「餬，饘也」，義與「食」亦近。

託者，廣雅作「侂」，云：「侂，寄也。」說文：「託，寄也。」玉篇：「託，憑依也。」禮記檀弓云「久矣，予之不託於音也」；莊子達生篇云「踵門而託于扁慶子」，李軌注云

「託，屬也」；論語泰伯篇云「可以託六尺之孤」；齊策云「託于東海之上」；孟子「士之不託諸侯」；穀梁定元年傳云「夫請者，非可治託而往也」，范注云「治託猶假託」：並訓「寄」之義也。

庇者，廣雅：「庇，託也。」爾雅釋言：「庇、庥，蔭也。」説文：「庇，蔭也。」禮記表記云「雖有庇民之大德」，鄭注云：「比[一]，覆也。」周語「口以庇信」，韋昭注云：「庇猶蔭也。」[二]「覆、蔭、比」，「寄託」之義。

寓者，廣雅：「寓，寄也。」説文亦云：「寓，寄也。」禮記郊特牲云：「諸侯不臣寓公。」曲禮云：「大夫寓祭器於大夫。」左氏僖二十八年傳云：「得臣與寓目焉。」襄二十四年傳云：「子産寓書於子西。」莊子：「寓言十九。」爾雅釋木：「寓木、宛童。」中山經云「龍山上多寓木」，郭注云：「寓木，寄生也。」是「寓」皆訓「寄」之義。又訓爲「託」。史記莊周傳云：「著書十餘萬言，大抵率寓言也。」「寓言」猶「託言」也，「託」亦「寄」也。今人託居謂之「寓」，即此義也。

[一]「比」當作「庇」。

[二]按，上句引文實爲國語周語「然後庇焉」韋注。

艕者，廣雅：「艕，寄也。」省作「滕」。説文：「滕，送也。」凡送皆曰滕。楚辭九歌云「魚鱗兮滕予送」，與「寄」義相近。

一七　逞、苦、了，快也。自山而東或曰逞，楚曰苦，苦而爲快者，猶以臭爲香、治爲亂、徂爲存，此訓義之反覆用之是也。**秦曰了。**今江東人呼快爲愃，相緣反。

維言案：説文：「快，喜也。」廣韻：「快，稱心也。」秦策云「文信侯去而不快」，高誘注云：「快，樂也。」「樂、喜」義相同也。

逞者，説文：「逞，通也。」玉篇：「逞，快也。」小爾雅亦云：「逞，快也。」左氏桓六年傳云「今餒而君逞欲」，成十三年傳云「穆公是以不克逞志于我」，十六年傳云「晉可以逞」，襄二十六年傳云「不如使逞而歸」，昭四年傳云「求逞于人」，杜預注並訓「逞」爲「快」。

苦者，類篇：「急也。」集韻引説文：「苦，一曰急也。」廣雅：「笘，急也。」「笘」乃「苦」之訛。「急、快」義相近。

郭注「猶以香爲臭、治爲亂、徂爲存」者，案：「苦、快」一聲之轉，取聲不取義，與「徂、存」雙聲字同，若「臭」兼「香臭」，是本義。「亂」與「𤔔」别，故當訓「治」也。

了者，説文：「了，佡也。」廣雅：「了，訖也。」「訖」與「快」義近。增韻：「了，決也。」廣韻：「了，慧也。」又「曉解也」。後漢書孔融傳云「小而了了」，宋書戴法興傳云「彭城王覓一了了令史」，並訓「了然」之義，與「快」義亦相近。

一八　悔、㥾、赧，愧也。晉曰悔，或曰㥾。秦晉之間凡愧而見上謂之赧，小雅曰〔一〕：「面赤愧曰赧。」**梁宋曰㥾。**敕㥾，亦慙貌也。音匿。

維言案：爾雅釋言：「愧，慙也。」詩抑篇「尚不愧于屋漏」，皇極經世云「無愧于口氣」〔二〕，禮記表記云「不以人之所不能者愧人」，儒行云「小則如愧」，並訓「慙」義。字本作「媿」。説文：「媿，慙也。」廣雅：「媿，恥也。」禮記聘義云：「所以媿厲之也。」荀子儒效篇：「衆人媿之。」韻會云：「媿，同愧。」字亦作「聭」。莊子駢拇篇云：「余聭乎道德。」又假借爲「歸」。秦策云：「狀有歸色。」「歸」與「愧」同義也。字又作「謉」。集韻「謉」與「媿、愧」同，慙恥也。是「愧、媿、聭、謉」聲義並同。

〔一〕「小雅」，戴震疏證本作「小爾雅」。
〔二〕「氣」字疑衍。

挴者，廣雅：「挴，慙也。」楚辭天問篇云「穆王巧挴」，王逸注云：「挴，貪也。」「貪」與「愧」義相近。

赧者，省作「赧」。廣雅：「赧，慙也。」説文：「赧，面慙赤也。」小爾雅云：「面慙曰𦗷。」「𦗷」與「赧」通。吴質答東阿王書云「赧赧然汗下」，注云：「面慙曰赧。」楚語云「不則赧」，韋昭注云「赧，懼也」；孟子滕文公篇云「觀其色赧赧然」，趙岐注云「面赤心不正之貌」：並與「愧」義相近。

㥾者，廣雅：「㥾，慙也。」廣韻：「㥾，愧也。」字通作「怩」。廣雅：「怩，慙也。」説文：「忸怩，慙也。」孟子萬章篇「忸怩」趙岐注云：「忸怩而慙。」廣韻：「忸怩，𢠸洛也。」「𢠸洛」與「慙」義近。晉語云「君忸怩顔」，韋昭注云：「忸怩，慙貌。」是凡言「怩」者，義並與「㥾」同。

一九　叨、託高反。**惏**，洛含反。**殘也。陳楚曰惏。**

維言案：説文：「殘，賊也。」義見卷一。

叨者，説文：「叨，貪也。」後漢書梁冀傳云「貪叨凶淫」，盧植傳云「横叨天功以爲己有」〔一〕，本左氏傳「況貪天之功以爲己力」爲訓。字通作「饕」。廣雅：「饕，貪也。」廣韻：「叨，濫也。」「濫」亦「貪」也。

惏者，說文：「惏，貪也。」廣雅作「婪」，亦云：「婪，貪也。」凡言「貪」者，皆「殘」之義也。又通作「綝」，義見卷一。

二〇　**馮、齘、苛，怒也。楚曰馮，**馮，恚盛貌。楚辭曰：「康回馮怒。」**小怒曰齘。**言禁齘也〔二〕。**陳謂之苛。**相苛責也。

維言案：說文：「怒，恚也。」增韻：「怒，憤也。」廣雅：「怒，勉也。多也。健也。責也。」周語「怨而不怒」，韋昭注云：「怒，作氣也。」春秋繁露云：「怒氣爲清而當秋。」鬼谷子云：「摩怒者，動也。」淮南子原道訓云「人大怒破陰」，高誘注云：「怒者，陰氣。」荀子榮辱篇云：「怏怏而亡者，怒也。」〔三〕禮記内則云：「而后怒之。」公羊莊四年傳云「此非怒與」，何休注云：「怒，遷怒，齊人語也。」周禮地官云：「凡有鬭怒者成

〔一〕「有」，後漢書作「力」。
〔二〕「禁」，戴震疏證本作「噤」。又「齘」，本條下王維言釋義作「齘」。
〔三〕「怏怏」，二十二子本作「快快」。

之。」「鬪怒」，謂「辨訟」也。莊子逍遥遊篇云：「怒而飛。」言大鵬奮起如怒也。顔師古糾謬正俗云〔一〕：「怒，从心从弩省，怒若强弩之發，人怒則面目張起，凡怒當以心節之，故从心奴爲怒。」

馮者，廣雅：「馮，怒也。」説文：「馮，馬行疾也。」周禮大司馬云「馮弱犯寡則宵之」〔二〕，鄭注云「馮，謂乘陵也」，義與「怒」相近。左氏昭五年傳云「今君奮馬震電馮怒」，杜預注云：「馮，盛也。」列子湯問篇云「帝馮怒」，張湛注云：「馮，大也。」楚辭天問篇云：「康回馮怒。」吴語云：「請王厲士，以奮其朋勢。」「朋」與「馮」通。莊子盜跖篇云「侅溺于馮氣」，釋文言：「憤畜不通之氣也。」長門賦云「心憑噫而不舒兮」，注云：「憑噫，氣滿。」「憑」與「馮」亦通，並與「怒」義相近也。

⿰齒禾者，一作「齘」。廣雅：「齘，怒也。」説文：「齘，齒相切也。」三蒼：「齘，鳴齒也。」考工記函人云「衣之欲其無齘也」，鄭司農注云：「謂如齒齘。」字通作「妎」。爾雅釋言「苛，妎也」，郭注云：「煩苛者多嫉妎。」又與「疥」通。内則鄭注云：「苛，疥

〔一〕「糾」當作「匡」。

〔二〕「宵」，十三經注疏本作「眚」。

也。」是「妎、疥」並與「齘」聲義近同，與「怒」義亦相近也。

郭注「言禁齘」者，玉篇：「噤齘，切齒怒也。」「噤」與「禁」同。

苛者，廣雅：「苛，怒也。」禮記王制云：「譏苛察。」周禮射人云「不敬者，苛罰之」，鄭注云：「謂詰問。」世婦注：「苛，譴也。」假借爲「訶」。説文：「訶，大言而怒也。」廣雅：「訶，怒也。」漢書食貨志云「縱而弗訶虖」，注云：「訶責，怒也。」「訶」與「苛」聲義並同。

二一　㥵〔一〕、刺，痛也。㦺㥵，小也〔二〕。音策。自關而西秦晉之間或曰㥵。

維言案：説文：「痛，病也。」廣雅：「痛，傷也。」爾雅釋言：「恫，痛也。」易説卦：「坎爲耳痛。」釋名：「痛，通也。通在膚衇中也。」一切經引張揖雜字云：「痛、癢，疼也。」

㥵者，廣雅：「㥵，痛也。」亦省作「悚」，義同。

〔一〕「㥵」，本條下王維言釋義作「㥵」。
〔二〕戴震疏證本「小」下有「痛」字，當據補。

刺者，廣雅作「瘌」，云：「瘌，痛也。」「瘌」與「螫」同義。蠭蠆毒傷人謂之「螫」，「螫」亦「刺」也。廣雅又云：「螫，痛也。」又云：「蛪，蠍也。」「蛪」與「刺」同。音「刺」者，毒傷人也，故「蠍」亦謂之「蛪」，並與「痛」義相近也。

二一　**撟捎，選也。**此妙擇積聚者也。矯、騷兩音。**自關而西秦晉之間凡取物之上謂之撟捎。**

維言案：説文：「選，擇也。」小爾雅亦云：「選，擇也。」禮記禮運云「選賢與能」，左氏襄九年傳云「舉不失選」，皆訓「選擇」之義。故孟子滕文公篇云：「選擇而使子。」是「選、擇」二字義本相同。

撟者，説文：「撟，舉手也。」廣雅：「撟，擇也。」韻會：「撟捎，略取也。」爾雅釋獸「人曰撟」，郭注云「引伸手足」，與「選」義亦近。廣雅又云：「撟，取也。」「取」與「選」義同。

捎者，説文用方言。廣雅：「捎，擇也。」羽獵賦云「曳捎星之旃」，注云：「捎，拂也。」馬融廣成頌云：「捎罔兩，拂游光。」「捎」與「拂」義同。增韻云「捎，掠也」，並與「選取」義近。

二一三　**撊**、呼旱反。**梗**、魚鯁。**爽，猛也。魏晉之間曰撊，**傳曰：「撊然登陴。」**韓趙之間曰梗，齊晉曰爽。**

維言案：説文：「猛，健犬也。」廣雅：「猛，健也。」禮記樂記：「粗厲猛起。」論語述而篇：「威而不猛。」孟子滕文公篇：「驅猛獸。」西京賦「猛虡趪趪」，薛綜注云：「猛，怒也。」廣韻：「猛，勇也。」今俗呼有勇力曰「猛」，即此義也。

撊者，廣雅：「撊，猛也。」小爾雅云：「撊，忿也。」左氏昭十八年傳云「今執事撊然授兵登陴」，服虔注云：「撊，猛貌也。」是郭注所本。字通作「僩」。説文：「僩，武貌。」詩淇澳篇：「瑟兮僩兮。」爾雅釋訓：「瑟兮僩兮者，恂慄也。」〔一〕是「僩」訓「猛」之證。毛傳訓「寬大」之義，失之。

梗者，廣雅：「梗，猛也。」淮南子原道訓云：「鋤其梗强。」〔二〕廣雅：「梗，强也。」「梗」亦當作「梗」〔三〕。字通作「鯁」。漢書王莽傳云：「絳侯杖朱虛之鯁。」「鯁」與

〔一〕按，上引文實出禮記大學。

〔二〕按，上引文實出韓愈原道，「梗强」當作「强梗」。

〔三〕按，原文如此。

「梗」同。後漢書殷熲傳云「至今爲梗」〔一〕，注：「鯁與梗同。」是其證也。爽者，廣雅：「爽，猛也。」説文：「爽，明也。」左氏昭四年傳云「二惠競爽」，杜預注云：「競，彊也。爽，明也。」「强、明」與「猛」義相近。「爽」訓爲「猛」，故鷹謂之「爽鳩」。左氏昭十七年傳云「爽鳩氏，司寇也」，杜預注云：「爽鳩，鷹也。」鷹性猛，故「爽」有「猛」義。

二四　瞯、音閑。**睇、**音悌。**睎、略，**音略。**眄也。陳楚之間南楚之外曰睇；東齊青齊之間曰睎**〔二〕**；吴揚江淮之間或曰瞯，或曰略；自關而西秦晉之間曰眄。**

維言案：廣雅：「眄，視也。」蒼頡篇：「眄，旁視也。」説文：「眄，衺視也。」列子黄帝篇：「一眄而已。」莊子山木篇云：「雖羿、逄蒙不能眄睨也。」史記鄒陽傳云：「按劍相眄。」漢書班固敘傳云「虞卿以顧眄而捐相印」，陶潛歸去來辭云「眄庭柯以怡顔」，皆訓「衺視」之義。張衡西京賦云「昭藐流眄」，薛綜注云「流眄，轉眼貌」，與「衺視」義

〔一〕「殷」當作「段」，「梗」當作「鯁」。
〔二〕戴震疏證本下「齊」字作「徐」。

亦近。

睇者，説文：「睇，目小衺視也。」廣雅：「睇，視也。」禮記內則「睇視」，鄭注：「睇，傾視也。」楚辭山鬼篇云「既含睇兮又宜笑」，王逸注云：「睇，微眄貌。」史記屈賈傳云「微睇」，正義：「睇，眄也。」夏小正「來降燕，乃睇」，傳云：「睇者，眄也。眄者，視可爲室者也。」明夷六二云：「夷于左股。」「夷」，鄭、陸並作「睇」。注云：「旁視也。」是「睇」與「眱」通[一]。或作「眱」。廣雅「矔眱，直視也」，與「眄」義亦近。

瞯者，廣雅作「闞」，云：「闞，視也。」説文：「闞，望也。」亦作「矙」。孟子滕文公篇「陽貨矙孔子之亡」，趙岐注云：「矙，視也。」離婁篇作「瞯」，「王使人瞯夫子」，趙岐注云：「瞯，視也。」是「瞯、矙、闞」並同。

睎者，廣雅：「睎，視也。」説文：「睎，望也。」玉篇：「睎，眄也。」呂氏春秋不屈篇云「或掭表掇以善睎」[二]，淮南子記論訓云「引而伸之，可直而睎」[三]，班固西都賦云「睎秦嶺」，郭璞江賦云「飛廉無以睎其蹤」，皆訓「望」字之義。字通作「希」。孝經序云

[一]「眱」疑當作「夷」。
[二]「掭」，二十二子本作「操」。
[三]「記論訓」當作「氾論訓」。

「希升堂者必自開户牖」，注云「希，望也」；漢書公孫宏傳云「希世用事」，注云「希，觀相也」：並與「眄」義相近。

略者，廣雅：「略，視也。」説文：「略，眄也。」字通作「略」。宋玉神女賦云：「目略微眄。」「略」與「略」同。今人謂目一過爲「一略」，亦「眄」之義也。

二五　餽、消息。**喙**、口喙。**呬**，許四反。**息也。周鄭宋沛之間曰餽；自關而西秦晉之間或曰喙，或曰餽；東齊曰呬。**

維言案：説文：「息，喘也。」增韻：「一呼一吸爲一息。」漢書本傳云「尚不敢惕息」，注云：「息，出入氣也。」司馬遷傳云「則心惕息」，注云：「息，喘也。」齊策云「閔王太息」，高誘注云「太息，長出氣也」；漢書高帝紀云「喟然太息」，師古注云「太息，息之大也」：並與「喘息」義近。

餽者，廣雅：「餽，息也。」今本廣雅脱去「息」字，曰：「長也。」玉篇：「餽，氣息也。」

喙者，廣雅：「喙，息也。」漢書匈奴傳云「跂行喙息」，師古注云：「喙息，凡以口出氣者。」新語道基篇云：「跂行喘息。」王褒洞簫賦亦云：「跂行喘息。」是「喘」與「喙」

通也。

呬者，説文「東夷謂息爲呬」，引詩「昆夷呬矣」。案：今詩緜篇作「昆夷鋭矣〔一〕，維其喙矣」，毛傳云：「喙，息也。」説文改「鋭」爲「呬」，非。爾雅釋詁：「呬，息也。」字通作「㣻」。思玄賦云：「㣻河林之蓁蓁。」一本作「呬河林之蓁蓁」，注云：「呬，息也。」又通作「忥」。廣雅：「忥，息也。」又通作「塈」。詩「伊余來塈、民之攸塈」，毛傳並云：「塈，息也。」泂酌箋同。假樂正義引某氏曰：「詩云：『民之攸呬。』」是「塈、忥」皆「呬」之假借字也。

二六　**鋠**、劈歷。**摫**，音規。**裁也。梁益之間裁木爲器曰鋠，裂帛爲衣曰摫。鋠又斲也。晉趙之間謂之鋠鋠。**皆折破之名也〔二〕。

維言案：説文：「裁，制衣也。」廣雅：「裁，裂也。」禮記喪大記鄭注云：「裁，制也。」爾雅釋言：「裁，節也。」廣雅又云：「裁，制也。」秦策「大王裁其罪」，高誘注云：「裁，制也。」管子形勢篇云「裁大者，衆之所比也」，房注：「裁，斷也。」淮南主術訓云

〔一〕「鋭」，十三經注疏本作「駾」。
〔二〕「折」，戴震疏證本作「析」。

「取民則不裁其力」，高誘注云：「裁，度也。」「裁」與「製」義同。説文：「製，裁也。」「裁」與「截」義亦同。説文：「截，斷也。」今人製衣曰「裁衣」，裁木曰「截木」。方言之訓，蓋兼此二義而言也。

鎃者，音若「劈」，字本作「鎃」。「鎃」之言「劈」也。廣雅：「鎃，裁也。」漢書藝文志云「鉤釽析亂」，師古注云：「釽，破也。」案：説文「釽，从金从爪」，長箋亦云「誤爪爲𠂢」，則字宜从爪，从𠂢者誤也。當據説文訂正。

摫者，本作「摫」。廣雅：「摫，裁也。」左思蜀都賦云「釽摫兼呈」，注云「裁木爲器曰釽，裂帛爲衣曰摫」，義本方言。謝靈運山居賦云「釽摫之端」，義同。字通作「規」。説文「規，有法度也」，與「裁」義亦近。

二七　鐫，㧻也[一]。謂鏨鐫也。子旋反。**晉趙謂之鐫。**

維言案：玉篇：「㧻，刺木也。」本作「椓」。説文：「椓，擊也。」詩兔罝篇：「椓之丁丁。」字通作「鑿」。説文：「鑿，穿木也。」廣韻：「鑿，鏨也。」又通作「斲」。説文：

[一] 按，匯證據戴震疏證、盧文弨重校方言和慧琳一切經音義引方言改「㧻」爲「琢」。

「斲，斫也。」是「豖、椓、鑿、斲」並聲近義同。

鐫者，説文：「鐫，穿木鐫也。」釋名云：「鐫，鐏也。有所鐏入也。」廣雅：「鐫，鑿也。」説文又云：「鐫，琢石也。」淮南子本經訓云「鐫山石」，高誘注云：「鐫猶鑿也。」漢書異姓諸侯王表云「鐫金石者難爲功」，溝洫志云「可鐫廣之」，薛宣傳云「故使掾平鐫令」，義皆訓「鑿」。正字通云：「瑑，圭璧上起兆瑑也。」今刻石文曰「瑑石」，亦曰「鐫石」。抱朴子臣節篇云「昆吾彝器，能者鐫功勳」，庾信枯樹賦云「雕鐫始就」，並訓「雕刻」之義，與「豖」義俱相近也。

二八　**鍇**、音皆〔一〕。**鐕**，音啟。**堅也。自關而西秦晉之間曰鍇，吴揚江淮之間曰鐕。**

維言案：爾雅釋詁：「堅，固也。」正韻：「堅，實也。」廣雅：「堅，强也。」「堅，長也。」呂氏春秋審分篇云「堅窮廉直」，高注：「堅，剛也。」淮南子時則訓云「堅致爲上」，高誘注云：「堅，功牢也。」素問腹中論云「其氣疾急堅勁」〔二〕，王砅注云：「堅，

〔一〕按，匯證據戴震疏證、廣韻「鍇、楷」同音，推斷「皆」當作「楷」。

〔二〕「疾急」，二十二子本作「急疾」。

定也，固也。」字通作「掔」。爾雅釋詁：「掔，固也。」公羊定十四年經云「公會齊侯、衛侯于堅」，釋文作「掔」。是「堅、掔」同也。

鍇者，廣雅：「鍇，堅也。」今本廣雅脱「堅」字，曰：「鞏也。」説文：「鍇，鐵也。九江謂鐵曰鍇。」左思吴都賦云「銅鍇之垠」，劉逵注云：「鍇，金屬也。」皆「堅」之義也。人物志別體篇云：「彊楷堅勁。」「楷」與「鍇」通。

鑙者，廣雅「鑙，鞏也」，亦脱「堅」字。

二九　揄鋪、音敷。**㡜**音藍。**𢄼、帗**音拂。**縷、葉輸**[一]，音臾。**毳也。**音脆。皆謂物之扞蔽也[二]。**荆揚江湖之間曰揄鋪，楚曰㡜𢄼，陳宋鄭衛之間謂之帗縷，燕之北郊朝鮮洌水之間曰葉輸。**今名短度絹爲葉輸。

維言案：説文：「毳，獸細毛也。」周禮天官掌皮云「共其毳毛爲氈，以待邦事」，鄭注云：「毳毛，毛細縟者。」王褒聖主得賢臣頌云：「夫荷旃被毳者。」尚書正義云：

[一] 按，匯證據戴震疏證和本條郭注「音臾」推斷「葉輸」作「葉褕」。下文及注内同。

[二] 按，匯證據劉台拱方言補校推斷「扞蔽」作「行敝」。

「毳冕五章，虎蜼爲首。虎蜼毛淺，毳是亂毛，故以毳爲名。」詩大車篇「毳衣如菼」，毛傳云：「毳衣，大夫之服。」說苑尊賢篇云「腹下之毳」，謂馬獸腹下細毛。李陵答蘇武書云「韋韝毳幕」，「毳幕」謂胡人以細毛爲幕，即「氈帳」也。

揄者，本作「褕」。說文：「褕，翟，羽飾衣。」周禮內司服「褕狄」，鄭仲師謂「畫羽飾」，鄭康成謂「即爾雅之摇雉，刻繒爲之形，著于衣」。是「褕、揄」並與「揄」同。禮記雜記云：「大夫不揄絞，屬于池下。」義或同「毹」。說文：「毹，氍毹也。」應劭風俗通云：「織毛褥曰氍毹。」三輔黃圖云：「温室規地，以罽賓氍毹。」蓋今地毯之類。「毹、揄」亦聲近義同。

鋪者，義或同「䅃」。廣雅：「䅃，羽也。」玉篇：「䅃，細毛也。」亦作「毰」。集韻：「毰，細毛。」是「鋪」與「䅃、毰」並聲近義同。連呼之則曰「揄鋪」。蓋當時方俗語耳。

艦者，當訓爲「罽衣」。義與「襤」同。亦與「檻」通。說文「檻，櫳也」，與郭注「扞蔽」義近。

極者，義同「幠」。廣雅：「幠，覆也。」說文亦云：「幠，覆也。」「極、幠」聲近義同。連呼之則曰「艦極」，蓋方俗呼「毯」之名也。

帗者，周禮春官云「凡舞者有舞帗」，鄭注云：「帗，析五采繒。今靈星舞子持者是也。」

縷者，通作「氀」。廣雅：「氀，罽也。」通俗文云：「毛布曰氀。」一切經音義二引聲類云：「氀毼，毛布也。」後漢書烏程傳云：「婦人能織氀毼。」是「縷、氀」聲近義同。連呼之則曰「帗縷」，與「毳」義亦相近也。

葉者，聲近「褋」。楚辭云「遺余褋兮澧浦」，王逸注云：「襟褋襜褕，事神所用。」潛夫論云：「文組綵褋。」是「葉、褋」聲義近同。

輸者，郭注「音臾」，與「褕」亦聲近。說文「褕翟，羽飾衣也」，聲亦近「愉」。說文「繒，端裂也」，並與郭注「短度絹」之義相近，與「毳」義亦相近也。

三〇　孑、藎，餘也。謂遺餘。昨吝反。**周鄭之間曰藎，或曰孑；青徐楚之間曰孑。自關而西秦晉之間炊薪不盡曰藎。孑，俊也。遵，俊也。**廣異語也[一]。

維言案：「餘」義見卷一。

孑者，廣雅：「孑，餘也。」玉篇亦云：「孑，餘也。」詩雲漢篇「靡有孑遺」，鄭箋云

〔一〕「也」，戴震疏證本作「耳」。

「孑然遺失也」〔一〕；漢書高惠高后文功臣表云「靡有孑遺，耗矣」，師古注云「孑然，獨立貌」；周語云「胡有孑然其效戎、翟也」，韋昭注云「孑然，全體之貌」：並與「餘」義相近。

藎者，通作「燼」。廣雅：「燼，餘也。」亦作「㶳」。說文：「㶳，火餘也。」小爾雅亦云：「燼，餘也。」詩桑柔篇「具禍以燼」，鄭箋云〔二〕：「灾餘曰燼。」左氏成二年傳云「收合餘燼」，杜預注云：「燼，火餘木也。」襄四年傳云「收二國之燼」，杜預注云：「燼，遺民也。」吴語云「然後安受其燼」，韋昭注云：「燼，餘也。」玉篇：「㶳，炧也。」廣雅又云：「㶳，炧也。」廣韻：「㶳，燭餘也。」是「燼、㶳」並與「藎」聲近義同。

孑爲「俊」者，「孑」爲「傑」之假借字。

遵者，「僎」之假借字也。

三一　**翿**、音濤。**幢**，徒江反。**翳也。**儛者所以自蔽翳也。**楚曰翿，關西關東皆曰幢。**

維言案：說文：「翳，華蓋也。」廣韻：「翳，葆也。」急就篇注云：「翳，謂凡鳥羽之

〔一〕〔二〕「鄭箋」當作「毛傳」。

可隱翳者。舞者所持羽翿，以自隱翳，因名爲翳。一曰華蓋，今之雉尾扇，是其遺象。」海外西經云「夏后啟左手執翳」，亦謂「華蓋」之類。

翿者，爾雅釋言「翿，纛也」，郭注云：「今之羽葆幢。」詩君子陽陽篇「左手翿」，毛傳云：「翿，纛也。」玉篇：「翿，翳也。」宛丘篇「執其鷺翿」，毛傳云：「翿，翳也。」正義引李巡云：「翿，舞者所持纛也。」周禮鄭衆注亦云：「翿，羽葆幢也。」字亦作「翳」。說[一]：「翳，翳也。所以舞也。」釋名云：「翳，陶也。其貌陶陶下垂也。」「翳、翿」，古今字。

幢者，說文：「幢，旌旗之屬。」廣雅：「幢謂之獨。」「獨」與「翿」同。釋名云：「幢，童也，其貌童童也。」漢書韓延壽傳云「建幢棨，植羽葆」，晉灼注云：「幢，旌幢也。」師古注云：「幢，麾也。」韓非子云「雄駿不創壽於旗幢」，義並與「翿」相近。

三二　**挌、略，求也。秦晉之間曰挌。就室曰挌，於道曰略。略，强取也。攈、**古捃字。**摭，取也。此通語也。**

〔一〕「說」下脱「文」字。

維言案：説文：「求，索也。」論語皇侃疏：「求，貪也。」禮記檀弓云「如有求而弗得」，鄭注云：「求猶索物。」孟子公孫丑篇「勿求於心」，趙岐注云：「求者，取也。」齊策「欲有求於我也」，高誘注云：「求，索也。」淮南子説山訓云「若爲土龍以求雨」，高誘注云：「求猶得也。」並訓「求取」之義。

摉者，説文：「摉，衆意也。一曰求也。」一作「搜」。亦作「廋」。廣雅：「廋，求也。」莊子秋水篇云「摉于國中」，釋文云：「摉，索也。」甘泉賦云「乃搜求索」，注云：「搜，擇也。」漢書趙廣漢傳云：「廋索私屠沽。」師古注云：「謂入室求之。」後漢書馬融傳云：「廋疏婁領。」注云：「廋猶索也。」漢書武帝紀云：「大搜上林。」師古注云：「搜，謂索姦人也。」韓愈進學解云：「乃旁搜而遠紹。」並與「求」義相近。

略者，廣雅：「略，取也。」小爾雅云：「略，取也。」又云：「略，求也。」左氏宣十五年傳云「晉侯治兵于稷，以略狄土」，杜預注云：「略，取也。」襄四年傳云「季孫曰略」，杜預注云：「不以道取曰略。」齊語云「犧牲不略」，韋昭注云：「略，奪也。」字通作「掠」。史記外戚世家云「少君年四五歲爲人所略賣」，龔遂傳云「渤海多劫略」，並借「略」爲「掠」，「掠」，亦「强取」之義也。

攈者，一作「攟」。廣雅：「攟，取也。」魯語云：「收攟而蒸。」一切經音義引賈逯注云：「攟，拾穗也。」「拾」猶「取」也。墨子貴義篇云：「是猶捨穫而攟粟也。」史記十二諸侯年表云：「各往往捃摭春秋之文以著書。」是「攈、攟、捃」並同。

摭者，廣雅：「摭，取也。」說文：「拓，拾也。」「拓」與「摭」同。禮記禮器云「有順而摭也」，正義云：「摭猶拾取也。」少牢下篇云「乃摭于魚腊俎」，漢書揚子本傳云「往往摭離騷而反之」，思玄賦云「摭若華而躊躇」，並與「取」義相近。列子說符篇「能摭國門之闕」，張湛注云「摭，舉也」，與「取」義亦近。

三三　**茫、矜、奄，遽也。** 謂遽矜也。 **吴揚曰茫，** 今北方通然也。莫光反。 **陳潁之間曰奄；秦晉或曰矜，或曰遽。**

維言案：說文：「遽，窘也。」晉語云「公懼，遽見之」，韋昭注云：「遽，疾也。」禮記儒行篇云「遽數不能終其物」，鄭注云：「遽猶卒也。」西京賦云「百禽㥄遽」，薛綜注云：「遽，促也。」羽獵賦云「虎豹之凌遽」，太玄經「窮萬物窮遽」〔一〕，注云：「遽，忙也。」左氏襄三十一年傳云「豈不遽止」，楚辭大招篇云「萬物遽只」，義並訓「急」。「遽」

〔一〕上「窮」字衍。

字通作「懅」。後漢書徐登傳云「主人見之驚懅」，注云「懅，忙也」，聲義亦近。

茫者，亦作「䒕」。廣雅：「䒕，遽也。」通俗文云：「時務曰茫。」「䒕」與「茫」聲近義同。亦通作「盲」。禮記月令「盲風至」，鄭注云：「盲風，疾風也。」又通作「慌」。韓昌黎集注云：「古慌通茫。」「茫」義通「忙」，「忙」者「䒕」之或體，今用之以「忘」爲「忙」也。五經文字云「䒕人晝夜作，無日用月，無月用火，常思明。或曰䒕人思天曉」，並與「遽」義相近。

矜者，廣雅：「矜，遽也。」又云：「矜，急也。」「急、遽」義同。

奄者，説文：「奄，一曰遽也。」吴都賦云「慌罔奄欻」，注云：「奄，去來不定之貌。」長笛賦云「奄忽滅没」，義並與「遽」近。

三四　速、逞、摇扇，疾也。東齊海岱之間曰速，燕之外鄙朝鮮洌水之間曰摇扇，楚曰逞。

維言案：廣雅：「疾，急也。」釋名云：「疾，截也，有所越截也。」詩召旻篇「旻天疾威」，鄭箋云：「疾猶急也。」周語「高位實疾僨」、齊語「深耕而疾耰之」，韋昭注並〔一〕：

〔一〕「並」下疑脱「云」字。

「疾，速也。」禮記樂記云「奮疾而不拔」，月令云「征鳥厲疾」，玉藻云「疾趨則欲發」，左氏襄五年傳云「而疾討陳」，十一年傳云「晉不吾疾也」，穀梁桓十四年傳云「聽遠音者，聞其疾，而不聞其舒」，論語鄉黨篇「不疾言」，孟子梁惠王篇「夫撫劍疾視」，呂氏春秋勸學篇云「聖人生于疾學」：並訓「急速」之義。

速者，爾雅釋詁：「速，疾也。」說文亦云：「速，疾也。」考工記云：「不微至無以爲戚速也。」荀子議兵篇云：「輕利僄遫。」「遫」與「速」同。左傳衛侯速、甯速速、孟孺子子速〔一〕，公羊皆作「遫」，是其證也。字通作「促」。楚辭之大司命云：「吾與君兮齊速。」「速」爲「促」之借字。又通作「數」。考工記弓人云「則莫能以速中」，鄭注云「故書速作數」，並與「疾」義相近。

逞者，說文：「楚謂疾行爲逞。」小爾雅：「逞，快也。」左氏文十七年傳云「鋌而走險，急何能擇」，杜預注云：「鋌，疾走貌。」「鋌」與「逞」聲近義同。餘義見上文。

摇扇者，廣雅：「摇扇，疾也。」「摇」通作「遥」。「遥」，疾行也。楚辭九章云：「願摇起而横奔兮。」爾雅釋蟲「蜩醜扇」，郭注云：「好摇翅。」是「摇扇」皆有「疾」義也。

〔一〕「甯速」下衍一「速」字；「孟孺子」下衍一「子」字。

三五　予、賴，讎也。南楚之外曰賴，賴亦惡名。秦晉曰讎。

維言案：讎，韻會：「讎，仇也。於文，言雔爲讎。雔，鳥之雙也。人之讎怨，不顧禮義，則如禽鳥之爲，兩怒而有言在其間，必溢惡之言，若禽鳥之聲也。」書微子篇云「相爲讎敵」，傳「言不和同」；詩谷風篇「反以我爲讎」，疏云「讎者，至怨之稱」；左氏襄三年傳云「稱解狐其讎也」，疏云「讎者，相負挾怨之名」；秦策云「皆張儀之讎」；楚辭惜誦篇云「又衆兆之所讎」，王逸注云「大怨曰讎」：並訓「仇怨」之義。案：此節「讎」字當讀爲「雔」，「比侑」之意。郭注「賴亦惡名」，蓋已訓「讎」爲「仇怨」之義，失之。「讎」，聲義同「酬」。説文：「酬，主人進客也。」左氏昭二十七年傳云「吾無以酬之」，杜預注云：「酬，報獻也。」詩彤弓篇「一朝酬之」，毛傳云：「酬，報也。」爾雅釋詁「酬，報也」，訓「酬、報」之義，方與「予、賴」意合。

予者，爾雅釋詁：「予，賜也。」詩干旌篇「何以予之」[一]、采菽篇「何錫予之」，並訓「賜予」之義。廣雅「予，與也」，義亦相近。

賴者，聲義同「賚」。説文：「賚，賜也。」爾雅釋詁：「賚，予也。」「賚，賜也。」詩賚序云：「賚，大封於廟也。賚，予也。所以錫予善人也。」説文：「賴，贏也。」廣雅：

[一]「干旌篇」當作「干旄篇」。

「賴，恃也。」周語「先王豈有賴焉」，韋昭注云：「賴，利也。」趙岐孟子注云：「賴，善也。」廣雅又云：「賴，善也。」案：「賴」俱無訓「惡」之義，未知郭注之言何本。

三六　恒慨、蔘索含反。**綏、羞繹、**音奕。**紛毋，言既廣又大也。荆揚之間凡言廣大者謂之恒慨；東甌之間謂之蔘綏，**東甌亦越地，今臨海、永寧是也。**或謂之羞繹、紛毋。**

維言案：恒者，説文：「恒，常也。」易恒卦：「恒，久也。」「常、久」與「廣大」義近。慨者，徐鍇説文繫傳云：「慨，内自高亢憤慨也。」「高亢」亦與「廣大」義近。連呼之則曰「恒慨」，蓋雙聲字也。

蔘者，鶡冠子道瑞篇云「白蔘明起」[一]，注云：「白蔘于下，明起于上。蔘，貌也。」[二]綏者，荀子儒效篇云「綏綏兮其有文章」，楊倞注云：「或爲葳蕤之貌。」是「蔘、綏」皆「垂」貌。廣韻：「蔘綏，垂貌。」「蔘綏」訓「垂」，亦訓「廣大」，猶「覃」訓「蔓延」，亦訓「大」也。

羞者，義同「養」，「養」从水爲「瀁」。滉瀁，大水也。是「羞」者从養爲訓。

[一]「道瑞篇」當作「道端篇」。
[二]鶡冠子校注「貌」上有「垂」字。

繹者，廣雅：「繹，長也。」「長」與「廣大」義近。

紛者，廣雅：「紛紛，衆也。」「衆，多也。」「衆多」與「廣大」義近。

毋者，儀禮鄭注云：「古文毋爲無。」「無」，亦作「憮」。爾雅釋詁：「憮，大也。」「毋、無、憮」並聲近義同。「羞繹、紛毋」亦皆雙聲字也。

三七　**剿**、雀潦反，又子了反。**蹶，**音厥。**獪也。**古狡𤞣字。**秦晉之間曰獪；楚謂之剿，或曰蹶；**言語蹶。**楚鄭曰蔿，**音指撝，亦或聲之轉也〔一〕。**或曰姡。**言黠姡也。今建平郡人呼狡爲姡，胡刮反。

維言案：說文：「獪，狡獪也。」廣雅：「獪，擾也。」「擾」與「狡獪」義近。字亦作「𤞣」，或作「猾」，義並同。

剿者，「狡」之假借字。廣雅：「狡，獪也。」通俗文云：「小兒戲謂之狡獪。」史記淮陰侯傳云「狡兔死」，索隱云：「狡，猾也。」呂氏春秋尊師篇云「東方之鉅狡也」，高誘注亦云：「狡，猾也。」是凡言「狡」者，皆「獪」之義也。

蹶者，說文：「蹶，一曰跳也。」爾雅釋詁：「蹶，動也。」「蹶」爲「譎」之假借。說

〔一〕「或」，戴震疏證本作「獪」。

文：「譎，權詐也。」廣雅：「譎，欺也。」「欺詐」與「獪」義相近。

蔿者，廣雅：「蔿，譌也。」「譌」與「獪」義相近。

婠者，下文卷十二云：「婚，獪也。凡小兒多詐而獪或謂之婠。」「婚」與「婠」同。

方言釋義　木部

方言釋義卷三

歷下　王維言學

一　陳楚之間凡人嘼乳而雙産謂之釐孳，音茲。秦晉之間謂之僆音輦。子，自關而東趙魏之間謂之孿生。蘇官反。女謂之嫁子。言往適人。

維言案：釐者，廣雅：「釐，孿也。」「釐」與「娌」通。下文云：「娌，耦也。」「耦」與「雙生」義近。

孳者，玉篇：「孷孖，雙生也。」「孷」與「釐」同，「孖」與「孳」同。説文：「孳，汲汲生也。」廣雅：「孳，孿也。」書堯典「鳥獸孳尾」，傳云「乳化曰孳」；列子湯問篇云「其民孳阜無數」，釋文「孳，息也」：義並相近。

僆者，廣雅：「僆，𤯷也。」「僆」之爲言「連」也。今登萊人呼小者爲「僆」，音讀若「輦」，蓋古之遺語也。爾雅雞屬「未成雞僆」，亦是「少小」之名。

孿者，説文：「孿，一乳兩子也。」字亦作「𤯷」。字林：「𤯷，雙生也。」廣雅：「𤯷，二也。」呂氏春秋：「孿子之相似。」太玄玄掜篇云「兄弟不孿」，范望注云：「重生爲孿。」玉篇：「孿，雙産也。」今俗謂之「雙生子女」。

謂之嫁子者，爾雅釋詁：「嫁，往也。」説文：「嫁，女適人也。」儀禮鄭注云：「凡女行於大夫以上曰嫁，行於士庶人曰適。」是「嫁、適」二字原别，今則統呼爲「嫁」矣。易序卦「歸妹」，虞翻注云：「嫁，歸也。」白虎通云「嫁者，家也。婦人外成，以出適人爲家」，故謂之「嫁子」也。

二　**東齊之間聓謂之倩。**言可借倩也。今俗呼女聓爲卒便是也。卒便一作平使[一]。

維言案：「聓」與「壻」同。廣雅：「壻謂之倩。」正韻：「女之夫曰壻。」爾雅釋親：「女子子之夫爲壻。」説文「壻，夫也」，徐鍇通論云：「壻者，胥也。胥，有才智之稱也。」禮記昏儀云「壻執雁入」，釋文：「壻，本作聟。」唐公房碑云：「期聟谷口山上。」詩有女同車箋云「壻御輪三周」，釋文：「壻，本作𡎺。」案：「聟」與「聓」同，「聓」又「𡎺」之省也。

[一] 按，戴震疏證删此六字。

郭注言「今俗呼女聟爲卒便」者，「卒便」合聲爲「倩」。倩者，亦美稱也。廣韻：「倩，利也。」「倩」之言「婧」也。説文：「婧，有才也。」顔師古漢書朱邑傳注云：「倩者，士之美稱。」史記倉公傳云「黄氏諸倩」，集解云：「倩，女壻也。」倩者，「壻」聲之轉，緩言則爲「卒便」矣。

三　**燕齊之間養馬者謂之娠。**今之温厚也。音振。**宮婢女廝謂之娠。**女廝，婦人給使者，亦名娠。

維言案：養馬之娠者，「娠」亦作「侲」。正韻：「侲，童子也。」張衡東京賦云「侲子萬童」，薛綜注云：「侲之言善也，善童，幼童。」後漢書禮儀志云：「先臘一日大儺，選中黄門子弟十歲以上，十二以下，百二十人爲侲子。」是「侲」又爲逐疫童子也。杜篤傳云：「虜傲侲。」西京賦云：「侲僮程材。」此乃專指「養馬童子」也。案：「侲」乃「童子」稱。故養馬者謂之「侲」，逐疫者亦謂之「侲」也。

女廝謂之娠者，説文「娠，一曰宮婢女隸謂之娠」，義與方言同。案：「娠」亦宮婢女廝之幼者，猶呼「女婢」曰「女僮」也。

四　楚東海之間亭父謂之亭公。亭民。**卒謂之弩父，**主擔幔弩導幨，因名云。**或謂之褚。**言衣赤也。褚音赭。

維言案：廣雅：「亭父，卒也。」亭公者猶言亭長也。漢書高帝紀云「爲泗上亭長」，師古注云：「停留行旅宿食之館。」後漢書百官志云：「十里一亭，十亭一鄉。有亭長持更板以劾賊，索繩以執賊。」「亭長舊名負弩，改爲亭長，或爲亭父。」臧宮傳注云：「十里一亭，亭有長，以禁盜賊。」案：亭長，即今「卡子兵卒」是也。

弩父者，即百官志所謂「負弩」。

褚者，廣雅、說文並云：「褚，卒也。隸人給事者衣爲卒。卒，衣有題識者。」鄭注周官司常云「今亭長著絳衣」，故郭注言「衣赤」也。案：今兵役民壯以絳褖衣，有題識「勇、壯」字樣，此其遺制。

五　臧、甬、音勇。**侮、獲，奴婢賤稱也。荆淮海岱雜齊之間，**俗不純爲雜。**罵奴曰臧，罵婢曰獲。齊之北鄙燕之北郊凡民男而聓婢謂之臧，女而夫奴謂之獲**[一]**；亡奴謂之臧，亡**

[一]「夫」，戴震疏證本作「婦」，當據改。

婢謂之獲。皆異方罵奴婢之醜稱也。自關而東陳魏宋楚之間保庸謂之甬。保，言可保信也。秦晉之間罵奴婢曰侮。言爲人所輕弄。

維言案：臧、獲者，荀子王霸篇云「雖臧獲不肯與天子易執業」，楊倞注云：「臧獲，奴婢也。」楚辭哀時命篇云「釋管、晏而任臧獲兮」，王逸注云：「臧，爲人所賤繫也。」漢書司馬遷傳云「臧獲婢妾」，注云：「臧、獲，敗敵所被虜獲爲奴隸者。」並訓「賤」義。

甬者，廣雅：「甬，常也。」「平常」亦「賤人」之辭。廣雅又云：「甬，使也。」「使、令」亦「奴婢」之義。字通作「傭」。史記陳涉世家云「嘗與人傭耕」，索隱云：「傭，役也。」又與「庸」同。楚辭懷沙賦云「固庸態也」，王逸注云：「庸，厮賤之人也。」並與「賤」義相近。

侮者，説文：「侮，傷也。」廣雅：「侮，輕也。」禮記曲禮云「不侵侮」，釋文云：「侮，輕也。」左氏昭元年傳云「不侮鰥寡」，杜預注云：「侮，陵也。」廣雅又云：「侮、獲，婢也。」此「賤人」之辭也。

奴婢者，説文：「奴、婢，皆古之辠人也。」周禮司厲「其奴，男子入于辠隸，女子入于舂藁」，注云：「奴從坐而没入縣官者，男女同名。」説文又云：「婢，女之卑者也。」左氏僖二十二年傳云「使婢子侍執巾櫛」，杜預注云：「婢子，婦人之卑稱也。」禮記内則云「父母有婢子」，鄭注云：「賤人之子。」曲禮云「自世婦以下自稱曰婢子」，鄭注云：「婢之言卑也。」「卑」者，「賤」之之義。

保庸者，漢書司馬相如傳云「與庸保雜作」，注云：「謂賃作者。」是「庸保」與「保庸」同。廣雅「保，使也」，與郭注「保信」義近。

六　**蔿**、音花。**譌**、訛言。**譁**、五瓜反。皆化聲之轉也。**涅，化也。燕朝鮮洌水之間曰涅，或曰譁。雞伏卵而未孚**音赴。**始化之時謂之涅。**

維言案：「化」，本作「匕」。説文：「匕，變也。」易繫辭「知變化之道者」，虞注云：「在陽稱變，在陰稱化，四時變化。」荀注云：「春夏爲變，秋冬爲化。」禮記樂記云：「和則百物化焉。」周禮柞氏云「若欲其化也」，鄭注云「化猶生也」；大宗伯云「合天地之化」，鄭注云「能生非類曰化」，賈公彦疏云「鳩化爲鷹之類，皆身在而心化。若鼠化爲駕，雀化爲蛤之等，皆據身亦化，故云故生非類」：並訓「變化」之義。

蔿者，廣雅「蔿，匕也」，又云「蔿，譌也」，又「蔿，譁也」，義並相近。

譌者，説文：「譌，僞言也。」亦作「訛」。爾雅釋言：「訛，化也。」詩沔水、正月諸篇皆云：「民之譌言。」毛本作「訛」。鄭箋云：「訛，譌也。」爾雅釋詁：「訛，動也。」

「動」與「化」義近。書堯典「平秩南訛」，或作「平秩南譌」，亦作「平秩南爲」，「爲」恐是「蔿」之誤。字亦通作「吪」。詩破斧「四國是吪」，毛傳云：「吪，化也。」楚辭九歎云「若青蠅之僞質兮」，王逸注云：「僞猶變也。」是「訛、吪、爲、僞」並與「譌」通。

譁者，廣雅：「譁，七也。」風俗通義云：「西方華山〔一〕。崋者，華也。萬物滋然變化於西方也。」「華」與「譁」聲近義同。

涅者，廣雅「涅，七也」，亦「變化」之義。

七 斟、協，汁也。謂和協也。或曰瀋汁，所謂未詳〔二〕。**北燕朝鮮洌水之間曰斟，自關而東曰協，關西曰汁。**

維言案：集韻：「汁與協通，和也。」張衡西京賦云：「五緯相汁以旅於東井。」左思吴都賦云「皆與謠俗汁協，律吕相應」，注云：「汁猶叶也。」周禮鄉士云「汁日刑殺」，鄭注云：「汁，和也。」史晨奏銘云：「汁光之紀。」春秋文曜鉤云：「其名叶光紀。」爾

〔一〕「華」當作「崋」。
〔二〕戴震疏證本作「所未能詳」。

雅釋天「太歲在未曰協洽」，史記曆書作「汁洽」。是「汁」與「協、叶」古字通用。

斟者，説文：「斟，勺也。」楚辭天問篇云「彭鏗斟雉帝何饗」，王逸注云「斟，勺也」，與「協和」義亦近。案：「斟」亦作「斟」。説文：「斟斟，盛也。」玉篇「斟，會聚也」，亦「協和」之義。

協者，衆之同和也。書堯典「協和萬邦」，傳云：「協，合也。」洪範「協用五紀」，傳云：「協，和也。」爾雅釋詁：「協，服也。」字亦通作「汁、叶」，聲義並同。

八　**蘇、芥，草也。**漢書曰：「樵蘇而已。」蘇猶蘆，語轉也。**江淮南楚之間曰蘇；自關而西或曰草，或曰芥；**或言菜也。**南楚江湘之間謂之芥。**拜切(一)。**蘇亦荏也。**荏屬也。爾雅曰：「蘇，桂荏也。」**關之東西或謂之蘇，或謂之荏；周鄭之間謂之公蕡；**音翡翠。江東人呼荏爲菩，音魚。**沅湘之南或謂之蓍。**今長沙人呼野蘇爲蓍，音車轄。沅，水名，在武陵。**其小者謂之蘸葇。**薰葇也，亦蘇之種類，因名云。

維言案：草者，説文作「艸」，云：「百卉也。」「卉，艸之總名也。」又引商書「庶艸

(一)「拜切」不成句，各本作「嫫母」，戴震疏證作「嫫母反」；匯證據劉台拱、王念孫意見推斷作「嫫母」是。

緐無」〔一〕，今書作「庶草繁廡」，載周書洪範篇。是「草」古作「艸」也。

蘇者，爾雅釋艸：「蘇，桂荏也。」説文與爾雅同。鄭注内則「鄉無蓼」云：「蓼，蘇荏之屬也。」本草陶注云：「蘇，葉下紫而氣甚香，似荏者名野蘇。」又「取草」亦曰「蘇」。漢書韓信傳云「樵蘇後爨」，注云：「樵蘇，取草也。」廣雅：「蘇，草也。」案：此文上「蘇」字謂「艸」也，即漢書「樵蘇」之「蘇」；下「蘇」字謂「荏」也，即爾雅「蘇，桂荏」之「蘇」。

芥者，廣雅：「芥，草也。」莊子逍遥遊篇云「芥爲之舟」，李注云：「芥，小草也。」淮南俶真訓云「猶飛羽負芥也」，高誘注云：「芥，中也。」「中」亦「草」也。左氏哀元年傳云「以民爲土芥」，杜預注云：「芥，草也。」孟子離婁篇云「君之視民如土芥」，趙岐注云：「芥，草芥也。」字通作「介」。孟子萬章篇云「一介不以與人」，趙岐注云：「言一介草不以與人。」

郭注「或言菜」者，説文「芥，菜也」，是郭所本。

荏者，説文「荏，桂荏，蘇也」，今之「紫蘇」。徐鍇傳云：「荏，白蘇。桂荏，紫蘇也。」

〔一〕大徐本説文「艸、卉」下無此引文。

今驗「荏」與「蘇」相似，惟葉青白爲異。

公蕡者，廣雅：「公蕡，蘇也。」説文「蕡，雜香草也」，許義本揚。

薔者，廣雅：「薔，蘇也。」本草陶注云：「紫蘇，葉下紫而葉甚香，其無紫色不香似荏者。」此即長沙人呼「野蘇」爲「薔」者也。

蘸菜者，廣雅：「蘸菜，蘇也。」今本廣雅脱「蘸」字，「菜」即「香菜」也。

郭注言「薰菜」者，「薰」亦「香」耳。玉篇：「菜，香菜，菜蘇類也。」集韻：「菜，菜名，似蘇。」名醫别録作「香薷」。「薷、菜」一聲之轉。蘇頌圖經云：「似白蘇而葉更細。」一作「香菜」，俗呼「香茸」。又有一種石上生者，莖、葉更細而辛香彌甚，謂之「石香薷」。開寶本草云：「石香薷，一名石蘇。」據此，則「香菜」即「蘇」之别種，莖葉小於「蘇」，故云其小者謂之「蘸菜」也。

九　蘴、舊音蜂，今江東音嵩，字作菘也。**蕘，**鈐鐃。**蕪菁也。陳楚之郊謂之蘴，齊魯之郊謂之蕘；關之東西謂之蕪菁；趙魏之郊謂之大芥，其小謂之辛芥**〔一〕**，或謂之幽芥；其紫華者**

〔一〕戴震疏證本「其小」下有「者」字。

謂之蘆菔。今江東名爲温菘，實如小豆。羅、匐二音。東魯謂之菈𧀼。洛荅、大合兩反。

維言案：本草陶注云：「蕪菁細於温菘而葉似菘[一]，好食。」蘇恭唐本草注云：「北人又名蔓菁。」陳藏器本草拾遺云：「今并汾河朔間燒食其根，呼爲蕪根，猶是蕪菁之號。蕪菁，南北之通稱也。塞北河西種者，名『九英蔓菁』，亦曰『九英菘』。根葉長大而味不美，人以爲軍糧。」掌禹錫嘉祐本草云：「爾雅：『須，葑蓯。』詩谷風云『采葑采菲』，毛萇注云：『葑，須也。』孫炎云：『葑，一名葑蓯。』禮坊記云：『葑，蔓菁也。陳宋之間謂之葑。』陸璣云：『葑，蕪菁也。幽州人謂之芥。』」李時珍本草集解云：「别録以蕪菁、蘆菔同條，遂致諸説猜度。或以二物爲一種，或謂二物全别，或謂在南爲萊菔，在北爲蕪菁，殊無定見。今案：二物根、葉、華、子都别非一類也。蔓菁是芥屬，根長而白，其味辛苦而短，莖粗葉大而厚濶；夏初起薹，開黄華，四出如芥，結角亦如芥；均圓，宛似芥子而紫赤色。蘆菔是松屬[二]，根圓，亦有長者，有紅、白二色，其味辛甘而永；葉不甚大而糙，亦有華葉者；夏初起薹，開淡黄花，結角如蟲狀，腹大尾尖；子似胡盧巴，不

[一]本草綱目「蕪菁」下有「根」字。
[二]「松」，本草綱目作「菘」。

均不圓，黃赤色。如此分之，自明白矣。」案：蕪菁、蘆菔，二物也。蕪菁，即今「蔓菁」；蘆菔，又名「萊菔」，即今「蘿蔔」也。二物本别。蔓菁，華色深黃；蘿蔔，華色淡黃，皆非紫華，其紫華者乃「蘿蔔」之一種，非「蘿蔔」盡紫華也。

蘴者，廣雅「蘴，蕪菁也」，今本廣雅脱「菁」字。「蘴」與「葑」同。爾雅釋草：「須，葑蓯。」説文：「葑，須蓯。」詩谷風「采葑采菲」，毛傳云：「葑，須也。」桑中篇「爰采葑矣」，鄭箋云：「葑，蔓菁也。」齊民要術引爾雅舊注云：「今江東呼爲蕪菁，或爲菘。」陸璣詩疏云「葑，蕪菁也。幽州呼爲芥」，是「趙魏之郊謂之芥」之證。鄭注坊記云「葑，蔓也。陳宋之間謂之葑」，是「陳楚之郊謂之蘴」之證。

蕘者，廣雅：「蕘，蕪菁也。」

蘆菔者，爾雅釋草「葖，蘆萉」，郭注云：「萉，宜爲菔。蕪菁屬，紫華，大根，俗呼雹葖。」説文：「蘆菔，似蕪菁，實如小尗。」本草陶注云：「蘆菔是今温菘，其根可食，葉不中噉。」案：蘆菔，一作「萊菔」，即今「蘿蔔」。華有紫、白二種，其紫華者亦名蕪菁，非今所謂「蔓菁菜」。今之「蔓菁」黃華，未見有紫華者，惟蘿蔔華有紫、白二色，然古之「蕪菁」，當是今之「蘿蔔」之類，故有「大芥、辛芥、幽芥」諸名。

菈遳者，廣雅：「菈遳，蘆菔也。」是「蘆菔」亦名「菈遳」，古之方土語耳。

一〇　蘈、芡，音儉。**雞頭也。北燕謂之蘈；**今江東亦名蘈耳。**青徐淮泗之間謂之芡；南楚江湘之間謂之雞頭，或謂之鴈頭，或謂之烏頭。**狀似烏頭，故傳以名之。

維言案：雞頭者，芡實。本草：「芡實，一名雞頭，一名鴈喙，一名鴈頭。」别録云：「雞頭實，出雷池。」韓保昇蜀本草云：「雞頭，苗生水中，葉大如荷，皺而有刺，華子若拳大，形作雞頭。實若石榴，其皮青黑，肉白如菱米也。」蘇頌圖經云：「生水澤中，其葉俗名雞頭盤，華下結實，其莖嫩者名爲蔿蔌，亦名葰菜。」李時珍本草綱目云：「芡莖三月生葉貼水，大於荷葉，皺紋如縠，蹙衄如沸，面青背紫，莖、葉皆有刺。其莖長丈餘，中有孔有絲，嫩者剥皮可食。五、六月生紫華，華開向日結苞，外有青刺，如蝟刺及栗毬之形，華在苞頂，如雞喙及蝟喙。剥開肉有斑駁軟肉裹子，累累如珠璣。殻内白米狀如魚目。深秋老時，澤農廣收，爛取芡子，藏至囷石，以備歉荒。其根狀如三棱，煮食如芋。」此「雞頭」之形狀也。

蘈者，亦作「葰」。廣雅：「葰，雞頭也。」字又作「葰」。

芡者，廣雅：「芡，雞頭也。」鄭注周官籩人云「芡，雞頭也」，賈公疏云：「今人或謂之雁頭。」高誘注呂氏春秋亦云：「芡，雞頭也。」

雁頭者，崔豹古今注云：「芡，一名雁頭。」

烏頭者，亦象形而言，非菫之烏頭也。亦名「鴻頭」。今俗謂之「雞頭米」也。

一一　**凡草木刺人，北燕朝鮮之間謂之茦，**爾雅曰：「茦，刺也。」**或謂之壯；**今淮南人亦呼壯。壯，傷也，山海經謂刺爲傷也。**自關而東或謂之梗，**今云梗榆。**或謂之劌；**劌者，傷割人名，音鱥魚也。**自關而西謂之刺；江湘之間謂之棘。**楚詞曰：「魯枝剡棘。」[一]亦通語耳。音己力反。

維言案：茦者，爾雅釋草「茦刺」，郭注云：「草刺針也。」廣雅：「茦，箴也。」說文「莿，茦也」「茦，莿也」「朿，木芒也」「刺，直傷也」：並字異義同。

壯者，廣雅：「壯，傷也。」易「大壯」，馬融注云：「壯，傷也。」「姤：女壯」，虞翻注亦云：「壯，傷也。」淮南子俶真訓云「形苑而神壯」，高誘注亦云：「壯，傷也。」廣雅又云「壯，箴也」，與「茦」字義同。

梗者，廣雅：「梗，箴也。」說文「梗，山枌榆，有朿。朿音刺」，是郭注所本。今俗呼

[一]「魯」，戴震疏證本作「曾」，同楚辭九章，當據改。

爲「刺榆」是也。説文又云：「鯁，魚骨也。」「骾骨留嗌中也。」「鯁、骾」並與「梗」聲近義同。

劌者，廣雅：「劌，箴也。」説文：「劌，刺也。」禮記聘義云「廉而不劌」，鄭注云：「劌，傷也。」齊策云「今雖干將莫邪，非得人力，則不能割劌也」，與「刺」義相近。字亦作「劊」。廣雅「劊，截也」，義亦近。

刺者，廣雅：「刺，箴也。」説文：「刺，直傷也。」字通作「莿」。説文「莿，朿也」，與「傷」義亦近。

棘者，廣雅：「棘，箴也。」詩斯干篇「如矢斯棘」，毛傳云：「棘，稜廉也。」説文：「棘，小草叢生者。从並朿。」今俗呼小棗樹爲「棘」，言其有針刺傷人也。

一二　**凡飲藥傅藥而毒，南楚之外謂之瘌；**乘瘌。**北燕朝鮮之間謂之癆；**癆、瘌皆辛螫也。音聊。**東齊海岱之間謂之眠，或謂之眩；**眠眩，亦皆今通語耳〔一〕。**自關而西謂之毒。瘌，痛也。**

〔一〕戴震疏證本無「皆」字。

維言案：瘌者，廣雅：「瘌，痛也。」説文：「楚人謂藥毒曰痛瘌。」廣雅又云：「瘌，傷也。」字通作「剌」，上文卷二云：「剌，痛也。」又通作「蝲」。廣雅「蝲，蠚也」，亦並「痛」之義也。

郭注音「乘瘌」者，當是「乖剌」。「乖、乘」形相似，故訛作「乘」。鄭注禮記禮運云「不乖剌」，是其證也。

癆者，廣雅：「癆，痛也。」説文「朝鮮謂藥毒曰癆」，是本方言。廣韻「癆瘌傷人」[一]，義與「瘌」同。

眠者，廣雅：「眠，眩亂也。」字通作「瞑」。孟子滕文公篇：「若藥弗瞑眩。」又通作「泯」。史記司馬相如大人賦云「視眩眠而無見」，漢書作「眩泯」。是「眠、瞑、泯」並聲近義同。

眩者，説文：「眩，目無常主也。」蒼頡篇：「眩，視不明也。」廣雅：「眩，惑也。」素問五常政大論云「其動掉眩巔疾」，王砅注云：「眩，旋轉也。」漢書元帝紀云「俗儒好是古非今，使人眩于名實」，師古注云：「眩，視亂也。」楚語賈注云：「眩，顛眴也。」韋注

[一]「傷」，廣韻作「惡」。

云：「眩頓瞀〔一〕，攻己急也。」楚辭離騷云「世幽昧以眩曜兮」，王逸注云：「眩，惑亂也。」李善注景福賦引賈逵注云：「眩，惑也。」趙岐孟子注云：「瞑眩，憒亂也。」義並相近。

毒者，廣雅：「毒，痛也。」周官醫師云「聚毒藥以共醫事」，鄭注云：「毒藥之辛苦者。」詩小明篇「其毒大苦」，鄭箋云：「憂之甚，心中如有毒藥。」素問五常政大論云「寒毒不生」，王砅注云：「毒者，皆五行標盛暴烈之氣所爲也。」義並與「瘌、癆」相近。

瘌訓痛者，「瘌」之俗體作「辢」。廣雅：「辢，辛也。」通俗文云：「辛甚曰辢。」聲類云：「江南曰辢，中國曰辛。」今俗言物味辛曰「辢」。又言蟲螫痛或膚小痛皆曰「辢豁豁」。今山東亦有此語，不獨江南也。「辢」與「痛」義相近。

一三　**逞、曉、恔、苦，快也。** 快即狡〔二〕，狡戲亦快事也。**自關而東或曰曉，或曰逞；江淮陳楚之間曰逞；宋鄭周洛韓魏之間曰苦；東齊海岱之間曰恔；自關而西曰快。**

〔一〕「眩」上脱「瞑」字，當據國語補。

〔二〕「快」，戴震疏證本作「恔」。按，本條下王維言釋義云「郭注通『恔』爲『狡』」，則此處「快」當爲「恔」字之誤。

維言案：逞、苦、快，義並見卷二。曉者，廣雅：「曉，快也。」説文：「曉，明也。」上文卷一：「曉，知也。」「明、知」並與「快」義相近。佼者，廣雅：「佼，快也。」説文：「佼，憭也。」孟子公孫丑篇「於人心獨無佼乎」，趙岐注云：「佼，快也。」

郭注通「佼」爲「狡」者，廣雅「狡，獪也」；史記索隱云「狡，猾也」；王褒洞簫賦注云「狡，急也」：義並與「快」相近。「狡、佼」亦聲近義同。

一四　膠、譎，詐也。涼州西南之間曰膠；自關而東西或曰譎，或曰膠。汝南人呼欺爲譴〔一〕，詑回反。亦曰語〔二〕，音殆。**詐，通語也。**

維言案：爾雅釋詁：「詐，僞也。」説文：「詐，欺也。」廣雅亦云：「詐，欺也。」荀子修身篇云「匿行曰詐」，富國篇云「有掎挈伺詐」，楊倞注並訓「詐」爲「僞」。新序雜

〔一〕「譴」，戴震疏證本作「讃」。

〔二〕「語」，戴震疏證本作「詒」。

事篇云：「人窮則詐。」公羊哀九年傳云：「詐之也。」吕氏春秋義賞篇云「繁戰之君，不足于詐」，高誘注云：「詐謂詭變而用奇。」淮南子俶真訓云：「巧言爲詐。」禮記樂記云「知者詐愚」，鄭注云：「謂欺詐愚人也。」周禮地官司市云「以賈民禁僞而除詐」，疏云：「使去物之僞[一]，而去人之詐虚也。」並云「虚詐」之義。

膠者，廣雅：「膠，欺也。」左思魏都賦云：「牽膠而踰侈。」張載注引李尅書云：「言語辯聰之説，而不度於義者，謂之膠言。」李善注引廣雅：「膠，欺也。」字通作「謬」。説文：「謬，狂者之妄言也。」廣雅：「謬，欺也。」「謬，誤也。」是「謬、膠」聲近義同。

譎者，説文：「譎，權詐也。」廣雅：「譎，欺也。」皇侃論語疏云：「譎，詭詐也。」韓非子孤憤篇云「此人臣之所以譎主便私也」，注云：「設詐謀以誑誤於主也。」史記司馬相如傳云「奇物譎詭」，漢書王吉傳云「各取一任[二]，權譎自在」，皆「詐」之義。文選毛詩序云「主文而譎諫」，李善注云：「歌詠依違不直諫也。」周禮宫正注云：「譎非常。」東京賦云「瑰異譎詭」，薛綜注云：「譎詭，變化也。」「合二九而成譎」，薛綜注云：

[一]「去」，十三經注疏本作「禁」。
[二]「任」，漢書作「切」。

「譎，變也。」舞賦云「瑰姿譎起」，注云「譎，異也」，義亦與「詐」相近。

一五　揠、擢、拂、戎，拔也。今呼拔草心曰揠，烏拔反。**自關而西或曰拔，或曰擢；自關而東江淮南楚之間或曰戎；東齊海岱之間曰揠。**

維言案：說文：「拔，擢也。」蒼頡篇：「拔，引也。」爾雅釋詁：「拔，盡也。」廣雅：「拔，出也。」「拔，除也。」易乾卦「確乎其不可拔」，鄭注云：「拔，移也。」老子：「善建者不拔。」莊子達生篇云「開之摻拔篲[一]，以侍門庭」，李軌注云：「拔，把也。」素問「其變振拉摧拔」，王砯注云：「拔謂出本。」秦策「拔宜陽」，高誘注云：「拔，得也。」「拔燕酸棗」，高誘注云：「拔，取也。」義並相近。字通作「犮」。周禮秋官赤犮氏注云：「赤犮猶捇拔也。」賈公彦疏云：「拔，除去之也。」今人呼抽而去之謂之「拔」，亦「除去」之義也。

揠者，廣雅：「揠，拔也。」孟子公孫丑篇「宋人有閔其苗之不長而揠之者」，趙岐注云：「揠，挺拔之也。」說文：「挺，拔也。」是「挺」亦訓「拔」。

[一]「摻」，二十二子本作「操」。

擢者，廣雅：「擢，拔也。」說文：「擢，引也。」廣韻：「擢，抽也。出也。」玉篇：「擢，去也。」小爾雅：「拔根曰擢。」蒼頡篇：「擢，抽也。」廣雅又云：「擢，出也。」莊子駢拇篇云「擢德塞性」；淮南子俶真訓云「擢德攓性」，高誘注云「擢，取也」；禮記少儀「不擢」，馬注云「擢，去也」：義並與「拔」相近。

拂者，廣雅：「拂，拔也。」「拂，去也。拂，除也。」太玄玄攡篇云「而拂其所有餘」，注云：「拂，除也。」「從拂其惡」，注云：「拂，去也。」夏小正：「拂桐芭。」「拂」猶「擢」也，亦訓「拔」之義。

戎者，廣雅：「戎，拔也。」字通作「搣」。廣雅：「搣，推也。」「推」與「拔」義近。「搣」又通作「搑」。猶「蒙戎」通作「蒙茸」也。「戎、茸、搣、搑」並聲近義同。

一六　慰、廛、度，尻也。周官云：「夫一廛。」宅也。音纏約。**江淮青徐之間曰慰；東齊海岱之間或曰度，或曰廛，或曰踐。**

維言案：尻，古「居」字。說文：「尻，處也。」廣雅：「居，據也。」孝經云：「仲尼尻尻謂閒居。」案：「尻」，从几，與「處」同意。經傳皆假爲「居」。居者，「踞」之本字。故說文訓「居」爲「蹲」，若居處之「居」，當從「尻」，不從「居」也。今人概用「居」字，並不知有「尻」字矣。書盤庚「奠厥攸居」，禮記王制云「凡居民，量地以制邑，度地以居民，地邑居民[一]，必參相得」，並訓「居」爲「處」。詩擊鼓與斯干篇：「爰居爰處。」是「居、處」又互訓也。今經傳皆以「居」爲之。

慰者，廣雅：「慰，尻也。」「慰」與「慰」同。説文：「慰，安也。」詩緜篇「迺慰迺止」，毛傳云：「慰，安也。」鄭箋云：「民心定乃安隱其居。」吕氏春秋慎大篇云「胼胼不居」，高誘注云：「居，止也。」「安、止」並與「尻」義近。

廛者，廣雅：「廛，尻也。」説文：「廛，二畝半。一家之居也。」詩伐檀篇「胡取禾三百廛兮」，毛傳云：「一夫之居曰廛。」周禮載師云「以廛任國中之地」，鄭注云：「廛居者，若今云邑里居矣。」禮記王制云「市廛而不税」，鄭注云：「廛，市物邸舍也。」凡言「廛」者，皆「居」之義也。

度者，小爾雅：「度，居也。」廣雅：「度，就也。」書堯典疏云：「周天三百六十五度，日行一度，月行十三度。」「度、躔」，日月星辰之所居也。人所居曰「廛」，則日月星辰所居曰「躔」；人所居曰「度」，則日月星辰所居亦曰「度」：其義同也。字通作「宅」。

[一]「居民」，十三經注疏本作「民居」。

書堯典：「宅西曰昧谷。」周禮縫人注云：「度西曰柳谷。」是「度、宅」義同。

踐者，説文「踐，履也」，廣雅「踐，閻也」，義並與「尻」近。

一七　萃、雜，集也。東齊曰聖〔一〕。

維言案：説文：「雧，羣鳥在木上也。」爾雅釋言：「集，會也。」廣雅：「集，安也。」「集，聚也。」「集，同也。」詩鴇羽篇「集于苞栩」，毛傳云：「集，止也。」小毖篇「予又集于蓼」，鄭箋云：「集，會也。」「集」又訓「雜」。孟子公孫丑篇「是集義所生者」，趙岐注云：「集，雜也。」史記秦始皇本紀云「天下雲集響應」；漢書鼂錯傳云「動靜不集」，師古注云「集，齊也」：義並相近。

萃者，廣雅：「萃，聚也。」易序卦傳云：「萃者，聚也。」小爾雅云：「萃，集也。」詩墓門篇「有鴞萃止」，毛傳云：「萃，聚也。」齊語云「今夫士，羣萃而州居」，韋昭注亦云：「萃，聚也。」長門賦云：「翡翠脅翼而來萃兮。」子虛賦云：「萬端鱗崪。」「崪」與「萃」同，並與「集」義近。

〔一〕「聖」，戴震疏證本作「聚」。

雜者，廣雅：「雜，聚也。」廣韻：「雜，集也。」字亦作「襍」。説文：「襍，五采相合也。」易繫辭傳云「六爻相襍」，虞注云：「陰陽錯居爲襍。」襍卦傳孟注：「襍，亂也。」廣雅又云：「襍，廁也。」楚辭招魂篇云「來襍陳些」，王逸注云：「襍，廁也。」南都賦云「被服襍錯」，注云：「襍，非一也。」莊子天下篇云「而九襍天下之川」，崔注云：「所治非一，故曰襍。」又鄭語云「先王以土與金木水火襍」，韋昭注云：「襍，合也。」楚語云「古者民人不襍」，韋昭注云：「襍，會也。」越語云「襍受其形」，韋昭注云：「襍猶俱也。」列子湯問篇云「襍然相許」，張湛注云：「襍猶僉也。」漢書谷永傳云「襍焉同會」，師古注云：「襍焉，總萃貌。」外戚傳云「芳襍襲以彌章」，師古注云：「襍，重積也。」蒯通傳云「魚鱗襍襲」，師古注云：「猶襍沓也。」劉向傳云「襍遝英賢」，師古注云：「襍遝，積聚之貌。」文選洛神賦云「衆靈襍遝」，李善注云：「襍遝，衆貌。」洞簫賦云「或襍遝以聚斂兮」，李善注云：「襍遝，衆多貌。」是凡言「襍」者，義並與「集」相近。

聖者，音近「盛」。盛，多也。「多」與「集」義相近。

一八　迨、遝，及也。東齊曰迨；音殆。**關之東西曰遝，或曰及。**

維言案：説文：「及，逮也。」爾雅釋詁：「及，與也。」詩氓篇「及爾偕老」，鄭箋云：「及，與也。」廣雅：「及，至也。」「及，連也。」管子君臣篇注云：「及，猶預也。」荀子儒效篇注云：「及，繼也。」淮南子脩務訓注云：「及猶如也。」詩蕩篇「覃及鬼方」、雝篇「燕及皇天」，義並訓「逮」。

迨者，爾雅釋言：「迨，及也。」詩摽有梅篇「迨其吉兮」、匏有苦葉篇「迨冰未泮」、伐木篇「迨我暇矣」，毛傳並云：「迨，及也。」字亦作「隸」。説文「隸，及也」，引詩「隸天之未陰雨」，今詩作「迨」。是「迨、隸」古今字也。

遝者，爾雅釋言：「逮，遝也。」「遝，及也。」[一]説文：「遝，迨也。」玉篇：「迨，遝，行相及。」廣雅：「遝、趙，及也。」石經公羊殘碑云「祖之所遝」，聞州輔碑云「遝事和熹后、孝安帝」，劉寬碑云「未遝征討」，陳球碑云「遝完徂齊」，並訓「遝」爲「及」之義。説文又云：「唐逮，及也。」「逮」與「遝」義同。

一九　荄、杜，根也。今俗名韭根爲荄，音陔。**東齊曰杜，**詩曰「徹彼桑杜」是也。**或曰芨。**音撥。

維言案：説文：「根，木株也。」廣雅：「根，始也。」左氏隱六年傳云：「絶其本

〔一〕爾雅釋言實作「逮，遝也」「逮，及也」。

根。」韓非子解老篇云：「根者，書之所謂柢也。」淮南子墜形訓云「根拔生程若」，高誘注云：「根拔，根生之草先也。」史記魯仲連鄒陽傳云「蟠木根柢」，集解云：「根，下本也。」列子天瑞篇云「烏足之根爲蠐螬」，張湛注云：「根，本也。」老子道德經云：「重爲輕根。」管子地形篇云：「地者，萬物之本原，諸生之根菀。」是凡言「根」者，並訓「本」之義也。

荄者，説文：「荄，草根也。」爾雅釋草「荄，根」，郭注云：「今俗呼韭根爲荄。」注方言亦用此語。漢書禮樂志云「根荄以遂」，後漢書魯恭傳云「萬物養其根荄」，素問移情變氣論云「草荄之枝」，並訓「荄」爲「根」。字通作「核」。漢書五行志云「孕毓根核」，師古注云：「核，亦荄字也。」又通作「箕」。易「箕子之明夷」，劉向注云：「今易箕子作荄滋。」蓋「箕、荄」古同聲也。

杜者，郭注引詩「徹彼桑杜」，蓋韓詩也。毛詩作「徹彼桑土」。毛傳云：「桑土，桑根也。」趙岐孟子注云：「桑土，謂取桑根之皮。」是「杜」有「根」義也。土者，「杜」之假借字。下文卷十一「螻蛄，南楚謂之杜狗」，今俗謂之「土狗」；詩長發「相土」，荀子解蔽篇作「乘杜」；緜篇「自土沮漆」，漢書地理志「土」作「杜」：並「杜」假借爲「土」之證。

茇者，説文：「茇，草根也。春草根枯，引之而發土爲撥，故謂之撥。」[一]字通作「跋」。禮記曲禮云「燭不見跋」，小爾雅「跋，本也」，與「根」義亦近。

二〇 **班、徹，列也。北燕曰班，東齊曰徹。**

維言案：廣雅：「列，陳也。」「列，布也。」説文：「列，分解也。」廣韻：「列，行次也；位序也。」小爾雅：「列，次也。」禮記服問云「上附下附列也」，鄭注云：「列，等比也。」喪大記云「大三列」，疏云：「列，行也。」禮運云「故事可列也」，鄭注云：「興作有次第。」左氏昭十三年傳云「輕重以列」，杜預注云：「列，位也。」周語云「翟無列于王室」，韋昭注云：「列，位次也。」太玄玄攡篇云「列敵度宜之謂義」，注云：「列，序也。」吕氏春秋孝行篇云「列文章」，高誘注云：「列，别也。」漢書韋玄成傳云「恤我九列」，師古注云：「九列，九卿之佐。」班固西都賦云：「周廬千列。」「列」亦「行」也。

班者，説文：「班，分瑞玉。」左氏襄二十六年傳云「班荆相與食」，杜預注云：「班，布也。」「布」亦「列」也。廣雅「班、秩，序也」；左氏文六年傳云「班在九人」，杜預注

[一] 下「撥」字，説文作「茇」。

云「班，位也」；桓六年傳云「使魯爲其班」，杜預注云「班，次也」：並與「列」義近。字通作「斑」。廣雅：「斑，分也。」「分」與「列」義亦近。

徹者，説文：「徹，通也。」小爾雅：「徹，達也。」「徹，道也。」詩公劉篇「徹田爲糧」，毛傳云：「徹，治也。」案：「徹、列」聲義並近。蔡邕獨斷云：「徹侯改曰通侯，或曰列侯。」是「徹、列」義同證。

二一　瘼、音莫。瘼，病也。謂勞傷也[一]。東齊海岱之間曰瘼，或曰瘼；秦曰瘎。音閻，或湛。

維言案：説文：「病，疾加也。」釋名云：「病，並云[二]，與正氣並在膚體中也。」儀禮既夕禮鄭注云：「疾甚曰病。」禮記檀弓鄭注云：「病謂疾困。」論語子罕篇「子疾病」，鄭注云：「病，謂疾益困也。」包咸注云：「疾甚曰病。」案：古人「疾、病」連言，「病」甚於「疾」，故説文訓爲「疾加也」。

[一]「傷」，戴震疏證本作「復」。

[二]「云」，釋名作「也」，當據改。

瘼者，爾雅釋詁：「瘼，病也。」説文亦云：「瘼，病也。」詩四月篇「亂離瘼矣」、桑柔篇「瘼此下民」，毛傳並云：「瘼，病也。」字通作「莫」。文選王尚書表云「亂離斯瘼」，李善注引韓詩作「莫」，薛君韓詩章句云：「莫，散也。」又「求民之莫」，文選齊故安陸昭王碑李善注引「求民之瘼」云：「班固漢書引詩而作此『瘼』。」是「莫、瘼」二字古通用也。

瘦者，亦作「瘦」。廣雅「瘦，病也」，集韻「再發疾曰瘦」，並與郭注義同。瘽者，玉篇：「瘽，腹病也。」廣韻：「瘽，腹内痼疾。」廣雅：「瘦，瘽也。」字通作「疣」，義亦相同。

二二　**掩、醜、掍、**衮衣。**綷，**作憒反。**同也。江淮南楚之間曰掩；宋衛之間曰綷，或曰掍；東齊曰醜。**

維言案：説文：「同，合會也。」玉篇：「同，共也。」廣韻：「同，齊也。」廣雅：「同，皆也。」書「同律度量衡」，王注云：「同，齊也。」詩七月篇「同我婦子」，鄭箋云：「同猶俱也。」吉日篇「獸之所同」，鄭箋云：「同，聚也。」周禮大司徒「六曰同衣服」，鄭注云：「同猶齊也。」司市云「以泉府同貨而斂賒」，鄭注：「同，共也。」儀禮少牢禮云「同祭于豆祭」，鄭注：「同，合也。」禮記禮運云「是謂大同」，鄭注：「同猶和也。」義並相近。

掩者，家語辨樂篇云「掩有四方」，注云：「掩，同也。」東京賦云「掩觀九隩」，薛綜注云：「掩，及也。」「及」與「同」義相近。字通作「奄」。詩執競篇「奄有四方」，毛傳云：「奄，同也。」廣雅：「奄，大也。」「大」與「同」義近。

醜者，廣雅：「醜，同也。」爾雅釋詁：「醜，衆也。」易離卦「獲匪其醜」，虞翻注云：「醜，類也。」孟子公孫丑篇「地醜德齊」，趙岐注云：「醜，類也。」爾雅釋草「繁之醜」，郭注云：「醜，類也。」廣雅又云：「醜，類也。」楚語云「官有十醜，爲億醜」，韋昭注云：「醜，類也。」禮記學記云「比物醜類」，鄭注云：「醜，比也。」曲禮云「在醜夷不爭」，鄭注云：「醜，衆也。」詩出車篇「執訊獲醜」、吉日篇「從其羣醜」、常武篇「仍執醜虜」，鄭箋並訓「醜」爲「衆」。緜篇「戎醜攸行」、民勞篇「以謹醜厲」、泮水篇「屈此羣醜」，毛傳皆訓「醜」爲「衆」。並與「同」義相近也。

掍者，廣雅：「掍，同也。」説文亦云：「掍，同也。」王褒洞簫賦云「掍其會合」，西都賦云「掍建章而連外屬」，甘泉賦云「薌唊肸以棍批兮」[一]，又云「紛蒙籠以棍成」，

[一]「唊」當作「呹」。「呹肸」，疾散貌。

漢書揚子本傳云「不可棍于世俗之目」，注皆訓「同」。「棍」與「掍」聲義並近也。案：「掍」字，當爲「昆」之或體。説文：「昆，同也。」太玄玄錯篇云：「昆也同。」玄衝篇云：「昆大同。」玄攡篇云「理生昆羣」，注云：「昆，同也。」羽獵賦云：「噍噍昆鳴。」漢書注云：「昆，同也。」又夏小正「昆小蟲抵蚳」，傳云：「昆者，衆也。」「衆」與「同」義亦近。

綷者，廣雅作「粹」。云：「粹，同也。」説文作「醉」，云：「醉，會五采繒也。」離騷王逸注云：「至美曰純，齊同曰粹。」漢書司馬相如傳云「綷雲蓋而樹華旗」，師古注云：「綷，合也。合五采雲以爲蓋也。」吴都賦云「孔雀綷羽以翱翔」，射雉賦云「丹臆蘭綷」，義並同。是「綷、醉、粹」聲義並同，古通用也。

二三　**裕、猷，道也。東齊曰裕，或曰猷。**

維言案：説文：「道，所行道也。」爾雅釋宫：「一達謂之道。」易「履道坦坦」，虞翻注云：「震艮爲道。」周禮遂人云「澮上有道」，鄭注云：「道容二軌。」釋名云：「道，蹈也；路，露也，言人所踐蹈而露見也。」案：道理之「道」，與道路之「道」義同。故漢書董仲舒傳云：「道者，所由適于治之路也。」爾雅釋詁：「道，直也。」廣雅：「道，治也。」莊子繕性篇云：「道，理也。」漁父篇云：「道者，萬物之所由也。」法言問道篇云：「道也者，通也，無不通也。」荀子正名篇云：「道者，古今之正權也。」左氏襄三十一年傳云「不如小決使道」，杜預注云：「道，通也。」禮記禮器云「則禮不器道」，鄭注云：「道猶由也，從也。」儀禮喪服傳注云：「道猶行也。」是凡言「道」者，皆統二訓而言，無容分別也。

裕者，廣雅：「裕，道也。」書君奭云「告君乃猷裕」，康誥云「乃由裕民」「乃裕民曰」「遠乃猷裕乃以民甯」，並訓「裕」爲「道」字之義。廣雅又云：「裕，開也。」「開、道」義亦近。

猷者，爾雅釋宫：「猷，道也。」亦作「繇」。説文：「繇，行繇徑也。」或省作「繇」。爾雅釋詁：「繇，道也。」又通作「猶」。詩采芑傳云：「猶，道也。」是「繇、繇、猶、猷」聲義並同。

二四　虔、散，殺也。東齊曰散，江淮陳楚之間曰虔〔一〕。

〔一〕「江淮陳楚」，戴震疏證本作「青徐淮楚」。

維言案：「殺、虔」並見卷一。散者，疑是「斮」之誤字。說文：「斮，斬也。」廣雅：「斮，斷也。」羽獵賦云「斮巨狿」，東京賦云「斮猶狂」，公羊成二年傳云「曰法斮」，楚辭怨世篇云「羌兩足以畢斮」，後漢書董卓傳云「刳肝斮趾之性」，並訓「斮」爲「斬殺」之義。「斮、散」形似，恐傳寫誤也。

二五　**汜**[一]、音汎。**浼**、音漫。**潣**、湯潣。**洼**，烏蛙反。**洿也。**皆洿池也。**自關而東或曰洼，或曰汜；東齊海岱之間或曰浼，或曰潣。**荆州呼潢也。

維言案：說文：「洿，水濁不流也。一曰窊下。」一切音經音義十八引說文[二]：「濁，水不流池。」廣雅：「洿，濁也。」「洿，聚也。」孟子梁惠王篇：「數罟不入洿池。」漢書敘傳云「振拔洿塗」，師古注云：「洿，停水也。」字亦作「汙」。釋名云：「汙，洿也。如洿泥也。」説文：「小池爲汙。」左氏隱三年傳云「潢汙行潦之水」，服虔注云：「水不流謂之汙。」周語云「猶塞川原而爲潢汙也」，韋昭注云：「大曰潢，小曰汙。」吕氏春

[一] 「汜」，匯證據郭注「音汎」和清人校本改作「氾」。下同。按，本條下王維言釋義亦作「氾」，當據改。
[二] 上「音」字衍。

秋達鬱篇云「水鬱則爲汙」，高誘注云：「水淺不流曰汙。」莊子齊物論云：「似洼者，似汙者。」詩十月之交篇「田卒汙萊」，毛傳云：「下則汙，高則萊。」正義云：「汙者，停水之名。」禮記曰「汙其室而瀦焉」是也。是凡言「汙」者，義並「洿」同。

氾者，廣雅：「氾，污也。」「污」即「洿」之或體。管子山國軌篇云：「氾下漸澤之壤。」漢博陵太守孔彪碑云：「皭然氾而不俗。」漢書王褒傳云：「忽若氾彗畫塗。」〔一〕氾者，洿也。師古以「氾」爲「氾洒地」，失之。

浼者，廣雅作「醃」，云：「醃，污也。」孟子公孫丑篇云「爾焉能浼我哉」，趙岐注云：「浼，污也。」〔二〕説文：「浼，汙也。」淮南子人間訓云：「所浼者多矣。」字通作「漫」。莊子讓王篇云「欲以其辱行漫我」，呂氏春秋「不漫于利」，注並訓「漫」爲「汙」。「浼、漫」聲近義同。

⿰氵閻者，廣雅：「⿰氵閻，污也。」説文「海岱之間謂水汙曰⿰氵閻」，是本方言。字通作「淊」。説文：「淊，泥水淊淊也。」「⿰氵閻、淊」聲近義同。「淊」亦有「洿」義也。

〔一〕「氾彗」，漢書作「彗氾」。

〔二〕按，「浼，污也」實爲孟子公孫丑篇「若將浼焉」句下的注釋。

洼者，説文：「洼，深池也。」廣雅：「洼，污也。」漢書武帝紀云：「馬生渥洼水中。」淮南子覽冥訓云「澤無洼水」，高誘注云：「洼，停水也。」字通作「窪」。説文：「窪，清水也。一曰窊也。」廣雅：「窪，下也。」老子道德經云「窪則盈」，顧懽注云：「窪，洿也。」「洼、窪」聲近義並同。

郭注「荆州呼潢」者，説文：「潢，積水池也。」服虔左傳注云：「蓄小水謂之潢。」「潢」與「洿」義相近也。

二六　庸、恣、比、比次。**侹、**挺直。**更、佚，**蹉跌。**代也。齊曰佚，江淮陳楚之間曰侹。餘四方之通語也。**今俗亦名更代作爲恣作也。

維言案：説文：「代，更也。」周禮挈壺氏「懸壺以代哭者」，鄭注云：「代，亦更也。」左氏昭十二年傳云「與君代興」，杜預注云：「代，更也。」晉語云「使子代父處」，韋昭注云：「代，更也。」漢書食貨志云「歲代處，故曰代田」，師古注：「代，易也。」刑法志云「代爲雌雄」，師古注：「代，迭也。」地理志云下韓地「代相干也」[一]，師古注：

[一]「下」字當移「云」字上。

「代，遞也。」字通作「忒」。説文：「忒，更也。」義又同「遞」。説文：「遞，更易也。」「迭，更迭也。」「遞、代」一聲之轉也。

庸者，廣雅：「庸，代也。」説文：「庸，用也。」小爾雅：「庸，償也。」「用、償」並與「代」義相近。漢書食貨志云「教民相與庸輓犂」，師古注「言換功共作也」，義亦與「代」相近。

恣者，亦作「佽」。廣雅：「佽，代也。」説文：「佽，遞也。」字通作「次」。左氏昭十六年傳云：「我先君桓公，與商人庸次比耦。」「次」亦「代」之義也。

比者，廣雅：「比，代也。」易「比象」傳「比，輔也」，爾雅釋詁「比，俌也」，廣雅又云「比，輩也」，周禮世婦注云「比，次也」，義並與「代」相近。

侹者，廣雅：「侹，代也。」説文：「侹，一曰代也。」案：「侹」，今俗借作頂冒之「頂」，「頂冒」與「頂代」義同。「侹、頂」聲義並近也。

更者，廣雅：「更，代也。」説文：「㪅，改也。」省作「更」。小爾雅：「更，易也。」禮記月令云「易皮幣」，鄭注云：「易猶更也。」「更、易」二字互訓，皆「代」之義也。晉語云「姓利相更」，韋昭注云「更，續也」；左氏昭二十九年傳云「以更豕韋之後」；漢書食貨志云「月爲更卒」，師古注云「更，互也」；張衡西京賦云「秘舞更奏」，薛綜注云

「更，遞也」；周禮司弓矢云「弗用則更」：義並「代」相近。

佚者，亦作「迭」。廣雅：「迭，代也。」說文：「迭，更迭也。」小爾雅：「迭，更也。」詩日月篇「胡迭而微」，易說卦傳云「迭用剛柔」，禮記樂記云「迭相爲經」，左氏昭十七年傳云「呼皆迭對」，公羊襄九年傳云「弟兄迭爲君」，莊子天運篇云「四時迭起」，義並訓「代」。孟子「迭爲賓主」，趙岐注云：「迭，更也。」凡言「迭」者，並與「佚」同。穀梁文十一年傳云「兄弟三人佚宕中國」，范注云：「佚，更也。」「更」即「代」也。

二七　氓，民也。民之總名。音萌。

維言案：說文：「民，衆萌也。言萌而無識也。」案：「民」字之義不一。有總言人者，詩「天生烝民」、「厥初生民」是也。有對君而言者，書「民惟邦本」是也。有別於在位而言者，詩「宜民宜人」、書「在知人，在安民」是也。有對己而言者，詩「民莫不穀，我獨于罹」是也。有對幽而言者，論語「務民之義」、左氏傳「先成民而後致力于神」是也。有對農而言者，漢書食貨志「粟甚貴傷民，甚賤傷農」是也。穀梁成元年傳云：「古者有四民，有士民，有商民，有農民，有工民。」是士、商、農、工，皆爲民也。左氏閔元年傳云：「天子曰兆民，諸侯曰萬民。」是天下之人皆謂民也，豈獨力田之人始稱「民」乎？

六書略云：「民，象俯首作力之形。」此説殊穿鑿不可從。

氓者，説文：「氓，民也。」廣雅亦云：「氓，民也。」詩氓篇「氓之蚩蚩」，毛傳云：「氓，民也。」秦策云：「而不憂民氓。」淮南子脩務訓云：「以寬民氓。」「民、氓」二字一聲之轉，義本同也。字通作「萌」。漢書劉向傳云「民萌何以戒勉」，注云：「萌與甿同。」史記三王世家云「奸巧邊萌」，漢成湯靈臺碑云「以育苗萌」，並借「氓」爲「萌」。又通作「甿」。周禮地官遂人云「凡治野，以下劑致甿，以田里安甿，以樂昏擾甿，以土宜教甿稼穡，以興耡利甿，以時器勸甿，以疆予任甿」[一]，鄭注云「變民言甿，異内外也」；三蒼云「邊人曰甿」；史記陳涉世家云「甿隸之人」，集解云「田民曰甿」：並借「氓」爲「甿」。案：楊慎經説云：「氓从亡从民。流亡之民也。引周禮『新甿之治』，注：『新徙來者。』然『氓』與『民』音别義同。从亡者，言民易散難聚，非專屬新徙之民而言。周禮注『新徙來者』，釋『新』義，非釋『甿』義。遂人之安甿、教甿，甿猶民也，非皆他國新徙來者。孟子『願受一廛而爲氓』，猶受廛爲民。天下之人皆願爲氓，猶皆願爲民也。」楊説是本王氏字説而爲義，拘泥不可從。「氓」與「甿」聲近，義並訓「民」也。説文訓

[一]「疆」，十三經注疏本作「彊」。

「氓」爲「民」，訓「甿」爲「田民」，别之爲二，於義亦似未穩耳。

二八　杌，仇也。謂仇怨也。音舊。

維言案：説文：「仇，讎也。」史記晉世家云：「仇者，讐也。」廣雅：「仇，惡也。」孟子滕文公篇「葛伯仇餉」，趙岐注云：「仇，怨也。」詩無衣篇「與子同仇」、皇矣篇「詢爾仇方」，鄭箋並以「怨耦曰仇」釋之。左氏桓二年傳云：「以條之役生太子，命之曰仇。」又云：「嘉耦曰妃，怨耦曰仇。」此師服以「惎」聲訓「仇」而爲是言也。漢書寬饒傳云「多仇少與」，師古注云：「仇，怨讎也。」字通作「惎」。説文：「惎，怨仇也。」「惎、仇」義同。

杌者，郭注訓爲「仇怨」，音「舊」，當通作「究」。爾雅釋訓「究究，惡也」，孫炎注「窮極人之惡」，義亦與「仇」相近。

二九　寓，寄也。

維言案：此文義見卷二。

三〇　**露，敗也。**

維言案：説文：「敗，毀也。」爾雅釋言：「敗，覆也。」詩民勞篇「無俾正敗」，鄭箋云：「敗，壞也。」論語鄉黨篇「魚餒而肉敗」，皇侃疏云：「肉臭壞也。」爾雅釋器「肉謂之敗」，亦「壞」之義也。釋名「敗，潰也」，玉篇「敗，破也」，增韻「敗，損也」，義並與「毀壞」義近。

露者，廣雅：「露，敗也。」左氏昭元年傳云「勿使有所壅閉湫底以露其體」，杜預注云：「露，羸也。」逸周書皇門解云：「自露厥家。」荀子富國篇云「都邑露」，楊倞注云：「露謂無城郭牆垣。」字通作「路」。管子四時篇云：「國家乃路。」又通作「潞」。吕氏春秋不屈篇云：「士民罷潞。」又通作「落」。莊子天地篇云：「夫子盍行邪，無落吾事。」義並與「敗」相近。今俗猶呼「敗露」也。

三一　**別，治也。**

維言案：治，猶「理」也。荀子修身篇云：「少而理曰治，不苟禮義之謂治。」太玄玄文篇云：「人之大倫曰治。」墨子經上篇云「治，求得也」，吕氏春秋振亂篇云「欲民之治也」，高誘注云「治，整也」；貴當篇云「治物者，不於物於人」，高誘注云「治，飭也」；淮南子原道訓云「治在道，不在聖」，高誘注云「治，爲也」；主術訓云「能多者，無不治也」，高誘注云「治猶作也」：義並與「治理」相近。

別者，説文「別，分解也」，廣雅「別，分也」，義與「列」略同。廣雅：「列，治也。」又禮記鄉飲酒義云「貴賤之義別矣」，鄭注云「別猶明也」；穀梁襄六年傳云「由別之而不別也」，范注云「別猶識也」；列子楊朱篇云「我又欲與若別之」，張湛注云「別猶辨也」；荀子宥坐篇云「三月不別」，楊倞注云「別猶決也」：並與「治理」之義亦近。

三二 **棖，法也。**救傾之法。

維言案：爾雅釋詁：「法，常也。」説文：「灋，刑也。」省作「法」。釋名云：「法，逼也。人莫不欲從其志，逼正使有所限也。」廣雅：「法，合也。」易繫辭傳云：「制而用之謂之法。」周禮太宰云：「以八法治官府。」管子七法篇云：「尺寸也，繩墨也，規矩也，衡石也，斗斛也，角量也，謂之法。」大戴禮盛德篇云「齊五法」，注：「謂仁、義、禮、智、信。」老子道德經云「人法地」，王弼注云：「法，則也。」荀子不苟篇云「畏法流俗」，楊倞注云：「法，效也。」吕氏春秋情欲篇云「必法天地也」，高誘注云：「法，象也。」義並相近。

棖者，説文：「棖，一曰法也。」廣雅：「棖，法也。」「棖，止也。」爾雅釋宫「棖謂之楔」，郭注云：「門兩旁木也。」字通作「堂」。考工記弓人云「維角堂之」，鄭注云「堂讀如撑距之撑」，賈公彦疏云「堂距、車堂，皆取其正也」，與郭注「救傾之法」義近。又通作「堂」。詩丰篇「俟我乎堂兮」，「堂」爲「棖」之借字，蓋兩扉之間所謂「門棖」者也，與「法」義亦近。

三三　**謫，怒也。**相責怒也，音蹟。

維言案：謫者，廣雅：「謫，責也。」説文：「謫，罰也。」左氏昭七年傳云「以自取謫于日月之災」，杜預注云：「謫，譴責也。」字通作「讁」。小爾雅：「讁，責也。」詩北門篇「室人交徧讁我」，左氏桓十八年傳云「公讁之」，齊語云「桓公擇是寡功者而讁之」，周語云「秦師必有讁」，列子力命篇云「不相讁發」，後漢書王符傳云「討讁物情」，義並與「怒」近。又通作「適」。史記屈賈傳云「又以適去」，漢書食貨志云「故吏皆適令伐棘」，並訓「貶謫」之義，與「怒」義亦相近也。

三四　間，非也。

維言案：説文：「非，違也。」漢書鼂錯傳云：「非謗不治。」王尊傳云：「妄詆欺非謗赦前事。」王莽傳云：「非謗之木。」荀子解蔽篇：「百姓怨非而不用。」字通作「誹」。説文：「誹，謗也。」廣雅：「誹，惡也」「誹，諻也。」漢書食貨志云「而廢格沮誹」，師古注云：「謂非止所行。」吕氏春秋决勝篇：「賢者誹。」淮南子本經訓云：「經誹譽。」義並相近。

間者，廣雅：「間，諻也。」小爾雅：「間，非也。」左氏襄十五年傳云「且不敢間」，正義云：「間，非也。」論語先進篇「人不間於父母昆弟之言」，陳羣注云：「人不得有非間之言也。」孟子離婁篇「政不足間也」，趙岐注云：「間，非也。」

三五　格，正也。

維言案：説文：「正，是也。」廣雅：「正，要也。」論語學而篇「就有道而正焉」，孔注云「問其事之與非」；子路篇「必也，正名乎」；管子法法篇「正者，所以正定萬物之命也」；禮記少儀云「能正于樂人」；書堯典「以正仲夏，以正仲冬」；孟子離婁篇「不以六律，不能正五音」；滕文公篇「我亦欲正人心」；易乾卦文言「各正性命」；

詩文王有聲篇「維龜正之」：義並相近。案：正者，所以正其不正也，與「正直」之「正」義別。

格者，論語爲政篇「有恥且格」，集解云：「格，正也。」孟子離婁篇「惟大人爲能格君之非心」〔一〕，趙岐注云：「格，正也。」書冏命云「格其非心」，傳亦訓「格」爲「正」，義並同。

三六　**皵，數也。**偶物爲麗，故云數也。

維言案：説文：「數，計也。」禮記儒行云：「遽數不能終其物。」老子道德經云：「善數不用籌策。」周禮保氏「六曰九數」，鄭注云：「方田、粟米、差分、少廣、商功、均輸、方程、赢不足、旁要。今有重差、夕桀，勾股也。」周髀算經云：「黄帝爲法，數有十等，謂億、兆、京、垓、壤、秭、溝、澗、正、載。及其用也，有三：下數十萬曰億，中數百萬曰億，上數萬萬曰億。」左氏僖四年傳云「滋而後有數」，是也。

皵者，説文：「皵，數也。」廣雅：「皵，布也。」詩文王篇「其麗不億」，毛傳：「麗，

〔一〕「之非心」，二十二子本作「心之非」。

數也。」「麗」與「𢿢」同。故郭注謂「偶數爲麗」也。字又通作「儷」。廣雅「儷，耦也」，周語云「棄其伉儷嬪妃」[一]，左氏成十一年傳云「鳥獸猶不失儷」，儀禮士冠禮注云「儷皮，兩鹿皮也」，義並與「𢿢」相近。

三七　軫，戾也。相了戾也。江東音善。

維言案：説文：「戾，曲也。从犬出户下，身曲戾也。」郭注言「相了戾」者，亦「委曲宛轉」之義。軫者，廣雅：「軫，戾也。」楚辭九章云「心鬱結而紆軫」，王逸注云：「紆軫，隱曲也。」[二]後漢書馮衍傳云「路紆軫而多艱」，注云：「紆軫，盤曲貌。」

三八　屑，潔也。謂潔清也。音薛。

維言案：潔，亦作「絜」。廣雅：「絜，靜也。」「絜，白也。」禮記鄉飲酒義云「主人

[一] 「嬪妃」，國語作「妃嬪」。
[二] 楚辭補注作「紆，曲也；軫，隱也」。

之所以自絜」，鄭注云「絜猶清也」；史記五帝紀云「直哉維絜」，正義云「絜，明也」；束皙補亡詩云「絜爾晨餐」，注云「絜，鮮靜也」：「絜」並與「潔」同。管子水地篇：「鮮而不垢，潔也。」楚辭招魂篇云：「朕幼清以廉潔兮。」周語云：「姑洗所以潔百物。」[一]新書道術篇云：「厚志隱行謂之潔。」論語微子篇「欲潔其身」、述而篇「人潔己以進」，並與郭注「潔清」義近。

屑者，廣雅：「屑，絜也。」小爾雅：「屑，潔也。」詩谷風篇「不我屑以」、君子偕老篇「不屑髢也」，毛傳並云：「屑，絜也。」孟子「不屑就」「不屑教誨」，不屑，不潔之士；莊子則陽篇云「心不屑與之俱」：義並與「不絜」近也。

三九　諄[二]，罪也。謂罪惡也。章順反。

維言案：罪，本作「辠」，秦始皇以「辠」字似「皇」，改作「罪」。詩「天降罪罟」「畏此罪罟」、禮記服問「罪多而刑五」，並借「辠」爲「罪」。説文：「罪，捕魚竹網也。」本不作「罪戾」解，自始皇改「辠」爲「罪」，後人皆用「罪」字，不復識有「辠」字矣。説文

[一] 國語「所以」下有「脩」字。

[二] 「諄」，戴震疏證本作「𧬈」，同「諄」。

「辠，犯法也」，方是「罪戾」之義。今經傳皆以「罪」爲之。諱者，亦作「辜」。爾雅釋詁：「辜，辠也。」説文：「辜，辠也。」詩正月篇「民之無辜」，鄭箋云：「辜，罪也。」莊子則陽篇云「齊見辜人焉」，「辜人」即「罪人」也。公羊宣六年傳云「天乎無辜」，亦言「無罪」也。

四〇　俚，聊也。謂苟且也。音吏。

維言案：廣雅：「聊，苟且也。」詩泉水篇「聊與之謀」，鄭箋云：「聊，且略之詞。」園有桃篇「聊以行國」，鄭箋亦訓「聊」爲「且略之詞」。素冠篇「聊與子同歸兮」，鄭箋云：「聊猶且也。」楚辭離騷云：「聊逍遥以相羊。」雲中君云「聊遨遊兮周章」，王逸注云：「聊，且也。」義又訓「賴」。秦策云「百姓不聊生」，荀子子道篇云「衣與繆與不女聊」，注並訓「聊」爲「賴」。「聊、賴」一聲之轉也。

俚者，説文：「俚，聊也。」廣雅：「聊，賴也。」漢書季布傳贊云「其畫無俚之至耳」，晉灼注云：「計畫無所聊賴。」「聊、賴、俚」並一聲之轉，義並同也。

四一　梱，就也。梱梱，成就貌。格本反。

維言案：爾雅釋詁：「就，成也。」孝經援神契云：「就之爲言成也。」廣雅：「就，久也。」「就，歸也。」小爾雅：「就，因也。」「就」亦訓「造」。説文：「造，就也。」禮記曲禮云：「主人就東階，客就西階。」論語學而篇「就有道而正焉」、孟子離婁篇「猶水之就下」，「就」皆與「造」義相近。「成、造」義亦近也。

梱者，當作「捆」。孟子滕文公篇「捆屨織席以爲食」，趙岐注云：「捆猶叩椓也。」埤蒼：「捆，⿰亻致。」字亦作「稛」。説文「稛，豢束也」；廣雅「稛，束也」；齊語云「稛載而歸」，韋昭注云「稛，豢也」：並與「成就」義近。

四二　苙，圂也。謂蘭圂也。音立。

維言案：説文：「圂，厠也。」蒼頡篇：「圂，豕所居也。」漢書五行志云「豕山圂[一]，壞都竈」，師古注云：「圂，養豕牢。」禮記少儀云「君子不食圂腴」，鄭注：「圂，音豢。」今人呼「豬巢」爲「豬圂」即此。

笠者[二]，孟子盡心篇「既入其笠」，趙岐注云：「笠，蘭也。」音義云：「笠，欄也。」

[一]「山」，漢書作「出」，當據改。
[二]「笠」，當從方言原文作「苙」，下引孟子及趙注、音義内同。

「蘭」與「欄」同。漢書王莽傳云「與牛馬同蘭」，師古注云：「蘭，謂遮蘭之，若牛馬蘭圈也。」「蘭」又與「闌」通。廣雅：「闌，遮也。」「闌，閑也。」説文：「闌，門遮也。」今俗猶呼「豕圂」爲「闌」，或呼爲「圈」。説文：「圈，養畜之閑也。」蒼頡篇：「圈，檻類也。」是「蘭、欄、闌、圈」並與「圂」義相近。

四三　廋，隱也。謂隱匿也。音搜索也。

維言案：説文：「隱，蔽也。」爾雅釋詁：「隱，微也。」廣雅：「隱，翳也。」禮記檀弓云「其高可隱也」，鄭注云：「隱猶去也。」案：「去」即「筁」也。俗作「弆」，猶「藏」也。楚辭悲回風篇「隱岷山以清江」，王逸注云「隱，伏也」；易説卦「坎爲隱伏」；齊語云「隱五刃」，韋昭注云「隱，藏也」；又云「其事則可隱令」，韋昭注云「隱，匿也」；管子君臣篇「法不隱，則下無怨心」，房注云「隱謂伏而不行」：並與郭注「隱匿」義近。字通作「殷」。詩柏舟篇「如有隱憂」，韓詩作「如有殷憂」。劉熊碑云：「勤恤民殷。」「殷」猶「隱」也。又通作「依」。説文：「衣，依也。」白虎通：「衣者，隱也。」書無逸篇「則知小人之依歸」[一]，謂知小人之隱也。禮記學記云「不學博依」，「依」亦訓「隱」。「依、隱」一聲之轉也。

廋者，廣雅：「廋，匿也。」論語爲政篇「人焉廋哉」，孔安國注云：「廋，匿也。」孟子離婁篇「若是乎從者之廋也」，趙岐注亦云：「廋，匿也。」晉語「有秦客廋辭於朝」，韋昭注云：「廋，隱也。」字通作「謏」。莊子達生篇注云「謏，匿也」，與「隱」義亦近。

四四　銛，取也。謂挑取物。音忝。

維言案：取者，義見卷一。

銛者，廣雅：「銛，取也。」孟子盡心篇「是以言銛之也」，趙岐注云：「銛，取也。」丁公著音義云「字書及諸書，並無此銛字，其字從金，音忝，謂挑取物也」，是本方言之訓。

四五　棖，隨也。棖柱令相隨也。

維言案：説文：「隨，從也。」廣雅：「隨，順也。」儀禮鄉射禮云「距隨長武」，鄭注

[一] 十三經注疏本「依」下無「歸」字。

云：「距隨者，物横畫也。始前足至東頭爲距，後足來合而南面爲隨。」根者，義見上文。又禮記玉藻云「君入門，介拂闑；大夫中根與闑之間；士介拂根」，鄭注云「根，門兩旁長木」，義與郭注「根柱」相近。

四六　儓、音臺。**䑋**，音爽。**農夫之醜稱也。南楚凡罵庸賤謂之田儓**，佁儓，駑鈍貌。或曰「僕臣儓」，亦至賤之號也。**或謂之䑋**，䑋，丁健貌也。廣雅以爲奴，字作爽，音同。**或謂之辟。辟，商人醜稱也。**僻僻，便黠貌也。音擘。

維言案：儓者，廣雅：「儓，醜也。」「臺，臣也。」〔一〕字亦作「臺」。孟子萬章篇「蓋自是臺無餽也」，趙岐注云：「臺，賤官，主使令者。」左氏昭七年傳云「僕臣臺」，服虔注云：「臺，給臺下微名也。」左傳作「臺」，郭注引作「儓」。是「儓、臺」通用也。又通作「嬯」。説文：「嬯，遲鈍也。」「遲鈍」與郭注「駑鈍」義同。廣雅：「駑，駘也。」莊子德充符篇「衛有惡人曰哀駘它」，李頤注云「哀駘，醜」，與「儓」義亦近。

䑋者，廣雅：「䑋，醜也。」集韻：「䑋，又音愎。」亦「賤」稱也。

〔一〕「臺」當作「儓」。

辟者，禮記玉藻篇：「非辟之心，無自入也。」左氏昭六年傳云「楚辟我衷」，杜預注云：「辟，邪也。」哀七年傳云「辟君之執事」，杜預注云：「辟，陋也。」論語季氏篇「友便辟」，馬融注云：「便辟，巧辟。」[一]並與「醜」義相近。字通作「僻」。論語先進篇「師也僻」，馬融注云：「失於邪僻。」王弼注云：「僻，飾過差也。」詩板篇「民之多辟」，釋文作「多僻」，「邪也」。説苑至公篇引詩亦作「民之多僻」。是「辟、僻」義同。正韻：「僻，陋也。」「陋」亦「醜」也。

四七　庸謂之倯，轉語也。倯猶倯保也[二]。今隴右人名孏爲倯，相容反。

維言案：庸，當作「傭」。説文：「傭，均直也。」今雇役於受直也。餘義見上文。倯者，下文卷七云「伀倯，罵也」，與此義略同。

四八　褸裂、須捷、挾斯，敗也。南楚凡人貧衣被醜弊謂之須捷。須捷，狎翣也。**或謂之褸裂，**裂，衣壞貌。音縷。**或謂之襤褸，故左傳曰：「篳路襤褸，以啟山林。」**篳路，柴車。**殆謂此**

[一] 十三經注疏本原作「巧辟人之所忌，以求容媚」。
[二] 「倯保」，戴震疏證本作「保倯」。

也。**或謂之挾斯。**挾斯，猶挾變也。**器物亦謂之挾斯**[一]。

維言案：褸裂者，廣韻：「襞裂，破也。」「襞裂」與「褸裂」義同。禮記内則云「衣服綻裂」，與「褸裂」義亦同。

須㨗者，「㨗」亦作「捷」。爾雅釋詁注云：「捷，相接續也。」言衣被醜弊，須接續也。郭注「須㨗，狎翣」者，「翣」通作「翜」。爾雅釋詁「翜，捷也」，然則「狎翣」猶「狎接」也。

挾斯者，「挾」亦作「俠」。廣雅：「俠斯，敗也。」

襤褸者，亦作「藍褸」。綱目集覽云：「藍褸、襤褸通。」

四九　撲、打撲。**鋌、**音挺。**澌，盡也。南楚凡物盡生者曰撲生；**今種物皆生云撲地生也。**物空盡者曰鋌。鋌，賜也。**亦中國之通語也。**連此撲澌皆盡也**[二]。**鋌，空也，語之轉也。**

維言案：説文：「盡，器中空也。」小爾雅：「盡，止也。」墨子經篇云[三]：「盡，莫

[一] 戴震疏證本「物」下有「敝」字。
[二] 「連此撲澌」，戴震疏證本作「鋌、賜、撲、澌」。
[三] 「經篇」當作「經上篇」。

不然也。」呂氏春秋明理篇云「五帝三王之於樂盡之矣」，高誘注云：「盡，極也。」孟子「盡信書」，藝文類聚王粲論作「專」。「專、盡」義相近也。禮記曲禮云「虚坐盡後，食坐盡前」，「盡」作「儘」字解也。

撲者，亦作「撲」。鮑昭蕪城賦云「壥閈撲地」，義與「撲」同。郭注謂「撲地生」者，今俗謂徧地皆生，猶曰「滿撲撲地」，義與郭同。

鋌者，廣雅：「鋌，盡也。」字通作「㱡」。廣雅：「㱡，盡也。」義又同「逞」。文選思玄賦注引字林云：「逞，盡也。」左氏文十七年傳云「鋌而走險」，杜預注云：「鋌，疾走貌。」義與「逞」互相發明，並與「盡」義相近也。

鋌訓賜者，「賜」當作「儩」。儩者，「澌」之俗字。

鋌訓空者，當爲「窒」之借字。説文：「窒，空也。」詩蓼莪篇「瓶之窒矣」，毛詩作「罄」。「罄」亦訓「空」。「空、盡」義相近也。

澌者，廣雅：「澌，盡也。」禮記曲禮注云：「死之言澌也，精神澌盡也。」正義云：「今俗通盡爲澌。」荀子大略篇注云：「澌猶消盡也。」字通作「斯」。書金縢云「大木斯拔」，史記魯世家作「盡拔」。鄉飲酒禮注云「斯禁，禁切地無足者」，疏云：「斯，澌也。澌盡之名也。」檀弓注云：「斯，盡也。」詩板篇「無獨斯畏」鄭箋云：「斯，盡也。」呂氏春秋報更篇云「斯食之」，高誘注云：「斯猶盡也。」字又通作「賜」。文選西征賦云「若循環之無賜」，李善注引方言：「賜，盡也。」今方言作「澌，盡也」，「賜」蓋「澌」之假借字也。

五〇　擈、翕、葉，聚也。擈屬，葉相著皃〔一〕。**楚謂之擈，或謂之翕。葉，楚通語也。**

維言案：説文：「聚，會也。」又云：「叢，聚也。」小爾雅：「冣、聚，叢也。」冣通作「撮」。莊子秋水篇云「鴟鵂夜撮蚤」，釋文云：「撮，崔本作冣，淮南作聚。」是「冣、聚」義同，古通用也。廣雅「聚，凥也」；左氏成十三年傳云「我是以有輔氏之聚」，杜預注云「聚，衆也」：並與「叢聚」義近。

擈者，亦作「樸」。爾雅釋木「樸，枹者」，郭注云：「樸屬叢生者爲枹。」廣雅「叢，聚也」，訓「叢」爲「聚」，則叢生亦「聚」之義也。

翕者，廣雅：「翕，聚也。」詩般篇「允猶翕河」、常棣篇「兄弟既翕」，毛傳並云：「翕，合也。」「合」與「聚」義近。

〔一〕「葉」，戴震疏證本作「蘽」。同「叢」。

葉者，廣雅：「葉，聚也。」淮南子原道訓云：「大渾而爲一，葉累而無根。」是「葉」爲「聚」也。

五一　斟，益也。言斟酌益之。**南楚凡相益而又少謂之不斟；凡病少愈而加劇亦謂之不斟，或謂之何斟。**言雖少損無所益也。

維言案：説文：「益，饒也。」廣雅：「益，加也。」齊策云「可以益割于楚」，韋昭注云：「益，多也。」又云「益一言，臣請烹」，注云：「益，過也。」秦策云「出利金以益公賞」[一]，注云：「益，助也。」中山策云「中山雖益廢王」，注云：「益，大也。」儀禮少牢禮「益多」，注云：「益，彌多也。」字通作「溢」。廣雅：「溢，滿也。」「溢，出也。」「溢，盛也。」莊子人間世篇云：「兩喜必多溢美之言。」張衡東京賦云「規摹踰益」[二]，薛綜注云：「益，過也。」「益」蓋「溢」之假借字，義並相近也。

斟者，廣雅：「斟，益也。」「斟，酌也。」「酌，益也。」是「斟、酌」一聲之轉，義可互

[一]「利」，戰國策作「私」。

[二]「益」當作「溢」，下薛注同。

訓也。

五二　**差、間、知，愈也。南楚病愈者謂之差，或謂之間，**言有間隙。**或謂之知。知，通語也。或謂之慧，或謂之憭，**慧、憭，皆意精明。**或謂之瘳，或謂之蠲，**蠲亦除也，音涓，一圭反〔一〕。**或謂之除。**

維言案：愈，亦作「瘉」。説文：「瘉，病瘳也。」漢書高帝紀云「漢王疾癒」〔二〕，釋文云：「瘉，病差也。」盧綰傳云「幸上病瘉」，李尋傳云「至日中間差瘉」，汲黯傳云「亡以爲瘉」，並訓「病瘳」之義。本字作「瘉」，假借作「愈」。禮記三年問云：「病甚者其愈遲。」論語先進篇：「然則師愈與。」左氏襄三十一年傳云：「夫亦愈知治矣。」是「愈」訓「益進」之義，並用假借字。今俗謂病瘳曰「愈」，皆用「愈」不用「瘉」矣。

差者，亦作「瘥」。説文：「瘥，瘉也。」廣雅亦云：「瘥，瘉也。」玉篇：「瘥，疾愈也。」「瘥」與「差」同。廣韻：「差，病除也。」魏志張遼傳云：「疾小差。」是訓「差」爲

〔一〕「一圭反」，匯證據集韻改作「一音圭」。
〔二〕「癒」當作「瘉」。

「愈」也。今俗猶呼「病愈」爲「差」也。

間者，廣雅：「間，瘉也。」論語子罕篇「病間」，孔注云：「少差曰間。」郭注訓「間」爲「空隙」者，正字通云：「病恒在身，無少空隙。今病既損有空隙，故謂病瘳爲間也。」

知者，廣雅：「知，瘉也。」素問刺瘧篇云：「二刺則知。」「知」亦訓「愈」之義。

慧者，廣雅：「慧，瘉也。」素問法時論云「平日慧」，亦「愈」之義也。

憭者，亦作「瘵」。周禮天官瘍醫注云：「止病曰瘵。」集韻：「憭，快也。」「快」與「愈」義近。

瘳者，廣雅：「瘳，瘉也。」説文「瘳，疾病瘉也」，徐鍇傳云：「忽愈若抽去也。」書金縢云「王翼日乃瘳」，孟子滕文公篇「厥疾不瘳」，楚語云「厥疾不瘳」，詩瞻卬篇「靡有夷瘳」，鷄鳴篇「既見君子，云胡不瘳」〔一〕，義並訓「愈」。左氏昭十三年傳云「事齊楚，其何瘳于晉」，杜預注云：「瘳，差也。」「差」亦「愈」也。

蠲者，廣雅：「蠲，瘉也。」「蠲」亦「除」也。

〔一〕按，上句引文實出風雨篇。

除者，廣雅：「除，瘉也。」今人呼病愈曰「病除」，猶古語也。又廣雅「除，去也」；詩蟋蟀篇「日月其除」，毛傳云「除，去也」；禮記曲禮云「馳道不除」，鄭注云「除，治也」：義並與「愈」相近。

方言釋義卷四

歷下　王維言學

一　襌衣，江淮南楚之間謂之褋，楚辭曰：「遺余褋兮澧浦。」音簡牒。關之東西謂之襌衣。有褒者，前施褒囊也。房報反。趙魏之間謂之袏衣；無褒者謂之裎衣，音逞。古謂之深衣。制見禮記。

維言案：襌衣者，說文：「襌衣，不重也。」釋名云：「無裏曰襌。」禮記玉藻云「襌爲絅」，鄭注云：「有衣裳而無裏。」顏師古急就篇注云：「襌衣，似深衣而褒大。」漢書江充傳云「衣紗縠襌衣」，師古注云：「襌衣，制若今之朝服中單。」

褋者，廣雅：「褋，襌衣也。」說文「南楚謂襌衣曰褋」，義本方言。楚辭湘夫人云「遺余褋兮澧浦」，王逸注云：「襟、褋、襜襦，事神所用。」潛夫論云：「文組綵褋，驕奢僭主。」亦言「襌衣」。

袏衣者，玉篇：「袏衣，包囊也。」類篇：「袏，襌衣也。」玉篇所謂「包囊」者，亦作

「裒囊」，郭注所謂「前施裒囊」是也。

裎衣者，廣雅：「佩紟謂之裎。」廣韻：「裎，佩帶也。」集韻「裎，深衣也」，與訓「帶」之「裎」同名異物。案：訓「帶」「裎」乃「綎」之借字〔一〕；訓「衣」之「裎」乃「絅」之借字。「絅」亦作「潁」。儀禮士昏禮云「被潁黼」，鄭注云「潁，禪也」，義與「裎」近。

深衣者，禮記深衣疏云：「衣裳相連，被體深邃，故謂之深衣。」深衣制詳見禮記深衣篇。茲不具録。

二　**襜褕，江淮南楚謂之穜褣，**裳凶反。**自關而西謂之襜褕。其短者謂之裋褕。**音豎。**以布而無緣、敝而紩之謂之襤褸。自關而西謂之裗䘿，**俗名䘿掖。音倔。**其敝者謂之緻。**緻縫納敝，故名之也。丁履反。

維言案：說文：「直裾謂之襜褕。」廣雅：「襌襦謂之襜袴。」案：襜袴猶「儋何」也。王氏念孫訂以「襜」字絕句，失之。釋名云：「荊州謂襌衣曰布襹，亦曰襜褕。言其襜襜宏裕也。」字林云：「直裾曰襜褕。」漢書外戚恩澤侯表云「武安侯坐衣襜褕入宮，不敬，免」，師古注云：「襜褕，直裾襌衣也。」何竝傳云「被其襜褕」，注訓「曲裾」，失之。

〔一〕「帶」下當補「之」字。

史記魏其武安侯傳索隱云：「襜褕，短衣也。」[一]案：襜褕，即短褐也。以其直裾豎裁襌而短小，故田蚡衣之，以爲不敬也。

襘裕者，廣雅：「襘裕，襜褕也。」小爾雅：「襜褕謂之童容。」詩氓篇「漸車帷裳」，鄭箋云：「帷裳，童容也。」周禮巾車「皆有容蓋」，鄭司農注云：「容謂幨車，山東謂之裳幃。或曰幢容。」案：幨車，亦曰「襜帷」。後漢書劉盆子傳注云：「襜，帷也。」王勃滕王閣序云：「襜帷暫駐。」是「帷」之單者謂之「襜」，「衣」之單者亦謂之「襜」，統謂之「童容」。「童容」與「襘裕」通也。

襤褸者，卷二云：「或謂之襤褸。」「襤褸」訓「敗」。小爾雅云：「布褐而紩之，謂之藍縷。」「藍縷」與「襤褸」通也。卷三注引左傳「篳路襤褸」，今左傳作「藍縷」。史記作「藍蔞」，集解引左傳服虔注云：「藍蔞，言衣敝壞，其蔞藍藍然。」是「藍蔞」亦與「襤褸」通也。

紩者，説文：「紩，縫也。」急就篇注云：「納刺謂之紩。」廣雅「紩，納也」，義與「縫」近。

[一] 按，魏其武安侯列傳「襜褕」正義：「説文、字林並謂之『短衣』。」索隱未釋爲「短衣」。

䘸𧙍者，玉篇：「𧙍，䘸𧙍也。」「䘸」亦作「充」。「䘸𧙍」本作「充𧙍」。「𧙍」或作「镼」。後漢書光武紀云「諸于繡镼」，注云：「字書無镼字，續漢書作𧙍。『諸于』上加『繡𧙍』，如今之半臂也。」與「䘸𧙍」之制不類，恐非一物。郭注以爲「𧙍掖」者，廣雅「掖，袖也」，亦非一物。當是唐人所呼爲「直裰」者。

裋襦者，義見下文「複襦謂之䙠」下。

三　**汗襦，**廣雅作褕。**江淮南楚之間謂之襘；**音甑。**自關而西或謂之祇裯；**祇，音止〔一〕。裯，丁牢反。亦呼爲掩汀〔二〕。**自關而東謂之甲襦；陳魏宋楚之間謂之襜襦，或謂之襌襦。**今或呼衫爲襌襦。

維言案：汗襦者，即今汗衫也。釋名云：「汗衣，近身受汗垢之衣也。詩謂之澤，受汗澤也。或曰鄙袒，或曰羞袒，作之用六尺，裁足覆胷背，言羞鄙於袒而衣此耳。」

襘者，集韻：「襘，汗襦也。」

〔一〕「止」，匯證據盧文弨重校方言改作「氐」。
〔二〕戴震疏證本作「亦呼爲掩汗也」。

祇裯者，廣雅：「祇裯，襜褕也。」說文：「祇裯，短衣也。」楚辭九辯云「被荷裯之晏晏兮」，王逸注云：「裯，祇裯也。」後漢書羊續傳云：「唯有布衾、敝祇裯。」亦是「汗衣」之類。

襌襦者，廣雅：「襌襦。」〔一〕釋名云：「襌襦，如襦而無絮也。」後漢書來歙傳注引東觀漢記云：「光武解所被襜襦以服歙。」

郭注以爲「呼袗爲襌襦」者，袗義同衫。說文新附：「衫，衣也。」釋名云：「衫，芟也。芟末無袖端也。」又云：「襌衣，言無裏也。」然則無裏之衣，即襌襦也，或呼曰「衫」。袗者，禮記曲禮云「袗絺綌」，鄭注云：「袗，單也。」玉藻云：「振絺綌。」「振」爲「袗」假借字。「袗」又「襌」假借字也。「袗、襌」一聲之轉。

四　帬，陳魏之間謂之帔，音披。**自關而東或謂之襬。**音碑，今關西語然也。

維言案：說文：「帬，下裳也。」釋名云：「裠，羣也。連接羣幅也。」史記萬石君傳云：「取親中裙廁牏，身自浣滌。」是「帬、裠、裙」並同。案：方言所謂「帬」者，如今之

〔一〕「襌襦」下疑有脫文。

披肩繞於領。下文云「繞袊謂之帬」[一]，郭注：「帬，俗人呼接下。江東通言下裳。」是「帬」本訓爲「帔」，而「裳」當謂之「下帬」。今俗呼「裳」爲「帬」，而呼「上帬」爲「披肩」，古人則統呼爲「帬」耳。

帔者，廣雅：「帔，帬也。」説文：「宏農謂帬帔也。」玉篇：「帔，在肩背也。」釋名云：「帔，披也。披之肩背，不及下也。」是在肩者曰「帔」。廣雅「領、帔」皆訓「帬」，知古人之帬，自上披之以及下也。今分披肩與帬爲二，非古制也。

襬者，急就篇注云：「帬，即裳也。一名帔，一名襬。」又「帔」，一讀爲「襬」，關東人呼帬也。篇海：「帔，一作襬。」是「帔、襬」二字古通用也。

五　蔽厀[二]**，江淮之間謂之褘，**音葦，或輝[三]。**或謂之袚；**音沸。**魏宋南楚之間謂之大巾；自關東西謂之蔽厀；齊魯之郊謂之袡**[四]。昌詹反。**襦，**字亦作「襜」，又襦，無右也。**西南**

[一]「袊」，本卷第二七條作「衿」。
[二]「厀」，匯證據説文改作「厀」。此處形近而訛。下同。
[三]「輝」，戴震疏證本作「暉」。
[四]「袖」，戴震疏證本作「衻」。按，據本條下王維言釋義，此「袖」當作「袡」，同「衻」。

蜀漢謂之曲領，或謂之襦。褌，陳楚江淮之間謂之衳。錯勇反。

維言案：爾雅釋器「衣蔽前謂之襜」，郭注云：「今蔽膝下。」釋名云：「韠，蔽厀。又曰跪襜，跪時襜襜然張也。」漢書東方朔傳云：「館陶公主自執宰蔽膝。」「蔽膝」與「蔽厀」同。

褘者，說文：「褘，蔽厀也。」廣雅亦云：「褘，蔽厀也。」釋名云：「韠，所以蔽膝前也。婦人蔽膝亦如之。」爾雅釋器「婦人之褘謂之縭。縭，緌也」，郭注云：「即今香纓。」則謂借爲「幃」，失之。詩東山篇「親結其縭」，正義引孫炎曰「褘，帨巾也」，亦非。

袚者，廣雅：「袚，蔽厀也。」又云：「袚謂之繹。」[一]「韍」與「袚」通。說文作「市」，云：「从巾。象其連帶之形。」易作「紱」，詩作「芾」，禮記作「韍」，左傳作「黻」，易乾鑿度作「茀」，白虎通作「紼」，並字異而義同。詩載驅篇「蕈茀朱鞹」[二]，毛傳云「車之蔽曰茀」，義亦與「袚」近。采菽篇「朱芾在股」[三]，鄭箋云：「芾，太古蔽膝也。」

[一]「袚」，廣雅疏證作「韍」，當據改。
[二]「蕈」，十三經注疏本作「簟」。
[三]「朱」，十三經注疏本作「赤」。

禮記明堂位云「有虞氏服韍」，鄭注云「韍，冕之韠也」〔一〕，義亦與「袚」近。

大巾者，廣雅：「大巾，蔽厀也。」釋名云：「齊人謂之巨巾，田家婦女出至田野，以覆其頭，故因以爲名也。」

衻者，廣雅：「衻，蔽厀也。」小爾雅：「蔽膝謂之袡。」「袡」與「衻」通。字亦作「襜」。詩采綠篇「不盈一襜」，毛傳云：「衣蔽前謂之襜。」是用爾雅。「襜」亦與「衻」通。禮記雜記「繭衣裳，與税衣纁衻爲一」，王肅注云：「婦人蔽膝也。」儀禮士昏禮云：「純衣纁衻。」案：亦蔽膝也。鄭注云：「衻亦緣也。衻之言任也。以纁緣其衣，象陰風上任也。」〔二〕禮記喪大記云：「婦人復，不以衻。」鄭注訓「嫁時上衣」，失之。「衻」之制，下廣二尺，上廣一尺，其頸五寸。婦人亦有之，即所謂「縭」也。

襦者，釋名云：「襦，耎也，言温耎也。」急就篇注云：「短衣曰襦。」説文：「襦，短衣也。一曰㬎衣。」其長及厀，若今之「短襖」也。

曲領者，説文：「領，項也。」釋名云：「曲領在内，以中襟〔三〕，領上横壅頸，其狀曲

〔一〕十三經注疏本「冕」下有「服」字。
〔二〕「風」，十三經注疏本作「氣」。
〔三〕「以中襟」，釋名原作「以禁中衣」。

也。」禮記深衣注云：「古者方領。」案：衣之曲衿曰「領」，曲領是呼「襦」之名，與上文「襜、襦、甲襦」同。

褌者，釋名云：「褌，貫也，貫兩脚，上繫腰中也。」説文：「褌〔一〕，幒也。或从衣作『褌』。」漢書司馬相如傳云「著犢褌」〔二〕，蓋如今之圍裙之類。案：古之褌，今之滿襠褲也；古之袴，今之套褲也。二字本有分别。玉篇：「褌，褻衣也。」急就篇注云：「合襠謂之褌。」晉書阮籍傳云：「羣蝨之處褌中。」本草「褌襠、解毒箭」並以「褌」爲「褲」也。

⿰衤松者，廣雅：「⿰衤松，幝也。」集韻：「⿰衤松，小袴也。」字省作「衳」。玉篇「衳，小褌也」，義同。

六　**袴，齊魯之間謂之⿰衤𨓈**，傳曰：「徵褰與襦。」〔三〕音騫。**或謂之襱；**今俗呼袴踦爲襱，音鮦魚。**關西謂之袴。**

〔一〕「褌」當作「幝」。
〔二〕漢書「犢」下有「鼻」字。
〔三〕「𨓈」，匯證據戴震疏證、周祖謨方言校箋作「䙝」。

維言案：袴，亦作「絝」。説文：「絝，脛衣也。」釋名云：「袴，跨也，兩股各跨別也。」禮記內則云：「衣不帛襦袴。」急就篇注云：「袴，脛衣也。」王充論衡云：「趙武藏于袴中。」亦言「脛衣」。今之所謂「套褲」，即古之所謂「袴」也。

𧞣者，廣雅：「𧞣謂之絝。」説文「褰，絝也」，引左氏昭二十五年傳「徵褰與襦」，今郭注引作「蹇」。小爾雅：「袴謂之褰。」是「𧞣、裷、蹇、褰」並同。

襱者，説文：「襱，袴踦也。」急就篇注云：「袴之兩股曰襱。」字通作「䘵」。下文「無䘵之袴謂之襣」，是「䘵」與「襱」聲近義同。案：襱者，今俗呼爲「褲脚」者也。故説文訓爲「袴踦」，「踦」亦「脚」也。

七　褕謂之袖。 襦𧞣有袖者，因名云。

維言案： 説文「褕，一曰直裾謂之襜褕」，即「襌衣」也。史記司馬相如傳云：「靻獨繭之褕絁。」案：「褕」與「襦」通，言「褕」猶言「襦」也。

袖者，本作「褎」。説文：「褎，袂也。」通作「袖」。文選曹子建樂府云「攘袖見素手」，李善注云：「攘袖，捲袂也。」案：「襦」有不施袖者，其施袖者爲「褕」，即謂之「袖」也。

八　衱謂之襬。即衣領也。却、偃二音[一]。

維言案：衱者，通作「袷」。禮記曲禮云「天子視不上於袷」，鄭注云：「袷，交領也。」玉藻云「袷二寸」，注云：「袷，曲領也。」深衣注云：「袷，交領也。」是「衱」本「袷」之假借字也。爾雅釋器：「衱謂之裾。」是「裾」亦名「衱」也。襬者，廣雅：「褳衱謂之襬。」説文：「襬，褔領也。」儀禮士昏禮注云：「卿大夫之妻刺黼以爲領，如今偃領矣。」「偃」即「襬」也。爾雅釋器「黼領以爲襮」[二]，郭注云：「刺繡紋以襬領。」是以「襬」爲「緣」也。

九　袿謂之裾。衣後裾也。或作「袪」，廣雅云：「衣袖。」

維言案：廣雅：「袿，袖也。」夏侯湛雀釵賦云「理襟袿[三]，整服飾」，嵇康詩云「微風動袿」，張華歌云「羅袿徐轉紅袖揚」[四]，並以「袿」爲「袖」也。又訓爲「長衣」。廣

[一]「却」，戴震疏證本作「劫」。
[二]「以爲」，十三經注疏本作「謂之」。
[三]「理襟袿」，晉書作「理袿襟」。
[四]「歌」即白紵歌。

雅又云「袿，長襦也」，釋名云「婦人上服曰袿，其下垂者上廣下狹，如刀圭也」，後漢書皇后紀云「簪珥光彩，袿裳鮮明」，傅毅舞賦云「華袿飛髾而雜纖羅」，並借「褂」爲「袿」也。

裾者，爾雅釋器「衱謂之裾」，郭注云：「衣後裾也。」釋名云：「裾，倨也，倨倨然直，亦言在後常見踞也。」「裾」蓋今俗呼爲「大襟」者。淮南子齊俗訓云「楚莊王裾衣博袍」，高誘注云：「裾，袌也。」朱氏駿聲以爲「袍」之誤字，非也。「裾、袍」並稱，必不能訓「裾」亦爲「袍」，疑是「褎」之誤字，「褎」與「袖」同。荀子儒服篇云：「子蒿衣長裾，振褎袖。」[一]「裾、袖」並稱，亦非訓「裾」爲「袖」。案：裾者，當是「祛」之假借字，説文：「祛，衣袂也。」禮記玉藻云「祛長二寸」，注謂「袖末」[二]。詩遵大路篇「摻執子之祛兮」，疏云「袂是祛之本，祛是袂之末」；釋名云「祛，虚也」；詩羔裘篇「羔裘豹祛」；左氏僖五年傳云「披斬其祛」；楚辭哀時命云「左祛挂于搏桑」：並訓「祛」爲「袖」。「祛、裾」聲近義同。「祛」又訓「襟」。説文：「一曰祛褱也。」褱者，袌也；袌者，

[一] 按，上句引文實出孔叢子儒服篇。「子蒿」，二十二子本作「子高」。
[二] 「長」，十三經注疏本作「尺」；注「袖末」作「袂口」。

襟也。上文「襌衣」有褎無褎者，猶言有襟無襟也，與「袿」之訓長衣者義近。是「袿」兼二義，「裾、袪」並兼二義也。

一〇　褸謂之衽。衣襟也。或曰裳際也。

維言案：説文：「褸，衽也。」或曰衣旁謂之衽，裳際謂之褸，亦謂之袩。字通作「縷」。爾雅釋器「衣裗謂之稅」，郭注云：「衣縷也。」釋文：「縷，又作褸。」是「褸、縷」同也。衽者，廣雅：「衽謂之褸。」説文：「衽，衣裣也。」釋名：「衽，襜也，在旁襜襜然也。」儀禮喪服記云「衽二尺有五寸」，公羊昭二十五年傳云「再拜稽首以衽受」，論語「吾其被髮左衽矣」，漢書張良傳云「楚必斂衽而朝」，楚辭離騷云「跪敷衽以陳辭兮」，並訓「衽」爲「衣前襟」也。又蒼頡解詁云：「衽，裳際所及交列者也。」此謂裳幅交接處，凡朝際喪服，衣皆與裳殊，深衣則不殊。殊者衽，屬衣。其幅之燕尾殺而下，垂而放之，即所謂「衣裣」也；不殊者衽，屬裳。其幅之燕尾殺而上，縫之以合前後，亦曰衽，此謂裳兩傍也。禮記深衣云「續衽鉤邊」，鄭注云「衽，在裳傍者也」；玉藻云「深衣衽當旁」，注云「衽，謂裳幅所交裂也」；左氏成十七年傳云「抽戈結衽」，杜預注云「裳際也」；襄三十一年傳云「衰衽如故」，釋文云「衽，裳下也」：並與郭注義同。

一一　褸謂之緻。襤褸，綴結也。

維言案：玉篇：「褸，衣壞也。」餘義見上文。緻者，説文繫傳云：「緻，密也。」廣雅：「緻，補也。」玉篇「緻，縫補敝衣也」，與郭注「綴結」義近。

一二　裯謂之襤。祇裯，敝衣亦謂襤褸。

維言案：此節義並見上文。

一三　無緣之衣謂之襤。

維言案：説文：「緣，衣純也。」爾雅釋器「緣謂之純」，郭注云：「衣緣飾也。」禮記玉藻云「緣，廣寸半」，鄭注云：「緣，飾邊也。」深衣云「純袂緣，純邊，廣各寸半」，鄭注云：「緣，緆也。」釋名云：「緣襴，襴施緣也。緣裙，裙施緣也。」[一]案：緣衣袂口曰「純」。純者，楯也；緣裳邊側曰「綼」。綼者，庳也。下曰緆。緆者，裼也。緣冠曰

[一] 上句引文，釋名原作「緣裙，裙施緣也。緣襴，襴施緣也」。

紕。紕者，緄也。此皆衣之有緣者也。無緣之衣，衣之不施緣者也。

襤者，義見上文。

一四　**無袂之衣謂之褙。**袂，衣袖也，音藝。褙，音慢惰。

維言案：廣雅：「袂，袖也。」説文：「袂，袖也。」釋名云：「袂，掣也。掣，開也。開張之，以受臂屈伸也。」易歸妹卦云「其君之袂不如其娣之袂良」，注云：「袂，衣袖，所以爲禮容者也。」禮記深衣云「袂之長短，反詘之及肘」，釋文云：「袪末曰袂。」儀禮聘禮注云「純袂半耳」[一]，疏云：「袂爲口緣。」案：析言之則袂口曰「袪」，統言之則袪亦曰「袂」耳。論語鄉黨篇「短右袂」，注亦訓「袂」爲「袖」。

褙者，説文「無袂衣謂之褙」，是本方言。字亦作「襔」，義同。

一五　**無祠之袴謂之襣。**袴無踦者，即今犢鼻褌也。祠亦襱，字異耳。

維言案：祠者，「襱」字之或體。説文「襱，袴踦也」，徐鍇傳云「踦，足也」，即今俗所

[一]　十三經注疏本「半」上有「寸」字。

謂「褌脚」者也。

襣者，廣雅：「襣，㡓也。」字通作「鼻」。吴越春秋云「越王服犢鼻」；史記司馬相如傳集解引韋昭漢書注云「犢鼻褌，以三尺布作，形如犢鼻」：並與郭注義同。

一六　䘯謂之袺〔一〕。于苕〔二〕、丁俠兩反，未詳其義。

維言案：廣雅：「䘯謂之袺。」廣韻：「䘯，衣衽也。」袺者，下文云「褸謂之袺」，亦訓「衣衽」之義。字通作「襘」。義見上文。

一七　衿謂之交。衣交領也。

維言案：爾雅釋器：「衿謂之袸。」玉篇「衿」亦作「紟」，「結帶也」。説文：「紟，衣系也。」詩東山篇毛傳云：「施衿結帨。」儀禮士昏禮云「母施衿結帨」，是毛所本。禮記内則「衿纓」，鄭注云「衿猶結也」；釋名云「衿，禁也，禁使不得解散也」：並訓「衿」

〔一〕「祮」，匯證據明刻本、清校本及郭注改作「袺」。
〔二〕「于」，匯證據王念孫手校明本改作「千」。

爲「衣系」。郭注言「衣領」者，詩青青子衿毛傳云：「青衿，青領也」，是郭所本。顔氏家訓書證篇云「古者斜領下連于衿，故謂領爲衿」，義與郭注亦近。字通作「裣」。説文：「裣，交衽也。」又通作「襟」。爾雅釋器「衣眥謂之襟」，孫炎注云：「襟，交領也。」楚辭離騷云「霑余襟之浪浪」，王逸注云：「衣眦目襟。」〔一〕漢書西南夷傳云「改襟輸寶」，注亦訓「襟」爲「衽」。「衽」亦與「領」義近。交者，釋名云「襟，禁也，交于前所以禁禦風寒也」，是「交」取名之義。

一八　**裺謂之襦。**尖劒反〔二〕。

維言案：説文：「褗謂之裺。」「褗」，上文訓爲「衣領」，「褗」之言「掩」也。「衿、領」亦「掩」之義也。「襦」義見上文。

〔一〕「衣眦目襟」，楚辭補注作「衣眥謂之襟」。

〔二〕「尖」，周祖謨方言校箋作「央」。

一九　**襘謂之袩。**衣掖下也。

維言案：廣雅：「袩，袖也。」字通作「掖」。禮記儒行云「衣逢掖之衣」，鄭注云：「逢猶大也。大掖之衣，大袂襌衣也。」正義云「大掖，謂肘腋之所寬大」，與郭注「掖下」之義相近。

二〇　**佩紟謂之裎。**所以係玉佩帶也。音禁。

維言案：爾雅釋器「佩衿謂之褑」，郭注云：「佩玉之帶上屬。」釋名云：「佩，倍也，言其非一物有倍貳也。有珠、有玉、有容刀、有帨巾之屬也。」廣雅「佩紟謂之裎」，説文「綎，系綬也」，然則「綎」即「裎」也。「裎、綎」俱「綬」之異名。案：古佩玉有綬，上系於衡，衡上復有綬，以系於革帶謂之綎，即「裎」也。爾雅謂之「褑」，亦是此物。禮記少儀云「甲不組縢」，鄭注云「組縢，以組飾之及紟帶也。」玉篇：「鞓，皮帶。」亦作「鞓」。廣韻：「鞓，系綬也。」「鞓、鞓」亦與「裎」聲近義同。爾雅釋器「衿謂之袸」注云「衣小帶」，亦與系玉佩之「帶」義近。

二一 **褸謂之袩**〔一〕**。** 即衣衽也。

維言案：上文云：「褸謂之衽。」又云：「裢謂之袩。」是「褸、袩」皆訓「衣衽」之義。

二二 **覆裺謂之禪衣。** 作憒反。

維言案：廣雅：「覆裺，禪衣也。」類篇「裺，副衣也」，義亦相近。

二三 **偏禪謂之禪襦。** 即衫也。

維言案：「禪」之言「單」也，「襦」之言「衫」也，蓋單衫之類。說文新附字：「衫，衣也。」釋名云：「衫，芟也，芟末無袖端也。」篇海：「衫，小襦。」一曰「單襦」。束晳近游賦：「脅汗衫以當熱。」唐書車服志云：「士人以枲紵襴衫爲上服，馬周請加襴袖褾襈，開骻者名缺骻衫。」是「衫」又「衣」之通稱，與訓「單衣」義亦近。

〔一〕「袩」，戴震疏證本作「袩」。

二四　**衵繵謂之襌。** 今又呼爲涼衣也。衵、纏兩音。

維言案： 衵者，玉篇：「衵，襌衣。」繵者，玉篇：「繵謂之襌也。」是「衵、繵」並訓「襌」也。郭注所謂「涼衣」者，蓋今之「單衫、汗衫」之類。

二五　**袒飾謂之直衿。** 婦人初嫁所著上衣，直衿也。音但。

維言案： 廣雅：「直衿謂之幆。」又云：「袒飾，長襦也。」「直衿」，亦作「直領」。釋名云：「直領，邪直而交下，亦如丈夫服袍方也。」漢書景十三王傳云「刺方領繡」，晉灼注云：「今之婦人直領也。繡爲方領，上刺作黻黼文。」案：直衿，婦人之服，丈夫謂之袍；婦人謂之直衿。其制不同，其義無異，故廣雅並訓爲「長襦」。郭注謂「婦人初嫁所著衣，直衿」者，今俗婦人所服「敞衣」是其遺製。

二六　**褒明謂之袍。** 廣雅云：「褒明，長襦也。」

維言案： 廣雅：「褒明，長襦也。」史記匈奴傳云：「繡袷長襦。」急就篇注云：「長襦曰袍。」是「長襦」即「袍」也。説文：「袍，襺也。」爾雅釋器亦云：「袍，襺也。」禮記玉藻云:「纊爲繭,緼爲袍。」論語子罕篇:「衣敝緼袍。」釋名云:「袍,丈夫著下至跗者也。袍,包也;包,内衣也。婦人以絳作衣裳,上下連,四起施緣。亦曰袍,義亦然也。」今以爲外衣之通稱,古以爲燕居褻服。續漢書輿服志云:「袍者,周公抱成王宴居,故施袍。」禮記喪大記云「袍必表不禪」,鄭注云:「袍,褻衣。」詩無衣篇「與子同袍」、「與子同澤」,正義引鄭注云:「褻服,袍澤。」是「袍」爲古燕居之服。自漢以後始以絳紗袍、皁紗袍爲朝服矣。公羊哀十四年傳云「涕沾袍」,蓋謂沾溼裏衣。何休注以「袍」爲「衣前襟」,失之。「袍」訓「襟」者,上文「禪衣有裛無裛」是也。「裛」與「袍」字雖通用,義實有别。案:「裛明」二字形與「褻服」相似,疑「裛明」爲「褻服」之譌。

二七　**繞衿謂之帬。**俗人呼接下,江者通言下裳[一]。

維言案:廣雅:「繞領,帬也。」「領」與「衿」同,義並見上文。

二八　**懸裺謂之緣。**衣縫緣也。音掩。

[一]「者」,戴震疏證本作「東」。

維言案：懸裺者，「裺」，上文訓「領也，襟也」。緣者，上文訓「衣邊飾也」，蓋加緣於領襟之間，故郭注以爲「衣縫緣也」。今藍衫及婦人之衣加緣於衣領者，是其遺制。

二九　**絜襦謂之落膝**[一]**。**廣異名也。

維言案：禮記大學鄭注云：「絜猶結也。」字通作「挈」。廣雅：「挈，束也。」「絜襦」是襦之可結束者。字或通作「袺」。爾雅釋器「執衽謂之袺」，義與「絜襦」亦近。落膝者，羽獵賦注云：「落，纍也。」「落膝」，言纍垂至膝也。

三〇　**袧繘謂之袖。**衣褾，音繘。江東呼䘼，音婉。

維言案：廣雅：「袧繘，袖也。」

郭注言「衣褾」者，類篇：「褾，袖端也。」玉篇：「褾，衣袂也。」

郭注言「江東呼䘼」者，類篇：「䘼，袖耑屈也。」是「褾、䘼」並訓「袖」之義。

[一]「落」，戴震疏證本作「蔽」。

三一　帍裱謂之被巾。婦人領巾也。方廟反。

維言案：廣雅：「帍裱，被巾也。」「裱」猶「表」也，表謂衣領也。詩揚之水篇「素衣朱襮」，毛傳云：「襮，巾也。」〔一〕「襮」與「表」通。「帍」猶「扈」也。楚辭離騷云「扈江蘺與薜芷兮」，王逸注云：「楚人謂被爲。」〔二〕吴都賦云「扈帶鮫函」，亦訓「扈」爲「被」。「被、扈」雙聲，義本通用。被巾所以扈領，故郭注言「婦人領巾也」。今滿洲婦人出以巾繞其領，猶古制也。

三二　繞緍謂之襬裺。衣督脊也。緍，音循。

維言案：玉篇：「緍，繞緍也。」廣韻：「緍，縫也。」襬裺者，「襬」，通作「褶」，亦作「督」。說文作「裻」：「一曰背縫。」晉語「衣之偏裻之衣」，韋昭注云：「裻在中，左右異，故曰偏。」史記佞幸傳云「顧見其衣裻」，索隱云「衫襦之横腰」，義與「衣縫」亦近。「裻」與「督」同，故郭注以爲「衣督脊也」。集韻

〔一〕「巾也」，十三經注疏本作「領也」。

〔二〕「爲」下脱「扈」字。楚辭補注原作「扈，被也」。

「褶，衣背縫也」，義同。

三三　厲謂之帶。小爾雅曰：「帶之垂者爲厲。」

維言案：廣雅：「厲，帶也。」小爾雅云：「帶之垂者爲厲。」詩都人士篇「垂帶而厲」，毛傳云：「厲，帶之垂者。」左氏桓二年傳云「鞶厲游纓」，「厲」亦訓「帶垂」。正韻「鞶、厲，帶垂也」，義亦相近。

三四　襎裷謂之幭。即帊幞也。煩、冤兩音。幭，旦曰反〔一〕。

維言案：廣雅：「襎裷，幞也。」「襎裷」一作「袥裷」。郭注以爲「帊幞」者，説文：「幞，帊也。」集韻「帊」亦作「帞」。通俗文云「帛三幅曰帊。帊，衣襆也」，廣雅「帊，幞也」，並與「襎裷」義近。幭者，廣雅：「幭，幞也。」玉篇：「幭，帊幞也。」説文：「幭，蓋幭也。」管子小稱篇云「乃援素幭以裹首」，吕氏春秋知化篇作「乃爲幎以冒面」。是「幎」與「幭」通。「幭」

〔一〕「旦曰反」，戴震疏證本作「亡別反」。

又訓「車覆」。詩韓奕篇「鞹鞃淺幭」，毛傳云：「幭，覆式也。」疏云：「幭，禮記作幦，周禮作幎，字異而義同。」説文：「一曰幭，禪被也。」〔一〕案：幭者，覆物之巾，覆車、覆衣、覆體皆得稱「幭」，其義同也。

三五　繄袼謂之䙔。 即小兒次衣也。繄、袼、嘔三音。

維言案：廣雅：「繄袼，次衣也。」「繄」，通作「嫛」。類篇：「嫛袼，次衣也。」「次」與「涎」字同。

䙔者，廣雅：「䙔，次衣也。」説文：「䙔，次裏衣也。」今俗謂之「圍顉」。著小兒頸肩以受次者，其制圓，或謂之「圍瀺」。

三六　楚謂無緣之衣曰襤，紩衣謂之褸，秦謂之褸〔二〕。自關而西秦晉之間無緣之衣謂之裗襹。 嫌上説有未了，故覆分明之〔三〕。

〔一〕説文作「蓋幭。一曰禪被」。
〔二〕「褸」，戴震疏證本作「緻」。
〔三〕「覆」，戴震疏證本作「復」。

維言案：襤、褸，義並見上文。裗䙱者，「䙱」亦作「襡」。說文：「襡，短衣也。」廣雅「襡，長襦也」「襡，袖也」，並與「䙱」同。釋名云：「䙱，屬也。衣裳上下相連屬也。荆州謂禪衣曰布䙱。」禮記雜記注云：「繭衣裳者，若今大䙱也。」正義謂「衣裳相連而以綿纊著之」。案：長短之衣、襟、袖之類，凡無緣者皆謂之「裗䙱」。上文「裗裾」，「裾」字與「䙱」字形相似，亦是「䙱」字之譌。

三七 複襦，江湘之間謂之𧞣，音堅。**或謂之筩褹。**今筩禮之蓋也〔一〕。「袘」即「袂」字耳〔二〕。

維言案：𧞣，一作「𧟇」。廣雅：「複襦謂之𧟇。」說文：「複，重衣也。一曰褚衣。」「重衣」謂「袷衣」也，「褚衣」謂「衣之有絮」者。此云「複襦」是也。釋名云：「禪襦，如襦而無絮也。」然則有絮謂之「複襦」耳。急就篇注云：「褚之以緜曰複。」古辭孤兒行云「冬無複襦，夏無單衣」，是也。「𧟇」者，通作「裋」。說文：「裋，豎使布長襦。」然

〔一〕戴震疏證本作「今筩袖之襦也」。
〔二〕「袘」，戴震疏證本作「褹」。

則短者曰「裋褕」。列子力命篇云「衣則裋褐」，釋文云「複襦也。楚人謂袍爲裋」，又引說文：「裋，敝布襦也。」漢書貨殖傳云：「裋褐不完。」史記秦始皇紀云「寒者利裋褐」，徐廣注云：「裋，一作短小襦也。」案：裋長於襦而短於襜褕，故短褐亦曰「裋褐」。荀子大略篇作「豎褐」。「豎、裋」並與「䙙」通。

箭褹者，「褹」與「袂」同，義見上文。箭褹，蓋謂袂之直長而如箭也。

三八　**大袴謂之倒頓，**今雹袴也。**小袴謂之䘨𧘂。**今䙉袴也。皎、了兩音。**楚通語也。**

維言案：倒頓者，顏師古急就篇注云「袴，脛衣也。大者謂之倒頓，小者謂之䘨𧘂」，是本方言。倒頓，即今俗所呼爲「甩襠褲」者也。

䘨𧘂者，玉篇：「䘨𧘂，小袴也。」皮日休詩：「䘨𧘂漁人服。」案：疊韻連語作「交了」，義同。䘨𧘂，即今俗所呼爲「褌衩」者也。

三九　**幏，巾也。**巾主覆者，故名幏也。**大巾謂之帉；**音芬。**嵩嶽之南，**嵩，高。中嶽山也，今在河南陽城縣。**陳潁之間謂之帤，**奴豬反。**亦謂之幏。**江東通呼巾帉耳。

維言案：廣雅：「幏，巾也。」說文：「幪，蓋衣也。」「幪」與「幏」同。尚書大傳云

「下刑墨幪」，鄭注云：「幪，巾也。」玉篇：「幪，衣巾也。」字通作「蒙」。史記淮南王安傳云「如發蒙耳」，韋昭注云：「如蒙巾發之甚易。」是「蒙、幪」古通用也。

帉者，廣雅：「帉，巾也。」說文：「楚謂大巾曰帉。」字通作「紛」。禮記內則云「左佩紛帨」，鄭注云：「紛、帨，拭物之佩巾也。」釋文云：「紛，或作帉。」玉篇：「拭物巾也。」周禮春官司几云「莞筵紛純」〔一〕，鄭注云：「紛如綬，有文而狹。」內則鄭注又云「今齊有言紛者」，則「紛」又齊語也。

帤者，說文：「巾帤也。一曰敝巾。」玉篇：「袾袽，敝衣也。」是敝衣曰「袽」，敝巾亦曰「帤」，其義一也。

四〇　絡頭、帞頭也〔二〕、音貊。**紗繢、鬠帶**、羌位反。**鬊帶**、音菜。**帑**、音結，亦于〔三〕。**㡊**，於法反〔四〕。

〔一〕「司几」當作「司几筵」。
〔二〕據方言文例，「也」字衍，當删。
〔三〕「結」，戴震疏證本作「緝」；「于」作「千」。
〔四〕「法」，戴震疏證本作「怯」。

幧頭〔一〕。自關而西秦晉之郊曰絡頭；南楚江湘之間曰帞頭；自河以北趙魏之間曰幧頭，或謂之帤，或謂之㡋。其遍者謂之鬢帶〔二〕，今之偏疊幧頭也。或謂之䯰帶。䯰亦結也。覆結謂之幘巾，或謂之承露，或謂之覆䯰。今結籠是也。皆趙魏之間通語也。

維言案：絡頭者，廣雅：「絡頭，幧頭也。」

帞頭者，廣雅：「帞頭，幧頭也。」鄭注問喪云：「今時始喪者，邪巾貊頭，笄纚之存象也。」釋文「貊」通作「帞」。釋名云：「綃頭，或謂之陌頭，言從後橫陌而前也。」漢書周勃傳云「太后以冒絮提文帝」，應劭注云：「陌額絮也。」晉灼注云：「巴蜀異物志謂頭上巾爲冒絮。」是「帞、貊、袹、陌」並通。「冒、帞」亦聲近義同。

紗繢者，文選神女賦注引蒼頡篇云「繢，似纂色赤」，義與「幧頭」相近。

鬢帶者，廣雅：「鬢帶，幧頭也。」又云：「鬢，髻也。」案：斂其髮曰「髻」，盤其髮曰「鬢」。斂之而盤之，盤之而簪之，既成曰「䯻」。「䯻」與「鬢」通。

䯰帶者，廣雅：「䯰帶，幧頭也。」又云「䯰，髻也」，義與「鬢帶」同，皆約髮之巾也。

〔一〕戴震疏證本「頭」下有「也」字。
〔二〕「遍」，戴震疏證本作「偏」。

帑者，廣雅：「帑，幧頭也。」玉篇：「帑，幧頭也。」

帩者，玉篇：「帩，幧頭也。」釋名云：「綃頭，齊人謂之帩，言斂髮使上從也。」

幧頭者，釋名云：「綃頭，綃鈔也，鈔髮使上從也。」吴越春秋云：「越王服犢鼻，著樵頭。」後漢書向栩傳云：「好被髮服絳綃頭。」古陌上桑云：「脱帽著帩頭。」是「綃、樵、帩」並與「幧」通。

覆結謂之幘巾者，廣雅：「幘巾，覆結也。」説文：「髮有巾曰幘。」蔡邕獨斷云：「幘者，古之卑賤執事不冠者所服也。」釋名云：「幘，賾也，下齊眉賾然也。」急就篇注云：「幘，韜髮之巾，所以整嫧髮也。常在冠下，或單著之。」續漢書輿服志云：「古者有冠無幘。乃加武將首飾爲絳袙，以表貴賤。漢文後上下羣臣皆服之。」案：元帝額有壯髮，不欲使人見，始進幘服之。然尚無巾，如今半頭幘而已。王莽無髮乃施巾。故語曰「王莽秃，幘施屋」。

承露者，廣雅：「承露，覆結也。」案：「幘巾、承露」皆覆髮之巾，亦呼爲「網巾」。今俗婦人所著之「髮網」，是其遺制。

四一　屝、屨、麄〔一〕，履也。徐兗之郊謂之屝，音翡。自關而西謂之屨。中有木者謂之複舄，自關而東複履〔二〕。其庳者謂之鞮下〔三〕，音宛。禪謂之鞮〔四〕，今革鞮也〔五〕。絲作之者謂之履，麻作之者謂之不借，麄者謂之屦，東北朝鮮洌水之間謂之䩕音印。角。南楚江沔之間總謂之麄。沔水，今在襄陽。西南梁益之間或謂之屦，他回反。字或作屧，音同。或謂之家。丁瓦反〔六〕，一音畫。履，其通語也。徐土邳圻之間〔七〕，今邳也〔八〕。圻，于音祁〔九〕。大麄謂之䩕角。今漆屐有齒者〔一〇〕。

維言案：説文：「履，足所依也。」今作「履」。釋名云：「履，禮也，飾足所以爲禮

〔一〕「麄」，戴震疏證本作「麤」。下同。「麄、麤」異體字。
〔二〕「複履」上脱「謂之」二字，當據文例補。
〔三〕「鞮」，戴震疏證本作「鞔」。
〔四〕戴震疏證本「禪」下有「者」字。
〔五〕「革」，戴震疏證本作「韋」。
〔六〕「丁」，戴震疏證本作「下」。
〔七〕「圻」，匯證據王念孫手校明本和廣雅疏證改作「沂」。
〔八〕戴震疏證本「邳」上有「下」字，當據補。
〔九〕「圻，于音祁」，匯證據王念孫手校明本改作「沂，音圻」。
〔一〇〕「屐」，戴震疏證本作「履」。按，本條下王維言釋義亦作「履」。

也。」字書云：「皮曰履，黄帝之臣於則造。」小爾雅云：「在足謂之履。」莊子讓王篇云「縱履杖藜而應門」，列子黄帝篇云「脱履户外」，釋文並云：「履本所屨。」漢書鮑宣傳云「衣敝履空」，注云：「履猶屨也。」是「履」亦可借爲「屨」。案：古曰「舄」曰「屨」，漢以後曰「履」，今曰「鞋」，名異義同。

屝者，説文：「屝，履屬。」廣雅：「屝，履也。」釋名云：「齊人謂韋屨曰屝〔一〕。屝，皮也，以皮作之。」左氏僖四年傳云「共其資屝屨」，杜預注云：「屝，草屨也。」疏云：「麻作之曰屝。」字通作「菲」。禮記曾子問「菲、杖」，喪服傳云「菅屨者，菅菲也」，漢書刑法志「菲屨赭衣」，「菲」並與「屝」同。

屨者，説文：「屨，履也。」廣雅亦云：「屨，履也。」釋名云：「屨，拘也，所以拘足也。」周禮屨人「掌王及后之服屨，爲赤舄、素舄、素屨、葛屨」，鄭注云：「複下曰舄，襌下曰屨。」

𪇝者，説文：「麤，草履也。」廣雅：「麤，履也。」師古急就篇注云：「麤者，麻枲雜履之名也。」釋名云：「荆州人曰麤。麻、韋、草皆同名也。麤，措也，言所以安措足也。」

〔一〕「韋」，釋名作「草」。

王褒僮約云「織履作麤」，亦訓「麤」爲「屨」之義。是「麤、麤」並與「麁」通。

複舄者，廣雅：「舄，履也。」周禮屨人注云：「複下曰舄。」詩車攻篇「赤芾金舄」，毛傳云：「金舄，達屨也。」狼跋篇「赤舄几几」，毛傳云：「赤舄，人君之盛屨也。」小爾雅云：「達屨，謂之金舄舄而金絇也。」[一]左氏桓二年傳云：「帶裳幅舄。」釋名云：「複其下曰舄。舄，腊也。行禮久立地，或泥溼，故複其末下，使乾腊也。」古今注云：「舄，以木置履下，乾腊不畏泥溼也。」

鞮者，廣雅：「鞮，履也。」說文「鞮，革履也」，徐鍇傳云：「鞮，履也。」師古急就篇注云：「鞮，革薄小履也。」[二]周禮鞮屨氏注云「四夷舞者所屝也。胡人履連脛謂之絡鞮」，如今之韡也。禮記曲禮注云：「鞮屨，無絇之菲也。」並與郭注「革履」義近。

不借者，廣雅：「不借，履也。」急就篇云：「裳韋不借爲牧人。」釋名云：「不借，言賤易有，宜各自蓄之，不假借於人也。齊人云『搏腊』，搏腊猶把作，麤貌也。」案：「搏

[一] 按，上引文衍一「舄」字。
[二] 急就篇「革薄」作「薄革」。

腊」疊韻字，轉音爲「不借」，非不借於人之謂也。説文「緋」字注云「不借緋」，周禮弁師注作「薄借」。「薄借」猶「搏腊」也。齊民要術引四民月令云：「十月作白履，不借。」「不借」即「不借」也。或曰「不借」當作「不惜」，言「棄之不惜也」，亦通。

屦者，亦作「屦」。廣雅「屦，履也」，玉篇亦云「屦，履也」，廣韻「屦，履屬，有頸曰屦」，集韻「屦，粗履不借也」，「屦」並與「屦」通。

鞠角者，廣雅：「鞠角，履也。」説文：「鞠角，鞮屬也。」字通作「卬」。急就篇云：「靸鞮卬角褐韤巾。」亦通作「仰」。釋名云：「仰角，屐上施履之名也，行不得蹶，當仰履角，舉足乃行也。」「卬、仰」並與「鞠」通。

郭注言「漆履有齒」者，今俗呼爲「木屐」，著以踐泥。

㕙者，集韻：「㕙，履也。」或與「屦」通。

四二　緉、音兩。**緛**，音爽。**絞也。**謂履中絞也，音校。**關之東西或謂之緉，或謂之緛。絞，通語也。**

維言案：廣雅：「緉、緛，絞也。」説文：「緉，絞也。」釋名云：「己交所以束之曰絞〔一〕。絞，交也，交結之也。」

郭注「謂履中絞」者，今俗呼爲「襻鞋帶」。

四三　**纑謂之縝。**謂之縷也〔二〕。音振。

維言案：廣雅：「縝，縷纑也。」説文：「縷，綫也。」「縷」與「纑」義同。故郭注以爲「縷」也。孟子滕文公篇「彼身織屨妻辟纑」，趙岐注云：「練麻曰纑。」文選張景陽雜詩注引劉熙孟子注云：「練絲曰纑也。」説文：「纑，布縷也。」左氏昭十九年傳注云「因紡纑」，釋文云：「麻縷也。」史記貨殖列傳云「林竹穀纑」，集解云「纑，紵屬，可以爲布」，義亦相近也。

縝者，集韻：「鎮，纑也。」「鎮」與「縝」同。

〔一〕「交」，釋名作「衣」，當據改。

〔二〕「謂之縷也」，戴震疏證本作「謂纑縷也」。

方言釋義卷五

歷下　王維言學

一　鍑，鍑，釜屬也，音富。北燕朝鮮洌水之間或謂之錪，音腆。或謂之鉼〔一〕；江淮陳楚之間謂之錡，或曰三脚釜也，音技。或謂之鏤；吴揚之間謂之鬲。音歷。

維言案：廣雅：「鍑，釜也。」説文云：「鍑，如釜而大口。」一切經音義引三倉云：「鍑，小釜也。」漢書匈奴傳云「多齎鬴鍑薪炭」，注云：「鍑，釜之大者也。」案：博古圖：「周獸耳鍑，容五斗，口徑八寸六分，兩耳連環，似釜而口斂，上載鬲以熟物。漢獸耳鍑，容一斗四升八合，口徑五寸，兩耳環與周鍑同。鍑似二甌俯仰合，甌邊稍著，上有小口。」據此説，鍑當是小口者。説文訓「鍑」爲大口，特未詳考「鍑」之形製故也。錪者，廣雅：「錪，釜也。」玉篇：「錪，小釜也。」説文「朝鮮謂釜曰錪」，是本方言。

〔一〕戴震疏證本「鉼」下有「音餅」二字。

鉼者，廣雅：「鉼，釜也。」集韻「北燕謂釜曰鉼」，亦本方言。

錡者，廣雅：「錡，釜也。」詩采蘋篇「維錡及釜」，毛傳云：「有足曰錡，無足曰釜。」釋文云：「三足釜也。」左氏隱三年傳云「筐筥錡釜之器」，義與詩同。郭注訓「三脚釜」者，與「敧」字義同。說文：「敧，三足鍑也。」「敧」之言「跂」也。詩大東篇「跂彼織女」，毛傳云：「跂，隅貌。」孔疏云「織女三星跂然如隅」，義與「錡、敧」並同。「錡」蓋取三足傾側之義，三脚正奇數也。

鏤者，廣雅：「鏤，釜也。」說文：「鏤，釜也。」

鬲者，廣雅：「鬲，釜也。」爾雅釋器：「鼎款足者謂之鬲。」漢書郊祀志云「鼎空足曰鬲」，蘇林注云：「足中空不實者名曰鬲。」說文：「鬲，鼎屬。實五觳。斗二升曰觳。象鍑交文，三足。」考工記陶人云：「鬲實五觳，厚半寸，脣寸。」爾雅舍人注云：「鼎足相去疏間曰鬲也。」字通作「甂」。說文「甂」爲「鬲」之或體。又通作「翮」。史記楚世家云「呑三翮」，索隱曰「空足曰翮」，與「鬲」義亦近。

二　**釜，自關而西或謂之釜，或謂之鍑。**鍑亦釜之總名。

維言案：說文：「鬴，鍑屬。」重文从父、金，作「釜」，省作「釜」。古史考云：「黃帝始作釜。」詩采蘋傳云：「無足曰釜。」

三　**甑，自關西而東謂之甗**[一]，音言。**或謂之鬵**，音岑，梁州呼鉹。**或謂之酢鎦**[二]。屋霤。

維言案：甑者，一作「䰝」。爾雅釋器：「䰝謂之鬵。」説文：「䰝，鬵屬。」又云：「甑，甗也。」孫炎爾雅注云：「關東謂甑爲鬵，涼州謂甑爲鉹。」或曰「甑」有穿，蒸器；「䰝」無穿，釜屬。當依説文分別。字林云：「甑，炊器也。」考工記陶人云：「甑，實二鬴，厚半寸，脣寸，七穿。」孟子滕文公篇「以釜甑爨」，趙岐訓「爨」爲「炊」。是「甑」爲炊器。案：「甑」與「䰝」相似。「甑」有穿，「䰝」無穿；「甑」，瓦器，「䰝」，鐵器：是其分別。

甗者，説文：「甗，甑也。」韻會：「甗，無底甑也。」周禮考工記陶人云「甗，實二鬴，厚半寸，脣寸」，注云：「甗，無底甑。」左氏成二年傳云「賂以紀甗」，杜預注云：「甗，玉甑。」是甗又以玉爲之者。案：博古圖：「甗之爲器，上若甑，可以炊物，下若鬲，可以飪物。蓋兼二物而有之。或三足而圓，或四足而方。」考工『甗』注鄭氏謂無底甑，王安石則曰从鬳从瓦。鬲獻其氣，甗能受之，然後知甑無底者，所以言其上也，鬲獻氣，所以

[一]「西」字衍，當刪。

[二]「鎦」，戴震疏證本作「餾」。

言其下也。説文止訓爲甑，蓋舉其全體言之耳。商有文已甗二[一]，父乙甗，祖己甗，鬲甗二，饕餮甗。周有垂花雷文甗盤，雲饕餮甗，純素甗二。漢有偃耳甗，皆銅爲之。方言注：『梁謂甗爲鉹。』鉹字从金，既从金，則甗未必皆如考工爲陶器也。」

鬵者，爾雅釋器：「鬵，鉹也。」説文：「鬵，大釜也。一曰鼎大上小下若甑曰鬵。」廣雅：「鬵謂之鬸。」詩匪風篇「溉之釜鬵」，毛傳云：「鬵，釜屬。」楚辭憂苦篇云「爨土鬵于中宇」，王逸注云：「鬵，釜也。」案：釜形如鬸者曰「鬵」，亦曰「甑」，與有七穿之「甑」異。

酢鎦者，集韻「梁州謂釜曰鎦」，是本方言。

四　盂，音于。**宋楚魏之間或謂之盌。**烏管反。**盌謂之盂，或謂之銚鋭。**謠語。**盌謂之櫂，盂謂之柯。**轉相釋者，廣異語也。**海岱東齊北燕之間或謂之盎。**書卷。

維言案：説文「盂，飲器也」，徐鉉本作「飯器」。漢書東方朔傳云「置守宮盂下」，注云「盂，若盋而大」；史記滑稽傳云「酒盂」；韓非子外儲篇云「君猶盂也，民猶水也」。

[一]「文」當作「父」。

盂方水方，盂圜水圜」；文中子禮樂篇云「刻于盤盂」：義並訓「盌、盞」之義。字通作「杅」。儀禮既夕禮云「兩敦，兩杅，盛湯漿」，義與「盂」同。

盌者，説文：「盌，小盂也。」急就篇注云：「盌，似盂而深長。」廣雅：「椀，盂也。」「案，盂也。」鹽鐵論取下篇云：「從容房闈之間，垂拱持案而食。」又漢梁鴻妻舉案齊眉，許后朝太后親奉案上食，「案」並古「盌」字。或訓「案」爲「几案」者，失之。

弮者，廣雅：「弮，盂也。」字通作「棬」。孟子告子篇「猶杯棬也」，禮記玉藻云「母没而杯圈不能飲焉」，「棬、圈」並與「弮」同。

五　盄、音雅。槭、封緘。盞、酒醆。温、薄淹反。閜、呼雅反。㿿、音章。櫪，音摩。桮也。秦晉之郊謂之盄；所謂伯盄者也。自關而東趙魏之間曰槭，或曰盞，最小桮也。或曰温。其大者謂之閜。吴越之間曰㿿，齊右平原以東或謂之櫪。桮，其通語也。

維言案：説文：「桮，䙡也。」字亦作「杯」。大戴禮曾子事父母篇云「執觴觚杯豆而不醉」，注云：「杯，盤、盎、盆、盞之總名也。」禮記玉藻「杯圈不能飲焉」，鄭注謂「巵匜之屬」。孟子告子篇「猶桮棬也」，丁公著音義云：「屈木爲之。」漢書朱博傳云：「案上不過三桮。」案：古盛羹若注酒之器，通名杯也。

盄者，廣雅：「盄，杯也。」郭注謂「伯盄」者，太平御覽引典論云：「劉表諸子好酒，造三爵：大曰伯雅，中曰仲雅，小曰季雅。」「雅」與「盄」同。

椷者，廣雅：「椷，杯也。」說文：「㔶，小桮也。」「㔶、椷」雙聲，義相通用。「椷」蓋「㔶」之假借字也。

盞者，廣雅：「盞，杯也。」「醆，爵也。」「盞，盂也。」禮記明堂位云：「夏后氏以琖。」又云：「爵用玉琖仍雕。」禮運云「醆斝及尸君，非禮也」，鄭注云：「醆斝，先王之爵也。唯魯與王者後得用之。」詩行葦篇傳云：「夏曰醆，殷曰斝，周曰爵。」是「醆、盞、琖」並通。又爾雅釋器「鐘小者謂之棧」，李巡注云：「棧，淺也。」「棧、盞」義同，故郭注以爲「最小杯也」。

溫者，廣雅：「溫，杯也。」通俗文云：「漿杯曰盞。或謂之溫。」

閜者，廣雅：「閜，杯也。」說文：「閜，大開也。大杯亦爲閜。」急就篇云：「橢杅槃案杯閜盌。」李尤杯銘云：「小之爲杯，大之爲閜。」

槶者，廣雅：「槶，杯也。」

䀀者，廣雅：「䀀，杯也。」

六　瓥，瓠勺也，音麗。陳楚宋魏之間或謂之簞，或謂之檅，今江東通呼勺爲檅，音義〔一〕。或謂之瓢。

維言案：瓥，亦作「蠡」。廣雅：「蠡，瓢也。」通俗文云：「瓠瓢曰蠡。」漢書東方朔傳云「以蠡測海」，張晏注云「蠡，瓢也」；楚辭九歎云「瓟瓥蠹於筐簏」，王逸注云「瓥，瓢也」：並與郭注「瓠勺」義近。

簞者，「觶」之假借字也。説文：「觶，禮飲酒角也。」〔二〕案：「瓢」亦角類，亦酒器，故名相冒也。

檅者，亦作「⿰虛瓜」。廣雅：「⿰虛瓜，瓢也。」一切經音義引廣雅作「⿰虘瓜」。然則「檅、⿰虛瓜、⿰虘瓜」並同也。

郭注謂「江東呼勺爲檅」者，一切經音義云「江南曰瓢檅，蜀人言蠡檅」，義並相同。

瓢者，説文：「瓢，蠡也。」三倉云：「瓢，瓠勺也。」周禮鬯人云「禜門用瓢齎」，杜子春注云：「瓢，瓠蠡也。」論語「一瓢飲」，皇侃疏云：「瓢，瓠片也。」古今注云：

〔一〕「義」，戴震疏證本作「羲」。

〔二〕「禮」，説文作「鄉」。

「瓢亦瓠也。瓠其總，瓢其別也。」莊子逍遥遊篇云：「剖之以爲瓢，則瓠落無所容。」是「瓠」剖之則爲「瓢」也。正字通所謂「匏瓠剖開則可爲酒器」，是矣。今人所用之「瓢」，亦是「瓠」剖者。

七　案，陳楚宋魏之間謂之㮣，自關東西謂之案。

維言案：説文「案，几屬」，徐鍇傳云：「案，所凭也。」几，棜禁之類。上有四周，下有足者，亦曰「案」。顏師古急就篇注云：「無足曰槃，有足曰案。」周禮天官云「王大旅上帝，則張氈案。朝日、祀五帝，設重帟重案」，注訓「案」爲「牀」也。考工記玉人云「案十有二」，鄭注云「案，玉飾案也」，補注云「棜禁之屬」；儀禮注云「棜之制，上有四周，下無足」；禮記禮器注云「禁，如今方案。隋長。局足。高三寸。此以案承棗栗。上有四周，漢制小方案局足。此亦宜有足」，並以「案」爲進食之器也。今之「案」，蓋「棹」類。今俗呼「長棹」猶曰「案」也。

㮣者，廣雅：「案謂之㮣。」玉篇：「㮣，案之別名。」

八　桮落，盛桮器籠也。陳楚宋衛之間謂之桮落，又謂之豆筥；自關東西謂之桮落。

維言案：桮落，「落」亦作「笿」。説文「笿，桮笿也」，徐鍇傳云：「笿亦籠也。」字林云「笿，杯籠也」，與郭注「器籠」義同。「笿」之言「絡」也。廣雅「笿，束也」，義亦相近。豆筥者，「筥」亦作「篆」。廣雅：「豆、篆，杯落也。」「篆」與「筥」同，「落」與「落」同。聲類云「筥，箱也」，亦盛桮器籠曰「筥」，義與郭注亦同。

九　**箸筩，**盛朼箸者也。**陳楚宋魏之間謂之筲，**鞭鞘。**或謂之籯；**漢書曰：「遺子黃金滿籯。」音盈也。**自關而西謂之桶檧。**今俗亦通呼小籠爲桶檧，音籠冠。楤[一]，蘇勇反。或作筩。

維言案：箸筩，今謂之「箸籠」。箸者，説文：「箸，飯攲也。」[二]廣雅：「筴謂之箸。」禮記曲禮云「羹之有菜者用梜」，鄭注云：「今人或謂箸爲梜。」[三]史記龜策傳云「象箸而羹」，索隱云：「箸即筯也。」字也作「筯」。開元遺事云，玄宗賜宰相宋璟以所用金筯，曰：「非賜汝金，蓋賜卿筯，表卿直也。」謝承後漢書云：「王莽時，有奇士巨毋霸，卧則枕鼓，以鐵筯食。」晉書何曾傳云：「日食費萬錢，猶云無下筯處。」並借「箸」

[一]「楤」，戴震疏證本作「檧」，當據改。
[二]「攲」，説文作「攲」。「攲、攲」異體字。
[三]十三經注疏本「梜」下有「提」字。

爲「筯」。字又作「櫡」。史記絳侯周勃世家云「又不置櫡」，注云：「櫡，漢書作箸。」是「櫡、箸」同。

筲者，亦作「籍」。說文「宋魏謂箸筩爲籍」，是本方言。「籍」與「筲」同。廣雅「筲，筩也」，義亦相近。

籯者，廣雅：「籯，籠也。」「籯，箸筩也。」說文：「籯，笿也。」[一]漢書韋賢傳云「遺子黄金滿籯」，注云「籯，竹器，受三四斗」，是郭注所本也。蜀都賦云「籯金所過」，注云「籯，幐也」，與「筩」義亦近。

桶檧者，廣雅：「桶檧，箸筩也。」「檧」亦作「篫」。說文：「篫，桮笿也。或曰盛箸籠。」「檧」蓋「篫」之假借字也。「桶檧」亦叠韻連語。

郭注言「呼小籠爲桶檧」者，是凡小籠皆冒「桶檧」之名，不獨「箸籠」然也。

一〇 㼜、音岡。瓭、都感反，亦音沈。甒、音舞。㽀、音由。甀、音鄭。㼚、胙江反。甄、度睡反。瓮、

[一]「笿」，說文作「客」。

瓿甊、瓿，音部。甊，洛口反。甀，午志反[一]。罃於庚反。也。靈桂之郊謂之瓺，今江東通名大瓮爲瓺。其小者謂之瓶。周魏之間謂之甂，今江東亦呼甖爲甂子。秦之舊都謂之甄，淮汝之間謂之㼜[二]，自關而西晉之舊都河汾之間，汾水出太原，經絳北西南入河。其大者謂之甀，其中者謂之瓿甊。自關而東趙魏之間謂之瓮，或謂之甖。東齊海岱之間謂之甀。甖，其通語也。

維言案：瓺者，玉篇：「瓺，甖也。」集韻：「大瓮爲瓺。」字通作「鋹」。今俗呼大瓮爲「瓺」。廣雅：「瓺，瓶也。」「瓶」本作「缾」。説文：「缾，罋也。」缾蓋甖類，非今之瓶也。

瓶者，廣雅：「瓶，瓶也。」釋文云：「瓶，大甖，可受一石。」

甂者，廣雅：「甂，瓶也。」字通作「甒」。儀禮士喪禮「甒二」，鄭注云：「甒，瓦器。」禮記禮器云「君尊瓦甒」，鄭注云：「瓦甒，大五斗。」正義云：「此瓦甒即燕禮公尊瓦大也。」禮圖云：「瓦大，受五斗，口徑尺，頸高二寸，大中，身鋭，下平。」然則「瓦大」即「瓦甒」也。「甒」與「甂」同。

㼜者，亦作「岳」。廣雅「岳，瓶也」，説文「岳，瓦器也」，「岳」並與「㼜」同。

[一]「午」，戴震疏證本作「牛」。
[二] 戴震疏證本「㼜」下有「江湘之間謂之㼜」一句。

甎者，廣雅：「甎，瓶也。」

甇者，廣雅：「甇，瓶也。」玉篇：「甇，甖也。」

甀者，廣雅：「甀，瓶也。」説文：「䍋，小口罌也。」「䍋」與「甀」同，「罌」與「甖」同。淮南氾論訓云「抱甀而汲」〔一〕，高誘注云：「甀，武，今兖謂小武爲甀，幽州曰瓦。」周禮淩人注云：「鑑，如甀大口以盛冰。」然則鑑大口而甀小口也。

瓮者，廣雅：「瓮，瓶也。」説文：「瓮，罌也。」字通作「罋」。説文：「罋，汲瓶也。」又通作「甕」。易井卦「甕敝漏」，鄭注云「甕，停水器也」；漢書西域傳注云「甕，汲水瓶也」；玉篇「甕，甖也」；禮記檀弓云「醯醢百甕」；秦策云「夫擊甕叩缶」；儀禮既夕鄭注云「甕，瓦器，其蓋容一觳」；禮記雜記「甕甒」，釋文云「盛醯醢之器」：義並與「甖」近。今俗猶呼「大鋼」曰「甕」也。

瓿甊者，廣雅：「瓿甊，瓶也。」單言之則曰「瓿」。字亦作「錇」。説文：「錇，小缶也。」案：「錇」即「瓿」之或體。説文：「瓿，甂也。」漢書揚子本傳云「吾恐後人用覆醬瓿也」，師古注云：「瓿，小罌也。」正韻：「瓿，甒也。」「甒」即「甖」也。爾雅釋器

〔一〕「氾論訓」當作「氾論訓」。

「甌瓿謂之瓵」，郭注：「瓿甊，小甖。」然則「甌瓿」即「瓿甊」也。廣雅又云：「瓿，缶也。」是「缶」亦蒙「瓿」之名也。左氏襄十四年傳云「部婁無松柏」，杜預注云：「部婁，小阜。」是小阜謂「部婁」，小甖謂之「瓿甊」，其義同也。

⿱髟瓦者，廣雅：「⿱髟瓦，瓶也。」玉篇：「⿱髟瓦，大甖也。」

甖者，亦作「罌」。廣雅：「罌，瓶也。」說文：「罌，缶也。」漢書韓信傳云「用木罌缶渡軍」，師古注云：「罌缶，謂瓶之大腹小口者也。」墨子備城門篇云：「用瓦木罌，容十升以上者，盛水。」玉篇：「甖，坻也。」廣韻：「甖，瓦器也。」然漢書曰「木罌」，是罌可以木作，不必皆瓦也。又劉伶酒德頌云：「先生於是方捧甖承槽。」漢書趙廣漢傳云「椎破盧罌」，師古注云：「罌，所以盛酒也。」穆天子傳云「黃金之罌」，郭注云：「罌，即盂也。」是甖又可爲酒器。又通作「罃」。說文「罃，備火長頸缾也」，義與「甖」略同。

一一 **罃，陳魏宋楚之間曰㼭，**音臾。**或曰𤭁；**音殊。**燕之東北朝鮮洌水之間謂之瓺；**音暢，亦腸。**齊之東北海岱之間謂之儋；**所謂「家無儋石之餘」也〔一〕。音擔，字或作

〔一〕「餘」，戴震疏證本作「儲」。

「簾」〔二〕。**周洛韓鄭之間謂之甀，或謂之甇。甇謂之𤭛，**鼓鼙。**㼶謂之𤮾。**

維言案：廣雅：「甇，瓶也。」說文：「甇，備火長頸缾也。」急就篇云：「甀缶盆盎甕甇壺。」五經文字云：「甇與甖同。」案：方言「甖、甇」分釋，似非一物。

㼶者，廣雅：「㼶，瓶也。」玉篇亦云：「㼶，瓶也。」正韻：「㼶，甇也。」字通作「匬」。說文：「匬，甌器也。」玉篇又云：「㼶，器受十六斗。」亦借爲「庾」。論語雍也篇「與之庾」，包咸注云：「十六斗爲庾。」又借作「臾」。荀子大略篇云「流丸止于甌臾」，楊倞注引方言作「甇謂之臾」〔三〕。是「匬、庾、臾」並與「㼶」聲近義同。

𤭛者，廣雅「𤭛，瓶也」，廣韻「𤭛，小甖」，韻會「𤭛，甇也」，義並相近。

𤮾者，廣雅：「𤮾，瓶也。」

儋者，亦作「甔」。廣雅：「甔，瓶也。」史記貨殖傳云「漿千儋」，索隱引孟康曰：「儋，甖也。甖受一石。故云儋石。」漢書蒯通傳云「守儋石之祿」，應劭注云：「齊人名小甖爲儋。」史記集解引徐廣曰：「甔，大甖也。」後漢書明帝紀云「生者無儋石之儲」，

〔二〕「簾」，戴震疏證本作「甔」。

〔三〕二十二子本作「謂甇爲臾」。

李賢注引埤蒼云：「儋，大甖也。」漢書揚子本傳云「家無儋石之儲」，注引孟康曰：「儋石，甖石。」甖受一石，故云「儋石」，是郭注所本也，爲改「儲」作「餘」爲異[一]。案：諸家説「儋」或爲「大甖」，或爲「小甖」，古無定訓也。

甀者，義見上文。

⿰車瓦者，廣雅：「⿰車瓦，瓶也。」説文：「甖謂之⿰車瓦。」廣韻：「⿰車瓦，瓦器。」蓋亦「罌」類也。

⿸广罋者，廣雅：「⿸广罋，瓶也。」字亦作「罋」。説文：「罋，汲瓶也。」又通作「甕」。義見上文。

⿱斯瓦者，或作「⿰斯瓦」。廣雅：「⿰斯瓦，瓶也。」或省作「⿰其瓦」。集韻：「⿰其瓦與⿱斯瓦同。」

一二 **缶謂之瓿甌**，即盆也。音偶。**其小者謂之瓶。**

維言案：説文：「缶，瓦器，所以盛酒漿。秦人鼓之以節歌。」爾雅：「盎謂之缶。」詩宛丘篇「坎其擊缶」；史記李斯傳云「擊甕叩缶」；易離卦「不鼓缶而歌」；漢書楊惲傳云「仰天撫缶而歌嗚嗚」，師古注云「缶，瓦器」：並以「缶」爲節歌之用也。易坎

[一] 上「爲」字疑當作「唯」。

卦六四「尊酒簋貳，用缶」；莊子天地篇云「以二缶鍾惑」；禮記禮器云「五獻之尊，門外缶，門內壺」：並以「缶」爲盛酒漿之用也。易比卦「有孚盈缶」，釋文引鄭云「缶，汲器也」；左氏襄九年傳云「具綆缶」，杜預注云「缶，汲器」：此以「缶」爲汲水之器也。小爾雅云「籔二有半謂之缶，缶二謂之鍾」；魯語云「出稷禾，秉芻，缶米」，韋昭注云「缶，庾也」：是「缶」又爲量名。統言之，則訓「瓦器」，即今之瓦盆也。

瓿甊者，廣雅：「瓿甊，缶也。」玉篇：「瓿甊，盎也。」郭注以爲「瓿甊」即「盆」也。「盆」與「盎」相似。

瓶者，亦作「缾」。說文：「缾，罋也。」易井卦「羸其瓶」；儀禮士喪禮云「新盆槃瓶」，鄭注云「以汲水也」；禮記禮器云「盛于盆，尊于瓶」，鄭注云「瓶，炊器也」；詩蓼莪篇「缾之罄矣」，左氏昭二十四年傳注云「缾，小器」：並與「缶」之小者義近。

一三　**甇甈謂之盎。**案爾雅「甈，康壺」，而方言以爲盆，未詳也。甈，郄罽反。盎，烏浪反。**自關而西或謂之盆，或謂之盎。其小者謂之升甌。**惡牢反[一]。亦音憂。

維言案：爾雅釋器：「康瓠謂之甈。」說文：「甈，康瓠破罌。」廣雅：「甈，裂也。」

[一]「牢」，戴震疏證本作「牟」。

故説文以爲「破甖」。法言先知篇「剛則甈，柔則坯」，李軌注云：「甈，燥也。」周禮牧人注云「故書毀爲甈」，杜子春云「甈當爲毀」，皆説文所本也。諸家説「甈」無訓「盆」者，故郭注以爲「未詳也」。案：廣雅又云「甎、甈，甗也」，廣韻「甗，甖屬」，玉篇「甎，甗也」[一]，集韻「甗，大盎以盛瀋者」，是「甇甈」訓「盆」之證。

盎者，説文：「盎，盆也。」爾雅釋器「盎謂之缶」，邢昺疏云「盎，瓦器也。可以節樂，可以盛水，盛酒」；後漢書逢萌傳云「首戴瓦盎」；古樂府東門行云「盎中無斗儲」；譚子化書云「湯盎投井，所以化雹也」：並訓「盎」爲「盆」之義。

盆者，廣雅：「盎謂之盆。」師古急就篇注云：「缶、盆、盎，一類也。缶即盎也，大腹而斂口，盆則斂底而寬上。」説文：「盆，盎也。」周禮考工記陶人云：「盆，實二鬴，厚半寸，脣寸。」牛人云「與其盆簝」，司農注云：「盆，所以盛血。」儀禮士喪禮鄭注云：「盆以盛水。」禮記禮器云「盛于盆」，鄭注云：「盆，炊器也。」漢書食貨志云「官與牢盆」，師古注云：「煮鹽盆也。」史記藺相如傳注云：「盆，盛酒瓦器也，秦人鼓之以節歌也。」是盆與缶同用也。又汲冢周書云「堂後東北爲赤帟焉，浴盆在其中」，義亦相近。字通作「瓫」。集韻：「瓫與盆同，盎也。」

[一] 宋本玉篇「甗」上有「甎」字。

升甌者，説文：「甌，小盆也。」然則「缶、盎、瓮、甌」皆盆類，有大小之別。

一四　甂，音邊。**陳魏宋楚之間謂之題；**今河北人呼小盆爲題字，杜啟反。**自關而西謂之甂，其大者謂之甌。**

維言案：説文：「甂，似小瓿。大口而卑。」楚辭七諫云「甂甌登于明堂兮」，王逸注云「甂〔二〕，瓦器名也」；淮南説林訓云「狗彘不擇甂甌而食」；説苑反質篇云「瓦甂，陋器也」；抱朴子嘉遁篇云「撫甂瓴於洪鐘之側」：並訓「甂」爲「瓦器」，亦盆之類也。題者，廣雅「題，甂也」，太平御覽引通俗文云「小甌曰題」，玉篇「題，小盆也」，廣韻「題，小瓮」，義並相近。甌者，廣雅：「甌，甂也。」「甌」之言「區」也。廣雅：「區，小也。」「甌」與「甂、題」皆小盆，而「甂、題」又小於「甌」，故曰其大者謂之「甌」。

一五　所以注斛，盛米穀寫斛者也。**陳魏宋楚之間謂之篅，**今江東亦呼爲篅，音巫覡。**自關而**

〔二〕楚辭補注「甂」下有「甌」字。

西謂之注。箕，陳魏宋楚之間謂之籮。篅亦籮屬也，形小而高，無耳。

維言案：廣雅：「斛注謂之篅。」廣韻「篅，籮形，小而高」，是本郭注之義。斛注者，説文「斛，十斗也」；小爾雅云「秉十六斛」；論語馬融注云「秉十六斛」；儀禮聘禮云「十斗曰斛」；漢書律曆志云「斛者，角斗平多少之量也」，又云「角於斛」：並訓「斛」爲量名也。説文「注，灌也」，然則「斛注」當是灌斛之器。今俗謂之「斗溜」，上口大，下口小，編竹爲之，疑是此物。

箕者，篇海：「箕，簸箕，揚米去糠之具。」説文：「箕，簸也。」禮記曲禮云「以箕自鄉而扱之」，鄭注云：「箕，去棄物。」學記云：「良弓之子，必學爲箕。」案：箕，即今之簸箕，非斛注者，當與斛注之箕同名異物。一説簸箕亦可注斛，故斛亦蒙「箕」之名也，亦通。

籮者，廣雅：「籮，箕也。」一説江南謂筐，底方，上圓曰籮。今俗所以簿籮，即是此物。

一六　炊䈕謂之縮，漉米䈕也。或謂之篗，音藪。或謂之㔯。音旋，江東呼淅籤。

維言案：説文：「䈕，漉米籔也。」太平御覽引纂文云：「䈕，淅箕也。」一曰籔。魯人謂之淅籮。」然則「淅籮」與郭注「淅籤」義同。今江南謂之飯籮，其盛飯者反曰「溲箕」，是顛倒其名也。

縮者，周禮甸師注云：「束茅立之祭前，沃酒其上，酒滲下去，若神飲之，故謂之縮。」字通作「籔」。玉篇：「籔或作𥳑。」「𥳑」又與「縮」同。

篗者，亦作「篓」。廣雅：「篓，箕也。」字通作「籔」。說文：「籔，炊箕也。」又通作「𥳑、縮」。是「縮、𥳑、篗、篓、籔」古字並通用。

匧者，廣雅：「匧，箕也。」亦作「匽」。説文：「匽，漉米籔也。」亦曰「箕」。淅米訖，則移于此器以浚乾之待炊。所謂澆淅也。儀禮士冠禮云「各一匽」，鄭注云：「匽，竹器名。今冠箱也。」案：米籔形冠箱，故冠箱亦名匽也。集韻：「匽，或作匧。」是「匽」與「匧」同，「匧」義同「浚」。廣雅：「浚，盪也。」周禮注云：「縮，浚也。」「縮、籔、匧」皆一聲之轉。案：今俗所用竹篩子，編竹爲之，可以淅水，疑是此物。

一七　篝，今薰籠也。陳楚宋衛之間謂之牆居〔一〕。

〔一〕「衛」，戴震疏證本作「魏」。

維言案：説文：「篝，答也。可熏衣。」廣雅：「篝，籠也。」史記陳涉世家云「夜篝火」，注云：「篝火，以籠覆火也。」滑稽傳云「甌⿱宀冓滿篝」〔一〕，集解云：「篝，籠也。」牆居者，廣雅：「熏篝謂之牆居。」説文：「宋楚謂篝爲牆居也。」今人呼爲「烘籠」，即此物也。

郭注以爲「薫籠」者，晉東宮舊事云：「太子納妃，有漆畫手巾熏籠二，又大被熏籠三，衣熏籠三。」據此則熏籠之制不一也。劉向别録云：「淮南王有熏籠賦。」蔡邕表云：「詔賜熏籠、唾壺。」然則「熏籠」之名，自漢始也。蓋「熏籠」之物古名「篝」，自漢以後名爲「熏籠」。

一八　**扇，自關而東謂之箑，**今江東亦通名扇爲箑，音翣。**自關而西謂之扇。**

維言案：廣雅：「箑謂之扇。」説文：「箑，扇也。」淮南子精神訓云「知冬日之箑」，高誘注云：「楚人謂箑爲扇。」文選寡婦賦云「覽巾箑以舒悲」，李善注云：「箑，扇也。」字通作「翣」。淮南子説林訓云「被裘而以翣翼」，吕氏春秋有度篇云「夏不衣裘，冬不

〔一〕「⿱宀冓」，史記作「寠」。

用「翣」，高誘注並云：「翣，扇也。」小爾雅云：「大扇謂之翣。」儀禮既夕禮注云：「翣，扇也。」禮記少儀注亦云：「翣，扇也。」「翣」並爲「箑」之假借字也。

一九　**碓機，**碓梢也。**陳魏宋楚自關而東謂之梴。**音延。**磑或謂之䃺。**即磨也。錯碓反。

維言案：説文：「碓，舂也。」舂以手，碓以足；舂掘地爲臼，木爲杵；碓則以石。後世又有水碓、水磑。桓譚新論云：「宓犧制杵臼之利，後世加巧，借身踐碓而利十倍。」通俗文云「水碓曰轓車」，注云：「今俗依水涯壅上流，設水車，轉輪與碓身交激，使自舂，即其遺制。」又杜預作「連機碓」。孔融云：「水碓之巧，勝於聖人之斷木掘地。」案：碓，即今之碓臼也。舂糧曰「碓臼」，激水曰「水碓」，形製相仿而用别，故並名「碓機」者，是其木關捩也。郭注謂之「碓梢」，今俗謂之「碓觜」。

梴者，亦「碓機」之别名。

磑者，説文：「磑，䃺也。」韻會：「磑，磨也。」正字通云：「磑，碎物之器，古公輸班作磑。晉王戎有水磑。今俗謂之磨。或訓磑爲碓下石，不知碓下石即石臼，非磑也。」

䃺者，集韻：「䃺，磑也。」字通作「𤮏」。廣雅：「𤮏，磨也。」通俗文云：「粗磨曰䃺。」「𤮏」與「䃺」義同。

二〇 繘，汲水索也，音橘。自關而東周洛韓魏之間謂之綆，或謂之絡；音洛。關西謂之繘綆。

維言案：說文：「繘，綆也。」廣雅亦云：「繘，綆也。」易井卦「汔至，亦未繘」，荀注云：「繘，綆汲之具也。」「繘井」，王注云「繘未出井也」，言汲水之繘未出井也。儀禮士喪禮云「管人汲，不說繘，屈之」，亦言汲水之繘。玉篇「繘，用以汲水也」，師古急就篇注云「繘，汲索也」，並與郭注義同。今俗謂之「水繩」，即是「繘」也。

綆者，說文：「綆，汲井綆也。」左氏襄九年傳云：「具綆缶。」莊子至樂篇云「綆短不可深汲」〔一〕，亦訓「汲索」之義。字通作「絙」。漢書枚乘傳云「單極之絙斷幹」，義與「綆」同。

絡者，廣雅：「絡，綆也。」文選東京賦云「衍地絡」，注云：「絡，網也。」說文：「繯，絡也。」廣雅：「絲〔二〕、繯，絡也。」案：凡繩相連皆曰「絡」，故訓「網」、訓「繯」之義，並與「綆」義相近。

〔一〕「深汲」，二十二子本作「汲深」。

〔二〕「絲」，廣雅疏證作「緣」，同「纍」。

二一　**櫪，**養馬器也。**梁宋陳楚北燕之間或謂之樎，**音縮。**或謂之皁。**皁隸之名，於此乎出。

維言案：廣韻：「櫪，馬櫪也。」晉桓温諷魏武詩云：「老驥伏櫪，志在千里。」字通作「歷」。漢書梅福傳云「伏歷千駟」，義與「櫪」同。

樎者，廣雅：「樎，櫪也。」玉篇亦云：「樎，櫪也。養馬器。」

皁者，廣雅：「皁，櫪也。」逸周書匡羅解云「皁畜約制」，孔晁注云：「皁，厩之別名。」呂氏春秋權勳篇云「猶取之内皁而著之外皁也」，高誘注云：「皁，櫪也。」周禮校人云「三乘爲皁」，亦訓「皁」爲「櫪」。莊子馬蹄篇「編之以皁棧」，崔注云：「皁，馬閑也。」淮南子覽冥訓云「飛黄伏皁」，高誘注云：「皁，櫪也。」史記鄒陽傳云「與牛驥同皁」，集解引漢書音義云：「皁，食牛馬器，以木作如槽。」「槽」與「皁」聲近義同，今俗呼「牛馬槽」也。

二二　**飲馬橐，自關而西謂之裺囊，**音鷂。**或謂之裺篼，或謂之樓篼；**音樓。**燕齊之間謂之帪。**廣雅作「振」，字音同耳。

維言案：飲馬橐者，「飲」字當是「飤」字之譌。說文：「飤，糧也。」飤，通作「飼」。

素問玉真要大論王砯注云[一]：「飼己曰食，飼他曰飼也。」爾雅釋器注、儀禮公食大夫禮釋文云：「飼，本作飤。」釋鳥郭注云「鳥子須鳥飼」，釋文亦云：「飼，本作飤。」「飤」與「飲」字形相似而誤。「槖」不可以飲馬，故知爲「飤」字之訛。

槖者，説文：「槖，囊也。」詩公劉篇「于槖于囊」，毛傳云：「小曰槖，大曰囊。」案：小而有底曰「槖」，大而無底曰「囊」。左氏僖二十八年傳云「甯子職納槖饘焉」，杜預注云「槖，衣囊」；秦策云「負書擔槖」；漢書趙光國傳云「持槖簪筆」，師古注云「槖，契囊也」：並「槖」訓「囊」之證。

裺篼者，廣雅：「㡉篼，囊也。」「㡉」與「裺」同。説文：「篼，飲馬器也。」案：飲馬器，亦當作「飤馬器」爲正。今俗謂布盛物曰「兜」，義與「篼」近。

𢅤篼者，廣雅：「𢅤篼，囊也。」案：「裺」之言「掩」也，「𢅤」之言「婁」也。説文：「掩，斂也。」詩角弓箋云：「婁，斂也。」是「掩、婁」義同。然則「裺、𢅤」義亦同也。

帪者，廣雅：「帪，囊也。」「帪」之言「振」也。中庸「振河海而不洩」，「振」猶「收」也。與「裺、𢅤」義近。郭注引廣雅作「振」，今廣雅作「帪」，蓋郭所見本異也。

[一]「玉真要大論」當作「至真要大論」。

二一三　**鉤，**懸物者。**宋楚陳魏之間謂之鹿觡，**或呼鹿角。**或謂之鉤格；自關而西謂之鉤，或謂之鑯。**音微。

維言案：說文：「鉤，曲鉤也。」「鉤」訓「釣鉤」者，莊子外物篇云：「任公子爲大鉤巨緇。」胠篋篇云「鉤餌、網罟、罾笱之知」，釋文云「鉤，釣鉤也」是也。訓「帶鉤」者，孟子告子篇「豈謂一鉤金」，趙岐注云：「鉤，帶鉤也。」晉語云「申孫之矢集於桓鉤」，韋昭注云：「鉤，帶鉤也。」莊子胠篋篇云「竊鉤者誅」，亦訓「帶鉤」是也。又訓「鉏鉤」。漢書龔遂傳云「遂爲渤海太守，賊棄弓弩而持鉏鉤」，是也。又訓「幔鉤」。隋書蘇威傳云「威見宮中以銀爲幔鉤」，今人亦呼「簾鉤」是也。又訓爲「兵器」。漢書韓延壽傳云「作刀劍鉤鐔」，師古注云「鉤，兵器也。今之虎頭鉤是其遺制」，是也。又訓爲「馬踢胸」。詩采芑篇「鉤膺鞗革」，毛傳云「鉤膺，樊纓也」；文選東京賦云「鉤膺玉瓖」，薛綜注云「鉤膺，當胸也」；周禮巾車「金路鉤」，注云「鉤，婁頷之鉤」是也。又訓爲「鉤梯」。詩皇矣篇「以爾鉤援」，毛傳云「鉤，梯也」，是也。是凡言「鉤」者，皆有「懸物」之義也。

鹿觡者，廣雅：「鹿觡，鉤也。」案：鹿觡，謂鉤形如鹿觡也。

郭注「或呼鹿角」者，玉篇：「觡，麋鹿角也。有枝曰觡，無枝曰角。」「觡」之言「枝格」也。史記律書云：「角者，言萬物皆有枝格如角也。」「觡」與「鉤」義同。故淮南子主術訓云「桀之力制觡伸鉤」，亦以兩形相近而類舉之。

鉤格者，疊韻連語字也。

鐵者，廣雅：「鐵，鉤也。」廣韻引埤蒼云「鐵，懸物鉤也」，與郭注義同。

二四　臿，燕之東北朝鮮洌水之間謂之𣂁；湯料反，此亦鍫聲轉也。**宋魏之間謂之鏵，或謂之鍏；**音韋。**江淮南楚之間謂之臿；沅湘之間謂之畚；趙魏之間謂之喿；**字亦作鍫也。**東齊謂之梩。**音駭。江東又呼鍫刃爲鐅，普蔑反。

維言案：釋名：「臿，插也，插地起土也。」史記秦始皇紀云「身自持築臿」，正義云：「臿，鍬也。」漢書溝洫志云「舉臿爲雲」，師古注云：「臿，鍫也。」淮南子精神訓云「今夫繇者，揭钁臿，負籠土」，高誘注云：「臿，鏵也。青州謂之鏵，有刃者。三輔謂之鍋。」管子度地篇云：「籠臿版築各什六。」字通作「插」。齊策云：「坐而織蕢，立則杖插。」「插」，又通作「鍤」。漢書王莽傳云「負籠荷鍤」，師古注云：「鍤，鍫也。」「鍤」亦與「臿」同。

𣂁者，爾雅釋器「𣂁謂之疀」，郭注云：「皆古鍬鍤字。」說文「𣂁，利也」，引爾雅曰

「𣃁謂之疀」,「古田器也」。又云:「疀,𣃁也。」廣雅:「𣃁,穿也。」字通作「銚」。説文「銚,一曰田器」;管子海王篇云「耕者必有一耒、一耜、一銚」,房注云「大鋤謂之銚」;詩臣工篇「庤乃錢鎛」,毛傳云「銚,錢也」〔一〕;秦策云「無把銚椎耨之勢」,高誘注云「銚,芸苗器也」:並與「𣃁」同。

郭注以「𣃁」爲「鍫」字轉聲者,文選祭古塚文引爾雅:「鍬謂之鍤。」然則「𣃁」即古「鍫」字,「疀」即古「臿」字也。釋名云:「銷,削也,能有所穿削也。」「銷」與「𣃁」義亦近。

鏵者,廣雅:「鏵,鍫也。」玉篇:「鏵,鍫也。」釋名云:「鏵,刳地爲坎也。」太平御覽引淮南子「钁」作「鏵」。是「钁」與「鏵」通。又通作「釫」。廣韻:「釫,兩刃臿也。」又通作「鋘」。吴越春秋夫差内傳云:「寡人夢兩鋘殖吾宫牆後。」漢書戴就傳云「又燒鋘斧」,李賢注引張揖字詁云:「鋘,臿刃也。」「鋘」與「鏵」亦同。

鍏者,廣雅:「鍏,臿也。」廣韻亦云:「鍏,臿也。」

畚者,廣雅:「畚,臿也。」案:盛土之器亦曰「畚」,與訓「臿」之「畚」同名異物。

〔一〕按,「銚、錢」倒,當乙正。

臬者，廣雅：「臬，臿也。」字通作「橾」。新序刺奢篇云：「魏王將起中天臺，許綰負橾鍤入。」又儀禮少牢下篇注云「二匕皆有淺斗，狀如飯橾」，義與「臬」亦相近。郭注以「臬」爲「古鍫字」者，「臬」七遥反，「鍫」亦七遥反，音本同耳。

梩者，廣雅：「梩，臿也。」説文：「梠，臿也。或作梩。」周官鄉師注引司馬法云：「輂，一斧一斤一鑿一梩一鉏。」孟子滕文公篇「虆梩而掩之」，趙岐注云：「虆梩，籠臿之屬。」周禮薙氏云：「冬日至而耜之。」莊子天下篇云「禹自操橐耜」，崔譔注云：「耜，插也。」「耜」並與「梩」通。

二五　**杷**，無齒爲朳[一]。**宋魏之間謂之渠挐**，今江東名亦然，諸猪反。**或謂之渠疏。**語轉也。

維言案：説文：「杷，收麥器也。一曰平田器。」師古急就篇注云：「捌、杷，皆所以推引聚米穀也。」[二]「捌」與「朳」同，即郭注所謂「無齒爲朳」也。字亦作「耙」。農政全書云：「耙制，有方耙，有八字耙。如犁，亦用牛駕，但横闊多齒，犁後用之。蓋犁以起

[一] 匯證據王念孫手校方言疏證、周祖謨方言校箋於「無齒爲朳」上補「有齒爲杷」四字。
[二] 「米」，急就篇作「禾」。

土，惟深爲功；耙以破塊，惟細爲功。耙之後又用耖用耮。」釋名云：「齊魯謂四齒杷爲欋。」「欋」與「渠挐、渠疏」皆語之轉也。

渠挐者，廣雅：「渠挐謂之杷。」今農人猶呼「杷」也。作「欋」者，俗字耳。

二六　**僉**，今連架[一]，所以打穀者。**宋魏之間謂之攝殳**[二]，音殊。亦杖名也。**或謂之度**；今江東呼打爲度者，量度也。**自關而西謂之棓**，蒲項反。**或謂之柫**；音拂。**齊楚江淮之間謂之柍**，音悵快，亦音爲車鞅。此皆打之別名也。**或謂之桲**。音勃。

維言案：僉者，郭注以爲「連枷，打穀者」。廣雅：「柫謂之枷。」釋名云：「枷，加也，加杖於柄頭，以撾穗而出其穀也。或曰羅，枷羅三杖而用之也。」說文：「枷，柫也。」齊語云「耒耜枷芟」，韋昭注云：「枷，柫也。」字亦作「耞」。廣韻：「連耞，打穀具。」今濟南人亦呼爲「連耞」，或呼爲「連杖」。江淮間呼爲「連皆」。「皆、耞」一聲之轉也。亦呼爲「了了」。釋名云：「枷，或曰了了。杖轉於頭，故以名之也。」然則「連耞、連皆、了了」，並古語之存於今者也。

[一] 「連架」，匯證據戴震疏證、慧琳一切經音義改作「連枷」。按，本條下王維言釋義亦作「連枷」，當據改。

[二] 「攝殳」，匯證據戴震疏證、周祖謨方言校箋改作「欇殳」。

攝殳者，廣雅：「攝芟[一]，杖也。」「攝殳」亦「殳」也。説文：「殳，以杸殊人也。」禮：「殳以積竹，八觚，長丈二尺，建于兵車。」「杸，軍中兵士所執殳也。」殳本兵器，亦訓「杖」，故郭注謂「亦杖名也」。

度者，廣雅：「度，杖也。」周禮司市云「凡市入，則胥執鞭度，以守門」，鄭注云：「必執鞭度，以威正人衆也。度，謂殳也。」案：古人以「殳」爲「度」，以「打」得名。郭注謂「呼打爲度」，義本此。

棓者，廣雅：「棓，杖也。」説文：「棓，梲也。」俗字作「棒」。通俗文云：「大杖曰棓。」淮南子詮言訓云：「羿死于桃棓。」太平御覽引許慎注云：「棓，大杖，以桃木爲之。」今俗呼「杖」爲「棒」，亦「打」之義也。

柫者，説文：「柫，擊禾連枷也。」漢書王莽傳云「必躬載柫」，師古注云：「柫，所以擊治禾者也。」釋名云：「柫，撥也，撥使聚也。」

柍者，廣雅：「柍，杖也。」類篇：「柍，一曰打穀具。」

桲者，廣雅：「桲，杖也。」玉篇：「桲，連枷，所以打穀也。」案：「攝、殳、度、棓、柍、桲」六物，廣雅並訓爲「杖」者，今俗或呼「連枷」爲「連杖」，蓋由「杖」以得名也，故「連

[一]「芟」當作「殳」。

枷」亦可訓爲「杖」。

二七　刈鉤，江淮陳楚之間謂之鉊，音昭。**或謂之鍋**〔一〕**；**音果。**自關而西或謂之鉤，或謂之鎌，或謂之鍥。**音結。

維言案：刈鉤者，即今所謂「鐮」也。釋名云：「鐮，廉也，体廉薄也。其所刈稍稍取之。又似廉者也。」説文：「鎌，鍥也。」字亦作「鐮」。墨子備城門篇云：「長鎌，長柄八尺。」〔二〕六韜軍用篇云：「芟草木大鎌，柄長七尺以上。」鮑昭東武吟云：「腰鎌刈葵藿。」是凡言「鎌」者，皆「刈」之義也。

鉊者，廣雅：「鉊，鎌也。」説文：「鉊，大鐵也。鎌或謂之鉊。」管子輕重篇云：「鉊、鉛、又、橿。」「鉊」之言「釗」也。説文「釗，刓也」，聲義並與「鉊」近。

鍋者，亦作「划」。廣雅：「划，鎌也。」「划」之言「過」也，所割皆過也。

鉤者，亦作「钊」。説文：「钊，鎌也。」廣雅亦云：「钊，鎌也。」師古急就篇注云：

〔一〕「鍋」，戴震疏證本作「鐹」。

〔二〕「長柄」，二十二子本作「柄長」。

「鉤即鎌也，形曲如鉤，因以名云。」淮南子氾論訓云「木鉤而樵」，高誘注云：「鉤，鎌也。」廣韻引説文云「關西呼鎌曰𠛎」，是本方言義也。

鍥者，説文：「鍥，鎌也。」廣雅亦云：「鍥，鎌也。」六書故引蜀本説文云：「刎，鎌也。一曰小鎌，南方用以乂穀。」「乂」與「刈」通。廣韻：「鍥，斷絶也。」左氏定九年傳云「盡借邑人之車，鍥其軸麻」，杜預注云「鍥，斷也」，義並與「刈」相近。

二八　薄，宋魏陳楚江淮之間謂之苗，或謂之麴；此直語楚轉聲耳〔一〕。**自關而西謂之薄；南楚謂之蓬薄。**

維言案：説文：「薄，蠶薄也。」史記周勃世家云：「勃以織曲薄爲生。」索隱云：「薄，蠶薄也。」又荀子禮論篇云：「薄器不成内。」楊倞注云：「薄，竹葦之器。」又禮記曲禮：「帷薄之外不趨。」莊子達生篇云「高門縣薄」，注訓「薄」爲「簾」。左氏僖二十三年傳云「薄而觀之」，晉語云「設微薄而觀之」，並當訓「薄」爲「簾」；注皆曰「薄，迫也」，失之。是凡言「薄」者，或訓「簾薄」，或訓「蠶薄」，義並相近也。

〔一〕匯證據王念孫手校方言疏證、慧琳一切經音義改作「此直楚語轉聲耳」。

苗者，說文：「苗，蠶薄也。」或曰：「曲，蠶薄也。」廣雅：「笛謂之薄。」禮記月令「具曲植籧筐」，吕氏春秋作「栚曲籧筐」，淮南子作「具樸曲筥筐」；注並訓「曲」爲「薄」。詩七月傳云：「豫畜〔一〕，可以爲曲。」是「曲」以韋爲之〔二〕，今人猶呼「葦薄」也。「苗、笛、曲」並同。

麴者，「苗」之直語轉聲，音義並與「苗」同。

蓬薄者，亦一聲之轉，猶今人呼「棚薄」耳。

二九 **橛，燕之東北朝鮮洌水之間謂之椵。** 楬杙也。江東呼都，音假。

維言案：說文：「橜，弋也。」廣雅：「橛，杙也。」爾雅釋宮「樴謂之杙」，郭注云：「杙，橜也。」蓋直一段之木也。釋宮又云：「橜謂闑。」闑亦橜、弋之一端。故說文：「橜，一曰門梱也。」列子黃帝篇云「吾處也，若橜株駒」，張湛注云：「橜，斷木。」莊子達生篇作「厥株拘」，是借「橜」爲「厥」也。詩兔罝正義引李巡曰：「杙謂之橜。」案：凡

〔一〕十三經注疏本「豫畜」下有「萑葦」二字，當據補。

〔二〕「韋」疑當作「葦」。

木之短而直豎者皆爲「橛」，今人猶呼「木橛」也。

椵者，廣雅作「椴」，云：「椴，杙也。」「椴、椵」字形相似，恐誤。案：集韻引方言作「椴」，然則作「椵」者誤也。郭注音「假」，亦當是「段」字之訛。今人言木一段兩段，即是「椴」字。言「段」者，假借字也。

三〇　槌，絲蠶薄柱也[一]；度畏反。宋魏陳楚江淮之間謂之植，音值。自關而西謂之槌，齊謂之祥。音陽。其横，關西謂之栚，音朕。亦名校，音交。宋魏陳楚江淮之間謂之𣙟，音帶。齊郊謂之持[二]。丁謹反[三]。胡以縣𣙟[四]，關西謂之䌞；力冉反。東齊海岱之間謂之繏；相主反。宋魏陳楚江淮之間謂之繯，擐甲。或謂之環。音擐。

維言案：槌者，說文「關東謂之槌，關西謂之持」，與方言不同者，或誤記耳。齊民要術引崔寔四民月令云：「三月，清明節，令蠶妾具槌持箔籠。」說文「縋」字注云「縋，㠯

〔一〕「絲」，匯證據戴震疏證、周祖謨方言校箋改作「縣」。

〔二〕「郊」，戴震疏證本作「部」。

〔三〕「丁謹反」，匯證據吴承仕經籍舊音辨證改作「丁謹反」。

〔四〕「胡」，匯證據戴震疏證、周祖謨方言校箋、原本玉篇殘卷改作「所」。

繩有所縣鎮也」，義與「槌」相近。

植者，廣雅：「植，槌也。」禮記月令「具曲植籧筐」，鄭注亦云：「植，槌也。」柈者，廣雅：「柈，槌也。」廣韻亦云：「柈，槌也。」「柈」之言「惕」也。廣雅：「惕，直也。」「柈、惕」並音「羊」，其義同。

榺者，廣雅：「榺，槌也。」字亦作「栚」。說文：「栚，槌之横者也。關西謂之㯦。」呂氏春秋季春紀云「具栚曲籧筐」，高誘注云：「栚，讀如朕。栚，棏也。三輔謂之栚，關東謂之棏。」「棏」與「㭙」同。

𣚍者，廣雅：「𣚍，槌也。」

㭙者，廣雅：「㭙，槌也。」說文：「㭙，槌也。」字亦作「棏」。玉篇：「㭙，槌横木也。」

𦅆者，廣雅：「𦅆，索也。」玉篇：「𦅆，縣蠶薄横也。」類篇：「𦅆，槌紐也。」

𦆌者，亦作「繏」。廣雅：「繏，索也。」玉篇：「繏，縣槌索。」說文「栚，關西謂之㯦」，義與「𦆌」同。

繯者，說文：「繯，落也。」廣雅亦云：「繯，絡也。」羽獵賦云「虹蜺爲繯」，韋昭注云「繯，旗上繫也」，義亦相近。通俗文云：「所以縣繩，楚曰繯。」案：「繩」當作「𣚍」。字通作「綄」。廣雅「綄，纏也」，義與「繯」亦相近。

環者，義與「繯」同。

三一　簟，宋魏之間謂之笙，今江東通言笙。或謂之籧苗；自關而西謂之簟，或謂之菥[一]。今云菥篾篷也。其麄者謂之籧篨，自關而東或謂之篕䉞[二]。音剡。江東呼籧篨爲廢，音廢。

維言案：說文：「簟，竹席也。」廣雅：「簟，席也。」釋名云：「簟，覃也，布之覃覃然正平也。」詩斯干篇「下莞上簟」，鄭箋云：「竹葦曰簟。」載驅篇「簟笰朱鞹」，毛傳云：「簟，方文席也。」禮記內則云「斂枕簟」，鄭注云：「席之親身者。」喪大記云「君以簟席」，鄭注：「簟，細葦席也。」今人呼涼席爲「簟」，亦有以竹爲之者。

笙者，廣雅：「笙，席也。」左思吳都賦云「桃笙象簟」，劉逵注云：「桃笙，桃枝簟也。吳人謂簟爲笙。」卷二云：「笙，細也。凡細物謂之笙。」「笙」蓋「簟」之細者。

籧苗者，廣雅：「籧苗，席也。」「籧苗」猶「拳曲」，語之轉也。簟可卷，故有「籧苗」之名。上文訓「苗」爲「薄簟」，與「薄」同類，故亦蒙「苗」名。

[一]「菥」，匯證據戴震疏證、周祖謨方言校箋改作「䈁」。注內同。按，下文王維言釋義亦作「䈁」，當據改。

[二]「䉞」，匯證據王念孫廣雅疏證、周祖謨方言校箋改作「棪」。

筕者，廣雅：「筕，席也。」廣韻：「筕，簟也。」郭注以爲「筕篾篷」者，猶今俗言「竹席棚」也。

籧篨者，説文：「籧篨，粗竹席也。」淮南子本經訓云「若簟籧篨」，高誘注云：「籧篨，葦席也。」鹽鐵論散不足篇云：「庶人即草蓐索經，單藺籧篨而已。」

篕棪者，廣雅「篕棪謂之籧篨」，亦粗竹篾席之名也。郭注以爲「䉬」者，廣韻：「籧篨，蘆䉬也。」集韻：「䉬，籧篨也。」字通作「𥳓」，仍讀爲「廢」，義同。

三二　**筕篖，**似籧篨，直文而麤。江東呼笪，音靼。**自關而東周洛楚魏之間謂之倚佯，**音羊。**自關而西謂之筕篖，南楚之外謂之篖。**

維言案：廣雅：「篖，筕篖也。」類篇：「筕篖，竹席直文而粗者。」本草：「筕篖，竹簟之別名。」亦名「筕簹」。郭注以爲「笪」者，集韻「笪，一曰筕篖，似籧篨，直文而粗者。江東呼爲笪，斜文爲䉬」，是本郭注義也。

倚佯者，亦作「倚陽」。廣雅：「倚陽，筕篖也。」又云：「佯，筕篖也。」「佯、陽」聲義並同。

三三　牀，齊魯之間謂之簀，牀板也〔一〕，音迮。陳楚之間或謂之笫。音滓，又音姊。其杠，北燕朝鮮之間謂之樹，自關而西秦晉之間謂之杠，南楚之間謂之趙，趙當作「兆」〔二〕，聲之轉也。中國亦呼杠爲桃牀，皆通也〔三〕。東齊海岱之間謂之樺〔四〕。音先〔五〕。其上板，衛之北郊趙魏之間謂之牒，簡牒。或曰牑。履屬。

維言案：說文：「牀，安身之坐者。」廣雅：「棲謂之牀。」通俗文云：「牀，三尺五曰榻板，獨坐曰枰，八尺曰牀。」釋名云：「人所坐卧曰牀。牀，裝也，所以自裝載也。」易剝卦「剝牀」，王弼注云：「在下而安者，牀也。」〔六〕詩斯干篇「載寢之牀」，孟子萬章篇「舜在牀琴」，左氏莊八年傳云「殺孟陽于牀」，義並相近。

〔一〕「板」，戴震疏證本作「版」。

〔二〕「兆」戴震疏證本作「桃」，按，本條下王維言釋義亦作「桃」，當據改。

〔三〕戴震疏證本「通」下有「語」字。

〔四〕「樺」，匯證據戴震疏證、盧文弨重校方言改作「梓」。

〔五〕「音先」，匯證據戴震疏證、盧文弨重校方言改作「音詵」。

〔六〕十三經注疏本作「牀者，人所以安也」。

簀者，説文：「簀，牀棧。」爾雅釋器：「簀謂之笫。」廣雅：「簀，杠也。」禮記檀弓云「華而睆，大夫之簀與」，鄭注云：「簀謂牀笫。」史記范睢傳云「即卷以簀」，索隱云：「謂葦荻之薄也。」後漢書袁術傳注云：「簀，笫也，謂無茵席也。」案：簀如今北方以稾鞂薦牀，古人質素如此，後加以席，亦謂之「簀牀」，亦謂之「簀杠」，亦謂之「簀」，其義同也。

笫者，説文：「笫，牀簀也。」儀禮士喪禮云「牀笫夷衾」，既夕禮云「設記牀笫」，禮記喪大記云「設牀襢笫」，周禮玉府云「掌王之袵席牀笫」，左氏襄二十六年傳云「牀笫之言不踰閾」[一]，注並訓「笫」爲「簀」。荀子禮論篇云「越席牀笫」，楊倞注云：「笫，牀棧也。」字通作「胏」。易「噬乾胏」，是借「笫」爲「胏」。

杠者，説文：「杠，牀前横木也。」鹽鐵論散不足篇云：「古者杠樠之寢[二]，牀柸之案。」急就篇云：「奴婢私隸枕牀杠。」杠者，横亘之名。石橋謂之「杠」，義與「牀杠」相近。

樹者，廣雅：「樹，杠也。」

[一] 按，上句引文實出左襄二十七年傳。
[二] 新編諸子集成本「者」下有「無」字。

趙者，郭注以爲「趙當作桃」。「桃」通作「兆」。廣雅：「兆，杠也。」廣韻：「兆牀子。」是「趙、桃、兆」並聲近義同。廣雅又云「兆，版也」，義與「牀、兆」亦相近。

牒者，廣雅：「牒，版也。」廣韻「書板曰牒」，義與「牀版」同。

牑者，廣雅：「牑，版也。」説文：「牑，牀版也。讀若邊。」

三四 俎，几也。西南蜀漢之郊曰杫。音賜。

維言案：説文：「几，坐所以凭也。」周禮司几筵：「掌五几五席之名物。」考工記匠人云：「室中度以几，堂上度以筵。」案：几，五尺；筵，九尺。東京賦云「度室以几」，薛綜注云「几，俎也，長七尺」，失之。周禮疏引阮湛云「几，長五尺，高尺二寸，廣二尺」，是也。馬融以爲「長三尺」，亦非。詩行葦篇「肆筵設几」，公劉篇「俾筵俾几」，禮記曲禮「必操几杖以從之」，檀弓云「有司以几筵舍奠于墓」，左氏襄十年傳云「投之以几」，孟子公孫丑篇「隱几而卧」，義並相近。釋名云：「几，庪也，所庪物也。」白虎通云：「几杖所以扶助衰也。」玉篇：「几，案也。」劉歆西京雜記云：「漢制，天子玉几，冬加綈錦其上，謂之綈几。凡公侯皆竹木几，冬則細罽爲槖以憑之。」字通作「机」。左氏昭五年傳云「設机而不倚」，是借「几」爲「机」。

俎者，廣雅：「俎，几也。」説文：「俎，禮俎也。」儀禮士昏禮云「七俎從設」，鄭注云：「俎，所以載也。」鄉射禮云「賓辭以俎」，鄭注云：「俎者，肴之貴者也。」禮記玉藻云「特牲三俎」，鄭注云：「三俎，豕、魚、臘。」「五俎四簋」，注云：「加羊與其腸胃也。」又儀禮公食大夫禮云：「設俎于豆。」又云：「上大夫九俎。」漢書項籍傳云：「乃爲高祖俎。」〔一〕師古注云：「俎，所以薦肉。」詩閟宮「籩豆大房」，毛傳云：「房，半體之俎也。」論語泰伯篇：「俎豆之事，則有司存。」衛靈公篇：「俎豆之事，則嘗聞之矣。」左氏隱五年傳云：「不登于俎。」宣十七年傳云：「宴有折俎。」韓詩外傳云：「伊尹負鼎俎。」史記項羽本紀云：「如今人方爲刀俎，我爲魚肉。」後漢書馬融傳云：「起謀於尊俎之間。」是凡言「俎」者，並與「几」義相近也。

杫者，「杫，几也。」廣韻：「杫，肉机。」後漢鍾離意傳云「無被枕杫」，李賢注云：「杫，謂俎几也。」

三五　榻前几，江沔之間曰桯，今江東呼爲承。桯音刑。**趙魏之間謂之柂**〔二〕**。**音易。**凡其**

〔一〕漢書無「祖」字。
〔二〕「柂」，戴震疏證本作「椸」。

高者謂之虡〔一〕。 即筍虡也。音巨。

維言案：廣雅：「榻，枰也。」通俗文云：「牀，三尺五曰榻。」釋名云：「牀，長而卑曰榻，言其鶴榻然近地也。」〔二〕玉篇：「牀狹而長謂之榻。」後漢書徐穉傳云「蕃在郡不接賓客，惟徐穉來，時設一榻〔三〕，去則懸之」，亦訓「榻」爲「牀」。案：榻前几，即榻登也。釋名云：「榻登，施大牀之前、小榻之上，所以登牀也。」今俗呼爲「脚蹋」者，疑是此物。

桯者，説文：「桯，牀前几也。」廣雅：「桯，几也。」廣韻：「桯，牀前長几也。」儀禮士喪禮注云「輁，牀如長牀〔四〕，穿桯前後，著金而關軸焉」，是也。字通作「桱」。説文：「桱，桯也。」「桱、桯」聲近義同，又互訓也。

柂者，亦作「㸟」。廣雅：「㸟，几也。」又作「椸」。鹽鐵論散不足篇云：「牀椸之案。」「㸟、椸」並與「柂」同。

〔一〕「凡」，戴震疏證本作「几」。

〔二〕釋名「長」下有「狹」字；「榻然」上無「鶴」字。

〔三〕「時」，後漢書作「特」。

〔四〕上「牀」字疑當作「狀」。

相近。虡者，亦作「簴」。廣雅：「簴，几也。」「虡」之言「舉」也，所以舉物也，義與「筍虡」相近。郭注以爲「即筍虡」，殆非也。筍虡爲懸樂之器，虡爲榻前几，判然兩物，焉得誤合。

三六　**籆，榬也。**所以絡絲也。音爰。**兗豫河濟之間謂之榬。**

維言案：說文：「籆，收絲者也。或作䈥。」「籆」，从竹蒦聲。各本譌作「篗」，非。今據廣雅訂正。今江蘇人謂之「籆頭」，有車曳、有手轉者。榬者，廣雅：「榬謂之籆。」玉篇：「榬，絡絲籆也。」「籆」亦「篗」字之譌。

三七　**絡謂之格。**所以轉籆給車也〔一〕。

維言案：絡者，即今人「絡絲車」也。格者，即今絡絲車之軸也。絡絲車有横軸，細而滑，蓋此物。故郭注以爲「轉籆給車也」。案：說文「絡，絮也」，訓「纏束」之義。今本說文作「絮也」，非。廣雅「絡，纏也」，義並相近。

〔一〕「給」，匯證據清人各校本改作「絡」。

三八　繀車，蘇對反。趙魏之間謂之轣轆車，東齊海岱之間謂之道軌。

維言案：説文：「繀，著絲於筟車也。」通俗文云：「織纖謂之繀。」玉篇：「繀車亦名𥨩車，亦名軌車。」

轣轆者，通作「厤鹿」。廣雅：「繀車謂之厤鹿。」又通作「歷録」。詩小戎篇「五楘梁輈」，毛傳云：「楘，歷録也。一輈五束，束有歷録。」又通作「磨鹿」[一]。墨子備高臨篇説「連弩車」之法云：「以磨鹿卷收。」是「厤鹿、歷録、磨鹿」，並與「轣轆」義同。

道軌者，廣雅：「道軌謂之鹿車。」卷九「大車謂之綦」，郭注云：「鹿車也。」戴氏震以綦爲繀車之索。考工記玉人云「天子圭中必」，鄭注云：「必，讀如鹿車縪之縪。謂以組約其中央。」圭中必爲「組」，鹿車縪爲「索」，其約束相類，故讀如之。

三九　户鑰，自關而東陳楚之間謂之鍵，巨蹇反。自關而西謂之鑰。

維言案：鑰，亦作「闟」。説文：「闟，關下牡也。」廣雅：「投謂之闟。」孝經鄭注

[一]「磨」疑當作「磿」，下同。

云：「開人闔闟。」[一]案：闟者，以直木上貫關，下插地者也。古無鎖鑰字，凡鍵具皆用木，不用金。字又作「籥」。鄭注金縢云：「籥，開藏之管也。」禮記月令「慎管籥」，鄭注云：「管籥，搏鍵器也。」正義云：「管籥，以鐵爲之，以樂器之管籥[二]，搢於鎖内，以搏取其鍵也。」越語云「請君管籥」[三]，韋昭注云：「管籥，取鍵器也。」史記魯仲連傳云「魯人投其籥」，正義云：「鑰，匙也。」是「闟、籥」並與「鑰」同，但有金、木之别耳。

鍵者，廣雅：「鍵，户牡也。」周禮司門「掌授管鍵，以啟閉國門」，鄭衆注云：「管謂籥也，鍵謂牡。」禮記月令「修鍵閉」，鄭注云：「鍵，牡；閉，牝也。」太玄玄攡篇云：「叩其鍵。」閉闢篇云：「無鍵。」[四]干「箝鍵挈二」[五]，義同。字通作「楗」。呂氏春秋異用篇云：「以跖與企足得飴[六]，以開閉取楗。」説文：「楗，歫門也。」晉語云：「木楗以過於朝。」又通作「揵」。老子道德經云「善閉無關揵」，莊子庚桑楚篇云「外韄者不可繁

〔一〕「闔」，孝經鄭注疏作「關」，當據改。

〔二〕「以」，禮記作「似」。

〔三〕「君」，國語作「委」。

〔四〕「閉」當作「閑」，「闢」當移「云」下。太玄閑：「關無鍵。」

〔五〕「二」疑原爲重文符號，謄寫時誤作「二」。太玄干：「箝鍵挈挈。」

〔六〕「以」字衍。

而捉，將内揵」，鬼谷子内揵注云「揵者，持之令固也」，義並與「鍵」相近。今俗謂之「木鎖」。其牝，爲管爲閉；其牡，爲楗爲鍵。本字從木作「楗」；從金作「鍵」者，假借字也。

四〇　簙謂之蔽，或謂之箘。音困。**秦晉之間謂之簙；吴楚之間或謂之蔽，或謂之箭裏，**簙箸，名箭[一]。廣雅云。**或謂之簙毒，或謂之夗專，**夗，比辯反[二]。專，音轉。**或謂之匴璇，**或曰竹器，所以整頓簙者。銓、旋兩音。**或謂之棊。所以投簙謂之枰，**評論。**或謂之廣平。所以行棊謂之局，或謂之曲道。**

維言案：説文：「簙，局戲也。六箸十二棊也。古者烏曹作簙。」廣雅：「簙，弈也。」楚辭招魂「有六簙些」，王逸注云：「投六箸，行六棊，故曰六簙。」字通作「博」。論語陽貨篇：「不有博弈者乎？爲之猶賢乎已。」荀子大略篇云「六貳之博」，楊倞注云：「即六博也。」西京雜記：「許博昌善六博，法用六箸，以竹爲之，長六分，或用二

[一] 戴震疏證本「名」上有「一」字。
[二] 「比」，戴震疏證本作「於」。

箸。」列子説符篇釋文引六博經云：「博法，二人相對，坐向局。局分十二道，兩頭當中名爲水。用棊十二枚，法六白六黑。又用魚二枚置於水中。其擲采以瓊爲之，二人互擲采行棊。棊行到處，即豎之，名爲驍棊，即入水食魚，亦名牽魚。每牽一魚，獲二籌；翻一魚，獲三籌。若已牽兩魚而不勝者，名曰被翻雙魚；彼家獲六籌爲大勝也。」案：「博」並與「簙」同，即今雙陸也。今人亦作行之者，然其法與古人不同。

蔽者，楚辭招魂云「昆蔽象棊」，王逸注云：「蔽，博箸，以玉飾之也。」

箘者，説文：「箘，美竹，可爲矢。」[一]郭注山海經云：「箘亦篠類，中箭。」是博者以竹作箭，亦蒙「箘」名也。

箭裏者，廣雅：「簙箸謂之箭。」韓非子外儲説云：「秦昭王以松柏之心爲簙箭。」案：簙者，用六箸；箸，即箭也。

簙毒者，「簙箸」之轉聲也。

夗專者，廣雅：「夗專，簙也。」

匴璇者，廣韻「匴，簙也。又竹器名」，義與郭注相近。

[一] 説文作「箘，箘簬也」。

枰者，史記蔡澤傳云「縣博於枰」，索隱云：「枰，局也。」韋曜博弈論云「所志不過一枰之上」，亦訓「枰」爲「簙局」。

廣平者，廣雅：「廣平，枰也。」

局者，説文：「局，簙所以行棊也。」

曲道者，廣雅：「曲道，梮也。」「梮」與「局」同。

四一　圍棊謂之弈，自關而東齊魯之間皆謂之弈。

維言案：説文：「弈，圍棊也。」廣雅：「圍棊，弈也。」小爾雅：「棊局謂之弈。」左氏襄二十五年傳云「甯子視君不如弈棋」，疏云：「圍棊稱弈者，取其落弈之義也。」孟子告子篇「今夫弈之爲數，小數也」，趙岐注云：「弈，博也。或曰圍棊。」文選博弈論注引邯鄲淳藝經云：「棊局縱横各十七道，合二百八十九道，白黑棊子各一百五十枚。」後漢書張衡傳云「弈秋以棊局取譽」，李賢注云：「弈，圍局也。棊即所執之子。」案：博弈皆用棊，弈爲圍棊，博爲局戲。其法與圍棊異。以其局同用板平承於下，則皆謂之「枰」；以其同行於枰，皆謂之「棊」。史記日者列傳云：「旋式正棊。」劉徽九章算術云：「句股冪，用諸色棊别之。」凡用以布列者之通名。而博之棊，上高而鋭，如箭亦如箸，今雙陸棊俗謂之鎚，尚可考見其狀，故有箭箸之名。今雙陸枰上，亦有水門，其法古今有不同。如弈古用二百八十九道，今則用三百六十一道，亦其例也。班固弈旨云：「夫博縣於投，不專在行，優者有不遇，劣者有僥倖，雖有雌雄，不足以爲平也。至於弈則不然，高下相推，人有等級，若孔氏之門，回、賜相服，循名責實，謀以計策，若唐、虞之朝，考功黜陟，器用有常，施設無祈，因敵爲資，應時屈伸。」此分別「博、弈」甚明。蓋弈但行棊，博以擲采而後行棊，後人不行棊而專擲采，遂稱擲采爲博，博與弈益遠矣。此分別博、弈二物之法，説見焦氏循孟子正義。「弈」通作「亦」。大戴禮小辨篇云：「夫亦固十棊之變，由不可既也。」「亦」即「弈」假借字也。

方言釋義　水部

方言釋義卷六

歷下　王維言學

一　聳、㧐，欲也。皆强欲也。山頂也[一]。荆吴之間曰聳，晉趙曰㧐。自關而西秦晉之間相勸曰聳，或曰㧐。中心不欲而由旁人之勸語亦曰聳。凡相被飾亦曰㧐。

維言案：欲者，「願」之辭。論語述而篇「我欲仁」、季氏篇「夫子欲之，吾二臣者皆不欲也」、八佾篇「吾不欲與觀之矣」、公冶篇「我不欲人之加諸我也，吾亦欲無加諸人」、衛靈篇「己所不欲，勿施於人」、顏淵篇「己所不欲，勿施於人」、里仁篇「富與貴，是人之所欲也」、陽貨篇「予欲無言」、爲政篇「七十而從心所欲」、雍也篇「己欲立而立人，己欲達而達人」；大學「古之欲明明德於天下者」、中庸「己所不欲，亦勿施於人」；孟子梁惠王篇「欲行仁政」、公孫丑篇「人亦孰不欲富貴」、滕文公篇「陽貨欲見孔子」、離婁篇

[一]「山頂也」，匯證據戴震疏證、吴承仕經籍舊音辨證改作「山項反」。

「子欲手援天下乎」、萬章篇「貴人之欲也」、告子篇「欲貴者，人之同心也」、盡心篇「孔子豈不欲中道哉」；左氏桓五年傳云「君子不欲多上人」；文子徵明篇云「心欲小，志欲大」、唐書孫思邈傳云「膽欲大而心欲小，智欲圓而行欲方」：是凡言「欲」者，皆訓「願欲」之義，與説文「欲」訓「貪欲」之義别。

聳者，左氏昭六年傳云「誨之以忠，聳之以行」，杜預注云「聳，懼也」，非。漢書刑法志「聳」作「㦼」，師古注：「㦼，獎也。」案：顔説是也。聳以行，謂舉善行以獎勸之。故楚語云「教之春秋而爲之聳善而抑惡焉，以戒勸其心」，韋昭注云：「聳，獎也。」字通作「慫」。廣雅：「慫慂，勸也。」慫慂者，從旁勸之也。「慫」與「聳」，聲義並同。

𣪊者，亦作「獎」。小爾雅：「獎，勸也。」左氏昭二十二年傳云「以獎善人」，疏云：「獎，勸也。」漢書哀帝紀云「獎厲太子」，師古注云：「獎，使也。」「使」亦「勸」也。是訓「勸」者，並與「欲」義相近。字又通作「將」。廣雅「將，欲也」，又云「獎，譽也」，與方言「凡相被飾」義近。

二　聳、聹，聾也。半聾，梁益之間謂之聹。言胎聹煩憒也。音宰。**秦晉之間聽而不聰、聞而不達謂之聹。生而聾，陳楚江淮之間謂之聳。**言無所聞常聳耳也。**荆揚之間及山之東西**

雙聾者謂之聳。聾之甚者，秦晉之間謂之𦗩。五刮反。言無所聞知也。外傳：「聾聵。」〔一〕音蒯聵。吳楚之外郊凡有耳者亦謂之𦗩〔二〕；若秦晉中土謂墮耳者明也。五刮反。

維言案：説文：「聾，無聞也。」釋名云：「聾，籠也，如在蒙籠之内不可察也。」廣雅：「聾、聵，疾也。」左氏僖二十六年傳云：「耳不聽五音之和曰聾。」禮記王制疏云：「聾，謂耳不聞聲。」莊子逍遥游篇云「聾者無以與乎鐘鼓之聲」，亦訓「聾」爲「無聞」者。又左氏宣十四年傳云「鄭昭宋聾」，杜預注云「聾，闇也」；淮南子説林訓云「雖聳虫而不自陷」，高誘注云「聾，無知也」：義並與「無聞」近。

聳者，説文：「生而聾曰聳。」字亦作「聳」。廣雅：「聳，聾也。」馬融廣成子頌云「子野聽聳，離子目眩」，漢濮陽令楊君碑云「有司聳昧，莫能察識」〔三〕，並訓「聳」爲「聾」。

䏢者，説文「梁益之州謂聾爲䏢，秦晉聽而不聞、聞而不達謂之䏢」，是用方言。徐鍇繫傳云「䏢，不全聾也」，玉篇「䏢，半聾也」，亦俱本方言。郭注謂「胎䏢煩憒也」，言聾者耳不聞而煩懣昏憒也。

〔一〕「聾聵」，戴震疏證本作「聾聵司火」。

〔二〕戴震疏證本此下有「其言䏢者」四字，當據補，本條下王維言釋義亦釋「䏢」字。

〔三〕「濮陽」當爲「繁陽」，「察識」當爲「識察」。

聵者，廣雅：「聵，聾也。」字通作「聵」。廣雅：「聵，聾也。」説文：「聵，生聾也。」逸周書芮良夫解云「爾乃聵禍翫烖」，孔晁注云：「聵，陽不聞也。」一切經音義引賈逵注云：「生聾曰聵。」法言問明篇云：「吾不見震風之能動聾聵也。」晉語云「聾聵不可使聽」，是郭注所引。是「聵」並與「聵」義同。

聅者，説文「聅，耳不相聽也」，聲義並與「聵」同。

明者，説文「明，墮也」，與「墮耳」義相近。説文「聵」字注云：「言若斷耳爲盟。」「盟」者，「明」之訛也。

三　**陂、**偏頗。**傜，**逍遥。**袤也。陳楚荆揚曰陂。自山而西凡物細大不純者謂之傜。**言摇也[一]。

維言案：廣韻：「袤，不正也。」玉篇：「袤，姦思也。」周禮天官宮正云「去其淫思與其奇袤之民」，鄭注云：「奇袤，譎觚非常。」比長云「有辠奇袤之相反」，鄭注云：「袤猶惡也。」内宰云「禁其奇袤」，義亦相近。字通作「邪」。賈子道術篇云：「方直不曲謂

〔一〕「言摇也」，戴震疏證本作「言俄傜也」。

之正，反正爲邪。」春秋繁露竹林篇云：「前正而後有枉者，謂之邪道。」禮記樂記云：「雖有奇邪而不治者。」「奇邪」與「奇衺」同。逸周書王佩解云「亡正處邪」，孔晁注云「邪，姦術也」；素問「邪氣之客於身也」，王砯注云「邪，不正之目」；登徒子好色賦云「愚亂之邪臣」，注云「邪，僻也」：義並與「衺」近。又通作「斜」。斜者，亦訓「不正」之義。

陂者，廣雅：「陂，衺也。」易泰卦「无平不陂」，虞翻注云「陂，傾也」，釋文云「陂，偏也」；禮記樂記云「商亂則陂」，鄭注云「陂，傾也」；書洪範云「無偏無陂」，孔傳云「陂，不正也」；周禮典同云「陂聲散」；荀子成相篇云「讒人罔極，險陂傾側」：義並相近。字通作「頗」。說文：「頗，頭偏也。」廣雅：「頗，衺也。」左氏昭二年傳云「君刑已頗」，杜預注云「頗，不平」；十二年傳云「書辭無頗」，義同。荀子臣道篇云「正義之臣設，則朝廷不頗」，楊倞注云「頗，邪也」；楚辭離騷云「循繩墨而不頗」，王逸注云「頗，傾也」；張衡思玄賦云「行頗僻而獲志兮」，舊注云「頗僻，邪佞」：義並與「衺」相近。又通作「詖」。孟子滕文公篇「距詖行」，趙岐注云「詖，邪也」；詩卷耳序云「無險詖私謁之心」，崔靈恩注云「險詖，不正也」；楚辭靈懷云「不從俗而詖行兮」，王逸注云「詖猶傾也」；漢書敘傳注云「詖，佞也」：義亦並與「衺」近。是「陂、頗、詖」並聲近義同。

傜者，亦作「僫」。說文「自關以西物大小不同謂之僫」，是本方言義也。

四　由迪，正也。東齊青徐之間相正謂之由迪。

維言案：正，義見卷三。又東京賦云「農詳農正」[一]，薛綜注云：「正，中也。」鬼谷子磨篇云：「正者，直也。」左氏襄七年傳云：「正直爲正。」禮記玉藻云「士前後正」，鄭注云：「正，直方之間語也。」周禮典同「正聲緩」，鄭注：「謂上下直正。」楚辭離騷云「名余曰正貝兮」[二]，王逸注云：「正，平也。」周禮膳夫注云：「正，定也。」儀禮士喪禮注云：「正，善也。」書洪範「一曰正直」，詩小明篇「正直是與」，周禮小宰注云「正行無傾邪也」，周語「正德之道也」，義亦相近。案：此節「正」字，與卷三「格，正也」之「正」微不同。格正之「正」，正之也；此節「正」字，中正也。是其分別。

由者，亦作「繇」。爾雅釋詁：「繇，道也。」「道」與「正」義近。

迪者，説文：「迪，道也。」爾雅釋詁：「迪，道也。」書大禹謨「惠迪吉」，言順道則吉也。禮記緇衣云「播刑之不迪」，鄭注云：「迪，道也。」書君奭「迪茲彝教」，疏云：「迪，道也。」益稷「各迪有功、迪朕德」，史記皆作「道」。漢書翟義傳云「迪知上帝命」，

〔一〕「詳」，文選作「祥」。
〔二〕「貝」，楚辭補注作「則」。

師古注云：「迪亦道也。」是凡訓「道」者，義並與「正」近。

五　㥏、音腆。**恧，**人力反，又女六反。**慙也。荊揚青徐之間曰㥏，若梁益秦晉之間言心内慙矣；山之東西自愧曰恧，**小爾雅曰：「心愧爲恧。」**趙魏之間謂之䀩。**音密，亦祕。

維言案：説文：「慙，媿也。」小爾雅云：「不直失節謂之慙。」仲虺之誥「惟有慙德」，「慙」亦「愧」也。今俗猶曰「慙愧」。是「慙、愧」二字義同。

㥏者，廣雅：「㥏，慙也。」説文「青齊謂慙曰㥏」，是本方言。左思魏都賦云：「㥏墨而謝。」案：「㥏、墨」皆「慙」也。「墨」與「挴」聲近。廣雅：「挴，慙也。」今俗謂含羞曰「愐㥏」，亦「慙」之義也。

恧者，説文：「恧，慙也。」廣雅亦云：「恧，慙也。」小爾雅云：「心慙曰恧。」漢書司馬相如傳云「不亦恧乎」，師古注云：「恧，愧也。」字通作「聏」。太玄經云「睟聏於中」，注云：「聏，慙也。」莊子天下篇云「以聏合歡」，司馬彪云：「聏，色厚貌。」又通作「㥽」。廣雅：「㥽，慙也。」王褒洞簫賦云「憤伊鬱而酷㥽」，注引蒼頡篇云「㥽，憂貌」，義亦與「慙」相近。

䀩者，廣雅：「䀩，慙也。」

六　謇[一]、音蹇。展，難也。齊魯曰謇[二]。山之東西凡難貌曰展。荊吴之人相難謂之展，若秦晉之言相憚矣。齊魯曰燀。難而雅也。昌羡反。

維言案：玉篇：「難，不易也。」詩桑扈篇「不戢不難」，毛傳云：「不難，難也。」疏云：「難者，戒懼之辭。」釋名云：「難，憚也，人所忌憚也。」莊子說劍篇云「瞋目而語難」，釋文云：「難，艱難也。」中山策云「陰簡難之」，高誘注云：「難，惡也。」易屯卦「剛柔始交而難生」，釋文云：「難，畏憚也。」書皋陶謨「惟帝其難之」、咸有一德篇「其難其慎」，並訓「艱難」之義。

謇者，亦作「蹇」。廣雅：「蹇，難也。」易序卦：「蹇者，難也。」重文亦訓「難」。廣雅：「蹇蹇，難也。」易「王臣蹇蹇」、漢書龔遂傳云「蹇蹇亡已」，義並相近，「蹇」並與「謇」同。

展者，廣雅：「展，難也。」

燀者，聲義近「憚」。說文：「憚，忌難也。」詩緜蠻篇「豈敢憚行」、雲漢篇「我心憚

[一]「謇」，匯證據王念孫廣雅疏證、周祖謨方言校箋改作「𡨄」。
[二]「魯」，戴震疏證本作「晉」。

暑」，鄭箋云：「憚，畏也。」韓詩「苦也」，義與「難」近。易屯卦釋文引賈逵周易注云「難，畏憚也」，廣雅「憚，難也」，並「憚」訓「難」之證。

七　胥、由，輔也。胥，相也；由，正。皆謂輔持也。**吳越曰胥，燕之北鄙曰由。**

維言案：爾雅釋詁：「輔，俌也。」廣雅：「輔，助也。」易泰卦「輔相天地之宜」，書湯誓「爾尚輔予一人」，尚書大傳云「左曰輔，右曰弼」，大戴禮千乘篇「輔，卿也」，周禮太宰云「置其輔」，禮記學記云「離師輔而不反也」，孟子公孫丑篇「王驩爲輔行」[一]，義並與「輔助」相近。

胥者，爾雅釋詁：「胥，相也。」廣雅「胥，助也」，書太甲「民非后，罔克胥匡以生」，漢書楚元王傳注云「胥，相也」，並與郭注義同。

由者，上文云：「由，正也。」「匡正」亦「輔弼」之義。

八　蛩烘，戰慄也。鞏、恭兩音。**荆吳曰蛩烘。蛩烘又恐也。**

[一]「驩」，十三經注疏本作「驩」。

維言案：戰慄者，爾雅釋詁：「戰慄，懼也。」釋訓：「戰戰，動也。」廣雅：「戰戰，懼也。」法言吾子篇云「見豺而戰」，李軌注云：「戰，悸也。」詩小旻篇「戰戰兢兢」，毛傳云：「戰戰，恐也。」漢書高五王傳云「股戰而栗」，師古注云：「懼之甚也。」爾雅釋言：「慄，慼也。」廣雅：「慄，戰也。」又云：「慄慄，懼也。」詩黄鳥篇「惴惴其慄」，莊子人間世篇云「吾甚慄之」，義並訓「懼」。字通作「栗」。漢書楊惲傳云「不寒而栗」，詩七月篇「二之日栗烈」，論語八佾篇「使民戰栗」，孟子離婁篇「夔夔齊栗」[一]，義並與「慄」同。

蛩供者，廣雅：「蛩供，懼也。」説文：「供，戰慄也。」荀子君道篇云：「君子恭而不難，敬而不鞏。」「鞏」與「蛩」同。案：「蛩、供」並訓「懼」，「懼」亦「恐」也，故方言又訓「蛩供」爲「恐」。

九　錪、吐本反。**錘**，直睡反。**重也。東齊之間曰錪，宋魯曰錘。**

維言案：説文：「重，厚也。」易繫辭「引重致遠」，虞翻注云：「坤爲重。」禮記儒

[一]「齊」當作「齋」。

行云「引重鼎不程其力」，鄭注云：「重鼎，大鼎也。」孟子梁惠王篇「權然後知輕重」，禮記王制云「輕任并，重任分」，並皆訓「輕重」之「重」，與「鄭重」之義别。

錪者，廣雅「錪，重也」，義與「腆」同。小爾雅：「腆，厚也。」左氏僖三十三年傳云「不腆敝邑」，文二年傳云「不腆敝器」，襄十四年傳云「有不腆之田」，昭七年傳云「鄭雖無腆」，公羊昭二十五年傳云「有不腆先君之服」，注皆訓「腆」爲「厚」。「厚」與「重」義相近。

錘者，廣雅：「錘，重也。」説文：「錘，八銖也。」淮南説山訓云「冠緇錘之冠」，高誘注：「八銖曰錘。」詮言訓云「雖割國之錙錘以事人」，高誘注：「六兩爲錙，倍錙爲錘。」通俗文云：「銖六則錘，錘，暉也。」是凡言「錘」者，並有「重」義也。又與「權」義同。廣雅：「錘之謂權。」漢書律曆志云「五權之制」，師古注云：「錘者，稱之權也。」後漢書律曆志云：「權，重也。」今俗呼「權」曰「錘」，亦取義於「重」也。

一〇　**鋡、**音含。**龕，受也。**今云龕囊，依此名也。**齊楚曰鋡，揚越曰龕。受，盛也，猶秦晉言容盛也。**

維言案：廣雅：「受，盛也。」説文：「受，相付也。」周禮司干云「則受之」，鄭注云

「受，取藏之」；儀禮喪服云「受以小功衰」，鄭注「受猶承也」；楚語云「顓頊受之」，韋昭注云「受，承也」；呂氏春秋誣徒篇云「事至則不能受」，高誘注云「受猶成也」：義並與「盛」近。

盛者，廣韻：「盛，受也。」説文：「盛黍稷在器中以祀者也。」左氏哀十三年傳云「旨酒一盛兮」，杜預注云「一盛，一器也」；詩采蘋篇「于以盛之」：義並與「盛受」相近。古今注云：「城者，盛也，所以盛受民物也。」是「盛、受」二字義同。

鋡者，廣雅：「鋡，盛也。」字通作「含」。廣韻：「含，容也。」易文言「含萬物而化光」，書盤庚「惟爾含德」，並訓「含容」之義。「含容」與「盛受」義近也。

龕者，廣雅：「龕，盛也。」玉篇：「龕，受也。又盛也。」龕，又訓「塔下室」。唐褚遂良書云：「久棄塵世，與彌勒同龕。」「龕」有訓「室」之義，亦與「盛受」義近。「龕」聲義同「堪」。廣雅「堪，盛也」，文選甘泉賦注引許慎注云「堪，天道也。輿，地道也」，並有「容盛」之義。

一一　**矔、**慣習。**瞷，**侹侗。**轉目也。梁益之間瞋目曰矔，轉目顧視亦曰矔。吴楚曰瞷。**

維言案：矔者，説文：「目多精也。」玉篇：「矔，轉目貌。」劉歆遂初賦云「空下旹而矔世兮」，注云：「矔，目貌。」廣韻：「矔，張目也。」「張目」即「瞋目」之義。

眮者，説文「吴楚謂瞋目顧視曰眮」，義本方言。

一二 **逴**、勑略反[一]。**騷**、先牢反。**⿰亻逴，蹇也。**跛者行跣踔也。**吴楚偏蹇曰騷，齊楚晉曰逴。**行略逴也。

維言案：説文：「蹇，跛也。」釋名：「蹇，跛蹇也。病不能執役事也。」素問骨空論云「蹇膝伸不屈」，易蹇卦「往蹇來連」，楚辭謬諫云「駕蹇驢而無策兮」，並訓「蹇」爲「跛」。

逴者，廣雅：「逴，蹇也。」字通作「踔」。莊子秋水篇云：「夔謂蚿曰：『吾以一足跉踔而行。』」文選文賦云「故踸踔於短垣」，李善注引廣雅曰：「踸踔，無常也。」海賦云「跣踔湛濼」，李善注云：「波前却之貌。」後漢書馬融傳注云「踔，跳也」，羽獵賦注「踔，踰也」，並與郭注義近。

騷者，廣雅：「騷，蹇也。」「騷」之言「蕭」也。廣雅：「蕭，衺也。」偏蹇者其斜，故

[一]「勑」，戴震疏證本作「勅」。二字同。

謂之「騷」。

𨓈者，廣雅：「𨓈，蹇也。」「𨓈」與「逴」聲義並同。

一三　**㾭、**音斯。**嗌**[一]，惡介反。**噎也。**皆謂咽痛也。音翳。**楚曰㾭；秦晉或曰嗌，又曰噎。**

維言案：說文：「噎，飯窒也。」廣韻：「噎，食塞。」通俗文云：「塞喉曰噎。」詩黍離篇「中心如噎」，毛傳云：「噎，不能息也。」疏云：「噎者，咽喉閉塞之名。」字通作「饐」。漢書賈山傳云「祝饐在後」，師古注云：「饐，食不下也。」字又通作「啞」。中山經云：「堵山有木，名曰天楄。服者不啞。」義並與郭注訓「咽痛」相近。

㾭者，亦作「嘶」。嘶者，聲散也。漢書王莽傳云「大聲而嘶」，師古注云：「嘶，聲破也。」字亦作「斯」。大戴禮文王官人篇云：「其聲斯。」「嘶、斯」並「㾭」之假借字。

嗌者，說文：「嗌，咽也。」穀梁昭十九年傳云「嗌不容粒」，范注云「嗌，喉也」；素問至真要大論云「嗌塞而咳」，王砅注云「嗌，謂喉之下」；北山經云「單張之山有鳥焉，名曰白鵺，食之已嗌痛」；莊子大宗師篇云「其嗌言若哇」：義並與「噎」相近。

[一]「嗌」，匯證據周祖謨方言校箋、慧琳一切經音義、本條郭注改作「嗌」。

一四　怠、陁，壞也。謂壞落也。音虫豸，未詳〔一〕。

維言案：説文：「壞，敗也。」爾雅釋詁：「壞，毁也。」史記秦始皇紀云「墮壞城郭」，正義云：「壞，坼也。自頽曰壞。」字通作「㲉」。説文：「㲉，毁也。」「㲉」蓋籀文「壞」字。今人謂「毁」猶曰「壞」也。案：毛氏韻增云：「凡物不自敗而毁之，如魯恭王壞孔子宅是也；物自敗亦曰壞，如魯城門壞之類是也。」方言蓋兼二義而言。

怠者，亦作「殆」。廣雅：「殆，壞也。」説文：「殆，危也。」「危」與「壞」義近。「怠」蓋「殆」之假借字。

陁者，廣雅：「陁，壞也。」亦作「阤」。説文：「阤，小崩也。」漢書劉向傳云「山陵崩阤」，師古注云「阤，下頽也」；周語云「聚不阤崩」，韋昭注云「大曰崩，小曰阤」；西京賦云「吴嶽爲之阤堵」，薛綜注云「阤，落也」；吴都賦云「崩巒阤岑」：義亦訓「頽壞」。字亦作「陀」。淮南子繆稱訓云：「岸崝者必陀。」「阤、陀」並與「陁」同。後漢書蔡邕傳注引賈逵注云：「小崩曰陁。」太玄經云鋭「陵崚崢崖峭，陁」〔二〕，義亦相近。

〔一〕戴震疏證無「未詳」二字；改「虫」字作「蟲」，並將「音蟲豸」移置「陁」字下。

〔二〕太玄經原無「崚」字；「崖」作「岸」。

字又通作「弛」。魯語云「文公欲弛孟子之宅」，韋昭注云：「弛，毁也。」「毁」亦「壞」也。「弛」與「阤」亦聲近義同。

一五　**埕**、音涅。**墊**，丁念反。**下也。凡柱而下曰埕，屋而下曰墊。**

維言案：爾雅釋詁：「下，落也。」説文：「下，底也。」案：「下」本有二義，在下之下與自上而下皆謂之「下」，蓋訓「窪下」之義。

埕者，廣雅：「埕，下也。」集韻亦云：「埕，下也。」

墊者，説文：「墊，下也。」莊子外物篇云「則厠足而墊之」，司馬彪注云：「墊，下也。」書益稷「下民昏墊」，孔傳云「墊，溺也」，鄭注云：「墊，陷也。」「溺、陷」皆「下」也。「墊」訓爲「下」，故居下地而病困者謂之「墊」。左氏成六年傳云「民愁則墊隘」，是也。字通作「執」。説下[一]：「執，屋傾下也。」廣雅：「執，下也。」「執」與「墊」義略同。方言「屋而下曰墊」，當作「執」字，於義爲正。

[一]「説下」當作「説文」。

一六　伆、邈，離也。謂乖離也。音刿。楚謂之越，或謂之遠；吴越曰伆。

維言案：廣雅：「離，遠也。」「離，分也。」「離，去也。」「離，散也。」論語季氏篇「邦分崩離析」，孔注云「不可會聚」；秦策云「是我離秦而攻楚也」，高誘注云「離，絶也」；吴語云「民人離落」，韋昭注云「離，畔也」；周語云「聽淫日離」，韋昭注云「離，失也」；吕氏春秋誣徒篇云「合則弗能離」，高誘注云「離，别也」；論威篇云「形性相離」，高誘注云「離，違也」：並與郭注「乖離」義近。

伆者，亦作「忉」。廣雅：「忉，遠也。」「遠」亦「離」也。又通作「忽」。楚辭九歌「平原忽兮路超遠」，荀子賦篇云「忽兮其極之遠也」，義並與「離」相近。

邈者，廣雅：「邈，遠也。」楚辭九章「邈而不可慕」，離騷云「神高馳之邈邈」，王逸注云：「邈邈，遠貌。」玉篇：「邈，渺也。」「渺」亦「遠」也，並與「離」義相近。

越者，廣雅：「越，遠也。」小爾雅亦云：「越，遠也。」左氏襄十四年傳云「越在他竟」，杜預注云「越，遠也」；楚辭逢紛注云「越，去也」；左氏昭四年傳云「風不越而殺」，杜預注云「越，散也」；齊語云「恐隕越于下」，韋昭注云「越，失也」：義並與「離」相近。「越」之言「濶」也。爾雅釋詁：「濶，遠也。」説文：「濶，疏也。」後漢書臧洪傳云：「隔濶相思。」孫奕示兒編云：「濶，離濶。」與「越」聲近義同。

遠者，説文：「遠，遼也。」爾雅釋詁：「遠，遐也。」廣雅：「遠，疏也。」論語顔淵篇「不仁者遠矣」，皇侃疏云：「遠，去也。」漢書劉向傳云「黜遠外戚」，師古注云：「遠，疏而離之也。」義並相近。

一七　顛、頂，上也。

維言案：説文：「上，高也。」易文言「本乎天者親上」，詩大明篇「赫赫在上」、敬之篇「無曰高高在上」：並訓「在上」之「上」，與「自下而上」義別。

顛者，説文：「顛，頂也。」爾雅釋言：「顛，頂也。」廣雅：「顛，上也。」小爾雅：「顛，額也。」詩采苓篇「首陽之顛」，俗字作「巔」。周髀算經云「以繩繫表顛」，注云：「顛，首也。」齊語云：「班序顛毛。」後漢書蔡邕傳云：「誨于華顛胡老。」義並與「上」相近。又説文「天」字注「天，顛也」，亦「在上」之義。

頂者，説文：「頂，顛也。」廣雅：「頂，上也。」易大過「過涉滅頂」，虞翻注云：「頂，首也。」字通作「頲」。爾雅釋言：「額〔一〕，題也。」説文：「題，額也。」小爾雅：

〔一〕「額」，爾雅作「頲」，當據改。

「題，頭也。」亦作「定」。詩麟趾篇「麟之定」，毛傳云：「定，題也。」「定、頲」並「頂」之假借字，義皆與「上」相近也。

一八　誣，䛳与也。乙劒反。**吳越曰誣，荆齊曰䛳与，猶秦晉言阿与也。**相阿与者，所以致誣䛳也。

維言案：説文：「与，賜予也。」經傳皆以「與」爲之。荀子富國篇云「其於財貨取與計數也」，楊倞注云：「與，謂賜與也。」字通作「予」。説文：「予，推予也。」爾雅釋詁：「予，賜也。賚予也。」詩干旄篇「何以予之」、采菽篇「何錫予之」並訓「賜與」之義，與「黨與」之義別。

誣者，廣雅：「誣，予也。」説文：「誣，加也。」一切經音義引説文「誣，加言也」，謂憑虛構架以謗人。漢書孫寶傳云：「誣，謗也。」禮記樂記云「誣上行私」，鄭注云：「誣，罔也。」曾子問云「故誣于祭也」，鄭注云：「誣，妄也。」左氏昭二十六年傳云「祇耻誣焉」，杜預注云：「誣，欺也。」案：「欺誣」之義，與方言「阿与」之義相近。郭注以爲「所以致誣䛳」，亦是此義。

䛳者，廣雅：「䛳，予也。」字亦作「㛪」。説文「㛪，誣挐也」，與「阿与」義亦近。

阿与者，廣雅：「阿，比也。」「阿，衺也。」左氏昭二十年傳云「阿下執事」，杜預注云：「阿，比也。」楚辭逢紛注云：「阿，曲也。」離騷云「皇天無私阿兮」，王逸注云：「所私爲阿。」案：「阿与」猶「阿私」，「譃与」猶「阿与」也。此節「誣」字當一讀，「譃与」連，自廣雅誤其句讀，郭注遂沿其誤而以「誣譃」連讀也，皆失之矣。

一九　掩、索，取也。自關而東曰掩，自關而西曰索，或曰狚。

維言案：取者，義見卷三。

掩者，廣雅：「掩，取也。」亦作「揜」。說文「自關以東謂取曰揜」，是本方言之義。禮記王制云：「諸侯不掩羣。」穀梁昭八年傳云：「揜禽旅。」史記司馬相如傳云「揜羣雅」，索隱云：「揜，捕也。」淮南子氾論訓云「懼揜其氣也」，高誘注云：「揜，奪也。」「捕、奪」並與「取」義相近。「揜」與「掩」同。禮記曲禮云：「大夫不掩羣。」淮南子主術訓云「畋不掩羣」，高誘注云：「掩猶盡也。」漢書貨殖傳云「掘冢搏掩」，師古注云：「掩，襲取人物也。」案：「揜」爲本字，「掩」爲「揜」之假借字。蓋「揜」訓「取」，「掩」訓「斂」是其正義，亦可互相假借也。

索者，說文：「索，入家搜也。」廣雅：「索，求也。」字通作「索」。小爾雅：「索，求也。」考工桌氏云「時文思索」，釋文云：「索，求也。」周禮方相氏「以索室歐疫」，鄭注云：「索，廋也。」「廋」與「搜」同。禮記郊特牲云「索祭祝于祊」，鄭注云：「索，祭求神也。」〔一〕漢書杜林傳云：「吹毛索疵。」「索」亦訓「求」，今人猶言「吹毛求疵」也。史記留侯世家云「大索天下」，今本作「索」。是「索」與「索」同，義並訓「求」。「求」與「取」義近也。

狙者，管子七主七臣篇云「從狙而好小察」，房注云：「狙，伺也。」史記留侯世家云「良與客狙擊秦皇帝」，服虔注云：「狙，伺候也。」應劭注云：「狙，伺也。一曰伏伺也，狙欲取物必伏而伺之，故曰狙取。」通俗文云「伏伺曰狙」，是其證也。

二〇 **䁈**、烏拔反。**略**，音略。**視也。東齊曰䁈，吳揚曰略。**今中國亦云目略也。**凡以目相戲曰䁈。**

維言案：說文：「視，瞻也。」書洪範「三曰視」，鄭注云：「視，屬火。」禮記曲禮云「毋淫視」，鄭注云：「視，睇眄也。」左氏成六年傳云「視流而行速」，杜預注云：「不端

〔一〕「祭」字衍。

諦也。」廣雅:「視,明也。」周禮大宗伯云:「殷頫曰視。」穀梁隱五年傳云:「常事曰視,非常曰觀。」海外南經云「爰有視肉」,郭注云:「聚肉,形如牛肝,有兩目也。」義並與「瞻視」相近。

暥者,廣雅:「暥,視也。」説文「暥,目相戲也」,義並本方言。

略者,義見卷三「略,眄也」下。

二一　**遥、廣,遠也。梁楚曰遥。**

維言案:遠者,義見上文。

遥者,廣雅:「遥,遠也。」又云:「遥遥,遠也。」禮記王制云:「千里而遥。」左氏昭二十五年傳云:「遠哉遥遥。」是「遥、遠」二字互訓,今人猶呼「遠」爲「遥」也。字本作「䌛」。亦作「遙」。漢書郊祀志注云:「遙,遠也。」莊子秋水篇云「遙而不悶」,注云:「遙,長也。」「長」亦「遠」也。楚辭大招云「無遠遥只」,王逸注云「遥猶漂遥放流貌也」,義亦與「遠」相近。

廣者,小爾雅:「廣,遠也。」廣雅:「廣,大也。」「廣,博也。」詩六月篇「四牡修廣」、雍篇「於薦廣牡」,毛傳並云:「廣,大也。」禮記曲禮云「車上不廣欬」,鄭注云:

「廣，宏也。」左氏莊二十八年傳云「狄之廣漠」，杜預注云：「廣，地之曠絶也。」史記淮南衡山傳云「廣長榆」，集解云：「廣，拓而大之也。」屈賈傳云「乃爲賦以自廣」，索隱云：「廣猶寬也。」義並與「遠」相近。字通作「曠」。廣雅：「曠，遠也。」「曠，久也。」家語辨樂篇云「曠如望羊」，注謂「用志廣遠」。老子道德經云「曠兮其若谷」，王注云：「曠，寬大。」楚辭招魂篇云「其外曠宇些」，王逸注云：「曠，大也。」義並與「遠」近。

二二　**汩、遥，疾行也。**汩汩，急貌也，于筆反。**南楚之外曰汩，或曰遥。**

維言案：説文：「行，人之步趨也。」廣雅：「行，往也。」「行，去也。」「行，迹也。」「行，驛也。」爾雅釋宫：「行，道也。」韻會：「行，从彳，左步。从亍，右步也。左右步俱舉，而後爲行者也。」爾雅釋宫又云：「堂上謂之行，堂下謂之步。」釋名云：「行，伉也。伉足而前也。」案：行，行路也。與讀如「杭」者義别。

汩者，廣雅：「汩，疾也。」莊子達生篇云「與汩俱出」，司馬彪注云：「汩，漏波也。」漢書司馬相如傳云「汩淢漂疾」，注云：「汩淢，急轉貌也。」又「汩乎混流」，注云：「汩，疾貌也。」吴都賦云「汩乘流以砰宕」，注云：「汩，疾也。」離騷云「汩余若將弗及兮」，注云：「汩，去貌。疾若流水也。」楚辭懷沙云「分流汩兮」，注云：「汩，流貌。」又「汩徂南土」，注云：「汩，行貌。」長笛賦云「絞槃汩湟」，注云：「汩，水流貌。」漢書揚子本傳云「汩低回而不能去兮」，注云：「汩，意也。」枚乘七發云「澥汩潺湲」，注云：「汩，密汩水流疾也。」嵇康琴賦云「澥汩澎湃」，注云：「汩，去疾貌。」是凡言「汩」者，俱訓「水急流汩汩」也。故郭注以爲「急貌」，並與「疾行」義亦相近也。

遥者，亦作「摇」。廣雅：「摇，疾也。」楚辭九章篇云：「願摇起而横奔兮。」又通作「䠛」。說文「䠛，跳」，義與「疾行」亦近。

二三　**蹇、妯，𢹎也。**謂躁擾也。妯，音迪。**人不靜曰妯。秦晉曰蹇，齊宋曰妯。**

維言案：說文：「𢹎，煩也。」今字作「擾」。廣雅：「擾擾，亂也。」書允征「俶擾天紀」，孔傳云「擾，亂也」；左氏襄四年傳云「德用不擾」；莊子天道篇云「然則膠膠擾擾乎」；漢書曹參傳云「以齊獄市爲寄，慎勿擾也」：義並「煩擾」。呂氏春秋音初篇云「水擾則魚鼈不大」，高誘注云「擾，渾也」；素問五常政大論云「其動炎灼妄擾」，王砅注云「擾，撓也」；李翊碑云「時益部擾攘」：亦訓「煩亂」之義。字通作「譊」。楚辭怨上云「羣司兮譊譊」，王逸注云：「譊譊，惚惚也。」「譊」與「擾」雙聲字也。

蹇者，廣雅：「蹇，擾也。」上文云：「謇，難也。」「難」與「擾」義近。

妯者，廣雅：「妯，擾也。」爾雅釋詁：「妯，動也。」「動」亦「擾」也。説文：「妯，動也。」詩鼓鐘篇「憂心且妯」，毛傳云：「妯，動也。」三家詩作「憂心且妯」。一切經音義十二引詩作「憂心且陶」。「陶」讀如「厥草惟繇」之「繇」。案：「繇」有「摇、由」兩音，詩「妯」字作「勅留反」。

郭注音「妯」爲「迪」者，「迪、抽」雙聲字也。楚辭有抽思篇。是「抽」與「妯」同。

二四　絓、音乖。**挈、**口八反。**儝、**古煢字。**介，特也。楚曰儝，晉曰絓，秦曰挈。物無耦曰特，獸無耦曰介。**傳曰：「逢澤有介麋。」**飛鳥曰雙，鴈曰乘。**

維言案：廣雅：「特，獨也。」書「歸格于藝祖，用特」，孔傳：「特，一牛也。」儀禮士昏禮云「其實特豚」，鄭注云：「特猶一也。」晉語云「子爲我具特羊之饗」，韋昭注云：「特，一也。」楚語云「大夫舉以特牲」，韋昭注云：「特，一豕也。」儀禮大射儀云「特升飲」，鄭注云「特，獨也。」周禮司士云「孤卿特揖」，鄭注云：「謂一一揖之也。」禮記儒行云「特立孤行」，亦訓「特」爲「獨」。爾雅釋獸「豕生三豵二獅一特」，亦「孤獨」之名。釋水「士特舟」，郭注云：「單船。」字亦作「犆」。周禮小胥云：「士犆縣。」案：犆縣，一面也。禮記少儀云：「不犆弔。」王制云「天子犆礿」，鄭注云：「犆猶一也。」是「犆」與「特」同，並訓「孤獨」之義也。

絓者，廣雅：「絓，獨也。」案：「絓」猶耿介特立之貌。「耿、絓」一聲之轉，如「跬」之爲「頃」、「烓」之讀「冋」也。

挈者，廣雅：「挈，獨也。」說文「絜」字注云：「麻一耑也。」「絜、挈」聲義並近。

儝者，廣雅：「儝，獨也。」本作「煢」。詩閔予小子篇「煢煢在疚」，左氏哀十六年傳云「煢煢余在疚」，孟子「哀此煢獨」，小爾雅「寡夫曰煢」，並訓「孤特」之義。書洪範「無虐煢獨」，孔傳云「單無兄弟也」；楚辭離騷「夫何煢獨而不余聽」，王逸注云「煢，孤也」；文選燕歌行云「賤妾煢煢守空房」，注云「煢煢，單也」：義並與「特」相近。又通作「惸」。周禮大司寇云「惸獨老幼」，鄭注云「無兄弟曰惸」；詩正月篇「哀此惸獨」：義與「煢」同。又通作「睘」。詩杕杜篇「獨行睘睘」，義與「特」亦相近。又通作「嬛」。今詩閔予小子篇作「嬛嬛在疚」。是「儝、煢、惸、睘、嬛」並聲近義同。又說文「赹」字注云「赹，獨行也」，義與「儝」亦近。

介者，廣雅：「介，獨也。」書秦誓：「若有一介臣。」左氏襄八年傳云：「亦不使一介行李辱在寡君。」一介，一夫也，亦「特」之義也。昭十四年傳云「收介特」，杜預注云：「介、特，單民也。」吴語云：「一介嫡男。」「一介」猶言「一个」也。孟子「不以三公易其介」，陸注云：「謂特立之行。」思玄賦云「孑不羣而介」，亦是「特立」之義。左氏哀十四年傳云「逢澤有介麇焉」，是郭所引。杜訓「介」爲「大」，郭訓「介」爲「特」、爲「異」，然「特、大」義亦近也。今人呼物之過大者猶曰「特大」也。

雙者，説文：「雙，隹二枚也。」廣雅：「雙，二也。」禮記少儀云「加于一雙」，疏云：「二隻曰雙。」是飛鳥曰「雙」之證。

椉者，廣雅：「椉，二也。」經典作「乘」。儀禮聘禮云：「宰夫始歸乘禽。」周禮「校人乘馬」，注云：「二耦。」詩渭陽篇「路車乘黄」，毛傳云：「乘，四馬也。」儀禮聘禮「乘皮」，注云：「物四曰乘。」左氏僖三十二年傳云「弦高以乘韋先，牛十二」，「乘韋」即儀禮之「乘皮」也。儀禮鄉射禮云：「兼挾乘矢。」孟子離婁篇「發乘矢而後反」，趙岐注云「乘，四也」，引詩「四矢反兮」。禮記少儀云「以其乘壺酒」[一]，鄭注云：「乘壺，四壺也。」是凡言「乘」者，皆訓「四」也。焦氏循孟子正義引方言云「四雁曰乘」，坊本脱

[一]「以其」，十三經注疏本作「其以」。

「四」字，當補。

二五　台、既，失也。宋魯之間曰台。

維言案：説文：「失，縱也。」一曰遺也。易晉卦：「失得勿恤。」禮記禮運云「故人情不失」，鄭注云：「失，猶去也。」經解云「故詩之失愚」，表記云「君子不失足於人」，周禮師氏云「掌國中失之事」，司救云「掌萬民之衺惡過失」，並訓「遺失」之義。今人猶呼不得曰「失」也。

台者，廣雅：「台，失也。」字通作「駘」。説文：「駘，馬銜脱也。」後漢書崔寔傳云「馬駘其銜」，言「脱失其銜」也。莊子天下篇云「駘蕩而不得」，司馬彪注云：「駘蕩猶施散也。」釋文云「駘蕩，放也」，與「失」義亦近。

既者，廣雅：「既，失也。」又云：「既，盡也。」「盡」與「失」義近。

二六　既、隱、據，定也。

維言案：爾雅釋詁：「定，止也。」説文：「定，安也。」詩六月篇「以定王國」、日月篇「胡能有定」、禮記曲禮「昏定而晨省」，並訓「定」爲「安」。月令云「以待陰陽所定」；呂氏春秋注云「定，成也」；易繫辭「乾坤定矣」，虞翻注云「定謂成列」；荀子儒效篇云「反而定三革」，楊倞注云「定，息也」；齊語「定三革」，韋昭注云「定，奠也」；爾雅釋天「營室謂之定」，郭注云「定，正也」：義並相近。

既者，廣雅「既，已也」，易「既濟小畜，既雨既處」，書堯典「九族既睦」，詩汝墳篇「既見君子」，儀禮「既夕」，周禮「司干既舞」，禮記檀弓「我則既言矣」，周語「既榮公爲卿士」，孟子「夫既或治之」：是凡訓「既」爲發語之詞者，並與「定」義相近。又公羊宣元年傳云「既而曰」，何休注云「事畢也」；禮記玉藻「君既食」，疏云「既畢，竟也」：義與「定」亦近。

隱者，廣雅：「隱，定也。」「隱，安也。」禮記禮運云「今大道既隱」，鄭注：「隱，據也。」檀弓云「其高可隱也」，鄭注又云：「隱，據也。」孟子公孫丑篇「隱几而卧」，趙岐注訓「隱」爲「倚」。莊子齊物論篇云「隱几而坐」，釋文云：「隱，憑也。」白虎通云：「衣者，隱也。」説文：「衣，依也。」「據、倚、憑、依」皆「定」之義也。字通作「𤔌」。説文：「𤔌，所依據也。㥯與穩同。」[一]今俗言「安穩」者，「隱」之轉聲也。「安穩」亦「定」之義。

據者，廣雅：「據，定也。」詩柏舟篇「不可以據」，毛傳云：「據，依也。」左氏僖五

[一]「㥯」當作「𤔌」。

年傳云「神必據我」，杜預注云：「據猶安也。」釋名云：「據，居也。」「居」亦「定」也。論語述而篇「據於德」，亦「安定」之義也。

二七　稟、浚，敬也。秦晉之間曰稟，齊曰浚。吴楚之間自敬曰稟。

維言案：説文：「敬，肅也。」釋名云：「敬，警也。恒自肅警也。」禮記曲禮云「無不敬何允」，注云：「在貌爲恭，在心爲敬。」少儀：「賓客主恭，祭祀主敬。」儀禮聘禮記云：「入門主敬，升堂主慎。」是辨「恭敬」與「敬慎」之别也。「恭敬」合言也，左氏傳所謂「不忘恭敬，民之主也」是也；「敬慎」合言者，詩所謂「敬慎威儀，無不柔嘉」是也。又左氏僖二十三年傳云「敬，德之聚也」，十一年傳云「敬，禮之輿也」，成十三年傳云「敬，身之基也」，襄二十八年傳云「敬，民之主也」，周語云「夫敬，文之恭也」，義並相近。字通作「儆」。説文：「儆，戒也。」「戒」亦「敬」也。又通作「憼」。説文：「憼，敬也。」是「儆、憼」並與「敬」聲近義同。

稟者，亦作「懍」。廣雅：「懍，敬也。」漢書食貨志云「直爲此懍懍」，賈誼傳作「直爲此稟稟」。是「懍」與「稟」同。「稟」今讀爲「秉」，借作「稟白」字。案：「稟白」之義與「敬」亦近。

浚者，廣雅：「浚，敬也。」字通作「濬」。爾雅釋言：「濬，深也。」書「濬哲文明」、詩長發篇「濬哲維商」，「濬哲」之義與「敬」相近。義又同「恮」。説文：「恮，謹也。」廣雅：「恮，謹也。」「謹」亦「敬」也。「浚、恮」一聲之轉，故可假借其義。

二八　悛、音銓。**懌，**音奕。**改也。自山而東或曰悛，或曰懌。**論語曰：「悦而不懌。」

維言案：説文：「改，更也。」詩緇衣篇「敝予又改爲兮」，毛傳云：「改，更也。」儀禮射禮云「改取一个挾之」，鄭注亦云：「改，更也。」士相見禮云「改居則請退可也」，注云：「謂自變動也。」魯語「執政未改」，韋昭注云：「改，易也。」易益卦「有過則改」、論語學而篇「過則勿憚改」、子罕篇「改之爲貴」、中庸「改而止」、孟子告子篇「人有恒然後能改」，並訓「更易」之義。今人言「更易」猶曰「改」也。

悛者，廣雅：「悛，改也。」説文：「悛，止也。」小爾雅：「悛，覺也。」左氏隱六年傳云「長惡不悛」，成十三年傳云「康猶不悛」，襄七年傳云「亦無悛容」，昭三年傳云「君日不悛」，九年傳云「爲是悛而止」，注並訓「悛」爲「改」。周語云「其有悛乎」，書「罔有悛心」，亦皆「改」之義也。

懌者，廣雅：「懌，改也。」郭注引論語「悦而不懌」，今論語作「繹」，訓爲「尋」，無訓

「改」者。郭所見當是古本，否則郭誤也。

二九　坻、水泜。**坥，**癰疽。**場也**[一]**。**音傷。**梁宋之間蚍蜉䵷鼠之場謂之坻，**䵷鼠，蚡鼠也。**螾場謂坥。**螾，螾蟮也；其糞名坥。螾，音引。

維言案：埤雅引小爾雅「鹿之所息謂之場」、詩東山篇「町疃鹿場」是也。一切經音義引埤蒼云：「場，鼠垤也。」字通作「壤」。穀梁隱三年傳云「吐者外壤，食者内壤，闕然不見其壤，有食之者也」，疏引麋信注云：「齊魯之間謂鑿地出土、鼠作穴出土皆曰壤。」莊子天道篇云：「鼠壤有餘蔬。」是凡言「壤」者，並與「場」義近。

坻者，廣雅：「坻，場也。」揚子答劉歆書：「猶鼠坻之與牛場也。」潘岳藉田賦云：「坻場染屨。」案：天將雨，則蟻聚土爲封以禦溼，如水中之坻，故亦蒙「坻」名。

蚍蜉者，蟻也，故方言云然。

郭注訓「䵷鼠」爲「蚡鼠」者，周禮草人云「故書蚡壤用麋」，司農注云：「多蚡鼠。」字亦作「鼢」。爾雅：「鼠屬，鼢鼠。」説文：「鼢，地中行鼠，伯勞所化也。」本草陶注

[一]「場」，稿本原作「塲」。按，稿本本條「塲、場」混用無別，故予統一，下同。

云：「一名隱鼠，形如鼠，大而無尾，黑色，長鼻，甚强，常穿地行。」案：今俗謂之地鼠，尾僅寸許。方言謂之「𪕨」者，言其起土如耕也。月令所謂「田鼠」，即是此物。

坥者，説文「益州部謂螾場曰坥」，是本方言之義。

螾者，即今「曲蟮」也。

郭注謂「其糞名坥」者，醫書謂之「蚓樓」，土面虚起者是。

三〇　偍、用，行也。 偍皆〔一〕，行也〔二〕。度揩反。**朝鮮洌水之間或曰偍。**

維言案： 行者，義見上文。

偍者，説文：「偍偍，行貌。」廣雅：「偍，行也。」廣韻「偍，行貌。朝鮮語也」，是本方言。字通作「偍」。荀子修身篇云「難進曰偍」，楊倞注云「偍，謂弛緩也」，義與「行」亦近。

用者，説文：「用，可施行也。」「用」有「行」義，故方言訓「行」。

〔一〕「皆」，匯證據盧文弨重校方言改作「偕」。

〔二〕「也」，戴震疏證本作「貌」。

三一　鋪頒，索也。東齊曰鋪頒，猶秦晉言抖藪也。謂斗藪舉索物也。鋪，音敷。

維言案：索者，義見上文。鋪頒者，小爾雅：「鋪，布也。」廣雅：「鋪，陳也。」小爾雅：「頒，布也。」「鋪頒」猶今俗言「鋪排」也。「排、頒」一聲之轉。抖藪者，集韻：「抖擻，舉貌。」亦作「斗藪」。一切經音義十四云：「斗擻，瞉瞉也。」江南言斗擻，北人言瞉瞉。廣雅：「藪，求也。」「求」亦「索」也。是「抖藪、抖擻、斗擻」並字異義同。

三二　參、蠡，分也。謂分割也。音麗。**齊曰參，楚曰蠡，秦晉曰離。**

維言案：說文：「分，別也。」禮記月令云「生死分」，鄭注云：「分，半也。」春秋繁露云：「春秋分者，陰陽相半也。」莊子漁父篇云「遠哉，其分乎道也」，司馬彪注云：「分，離也。」列子黃帝篇云「用志不分」，張湛注云：「分猶散也。」素問五常政大論云「分潰癰腫」，王砅注云：「分，裂也。」義並相近。

參者，廣雅：「參，分也。」逸周書武順解云：「有中曰參。」易說卦傳「參天兩地而倚數」，虞翻注云：「參，三也。」禮記曲禮云：「離坐離立，毋往參焉。」孔子閒居云「參于天地」，鄭注云：「其德與天地爲三也。」荀子成相篇云「參伍明謹施賞刑」，楊倞注云：「參猶錯雜也。」非相篇云「堯舜參牟子」，注謂「有二瞳之相參也」。是凡「參」者，並與「分」義相近。

蠡者，孟子盡心篇「以追蠡」，趙岐注云「蠡，欲絶之貌」，義與「分」相近。

離者，義見上文。

三三　㾜、披，散也。東齊聲散曰㾜，器破曰披。秦晉聲變曰㾜，器破而不殊其音亦謂之㾜，器破而未離謂之璺。音問。**南楚之間謂之𢻱。**妨美反，一音把塞[一]。

維言案：廣雅：「散，布也。」素問脈要精微論云「陽氣未散」，王砅注云：「散，謂散布而出也。」氣交變大論云「其災散落」，注謂「飄零而散落也」。文選洞簫賦注云：「散，分布也。」字通作「柀」。說文：「柀，分離也。」今字作「散」。禮記曲禮云「積而能散」，書武成篇「散鹿臺之財」，太玄玄告篇云「散而聚」，易說卦「風以散之」，並訓「散」爲「分離」之義。案：本字作「柀」，假借爲「散」耳。今經典中並用假借字。

[一]「把」，戴震疏證本作「圯」。

癬者，説文：「癬，散聲。」字通作「甏」。埤蒼：「甏，聲散也。」通俗文云：「凡病而璺璺而聲散曰甏。」又通作「斯」。廣雅：「斯，分也。」「斯，敗也。」又通作「嘶」。漢書王莽傳注云：「聲變曰嘶。」是「甏、斯、嘶」並與「癬」，義皆與「散」義相近。今俗謂聲變猶曰「癬」也。

披者，廣雅：「披，張也。」「張」亦有「散」義。左氏成十八年傳云「而披其地」，杜預注云「披猶分也」；昭五年傳云「又披其邑」，注云「披，析也」；史記魏其武安侯傳云「不折必披」，集解云「披，分析也」；淮南子齊俗訓云「披斷撥檖」，高誘注云「披，解也」；嵇康琴賦云「披重壤以誕載兮」，注云「披，開也」：義並與「散」相近。字通作「柀」。説文「柀，析也」，義亦相近。

璺者，廣雅：「璺，裂也。」「裂」亦「散」也。周官太卜沈重注云：「璺，玉之坼也。」素問六元正紀大論云「厥陰所至，爲風府，爲璺啟」，王砅注云：「璺，微裂也。」案：今俗猶呼器破而未離曰「璺」，讀若「問」是也。俚語云「打破沙鍋璺到底」，即此字。

敀者，玉篇「敀，器破也」，與「紕」同，繒欲裂也。今俗猶呼布帛破而未離者曰「敀」，讀若「批」是也。

三四　**緡、緜，施也。秦曰緡，趙曰緜。吴越之間脱衣相被謂之緡緜。**相覆及之名也，音旼。

維言案：廣雅：「施，予也。」「予」亦「施」也。易乾卦「德施普也」，釋文：「施，與也。」晉語云「齊侯好示務施」，韋昭注云：「施，惠也。」左氏宣十二年傳云：「旅有施舍。」昭十九年傳云：「王施舍不倦。」周語云：「縣無施舍。」「施舍」與「施被」義近。潘岳閒居賦云「陰謝陽施」，注云：「施，布也。」左氏僖十四年傳云：「施者未厭。」禮記祭統云「勤大命，施于蒸彝鼎」，鄭注：「施，著也。」論語爲政篇「施于有政」，包威注云[一]：「施，行也。」史記韓世家云「施三川而歸」，正義云：「施猶設也。」書「以五采彰施于五色」，亦訓「施」爲「施設」。「施設」之義與「施被」亦相近也。

緡者，廣雅：「緡，施也。」説文：「緡，釣魚繁也。」爾雅釋言：「緡，綸也。」詩抑篇「言緡之絲」，毛傳云：「緡，被也。」莊子則陽篇云「雖使丘陵草木之緡緡」，亦當訓爲「被」；注訓「合」訓「盛」，皆失之。漢書武帝紀云「初算緡錢」，師古注云：「緡，絲也，以貫錢也。」食貨志云：「賈人之緡錢。」案：「緡」猶「貫」也。「一緡」猶言「一貫」也。「貫」與「施」義亦近。

[一]「包威」當作「包咸」。

緜者，廣雅：「緜，施也。」「緜，連也。」說文：「緜，聯微也。」廣雅又云：「緜緜，長也。」洛神賦注云：「緜，密意也。」楚辭招魂注云：「緜，纏也。」穀梁文十四年傳云「緜地千里」，范注：「緜猶彌漫。」西京賦注云：「緜猶連蔓也。」思玄賦注云：「緜，係貌。」漢書注云：「緜猶牽制也。」義並與「施、被」相近。

三五　**悀**、音踊。**偪，**妨逼反。**滿也。凡以器盛而滿謂之悀，**言涌出也。**腹滿曰偪。**言勅偪也。

維言案：說文：「滿，盈溢也。」廣雅：「滿，充也。」字通作「懣」。說文：「懣，煩也。」漢書石顯傳云：「憂懣不食。」是借「懣」爲「滿」也。方言「腹滿曰偪」，義亦然。

悀者，廣雅：「悀，滿也。」字通作「涌」。說文：「涌，滕也。滕水超涌也。」廣雅：「涌，出也。」爾雅釋水：「濫泉正出。正出，涌出。」公羊昭五年傳云：「直泉者何，涌泉也。」釋名云：「水上出曰涌泉。」素問五常政大論云「漂泄沃涌」，王砅注云：「涌，溢也。」又云「其動瘍涌」，注云：「涌，嘔吐也。」義並與「滿」近。「悀、涌」通用，故郭注訓「悀」爲「涌出」。

偪者，亦作「畐」。說文：「畐，滿也。」玉篇：「腹滿謂之悀，腸滿謂之畐。」又通作

「愊」。廣雅：「愊，滿也。」漢書陳湯傳云「策慮愊憶」，師古注云「愊憶，憤怒之貌」；後漢書馮衍傳云「心愊憶而紛紜」，李賢注云「愊憶猶鬱結也」：義並與「滿」近。又玉篇「腷，飽也」「稫稄，滿也貌」〔一〕，並與「偪」亦聲近義同。

三六 傒醯、醯酢。 㑥𠋵，㑥，音髯。 危也。 東齊椅物而危謂之傒醯〔二〕，椅，居拔反。 僞物謂之㑥𠋵。

維言案：説文：「危，在高而懼也。」孝經「高而不危」，鄭注云：「危，殆也。」西周策云「竊爲君危之」，高誘注云：「危，不安也。」今俗猶呼不安爲「危」。案：既云「僞物謂之㑥𠋵」，「僞」不訓「危」，「危」字當是「詭」字之誤。詭者，莊子齊物論云「其名爲弔詭」，釋文云：「詭，異也。」淮南子本經訓云「詭文回波」，高誘注云：「詭文，奇異之文也。」漢書石顯傳云：「持詭變以中傷人。」荀子正論篇云「求利之詭緩」，楊倞注云：「詭，詐也。」並與「僞」義相近。字通作「恑」。説文：「恑，變也。」一切經音義三引説

〔一〕「滿也貌」，宋本玉篇作「滿貌」。
〔二〕「椅」，戴震疏證本作「猗」，下同；注「拔」作「枝」。

文：「詭，變詐也。」「變詐」之義與「僞」亦近。

谿醯者，廣雅：「谿醯，危也。」

冄鐮者，廣雅：「冄鐮，危也。」案：「谿醯、冄鐮」皆叠韻連語。「谿醯」猶「槉榼」也。爾雅釋木「魄，槉榼」，郭注引齊諺云：「上山斫檀，槉榼先殫。」槉榼者似檀而僞，人誤認者遂以爲檀，據此則「谿醯」亦「僞」之名也。

三七　紕、音毗。**繹、**音亦。**督、雉，理也。秦晉之間曰紕。凡物曰督之，**言正理也。**絲曰繹之。**言解繹也。

維言案：説文：「理，治玉也。」廣雅：「理，順也。」「理，治也。」賈子道德説云：「理，離狀也。」管子君臣篇云：「别交正分之謂理。」韓非子解老篇云：「理者，成物之文也。」荀子儒效篇云「井井其有理也」，楊倞注云：「有條理也。」凡「理、亂」字經傳皆以「治」爲之，言「理」猶言「治」也。今俗呼「治物」猶言「料理」也。

紕者，廣雅：「紕，理也。」詩干旄篇「素絲紕之」，毛傳云「紕，所以織組」，義亦近。字亦作「絟」。廣雅：「絟，并也。」「并」與「理」義亦相近。又爾雅釋言：「紕，飾也。」廣雅又云：「紕，緣也。」「緣飾」與「治理」義亦相近。

繹者，説文：「繹，抽絲也。」三蒼：「繹，抽之解也。」論語八佾篇「繹如也」，鄭注云：「志意條達之貌。」子罕篇「繹之爲貴」，馬融注云：「繹，尋也。」爾雅釋詁：「繹，陳也。」詩車攻篇「會同有繹」，毛傳云：「繹，陳也。」漢書谷永傳云「燕見紬繹」，師古注云：「紬繹者，引其端緒也。」義並與「理」相近。

督者，廣雅：「督，理也。」爾雅釋詁「督，正也」，郭注云：「正，理也。」左氏僖十二年傳云：「謂督不忘。」素問骨空論王砯注云：「所以謂之督脈者，以其督領經脈之海也。」説文：「督，察也。」史記李斯傳云：「行督責之術。」漢書王褒傳云：「離婁督繩。」公孫賀傳云：「督責大臣。」高帝紀云：「聞將軍有意督過之。」後漢書何敞傳「督郵」，注云：「督郵主司察愆過。」郭躬傳注云：「督爲大將。」案：古有「督郵、都督」之設，今有「總督、提督」之官。是凡言「督」者，皆有「治理」之義也。

雉者，廣雅：「雉，理也。」爾雅釋詁：「雉，陳也。」陳而有而布之，亦「理」之義也。左氏昭十七年傳服虔注云「雉者，夷也」，與「治理」義亦近。

三八　㢱、吕，長也。古矧字。**東齊曰㢱，宋魯曰吕。**

維言案：長者，義見卷一。

矤者，郭注以爲「古矧字」。廣雅：「矧，長也。」説文：「矤，況詞也。」爾雅釋言：「矧，況也。」「矧」之言「引」也。爾雅釋詁：「引，長也。」齊語云「是以國家不日引」，韋昭注云：「引，申也。」引而申之有「長」之義。

呂者，廣雅：「呂，長也。」説文：「呂，脊骨也。象形，人項大椎至下共二十一椎。」案：人一身之骨，惟脊骨最長。「呂」本有「長」義，故方言訓「呂」爲「長」。

三九　䠐、𦞙，力也。東齊曰䠐，律䠐，多力貌。**宋魯曰𦞙。𦞙，田力也。**謂耕墾也。

維言案：説文：「力，筋也。」禮記禮運云「其行之以貨力」，注：「筋骸强者也。」爾雅釋畜「戎事齊力」，郭注云：「尚强。」漢書灌嬰傳云「戰疾力」，師古注云：「强力也。」南粤王傳云「樓船力攻燒敵」，注云：「盡力也。」王莽傳云「力周公先正天下」，注云：「勉力也。」詩烝民篇「威儀是力」，鄭箋云：「力猶勤也。」荀子勸學篇云「真積力久則入」，楊倞注云：「力，力行也。」是凡言「力」者，義並相近。案：人之有力由於筋，故説文訓「筋力貴强」，故爾雅注訓「强」，餘義皆由此引伸也。

䠐者，廣雅：「䠐，力也。」字通作「屈」。漢書陸賈傳云「屈强於此」，師古注云：「屈强，謂不柔服也。」揚子本傳云「萬騎屈橋」，注云：「壯捷貌。」「屈」並與「䠐」同義，皆與「力」相近。

膂者，廣雅：「膂，力也。」説文：「吕，脊骨也。」「吕」與「膂」同，今俗呼兩臂多力猶曰「膂力」也。詩北山篇「旅力方剛」、桑柔篇「靡有旅力」、書秦誓「旅力既愆」、周語云「四軍之帥，旅力方剛」，並訓爲「膂力」。「旅」者，「膂」之省；舊注並訓「旅」爲「衆」，失之。「膂」訓「田力」者，農人作力耕墾，惟恃膂力。故郭注「謂耕墾也」。案：詩載芟篇「侯亞侯旅」，「旅」字亦當是「膂」之借字，謂子弟之多膂力者。故下文「侯彊侯以」，彊，强也；以，用也。言膂力之强者用以治田也。如訓「旅」爲「衆」，則「彊、以」二義無着矣。方言訓「膂」爲「田力」，蓋本此也。

四〇 癋、理也[一]。又翳。**誺**，瓜蒂。**審也。齊楚曰癋，秦晉曰誺。**

維言案：説文：「宷，悉也。知宷諦也。」亦作「審」。廣雅：「審，諟也。」周禮遂人注云：「審，亦聽也。」考工記弓人注云：「審猶定也。」論語堯曰篇「審法度」，皇

[一]「理也」，匯證據戴震疏證、盧文弨重校方言改作「瘞埋」。

侃疏云：「審猶諦也。」齊語云「審吾疆」〔一〕，韋昭注云：「審，正也。」呂氏春秋察微篇云「公怒不審」，高誘注云：「審，詳也。」音律篇云「審民所終」，注云：「審，慎也。」淮南子説山訓云「不可不審」，高誘注云：「審，知也。」本經訓云「審于符者」，注云：「審，明也。」荀子非相篇云「欲知億萬，則審一二」，楊倞注云：「審，謂詳觀其道也。」張衡東京賦云「審曲面勢」，薛綜注云：「審，度也。」是凡言「審」者，義並相近。

瘱者，説文：「瘱，靜也。」集韻引廣雅：「瘱，審也。」漢書外戚傳云「孝平帝王皇后爲人婉瘱，有節操」，師古注云：「瘱，靜也。」「靜」與「審」義近。王褒洞簫賦云「清靜厭瘱」，注云：「瘱，深邃也。」「瘱」與「㥷」同。字又作「嫕」。蒼頡篇：「嫕，密也。」女史箴「婉嫕淑慎」，注云：「嫕，深邃也。」「深邃」之義與「審」亦近。案：「瘱」當是「㥷」之假借字。説文：「㥷，思貌。」「思、審」義同。

諦者，亦作「諦」。説文：「諦，審也。」書洪範傳云「必微諦」，疏云：「聽當别彼是非，必微妙而審諦也。」後漢書李雲傳云「帝者，諦也」，注云：「審諦於物也。」魏志明帝紀云「君諦視之勿誤也」，「諦」猶「審」也。關尹子九藥篇云「諦毫末者，不見天地之

〔一〕「疆」，國語作「疆埸」。

大」，劉勰新論專學篇云「雖入於耳，而不諦於心」，義並訓「諦」爲「審」，「諦」並與「謕」同。

四一　**譩**音翳。**謕**，亦音蒂。**諟也。**亦審諟[一]，而見其義耳[二]，音帝。**吳越曰譩謕。**

維言案：說文：「諟，理也。」禮記大學「顧諟天之明命」，鄭注云：「諟猶正也。」廣雅：「諟，是也。」玉篇「諟，審也」，是本郭注爲訓。譩謕者，廣雅：「譩，諟也。」玉篇：「譩謕，審諦也。」「審、諟」義同。

四二　**揞、**烏感反。**揜、錯、**音酢。**摩，滅也**[三]。**荆楚曰揞，吳揚曰揜，周秦曰錯，陳之東鄙曰摩。**

維言案：說文：「滅，盡也。」爾雅釋詁：「滅，絶也。」小爾雅：「滅，没也。」禮記內則：「膏必滅之。」楚辭初放篇「賢者滅息」，王逸注云：「滅，消也。」晉語「滅其

〔一〕「亦審諟」，匯證據王念孫手校方言疏證和方言文例，改作「諟亦審」。
〔二〕「而」，戴震疏證本作「互」。
〔三〕「滅」，匯證據戴震疏證、周祖謨方言校箋改作「藏」。

前惡」，韋昭注云：「滅，除也。」吕氏春秋慎勢篇云「以小畜大滅」，高誘注云：「滅，亡也。」莊子應帝王篇云「已滅矣」，崔譔注云：「滅，不見也。」義並相近。

揞者，廣雅：「揞，藏也。」「藏」亦「滅」也。故「滅燭」亦曰「藏燭」。廣韻「揞，手覆」，義與「滅」相近。字通作「罯」。説文「罯，覆也」，義亦相近。

揜者，廣雅：「揜，藏也。」説文：「揜，覆也。」禮記檀弓云：「廣輪揜坎。」孟子滕文公篇：「虆梩而揜之。」荀子富國篇云「出入相揜」，楊倞注云：「揜，覆蓋也。」淮南子氾論訓云「而民得以揜形禦寒」，高誘注云：「揜，蔽也。」禮記中庸「誠之不可揜如此夫」，疏亦訓「揜」爲「蔽」。字通作「掩」。説文：「掩，斂也。」禮記月令云「處必掩身」，鄭注云：「掩猶隱翳也。」史記司馬相如傳云「掩薄草渚」，正義云：「掩，覆也。」周髀算經云「空正掩日」，注亦訓「掩」爲「覆」。晉語韋昭注云：「掩，蓋也。」蓋「藏」之義與「滅」相近。

錯者，廣雅：「錯，藏也。」大戴禮曾子制言篇云「君子錯在高山之上」，義亦相近。

摩者，廣雅：「摩，藏也。」莊子徐无鬼篇云「循古而不摩」，郭象注云：「摩，消滅也。」淮南子精神訓云「形有摩而神未嘗化」，亦訓「摩」爲「滅」之義。考工記弓人云「强者在内而摩其筋」，鄭注云：「摩猶隱也。」「隱」與「滅」義近。案：此節「滅」，又一本作「藏」也。「藏」與「滅」形本相似，恐有沿訛，況下文卷十三云「摩，滅也」，此處不應重出。蓋方言之書本多舛誤。廣雅之義多本方言。「揞、揜、錯、摩」四字，廣雅並訓「藏」，則「滅」爲「藏」字之訛無疑，當訂正。

藏者，廣雅：「藏，深也。」禮記檀弓云「藏也者，欲人之弗得見也」，易繫辭「慢藏誨盜」，禮記學記云「藏焉脩焉」，禮運云「義之脩而禮之藏也」，齊策云「藏怒以待之」，並訓「掩藏」之義。廣韻引說文「藏，匿也」，「匿」亦「掩藏」之義。

四三　抾摸，去也。齊趙之總語也。抾摸猶言持去也。

維言案：說文：「去，人相違也。」廣雅：「去，行也。」齊策云「不能相去，不能相去」[一]，韋昭注云：「去，離也。」論語鄉黨篇「去喪無所不佩」，孔注云：「去，除也。」禮記禮運云「在埶者去」，鄭注云：「退之也。」秦策云「處女相與語，欲去之」，韋昭注云：「去，猶遣之也。」左氏昭十九年傳云「紡焉以度而去之」，襄二十年傳云「則去其肉」，閔二年傳云「衛侯不去其旗」，釋文並云：「去，藏也。」是凡言「去」者，義並相近。字通作

[一]「不能相去，不能相去」，戰國策作「不能相去」。

「弃」。通俗文云「密藏曰弃」，義亦相近。

抾者，廣雅：「抾，挹也。」羽獵賦云「抾靈蠵」，韋昭注云：「抾，捧也。」漢書注云「抾，挹取也」，亦「持去」之義也。馬融廣成頌云「抾封豨」，注：「抾、刼古字通。」「刼」亦「持」也。集韻「抾，兩手挹也」，義與「持去」亦近。字通作「刼」。説文：「人欲去以力脅止曰刼。」荀子修身篇云「刼之以師友」，楊倞注云「刼，奪去也」，義亦相近。

摸者，亦作「莫」。廣雅：「抾莫，去也。」又通作「摹」。太玄法「摹法以中克」，注云：「摹，索取也。」玄圖篇云「規生三摹」，注云：「索而得之。」漢書揚子本傳云「三摹九据」，音義引字林云：「摹，廣求也。」義並與「持去」相近。「摹」並與「摸」同。集韻「摸，手捉也」，義亦相近。

四四　舒勃，展也。東齊之間凡展物謂之舒勃。

維言案：説文：「展，轉也。」爾雅釋言：「展，適也。」廣雅：「展，直展舒也。」晉語云「侈必展」，韋昭注云：「展，申也。」漢書王温舒傳注云：「展，伸也。」左氏哀二十一年傳云「敢展謝其不恭」，杜預注云：「展，陳也。」並與「舒展」義近。

舒者，廣雅：「舒，展也。」説文：「舒，伸也。」小爾雅亦云：「舒，展也。」淮南子原道訓云「舒之幎于六合」，亦訓「舒」爲「伸展」之義。本經訓云「嬴縮卷舒」，高誘注云：「舒，散也。」素問五常政大論云「其令條舒」，王砅注云：「舒，啟也。」義並與「展」相近。

勃者，廣雅：「勃，展也。」説文「勃，排也」，徐鍇傳云：「勃然而起，有所排擠也。」孟子梁惠王篇：「勃然而興。」左氏莊十一年傳云：「其興也勃焉。」荀子非十二子篇云「勃然平世之俗起焉」，楊倞注云：「勃然興起貌。」義並與「展」相近。舒勃，猶今俗言「舒坦」也。凡物舒展平直曰「舒坦」，伸展適意亦曰「舒坦」。舒，伸也；坦，平也。與「舒勃」之義亦相近也。

四五　摳揄，旋也。秦晉凡物樹稼早成熟謂之旋〔一〕**，燕齊之間謂之摳揄。**

維言案：漢書董仲舒傳注云：「旋，速也。」史記天官書索隱云：「旋，疾也。」説文「還」字注云：「還，疾也。」「還」與「旋」聲近義同。

摳者，廣雅：「摳，舉也。」禮記曲禮注云：「摳，提也。」「舉、提」並有「速」義，與「旋」義相近。

〔一〕「凡物樹稼早成熟」，匯證據吴予天方言注商改作「凡作物樹藝早熟」。

揄者，説文：「揄，引也。」淮南子主術訓注云：「揄，出也。」史記司馬相如傳正義云：「揄，曳也。」義並與「旋」近。案：「摳揄」，疊韻連語字，亦「疾速」之義也。

四六　絚、罔鄧反〔一〕。**筳，**湯丁反。**竟也。秦晉或曰緪，或曰竟；楚曰筳。**

維言案：説文：「樂曲盡爲竟。」爾雅：「竟，窮也。」詩瞻卬篇「譖始竟背」，鄭箋云：「竟猶終也。」漢書元帝紀注云：「竟者，終極之言。」莊子齊物論篇云「振于無竟」，釋文云：「竟，極也。」並訓「究」之義。案：此節「竟」字當爲「綆」之假借字。絚者，亦作「揯」。廣雅：「揯，竟也。」考工記弓人云「恆角而短」，鄭注云：「恆，讀爲揯。揯，竟也。」「揯」與「絚」同。楚辭招魂云「絚洞房些」，王逸注云：「絚，竟也。」亦作「緪」。班固答賓戲云「緪以年歲」，義亦訓「竟」。又通作「亙」。説文：「亙，竟也。」西都賦云「北彌光明而亙長樂」，注云：「亙，竟也。」西京賦云「亙雄虹之長梁」，注云：「亙，經度也。」「經度」亦「竟」之義。後漢書蔡邕傳云「折絚地之基」，義亦訓「竟」。是「絚、緪、揯、亙」並字異義同。

〔一〕「罔鄧反」，匯證據戴震疏證、廣韻改作「岡鄧反」。

筳者，亦作「挺」。廣雅：「挺，竟也。」「挺」與「筳」同。

四七　撊、音剡。**剿**，音妾。**續也。秦晉續折謂之撊**〔一〕，**繩索謂之剿。**

維言案：續者，義見卷一。

撊者，亦作「繝」。義亦見卷一。

剿者，廣雅：「剿，續也。」字通作「緤」。廣雅：「緤，縫也。」「縫」亦「續」也。又通作「緁」。説文：「緁，緶衣也。」漢書賈誼傳云「緁以編諸」，注晉灼注云〔二〕：「編諸緁著衣也。」廣韻：「緁，連緁也。」「緁」與「剿」聲近義同。又玉篇「紉緤，續縫也」，義亦相近。儀禮喪服傳云：「齋，緝也。」「斬，不緝也。」通俗文云：「便縫曰褔。」「緝、褔」亦並與「剿」義近。

四八　擘，音檗。**楚謂之紉。**今亦以線貫針爲紉，音刃。

〔一〕匯證據王念孫手校方言疏證、吴予天方言注商於「折」下補「木」字。

〔二〕依文義，上「注」字衍，當删。

維言案：説文：「擘，撝也。」廣雅：「擘，剖也。」淮南子要略訓云「擘畫人事之終始者也」，高誘注云：「擘，分也。」西京賦云「擘肌分理」，薛綜注云：「擘，破裂也。」字亦作「擗」。楚辭湘夫人云「擗蕙櫋兮既張」，王逸注云：「擗，析也。」義亦相近。今俗謂「分析」猶曰「擘」也。

紉者，廣雅：「紉，盭也。」禮記内則云：「紉鍼請補綴。」楚辭離騷云「紉秋蘭以爲佩」，王逸注云：「紉，索也。」説文：「紉，襌繩也。」[一]廣雅：「紉，索也。」玉篇：「紉，繩縷也。」離騷又云：「豈惟紉夫蕙茝。」惜誓篇云：「并紉茅絲以爲索。」離世篇云「情索潔于紉帛」，王逸注云：「紉，結束也。」義並與郭注「以線貫針」相近。案：紉者，當訓「擗摽」之義。管子霸形篇云「裸體紉胸稱疾」，房注云：「紉猶摩也。」「摩」與「擗摽」義近，訓「紉」爲「擗摽」是矣。郭注失之。

四九　閻笘，開也。東齊開户謂之閻笘，楚謂之闓。 亦開字也。

維言案：説文：「開，張也。」爾雅釋言：「開，闢也。」廣雅：「開，達也。」晉語云

[一]「襌」，説文作「繟」。

「樂以開山川之風」，韋昭注云：「開，通也。」逸周書武順解云「一卒居前曰開」，孔晁注云：「開，啟也。」案：「開」與「啟」義同。漢人避景帝諱，凡「啟」字皆改爲「開」。荀子議篇之微子啟改爲微子開〔一〕，又夏后啟改爲夏后開。是「開、啟」略同，故借用其字。

閣笘者，一本「笘」作「苫」，形似而誤。廣雅：「閣苫，開也。」據廣雅當作「苫」爲是，作「笘」誤矣，當訂正。

闓者，説文：「闓，開也。」廣雅亦云：「闓，開也。」又云：「闓，明也。」「明」與「開」義近。漢書兒寬傳云「發杫闓門」〔二〕，匈奴傳云「今欲與漢闓大關」，曹植矯志詩云「門機之闓，楛矢不遺」〔三〕，注並訓「闓」爲「開」字。通作「凱」。漢書司馬相如傳云「昆蟲闓懌」，史記作「凱澤」。是「闓」與「凱」同。

五〇　杍、柚，作也。東齊土作謂之杍，木作謂之柚。

維言案：説文：「作，起也。」爾雅釋言：「作，爲也。」易益卦：「利用爲大作。」

〔一〕「議」下脱「兵」字，當據二十二子本補。
〔二〕「杫」，漢書作「祉」。
〔三〕「遺」，曹植集校注作「追」。

詩常武篇「王舒保作」，鄭箋云：「作，行也。」周禮羅氏云「蜡則作羅襦」，鄭注云：「作猶用。」儀禮鄉飲酒禮云「作相爲司正」，鄭注云：「作，使也。」詩定之方中篇「作于楚宫」、緇衣篇「敝予又改作兮」並訓「造作」之義。

杼者，「杼」之言「築」也。書説命「説築于傅巖之野」，孟子告子篇「傅説舉於版築之間」，詩斯干篇「築室百堵」，七月篇「九月築場圃」，文王有聲篇「築城伊域」，並訓「築」爲「作」，蓋今泥瓦匠人作工也。「杼、築」聲近義同，故方言訓「土作」謂之「杼」也。

柚者，「柚」之言「軸」也。作軸乃工人之事，故方言訓「木作」謂之「柚」也。詩大東篇「杼柚其空」，釋文或作「杼軸其空」。是「柚」與「軸」同。案：此節似釋詩之「杼柚」。言彼作於周，至空匱也。此説本戴氏震方言疏證之義。而馬氏瑞辰毛詩傳箋通釋以「杼柚」爲「機」，回護鄭箋以譏戴氏之失。今細繹詩義，戴説較長，當從之。

五一　**厲、卬，爲也。**爾雅曰：「俶、厲，作。」作，亦爲也。**甌越曰卬，吴曰厲。**

維言案：爾雅釋言：「造、作，爲也。」小爾雅：「爲，治也。」廣雅：「爲，施也。」「爲，成也。」論語顔淵篇「爲之難」，皇侃疏云：「爲，行也。」晉語云「爲後世之見之也」，韋昭注云：「爲，使也。」詩鳧鷖篇「福禄來爲」，鄭箋云：「爲，助也。」論語述而篇「夫子爲衛君乎」，鄭注云：「爲，助也。」義並與「作爲」相近。

厲者，爾雅釋詁：「厲，作也。」逸周書大武解云「戰有六厲」，孔晁注云：「厲，爲也。」是其證。

卬者，廣雅：「卬，舉也。」玉篇：「卬，激厲也。」長門賦云「意慷慨而自卬」，注云：「卬，激厲也。」「卬、厲」義近，故並訓「爲」。案：「卬」有激厲作爲之義，與「昂」略同。説文「昂，舉也」，「昂、舉」與「作、爲」義近。

五二　**戲、憚，怒也。齊曰戲，楚曰憚。**

維言案：説文：「怒，恚也。」廣雅：「怒，責也。」周語云「怨而不怒」，韋昭注云：「怒，作氣也。」淮南子道應訓云：「怒者，逆德也。」原道訓云：「人大怒破陰。」荀子榮辱篇云：「怏怏而已者，怒也。」禮記内則云：「而后怒之。」公羊莊四年傳云「此非怒與」，何休注云：「怒，遷怒。齊人語也。」是凡言「怒」者，皆有「憤」義。餘義詳見卷二。

戲者，廣雅：「戲，怒也。」楚辭離騷云「陟皇之赫戲兮」，王逸注云：「赫戲，光明貌。」張衡西京賦云「叛赫戲以輝煌」，薛綜注云：「赫戲，炎盛也。」是「盛光」謂之「赫戲」，「盛怒」亦謂之「赫戲」。廣雅「赫、戲」並訓爲「怒」。故知方言「戲」字乃「赫戲」之義。

憚者，廣雅：「憚，怒也。」字通作「僤」。詩桑柔篇：「逢天僤怒。」説文「僤，疾也」，亦「盛怒」之義。字又作「癉」。周語云「陽癉憤盈」，舊注引方言「楚謂怒爲癉」，今作「憚」。蓋「憚、癉」古通用也。

五三　爰、喛，恚也。謂悲恚也。**楚曰爰，秦晉曰喛，皆不欲譍而强畣之意也。**

維言案：説文：「恚，恨也。」玉篇：「恚，恨怒也。」廣雅：「恚，怒也。」史記絳侯世家索隱云：「恚者，嗔也。」「嗔」亦「怒」也。管子地員篇云「其種櫑葛，赨莖黄秀，恚目」，房注云「恚，謂穀實怒開也」，義亦相近。

爰者，廣雅：「爰，恚也。」各本廣雅脱「恚也」二字，自宋時已然。案：此節「爰」字當爲「愠」之假借字。説文：「愠，怒也。」詩疏引説文：「愠，怨也。」詩柏舟篇「愠于群小」，毛傳云：「愠，怒也。」韓詩車舝篇「以愠我心」，薛君傳云：「愠，恚也。」蒼頡篇：「愠，恨也。」禮記檀弓云「舞斯愠」，鄭注云：「愠猶怒也。」又：「愠，哀之變也。」釋文云：「愠，怨恚也。」凡言「怨怒」之義，並與「恚」近。「爰、愠」雙聲字，故「愠」可假借爲「爰」。

喛者，廣雅：「喛，恚也。」廣韻亦云：「喛，恚恨也。」字通作「愋」。玉篇：「愋，恨也。」義與「恚」近，「愠恨」之義方與「强畣」義近。舊説以「爰」訓「哀」者，失之。下文卷十二云：「爰，哀也。」此處不應重出。

五四　傁、艾，長老也。東齊魯衛之間凡尊老謂之傁，或謂之艾；禮記曰：「五十曰艾。」**周晉秦隴謂之公，或謂之翁；南楚謂之父，或謂之父老。南楚瀑洭之間**暴、匡兩音。洭水，在桂陽。**母謂之媓，謂婦妣曰母姼，**音多。**稱婦考曰父姼。**古者通以考妣爲生存之稱。

維言案：「老」有尊長之稱，故曰「長老」。老者，義見卷一。

長者，廣雅：「長，老也。」禮記祭義云「立敬自長始」，鄭注云：「長，兄也。」孟子萬章篇「不挾長」，趙岐注云：「長，年長也。」韓非子詭使篇云：「厚重尊，謂之長者。」[一]詩皇矣篇：「克長克君。」左氏昭二十八年傳云：「教誨不倦謂之長。」孟子梁惠王篇：

[一] 二十二子本「尊」上有「自」字。

「爲長者折枝。」公孫丑篇：「子絶長者乎。」書伊訓：「立敬惟長。」禮記曲禮云：「年長以倍，則父事之。十年以長，則兄事之。五年以長，則肩隨之。」是凡言「長」者，並訓「尊長」之義。

傁者，亦作「叜」。廣雅：「叜，父也。」又通「嫂」。廣雅：「嫂，叜也。」鄭注儀禮喪服傳云：「嫂猶叜也。叜，老人稱也。」説文：「叜，老也。」孟子梁惠王篇「王曰叟」，劉注云：「叟，長老之稱。」「叟」與「叜」同。禮記文王世子「三老五更」，蔡邕獨斷云：「五更或謂五叜。」「叜」，老稱，與「三老」同義。左氏宣十二年傳云「趙傁在後」，「傁」亦「長老」之稱。齊語云「合羣叜」，莊子在宥篇云「叟何人耶」，義並相近。

艾者，爾雅釋詁：「艾，長也。」釋名云：「五十曰艾。艾，乂也。乂，治也。治事能割斷，芟刈無所疑也。」周語云「耆艾修之」，韋昭注云：「耆艾，師傅也。」亦「長老」之稱。又小爾雅「艾，大也。艾，老也」，詩庭燎傳云「艾，久也」，義亦相近。

公者，廣雅：「公，父也。」魏策云：「陳軫將行，其子陳應止其公之行。」是訓「公」爲「父」之證。今俗稱「尊長」，每曰「某公」，是「公」從泛稱「長老」之義也。古詩箜篌引云：「公無渡河。公竟渡河。」是稱老者皆曰「公」也。又爾雅釋親「夫之兄曰兄公，夫之姊曰女公」，亦「尊長」之義也。

翁者，廣雅：「翁，父也。」史記項羽本紀云：「吾翁即若翁。」是稱「父」曰「翁」也。泛稱「長老」亦曰「翁」。後漢書馬援傳云：「矍鑠哉，是翁也。」史記灌將軍傳云「與長孺共一禿老翁」，言「年老頭禿」也。是「翁」爲年老之通稱。今俗稱長老猶曰「翁」也。

父者，説文：「父，家長率教者。」禮記曲禮云：「生曰父。」儀禮喪服傳云：「父，至尊也。」又云：「父者，子之天也。」史記屈賈傳云：「父母者，人之本也。」荀子致仕篇云：「父者，家之隆也。」廣雅：「父，榘也。」白虎通云：「父者，榘也，以法度教子也。」是訓父母之義，古人稱「尊長」，亦曰「父」。史記馮唐傳云：「文帝問唐曰：『父知之乎。』」又爲年老之通稱，如「田父、漁父」之類是也。

媓者，廣雅：「媓，母也。」

父姼、母姼者，廣雅：「妻之父謂之父姼。妻之母謂之母姼。」郭注訓「考妣爲生存之稱」，失之。

五五　巍、嶢、崝、嶮，高也。 嶕嶢、崝嵤，高峻之貌也。

維言案：説文：「高，崇也。」廣雅：「高，上也。」易説卦傳：「巽爲高。」禮記樂記云：「窮高極遠。」釋名：「高，皋也，最在上，皋韜諸下也。」今用爲「高卑」字，俗謂「不卑」爲「高」。詩崧高篇「崧高維嶽」、敬之篇「無曰高高在上」、卷耳篇「陟彼高岡」、卷阿篇「于彼高岡」、豐年篇「亦有高廩」，中庸「辟如登高」，孟子盡心篇「位卑而言高」，孝經「高而不危」：義並相近。

巍者，說文：「巍，高也。」論語泰伯篇「巍巍乎舜禹之有天下也」，集解云：「巍巍，高大之稱也。」字亦作「魏」。孟子盡心篇「勿視其魏魏然」，丁公著音義云：「當作巍巍。」又通作「嵬」。淮南子本經訓云「魏闕之高」，高誘注云：「門闕之高嵬嵬然，故曰魏闕。」「嵬嵬」與「巍巍」同。又通作「巋」。爾雅釋山「山小而衆巋」，釋文云：「巋，高峻貌。」是「巍、魏、嵬、巋」並聲近義同。

嶢者，說文：「嶕嶢，山高貌。」漢書揚子本傳云：「泰山之高不嶕嶢。」西京賦云：「表嶢闕于閶闔。」魏都賦云：「抗旗亭之嶤嶭。」「嶤」與「嶢」同義，並與訓「高」。又廣雅：「嶤，特也。」「嶤嶤，危也。」景福殿賦云：「岧嶤岑立。」魯靈光殿賦云「漂嶢峴而不枝」，注訓「不安之貌」，與「高」義亦相近。

崝者，說文：「崝，嶸也。」河東賦云「陟西嶽之嶢崝」，師古注云：「嶕嶢而崝嶸。」淮南子繆稱訓云「岸崝者必陀」，高誘注云：「崝，峭也。」「峭」亦「高」也。字亦作

「崢」。廣雅：「崝嵤，深也。」又云：「崢嵤，深冥也。」上林賦云「刻削崢嶸」，注云：「崢嶸，深貌。」吴都賦云「南北崢嶸」，注：「深邃貌。」漢書司馬相如傳云「下崢嶸而無地兮」，注云：「深遠貌。」揚子本傳云「似紫宫之崢嶸」，注云：「深遠也。」西域傳云「臨崢嶸不測之淵」，注云：「深險貌。」是凡訓「深」者，義與「高」近，人非登高不見其深，故「高、深」義近也。「崢嶸」，亦作「嶒竑」。魯靈光殿賦云「鬱坱圠以嶒竑」，注云「嶒竑，深空貌」，義與「崢嶸」同。

嶮者，集韻：「嶮，高峻貌。」嵇康琴賦云「丹崖嶮巇」，郭璞江賦云「壯天地之嶮介」，酈道元水經澠水注云「山高岸嶮，故曰安嶮」，列子楊朱篇云「山川阻嶮」，義並訓「高峻」之義。字通作「險」。説文「險，阻難也」，與訓「高」之義亦近。

五六　猒、塞，安也。物足則定。

維言案：説文：「安，靜也。」釋名云：「安，晏也。晏晏然和喜，無動懼也。」爾雅釋詁：「安，定也。」「安，止也。」廣雅：「安，靜也。」莊子天地篇云：「共給之之爲安。」周書謚法云：「好和不爭曰安。」易繫辭「利用安身」，九家注云：「安，嘿處也。」左氏文十一年傳云「自安于夫鍾」，杜預注云：「安，處也。」襄七年傳云「吾子其少安」，杜注云：「安，徐也。」儀禮少牢禮云「心皆安上切下」，鄭注云：「安，平也。」義並相近。猒者，説文：「猒，飽也。」周語云「豈敢猒縱其耳目心腹以亂百度」，韋昭注云：「猒，足也。」荀子儒效篇云「猒乎其能長久也」[一]，楊倞注云：「猒，足也。」字本作「懕」。説文：「懕，安也。」爾雅釋訓「懕懕，安也」，釋文引説文：「安，靜也。」説文引詩「懕懕夜飲」，毛詩湛露篇作「厭厭夜飲」。小戎篇「厭厭良人」，毛傳云：「厭厭，安靜也。」劉向列女傳引作「愔愔良人」，蓋本韓詩也。左氏昭十二年傳云「祈昭之愔愔」，杜預注云：「愔愔，安和貌。」是「懕、猒、厭、愔」並字異義同。

塞者，詩燕燕篇「其心塞淵」，毛傳：「塞，瘞也。」定之方中篇「秉心塞淵」，鄭箋云：「塞，充滿也。」禮記中庸「不變塞焉」，鄭注云：「塞猶實也。」「充實」之義與「安」相近。字通作「寋」。説文：「寋，實也。」廣雅：「寋，安也。」案：本作「寋」，「塞」乃假借字也。經典皆以「塞」爲之。

[一] 「猒乎」，二十二子本作「猒猒兮」。

五七　㥄、音淩。煤〔一〕，亡主反。憐也。

維言案：此節義並見卷一。

五八　掩、翳，薆也。謂蔽薆也。詩曰：「薆而不見。」音愛。

維言案：薆，亦从竹作「⿱竹愛」。説文：「⿱竹愛，蔽不見也。」廣雅：「⿱竹愛，障也。」爾雅釋言：「薆，隱也。」離騷云「衆薆然而蔽之」，漢書司馬相如傳云「觀衆樹之塕薆」，上林賦云「晻薆咇茀薆」，並與「薆」同。郭注引詩「薆而不見」者，毛詩靜女篇作「愛而不見」，説文「僾」字注引詩作「僾而不見」，禮記祭義正義亦引詩「僾而不見」。是「愛、僾」並與「薆」通，言隱蔽而不得見也。鄭箋訓「愛之而不往見」，失詩義矣。詩烝民篇「愛莫助之」，毛傳云「薆，隱也」，得之。

掩者，義見上文「揜，滅也」下。

翳者，廣雅：「翳，⿱穴愛也。」「⿱穴愛」與「薆」通。餘義見卷二「翿、幢，翳也」下。

〔一〕「煤」，戴震疏證本作「⿰忄某」，當據改。

五九　佚惕，緩也。跌、唐兩音。

維言案：説文：「緌，綽也。」「緌」與「緩」同。周禮典同：「正聲緩。」晉語云「緩秦賂」，韋昭注云：「緩，遲也。」釋名云：「緩，浣也，斷也，持之不急而動摇浣斷，自放縱也。」今俗謂不急猶曰「緩」。

佚者，廣雅：「佚，樂也。」安樂有「緩」之義。蒼頡篇：「佚，蕩也。」「放蕩」與「緩」義亦近。

惕者，説文：「惕，放也。」「放」與「緩」義近。

方言釋義卷七

歷下　王維言學

一　**諄憎，所疾也。**之潤反。**宋魯凡相惡謂之諄憎，若秦晉言可惡矣。**

維言案：疾者，禮記緇衣云「毋以嬖御人疾莊后」；少儀云「有亡而無疾」；左氏昭九年傳云「謂之疾日」，杜預注云「疾，惡也」；荀子不苟篇云「不上同以疾下」：並訓「疾惡」之義。字通作「㑵」。說文：「㑵，妎也。」字又作「嫉」。廣雅：「嫉，妒也。」「嫉，惡也。」楚辭離騷云「各興心而嫉妒」，王逸注云：「害賢爲嫉，害色爲妒。」禮記大學「媢嫉以惡之」，秦誓作「冒疾以惡之」。是「疾」與「嫉」同。史記外戚傳云「士無賢不肖，入朝見嫉」，亢倉子用道篇云「同藝者相嫉」，亦並與「惡」義相近。

諄者，廣雅：「諄，苦也。」「苦」與「疾惡」義近。字通作「憝」。說文：「憝，怨也。」廣雅：「憝，惡也。」書康誥「凡民罔不憝」，孟子萬章篇引書作「譈」。逸周書世俘解云「凡憝國九十有九」，孔晁注云：「憝，惡也。」荀子議兵篇云：「百姓莫不敦惡。」

法言重黎篇云「楚懰群策」，李軌注云：「懰，惡也。」是「憝、懰、敦」並與「諄」聲近義同，並與「疾」義亦相近。

憎者，説文：「憎，惡也。」廣雅：「憎，惡也。」「憎，難云。」〔一〕「憎，苦也。」詩正月篇「伊誰云憎」，毛傳云：「憎，惡也。」禮記曲禮云「憎而知其善」，晉語云「盜憎主人」，義並訓「憎」爲「惡」。今俗言「可憎」猶曰「可惡」也。

二　**杜、蹻，歰也。趙曰杜，**今俗語通言歰如杜。杜梨子歰，因名之。**山之東西或曰蹻。**郄蹻，燥歰貌。音笑謔。

維言案：説文：「歰，不滑也。」玉篇：「歰，難轉也。」今人謂不滑猶曰「歰」也。六書故云：「行艱謂之歰，味苦亦謂之歰。」字通作「澀」。説文「歰」亦作「澀」。風俗通十反篇云：「冷澀比于寒蜒。」又通作「濇」。説文：「濇，不滑也。」素問至真要大論云「短而濇」，王砅注云：「往來不利，是謂濇也。」淮南子要略訓云：「瀸濇肌膚。」「澀、濇」並與「歰」同。

〔一〕「云」當作「也」。

杜者，廣雅：「杜，歰也。」郭注「歰如杜」者，陸璣草木疏云「歰如杜」，是郭所本。案：杜梨大如指頂。詩「有杕之杜」即此物，味澀不滑，故郭注云然。

蹻者，廣雅：「蹻，歰也。」今俗呼物之「歰」者，或曰「蹻歰」，或曰「䀏歰」。故郭注以爲「䀏蹻，燥歰貌」也。

三 **佻、抗，縣也。趙魏之間曰佻，自山之東西曰抗。燕趙之郊縣物於臺之上謂之佻。** 了佻，縣物貌。丁小反。

維言案：說文：「縣，繫也。」徐鉉云：「此本是縣挂之縣，借爲州縣之縣。今人加心作懸，義無所取。」孟子公孫丑篇「猶解倒懸也」，是用假借字。廣雅：「縣，抗也。」吳都賦注引莊子「有繫謂之縣」。周禮小胥云：「正樂縣之位。」詩有瞽篇：「應田縣鼓。」左氏僖二十六年傳云：「室如縣罄。」襄十年傳云：「縣門發。」禮記檀弓云：「縣棺而封。」淮南子本經訓云：「縣聯房植。」莊子大宗師篇云「此古之所謂縣解也」，向注云：「縣猶係也。」素問通評虛實論云「脉縣小者」，王砯注云：「謂縣物之動也。」義並與「縣、繫」相近。

佻者，廣雅：「佻，縣也。」爾雅釋言：「佻，偷也。」偷者，薄也。「輕薄」與「縣」義相近。郭注以爲「了佻，縣物貌。丁小反」，今俗語謂縣物爲「弔」，聲相近也。抗者，廣雅：「抗，縣也。」「抗，舉也。」「抗，張也。」詩賓之初筵篇：「大侯既抗。」考工記梓人云：「故抗而射女。」儀禮既夕禮云：「甸人抗重。」周禮服不氏云：「則抗皮。」禮記文王世子云：「抗世子之法于伯禽。」羽獵賦云：「抗手稱臣。」是凡訓「抗」爲「舉張」之義者，並與「縣」義相近。

四　發、税，舍車也。舍，宜音寫。**東齊海岱之間謂之發，**今通言發寫也。**宋趙陳魏之間謂之税。**税猶脱也。

維言案：舍車者，猶今俗言「卸車」也。易屯卦「不如舍」，虞翻注云：「舍，置也。」禮記月令云「耕者少舍」，鄭注云：「舍，止也。」書湯誓「舍我穡事」，釋文云：「舍，廢也。」爾雅釋詁：「廢，舍也。」論語述而篇「舍之則藏」，釋文云：「舍，放也。」左氏昭九年傳云「舍藥物可也」，服虔注云：「舍，止也。」論語雍也篇「山川其舍諸」，釋文云：「舍，棄也。」詩車攻篇「舍矢如破」、行葦篇「舍矢既均」，鄭箋並云：「舍，釋也。」呂氏春秋仲春紀云「入舞舍菜」，高誘注云：「舍猶置也。」並與「舍、止」義近。

發者，玉篇：「發，駕車也。」是駕車曰「發」，舍車亦曰「發」。字通作「廢」。爾雅釋詁：「廢，舍也。」周禮太宰云「廢置以馭其吏」，鄭注：「廢猶退也。」又云「廢以馭其罪」，鄭注云：「廢猶放也。」「退、放」並與「舍」近。小爾雅：「廢，置也。」廣雅亦云：「廢，置也。」「置」與「舍」義亦同。「廢」並與「發」通。莊子列禦寇篇云「曾不發藥乎」，列子黄帝篇作「不廢藥乎」。是「發、廢」古字通用。「廢」與「發」義若相反而相成。晉書潘岳傳云：「發槅寫鞌，皆有所憩。」此假「寫」爲「卸」也。説文：「卸，舍車也，解馬也。」「發、卸」一聲之轉。

税者，爾雅釋詁：「税，舍也。」史記李斯傳云「吾未知所税駕也」，索隱云：「税駕，猶解駕，言休息也。」吕氏春秋慎大篇云「税牛于桃林」，高誘注云：「税，釋也。」「釋、舍」義近。禮記檀弓云：「税驂于舊館。」文王世子云：「不税冠帶。」少儀云：「車則税綏。」又少儀注云：「降税屨。」投壺注云：「既税屨。」釋文並云：「税，本作脱。」又左氏莊九年傳云：「及堂阜而税之。」禮記服問云「以有本爲税」，鄭注：「税亦變易也。」並借「脱」爲「税」。文選陸機詩注云：「脱與税古字通。」故郭注「税猶脱也」，是以「解脱」爲義。又周禮典略鄭衆注云：「説猶舍車也。」「説」亦「脱」之假借字，與「税」略同。

五　肖、類，法也。齊曰類，西楚梁益之間曰肖。秦晉之西鄙自隴而西〔一〕冀縣，今在天水。**使犬曰哨。**音騷。**西南梁益之間凡言相類者亦謂之肖。**肖者，似也。

維言案：說文：「灋，刑也。」爾雅釋詁：「法，常也。」廣雅：「法，合也。」易繫辭：「制而用之謂之法。」管子正篇云：「當故不改曰法。」荀子法行篇云：「禮義之謂法。」老子道德經云「人法地」，王弼注云：「法，則也。」荀子不苟篇云「畏法流俗」，楊倞注云：「法，效也。」呂氏春秋情欲篇云「必法天地也」，高誘注云：「法，象也。」凡言「法」者，並與「相類」義近。故訓「法」者，又可訓爲「相類」也。

肖者，廣雅：「肖，灋也。」「肖，類也。」「肖，象也。」說文：「肖，骨肉相似也。」玉篇：「肖，似也。」書說命「說築于傅巖之野，惟肖」，孔傳云：「肖，似也。」孟子萬章篇：「丹朱之不肖。」淮南子墬形訓云：「肖形而蕃。」漢書刑法志云「夫人肖天地之貌」，師古注云：「庸妄之人謂之不肖，言其象貌無所象似也。」字亦作「俏」。列子楊朱篇云：「人俏天地之類。」力命篇云「俏成也」，張湛注云：「俏，似也。」釋文云：「俏與肖同。」是凡言「肖」者，皆有「相似」之義。故郭注以爲「肖者似也」。

〔一〕戴震疏證本「自」下有「冀」字，據本條郭注，「冀」字當補。

類者，廣雅：「類，瀀也。」説文：「類，種類相似也。」廣雅又云：「類，象也。」吴語云「類有大憂」，韋昭注云：「類，似也。」禮記緇衣云「行無類也」，鄭注云：「類謂比式。」釋文云：「比方法式也。」楚辭九章云「吾將以爲類兮」，王逸注云：「類，法也。」史記屈原傳正義云：「類，例也。」或曰借爲「律」字。荀子儒效篇云：「其言有類。」「類」之言「律」也，「律」亦「法」也。禮記樂記「律大小之稱」，史記樂書引作「類大小之稱」。是「律」與「類」聲近義同，並以「法」爲義也。

哨者，義同「嗾」。説文：「嗾，使犬聲。」左氏宣二年傳云「公嗾夫獒焉」，服虔注云：「嗾，取也。」釋文云：「服本作嗾。」案：「嗾」字誤，當作「㘳」。集韻：「㘳與嗾同，使犬聲。」「哨、嗾」雙聲，故可假借。玉篇引方言作「使犬曰嗾」，是「哨、嗾」通也。今人使犬猶曰「哨」。

六　**憎、懹，憚也。**相畏憚也。**陳曰懹。**

維言案：廣雅：「憚，難也。」説文：「憚，忌難也。一曰難也。」詩緜蠻篇「豈敢憚行」，雲漢篇「我心憚暑」，鄭箋云：「憚猶畏也。」韓詩：「憚，苦也。」禮記中庸：「小人而無忌憚也。」晉語云「小罪憚之」，韋昭注云：「憚，懼也。」又廣雅：「憚，驚也。」通俗文云：「旁驚曰憚。」亦與郭注「畏憚」義近。易屯卦釋文引賈逵注云：「難，畏憚也。」「憚」訓「畏難」之義。故廣雅、説文並以「難」爲訓。

憎者，廣雅：「憎，難。」上文云：「憎，疾也。」「疾」與「憚」義近。

懹者，廣雅：「懹，難也。」廣韻：「懹，憚也。」「難、憚」義同。廣韻蓋本方言義也。

七　譙、字或作誚。**讙，**火袁反。**讓也。齊楚宋衛荊陳之間曰譙，自關而西秦晉之間凡言相責讓曰譙讓，北燕曰誂**〔一〕。

維言案：説文：「讓，相責讓也。」小爾雅：「詰責以辭謂之讓。」廣雅：「讓，責也。」左氏昭二十五年傳云「且讓之」，周語云「讓不貢」，史記齊世家云「魯人以爲讓」，漢書項籍傳云「二世使人讓章邯」，並訓「責讓」之義，與「揖讓」之「讓」義別。

譙者，廣雅：「譙，讓也。」「譙，呵也。」史記朝鮮傳索隱引説文：「譙，讓也。」萬石君傳云「子孫有過失，不譙呵」，亦訓「責讓」之義。

郭注以「字或作誚」。漢書高帝紀云「樊噲以譙讓羽」，師古注云：「譙讓，以辭相責也。」史記樊噲傳作「誚讓項羽」，索隱云：「誚讓，責也。」呂氏春秋疑似篇云：「酒

〔一〕「誂」，戴震疏證本作「讙」。按，據上下文義，作「讙」是。

醒而誚其子。」誣徒篇云：「不可譙訢遇之。」管子立政篇云「里尉以譙于游宗」，一本作「誚于游宗」，並「譙、誚」通用之證。書金縢「王亦未敢誚公」，漢書鯨布傳云「項王數使使者誚讓召布」，師古注云「誚，責也」：義並相同。

讙者，廣雅：「讙，讓也。」説文：「讙，譁也。」字亦作「諠」。凡人相責讓，其聲諠譁，因謂讓爲諠，猶今俗謂諠譁爲讓也。三蒼：「讙，言語詾詾也。」漢書陳平傳云「諸將盡讙」，師古注云：「讙囂而議也。」外戚傳云「以息衆讙」，注云：「讙，衆議也。」霍光傳云「又聞民間讙言」，注云：「讙，衆聲也。」是凡言「讙」者，並與「責讓」義近。

八　僉、胥，皆也。自山而東五國之郊曰僉，六國惟秦在山西。**東齊曰胥。**

維言案：説文：「皆，俱詞也。」小爾雅：「皆，同也。」詩豐年篇「降福孔皆」，毛傳云：「皆，徧也。」儀禮聘禮云「皆行，至于階，讓」，鄭注云：「皆猶並也。」字通作「偕」。詩陟岵篇「夙夜必偕」，毛傳云：「偕，俱也。」書湯誓「予及女皆亡」，孟子梁惠王篇引書作「偕亡」。詩「與子偕作」，漢書地理志及趙充國辛慶忌傳贊引詩作「與子皆作」。是「皆、偕」相通之證。

僉者，爾雅釋詁：「僉，皆也。」説文：「僉，皆也。」廣雅：「僉，多也。」小爾雅：

「僉，同也。」楚辭天問云「僉答何憂」，王逸注云：「僉，衆也。」書「僉曰：『於，鯀哉』」「僉曰：『伯夷』」，義並訓「僉」爲「皆」，義與「咸」略同。説文：「咸，皆也。」「僉、咸」聲近，字相假借也。

胥者，爾雅釋詁：「胥，皆也。」又云：「胥，相也。」「相」與「皆」義近。案：今俗或呼「皆」爲「都」，「都」亦「總同」之義。或又呼「皆」爲「兜」。「兜」者，「都」之轉聲。「都、兜」並與「胥」語聲有輕重耳。今山東語然，此東齊曰「胥」之證。

九　侔莫，强也。北燕之外郊凡勞而相勉若言努力者謂之侔莫。

維言案：爾雅釋詁：「强，勤也。」禮記表記云「强焉日有孳孳」，釋文「强」一作「俛」。學記云「知困然後能自强也」，鄭注云「脩業不敢倦」，亦「勉强」之義。周禮司諫云「强之道藝」，注云：「强猶勸也。」考工記梓人云「强飲强食」，亦訓「勉强」之義。禮記中庸：「或勉强而行之。」是「强」與「勉」義同。今俗不欲而强爲猶曰「勉强」也。

侔莫者，「侔」亦作「劺」。廣雅：「劺、莫，强也。」「侔」之言「茂」也〔一〕。爾雅釋詁：「茂，勉也。」「莫」亦作「慔」。爾雅釋訓：「慔慔，勉也。」合言之則曰「侔莫」，亦

〔一〕據上下文義，「侔」當作「劺」。

以「勉强」爲義。

一〇 **倮僶，駡也。** 羸小可憎之名也。倮，音卬竹〔二〕。**燕之北郊曰倮僶。**

維言案： 説文：「駡，詈也。」釋名云：「駡，迫也，以惡言迫人也。」史記留侯世家云：「輕士善駡。」字通作「傌」。漢書賈誼傳云「笞、傌、弃市之法」，亦以惡言加人之義。今俗謂惡言加人者猶曰「駡」也。

倮僶者，廣雅：「倮僶，駡也。」「倮」或通作「枭」。廣雅：「枭，諎也。」「詠諎」與「駡」義相近。僶者，上文卷三云「庸謂之僶」，亦「賤之」之義。「賤」與「駡」義亦近。卷三注云：「僶猶保僶也。」案：「保僶」亦疑是「倮僶」之訛。郭注以爲「羸小可憎之名」者，玉篇引方言注作「形小可憎之名」，「羸、形」音近義同。案：説文：「羸，瘦也。」羸小，瘦小也，猶今俗言「卑鄙不堪」之義。亦駡人之詞也。

一一 **展、惇，信也。東齊海岱之間曰展，燕曰惇。** 惇亦誠信貌。

〔二〕「卬」當作「邛」。形近而訛。

維言案：信、展義並見卷一。

惇者，廣雅：「惇，信也。」説文：「惇，厚也。」書洛誥「惇大成裕」，亦以「惇厚」爲義。亦作「敦」。大戴禮王言篇：「士信民敦。」左氏僖二十七年傳云：「説禮樂而敦詩、書。」周語云：「敦厖純固。」禮記樂記云：「樂者，敦和。」孟子萬章篇：「薄夫敦。」漢書鮑宣傳云：「敦外親。」是凡言「敦」者，並「惇」之假借字，其義多訓「厚」，「厚」與「誠信」義相近也。

一二　**斯、掬，離也。齊陳曰斯，燕之外郊朝鮮洌水之間曰掬。**

維言案：離者，義見卷六。

斯者，「⿸疒斯」之假借字，義亦見卷六。

掬者，通作「⿰阝句」。廣雅：「⿰阝句，離也。」又通作「𦥑」。玉篇：「𦥑，兩手也。」兩手有分離之義。案：「𦥑」之古文作「臼」，有兩手分離之象。「𦥑」與「掬」同。故方言「掬」訓「離」也。

一三　**蝎、**音曷。**噬，**卜筮。**逮也。東齊曰蝎，北燕曰噬。逮，通語也。**

維言案：説文：「唐逮，及也。」廣雅：「逮，及也。」易繫辭：「水火相逮。」公羊成二年傳云：「逮于袁婁而與之盟。」書呂刑：「群后之逮在下。」詩桑柔篇：「荓云不逮。」禮記曲禮云：「逮事父母。」史記始皇紀云：「以罪過連逮。」漢書王莽傳云「逮治黨與」，師古注云：「逮，捕也。」爾雅釋詁：「逮，與也。」並一意之引申。

蝎者，亦作「遏」。爾雅釋言：「遏，逮也。」説文：「遏，微止也。讀若蝎。」謂尾而止之。爾雅釋詁：「遏，止也。」蒼頡篇：「遏，遮也。」易大有「君子以遏惡揚善」，虞翻注云：「遏，絶也。」書「四海遏密八音」，義亦訓「止」。詩民勞篇「式遏寇虐」，鄭箋云：「遏，止也。」周禮鄭衆注云：「遏止欲訟者也。」是凡言「遏」，皆有「止」義。「遏」與「蝎」字同，「止」與「逮」義相近也。

噬者，亦作「遾」。爾雅釋言：「遾，逮也。」「遾」與「噬」同。詩有杕之杜篇「噬肯適我」，毛傳云：「噬，逮也。」釋文云：「噬，韓詩作逝。」傳云：「逝，及也。」十畝之間篇「行與子逝兮」，鄭箋云：「逝，逮也。」説文「逝，往也」，廣雅「逝，行也」，義亦與「逮」相近。「逝」與「噬」聲近義同。

一四　**皮傅、彈憸，强也。**謂强語也。音險。**秦晉言非事謂之皮傅，東齊陳宋江淮之**

間曰彈憸。

維言案：强者，與上文略同。皮傅者，後漢書張衡傳云「後人皮傅，無所容纂」[一]，注云：「皮膚淺近，强相傳會也。」彈憸者，亦作「憚憸」。廣雅：「憚憸，强也。」「憚」與「彈」通。

一五　膊、普博反[二]。**曬、**霜智反。**晞，㬥也。東齊及秦之西鄙言相㬥僇爲膊。**㬥僇，謂相㬥磔惡事。音膊脯。**燕之外郊朝鮮洌水之間凡㬥肉、發人之私、披牛羊謂之膊[三]。㬥五穀之類，秦晉之間謂之曬，東齊北燕海岱之郊謂之晞。**

維言案：㬥，今作「暴」。說文：「暴，晞也。」小爾雅：「暴，曬也。」考工記㡆氏云：「晝暴諸日。」孟子離婁篇：「一日暴之，十日寒之。」荀子富國篇云：「聲名足以暴炙之。」史記司馬相如傳云「暴于南榮」，索隱云：「僵卧日中也。」並訓「暴曬」之義。又左氏宣十二年傳云：「今使我二國暴骨。」穀梁隱五年傳范注云「暴師經年」，釋

[一]「纂」，後漢書作「篹」。

[二] 戴、盧刪「普博反」三字，移下注文「音膊脯」三字置於此。

[三] 戴震疏證本「羊」下有「之五藏」三字。

文云：「暴，露也。」漢書中山靖王傳云「數奏暴其過惡」，注：「謂披布之。」西域傳云「因暴兵威」，注云：「暴謂顯揚也。」王嘉傳云「宜暴賢等本奏語言」，注云：「暴謂章露也。」並與「暴僇、暴發」義近。

膊者，說文：「膊，薄膊之屋上。」[一]案：猶言曝之屋上。廣雅：「膊，曝也。」釋名云：「膊，迫也，薄椓肉，迫著物使乾也。」又云：「膊[二]，搏也，乾燥相搏著也。」說文：「脯，乾肉也。」「脯」與「膊」通。淮南子繆稱訓云：「故同味而嗜厚膊者。」說林訓云「一膊炭熯」，高誘注云：「膊，脡也。」並與「暴曬」義近。又左氏成二年傳云「殺而膊諸城上」，杜預注云：「膊，磔也。」周禮掌戮：「掌斬賊諜而搏之。」「搏」與「膊」通，並訓「暴僇」之義。

曬者，廣雅：「曬，曝也。」說文：「曬，暴也。」漢書中山靖王傳云「臣聞白日曬光，幽隱皆照」，師古注云：「曬，暴也。」今俗暴物於日中猶曰「曬」也。

晞者，廣雅：「晞，乾也。」說文：「晞，日乾也。」詩湛露篇「匪陽不晞」，毛傳亦云：

[一] 說文「薄」下有「脯」字。
[二] 「膊」當作「脯」。

「晞，乾也。」禮記玉藻云「晞髮用象」，鄭注亦云：「晞，乾也。」楚辭少司命云「晞汝髮兮陽之阿」，義與玉藻同。字亦作「烯」。小爾雅：「烯，乾也。」凡訓「乾」者，義並與「暴」近。

一六　**熬、焣、**即䰞字也。創眇反。**煎、㷶、**皮力反。**鞏，火乾也。凡以火而乾五穀之類，自山而東齊楚以往謂之熬，關西隴冀之間謂之㷶，秦晉之間或謂之焣。凡有汁而乾謂之煎，東齊謂之鞏。**拱手。

維言案：火乾者，字林：「乾，燥也。」易噬嗑「嗑乾肉」[一]，注云：「乾肉，肉堅也。」儀禮士冠禮「有乾肉折俎」，鄭注云：「乾肉，脯也。」呂氏春秋禁塞篇云「單脣乾肺」，高誘注云：「乾，晞也。」淮南子説山訓云「漆見蟹而不乾」，高誘注云：「乾，燥也。」詩中谷有蓷篇：「暵其乾矣。」左氏僖十五傳云：「外彊中乾。」亦並訓「乾燥」之義。燥，不溼也。今俗謂「不溼」猶曰「乾」也，凡乾物非日即火，上節「暴，日乾也」，故此節言「火乾」。

[一] 下「嗑」字，十三經注疏本作「噬」；下注中「肉堅」之「肉」字衍。

熬者，説文：「熬，乾煎也。」廣雅作「熡」，云：「熡，乾也。」周禮地官舍人云「共飯米熬穀」，小祝云「設熬」，後漢書邊讓傳云「少汁則熬而不可熟」，義並與「火乾」相近。今俗煎膏猶曰「熬」也，亦取「火乾」之義。

焣者，郭注以爲古「䰗」字也。楚辭九思云：「我心兮熬䰗。」字亦作「𩱦」。説文：「𩱦，熬也。」又作「𤎩」。廣雅：「𤎩，乾也。」又作「煼」。爾雅釋草郭注云「豨首可以煼蠶蛹」，釋文引三蒼云：「煼，熬也。」又作「焣」。集韻：「焣，火乾也。」又古文奇字作「㯹」，崔寔四民月令作「炒」。並字異而音義皆同。今俗惟用「炒」字，不復用諸字矣。俗呼「乾煎」曰「炒」，即此字。六書故云「焣，鬲中烙物也」，義同。

煎者，説文：「煎，熬也。」廣雅：「煎，乾也。」玉篇：「煎，火去汁也。」廣韻：「煎，熟煮也。」禮記内則云：「煎醢。」儀禮既夕禮云：「凡糗不煎。」考工記㮚人云：「改煎金錫。」並與「火乾」義近。今俗謂「以膏熬物」猶曰「煎」也。

㷮者，集韻：「趙魏謂熬曰㷮。」字亦作「𥻨」。説文：「𥻨，以火乾肉也。」又作「𥻦」。廣雅：「𥻦，乾也。」又作「𥻦」。周禮籩人注云：「鮑者於楅室中糗乾之。」案：「楅」疑是「𥽴」之訛。又作「煏」。玉篇：「煏，火乾也。」並字異而音義皆同。案：集韻「㷮」，弼力切，讀若愎，又鼻墨切，讀若菔，又平秘切，讀若備，義並相近。郝氏懿行𪢘書堂筆録謂「山東人讀僬爲爬，爬者，備之轉聲也」。今四川人謂「熟」爲「僬」，是隴冀謂之「僬」之證。

𤓰者，通作「焅」。廣雅：「焅，乾也。」玉篇亦云：「焅，乾也。」廣韻：「焅，火乾物也。」「焅、𤓰」聲近義同。又假借爲「烘」。説文：「烘，尞也。」爾雅釋言：「烘，燎也。」詩白華篇「卬烘于煁」，亦訓「燎」，義與「火乾」義亦相近。

一七　胹、音而。**飪、**音荏。**亨、爛、糦、**音熾。**酋、**音囚。**酷，熟也。自關而西秦晉之郊曰胹，徐揚之間曰飪，嵩嶽以南陳潁之間曰亨。自河以北趙魏之間火熟曰爛，氣熟曰糦，久熟曰酋，穀熟曰酷。熟，其通語也。**

維言案：説文：「孰，食飪也。」字亦作「熟」。禮記禮運注云「熟治萬物」，疏云：「熟謂亨煮。」孟子告子篇「苟爲不熟」，趙岐注云：「熟，成也。」今俗謂飯成曰「熟」，穀成、果成皆曰「熟」，其義一也。

胹者，廣雅：「胹，熟也。」説文：「胹，爛也。」左氏宣二年傳云「宰夫胹熊蹯不熟」[一]，

[一]「蹯」當作「蹯」。

疏云：「過熟曰胹。」釋文云：「胹，煮也。」楚辭招魂云「胹鼈炮羔，有柘漿些」，王逸注云：「胹，一作臑。」招魂又云「肥牛之腱，臑若芳些」，注云：「臑若，熟爛也。」又通作「濡」。禮記内則「濡豚」，注云：「濡，謂亨之以汁和也。」又通作「腝」。集韻「腝」與「胹」同，「爛也」，引方言「秦晉之郊曰胹」，或作「腝」。

飪者，廣雅：「餁，熟也。」説文：「飪，大孰也。」易鼎卦：「亨飪也。」儀禮公食大夫禮云：「魚腊飪。」「飪」亦「亨」也。士昏禮「皆飪」，注云：「飪，熟也。」論語鄉黨篇「失飪不食」，孔注云：「失飪，失生熟之節。」鄭注禮記文王世子亦云：「失飪，謂失生熟之節。」並訓「飪」爲「熟」之義。字通作「稔」。爾雅釋言：「饙餾，稔也。」説文：「稔，穀熟也。」吴語云「不稔於歲」，韋昭注云：「稔，熟也。」廣雅：「稔，年也。」左氏僖二年傳云「不可以五稔」，晉語云「鮮不五稔」，鄭語云「不三稔矣」，並訓「稔」爲「年」。案：禾一熟故爲一年，亦本成熟之義。又通作「腍」。禮記郊特牲云「腥肆爓腍祭」，鄭注云：「腍，孰也。」是「稔、腍」並與「飪」聲近義同。

亨者，廣雅作「鬺」，云：「鬺，熟也。」説文作「亯」，玉篇與説文同。説文、玉篇並無「烹」字，類篇火部内始收「烹」字。經傳本作「亨」，今俗作「烹」矣。周禮内饔云「割亨煎和之事」，鄭注云「亨，煮也」；詩瓠葉篇「采之亨之」，鄭箋云「亨，孰也」；楚茨篇「或剥或亨」，毛傳云「亨，飪之也」：並作「亨」字。禮記曲禮云「主人辭不能亨」，孟子萬章篇「伊尹以割亨要湯」，左氏昭二十年傳云「以亨魚肉」，墨子耕柱篇「不炊而自亨」，史記越世家云「走狗亨」，齊策云「益一言，臣請亨」，並加「火」爲「亨」矣。是凡言「亨」者，皆「熟」之義也。

爛者，亦作「爤」。説文：「爤，孰也。」廣雅：「爤，熟也。」吕氏春秋本味篇云：「熟而不爛。」淮南子説山訓云「爛灰生蠅」，高誘注云「爛，腐也」，義亦相近。左氏定三年傳云「邾子自投于牀，廢于爐炭，爛」，公羊僖十九年傳云「魚爛而亡」，孟子盡心篇「糜爛其民而戰之」，後漢書淮陽王傳云「爛羊胃」，義並與「熟」相近。今俗謂「熟」猶曰「爛」也。

糦者，亦作「饎」。説文：「饎，酒食也。」廣雅：「饎，熟食也。」爾雅釋文引字林云：「饎，熟食也。」詩泂酌篇「可以饙饎」、天保篇「吉蠲爲饎」，毛傳云：「饎，酒食也。」周禮饎人鄭衆注云：「主炊官人〔一〕。」故書『饎』作『𩝐』。」儀禮特牲禮注云：「炊黍稷曰饎。」詩烈祖篇「大糦是承」，鄭箋云：「糦，黍稷也。」玉篇：「饎，黍稷。」吕氏

〔一〕「人」，十三經注疏本作「也」。

春秋仲冬紀云「湛饎必潔」，高誘注云：「饎，炊也。」淮南子時則訓作「湛熺必潔」。是「熺、饎」亦通，並以「熟」爲義也。

酋者，廣雅：「酋，熟也。」禮記月令云「乃命大酋」，鄭注云：「酒熟曰酋。大酋者，酒官之長也。」呂氏春秋仲秋紀云：「醞釀米麴，使之化熟，故謂之酋。」説文：「酋，繹酒也。」鄭語韋昭注云：「精熟而酋。」[一]月令：「麥秋至。」太平御覽引蔡邕章句云：「百穀各以其初生爲春，熟爲秋。故麥以孟夏爲秋。」説文：「秋，穀熟也。」「秋」與「酋」聲近義同。

酷者，亦作「秸」。廣雅：「秸，熟也。」玉篇：「秸，禾大熟也。」「秸」與「酷」同。案：「久熟曰酋」，「久」字當是「酒」字之訛。然周禮酒正「昔酒」注云「今之酋久白酒」，據此則「久」字又與「酒」通。

一八　魏盈，怒也。魏，上已音。**燕之外郊朝鮮洌水之間凡言呵叱者謂之魏盈。**

維言案：怒者，義見卷六。

[一]「而」當作「曰」。

魏盈者，「魏」亦作「䰘」，本作「嫢」。廣雅：「嫢盈，怒也。」玉篇：「嫢，盛貌。」廣雅又云：「盈，滿也。充也。」「充、滿」與「盛」義相近，然則「嫢盈」爲「盛怒」之貌。凡言呵叱者，必盛氣相向，故「嫢、盈」並訓「怒」也。案：當作「嫢盈」，作「魏」、作「䰘」，並形近之訛，當據廣雅訂正。

一九　䠆𨃻、音務。**隑企**，欺豉反。**立也。東齊海岱北燕之郊跪謂之䠆𨃻**，今東郡人亦呼長跽爲䠆𨃻。**委痿謂之隑企。**脚躄不能行也。

維言案：說文：「立，住也。」廣雅：「立，逗也。」易恒卦：「君子以立不易方。」禮記玉藻：「立容辨，卑毋讇，頭頸必中。山立，時行。」釋名云：「立，林也，如林木森然，各駐其所也。」禮記曲禮「立必正方」，孟子盡心篇「不立乎巖牆之下」，義並相近。

䠆𨃻者，廣雅：「䠆𨃻，𢷎也。」「𢷎」與「拜」同。玉篇：「䠆𨃻，拜也。」

郭注以爲「長跽爲䠆𨃻」者，說文：「跽，長跪也。」釋名云：「跽，忌也。見所敬忌，不敢自安也。」莊子人間世篇云：「擎跽拳曲，人臣之禮也。」「跽」通作「𦝫」。史記滑稽傳云「髡帣韝鞠𦝫」，徐廣注云：「𦝫與跽同，小跪也。」「跪」亦「拜」也。「拜」與「立」一意引伸也。

隑企者，廣雅：「隑企，立也。」説文：「企，舉踵也。」老子道德經云：「企者不立。」漢書高帝紀云：「日夜企而望歸。」楚辭憂苦篇云：「登巑岏以長企兮。」江賦云：「渠黄不能企其景。」歎逝賦云：「望湯谷以企予。」詩河廣篇：「跂予望之。」「跂」與「企」同。釋名云：「企，啟也。啟，開也，言自延竦之時，樞機皆開張。」是凡言「企」者，義並與「立」相近。

郭注以爲「脚躄不能行」者，禮記王制釋文云「躃而足不能行也」[一]，「躃」與「躄」同。

二〇 **瀧涿謂之霑漬。**瀧涿猶瀨滯也。音籠。

維言案：廣雅：「瀧涿，漬也。」説文：「瀧，雨瀧瀧也。」「涿，流下滴也。」郭注以爲「瀧涿猶瀨滯」者，廣韻：「瀧凍，霑漬也。」荀子議兵篇云「東籠而退耳」，楊倞注云：「東籠與涷瀧同，霑漬貌。」「瀧涿、瀨滯、涷瀧」，皆語之轉也。霑漬者，廣雅：「霑，漬也。」説文：「霑，雨𩅦也。」詩信南山篇「既霑既足」，疏云：「霑，潤也。」齊語云「霑體塗足」，韋昭注云：「霑，濡也。」「霑漬、霑潤、霑濡」義並

〔一〕「躃」，十三經注疏本作「躄」；「而」作「兩」。

相近。說文:「漬,漚也。」考工記鍾氏注云:「漬猶染也。」通俗文云:「水浸曰漬。」詩楚茨箋云:「剥削淹漬以爲菹。」「淹漬」與「霑漬」義亦近。

二一　希、鑠,摩也。燕齊摩鋁謂之希。音慮。

維言案:說文:「摩,研也。」易繫辭「剛柔相摩」,京房注云:「摩,相磑切也。」〔一〕字通作「磨」。廣雅:「磨,礪也。」爾雅釋器:「石謂之磨。」詩淇澳篇「如琢如磨」,禮記大學、論語學而篇引詩並同。陽貨篇「磨而不磷」,説苑建本篇云「相觀而善之曰磨」,禮記學記「相觀而善之謂摩」,張公神道碑云「刊鑿涿摩」,「涿摩」與「琢磨」同。並「摩、磨」相通之證。

希者,廣雅:「希,磨也。」字通作「稀」。說文:「稀,疏也。」「疏」與「摩」義亦近。

鑠者,廣雅:「鑠,磨也。」說文:「鑠,銷金也。」周語云:「衆口鑠金。」史記鄒陽傳索隱引賈逵注云:「鑠,消也。」「消」與「摩」義近。考工記「鑠金以爲刃」,漢書天文志云「火與水合爲淬,與金合爲鑠」,楚辭招魂云「流金鑠石些」,並訓「鑠」爲「銷、

〔一〕「磑切」,十三經注疏本作「切摩」。

化」之義。與「摩」義俱相近。

鋁者，亦作「鑢」。廣雅：「鑢，磨也。」説文：「鑢，厝銅鐵也。」詩抑箋云：「石之缺，可磨鑢而平。」〔一〕太玄經云：「大其慮，躬自鑢。」又通作「鐧」。鄭衆考工記云：「摩鐧之器。」「鑢、鐧」並與「鋁」同。廣雅又云：「鋁謂之錯。」「錯」亦「摩」也，故「鋁」從「摩」爲義。

二二　平均，賦也。燕之北鄙東齊北郊凡相賦斂謂之平均。

維言案：説文：「賦，斂也。」廣雅：「賦，稅也。」爾雅釋言「賦，量也」，謂量入也。亦「稅斂」之義。書禹貢「厥賦惟上上錯」，孔傳云：「謂土地所生，以供天子。」周禮太宰：「以九賦斂財賄。」法言問道篇云：「七賦之所養。」李軌注云：「五穀桑麻也。」周禮小司徒「而令貢賦」，鄭注云：「謂出車徒給繇役也。」公羊哀十二年傳云：「譏始用田賦也。」左氏隱四年傳云「敝邑以賦」，服虔注云：「賦，兵也。以田賦出兵，故謂之賦。」亦「稅斂」之義也。

〔一〕十三經注疏本作「玉之缺，尚可磨鑢而平」。

平者，廣雅：「平，賦也。」史記平準書索隱云：「大司農屬官有平準令丞者，以均天下郡國輸斂，貴則糶之，賤則貴之。平賦以相準輸賦於京都，故命曰『平準』。」[一]周禮大司寇：「以嘉石平罷民。」説文：「平，正也。」漢書食貨志云：「再登曰平，三登曰泰平。」史記樂書云「將以教民平好惡」，正義云：「平，均也。」

均者，説文：「均，平偏也。」周禮小司徒注云：「均，平也。」廣雅：「均，賦也。」爾雅釋詁：「均，易也。」詩節南山篇「秉國之均」，毛傳云：「均，平也。」後漢書劉盆子傳注云：「均輸，官名，屬司農。」均輸當是徵賦斂之官。案：賦斂貴平，又貴均，故「平、均」皆賦也。急就篇云「司農少府國之淵，遠取財物主平均」，是也。

二三　**羅謂之離，離謂之羅。** 皆行列物也。

維言案： 廣雅：「羅，列也。」楚辭招魂云「步騎羅些」，王逸注云：「羅列而坐。」[二]史記五帝紀云「旁羅日月星辰」，索隱云：「羅，廣布也。」漢書揚子本傳云「仗鏌邪而羅

[一]「輸斂」，史記作「轉販」；「貴之」作「買之」；「平賦以相準輸賦於京都」作「貴賤相權輸，歸於京都」。

[二] 楚辭補注作「羅，列也」。

者以萬計」，亦訓「羅」爲「列」。

離者，玉篇：「離，陳也。」左氏昭元年傳云「楚公子圍設服離衛」，杜預注云：「離，陳也。」廣雅：「陳，列也。」楚辭招魂云「離榭修幕」，王逸注云：「離，列也。」是「羅、離」並訓「陳列」之義。故郭注以爲「皆行列物也」。

二四　釗、超，遠也。釗，上已音。**燕之北郊曰釗，東齊曰超。**

維言案：遠者，義見卷六。

釗者，廣雅：「釗，遠也。」「釗」，蓋「超」之假借字。

超者，廣雅：「超，遠也。」楚辭九歌云「平原忽兮路超遠」，文選秋胡詩云「超遥行人遠」，謝靈運詩云「神以道理超」[一]，並訓「超」爲「遠」。字通作「迢」。吴都賦云「曠瞻迢遞」，劉逵注云：「迢遞，遠貌。」「迢、超」聲近義同。

二五　漢漫、賑眩，懣也。賑，音瞋恚。**朝鮮洌水之間煩懣謂之漢漫，瞋眴謂之賑眩。**眩，

[一] 文選作「道以神理超」。

音懸。

維言案：説文：「懣，煩也。」楚辭哀時命云「惟煩懣而盈匈」，王逸注云：「懣，憤也。」司馬遷報任少卿書云「不得舒憤懣」，注云：「懣，悶也。」「憤、悶」皆「煩懣」之義也。字通作「滿」。漢書石顯傳云「憂滿不食」，是借「滿」爲「懣」。漢漫者，廣雅：「漢漫，懣也。」「漢漫」，疊韻連語字。賑眩者，亦作「瞋眴」。劇秦美新文云「臣嘗有瞋眴病」，注云：「眩惑也。」釋名云「眩，懸也，目視動亂，如懸物摇摇然不定也」，與「懣」義相近。

二六　憐職，愛也。言相愛憐者，吴越之間謂之憐職。

維言案：愛者，義見卷一。

憐職者，爾雅釋詁：「憐，愛也。」「職，常也。」言常相愛憐也。「憐、職」一聲之轉。

二七　茹，食也。吴越之間凡貪飲食者謂之茹。今俗呼能麤食者爲茹，音勝如。

維言案：食者，義見卷一。

茹者，説文：「茹，飤馬也。」爾雅釋言：「啜，茹也。」廣雅：「茹，貪也。」詩烝民篇

「柔則茹之」，莊子人間世篇云「不茹葷」；又詩七月篇鄭箋云「采茹」，疏云「茹者，咀嚼之名」：並以「食」爲「茹」也。禮記禮運云「飲其血，茹其毛」，孟子盡心篇「飯糗茹草」，漢書董仲舒傳云「食於舍而茹葵」，並與郭注「能麄食」義近。今俗謂急飲食者曰「茹」，猶是方言「貪飲食」之義。

二八　竘、貌，治也。謂治作也。竘，格垢反。**吴越飾貌爲竘，或謂之巧。**語楚聲轉耳。

維言案：周禮鄉師「遂治云」〔一〕，鄭注云：「謂監督其事。」齊語云「教不善則政治」，韋昭注：「治，理。」吕氏春秋振亂篇云「欲民之治也」，高誘注云：「治，整也。」貴當篇云「治物者不於物，於人」，注云：「治，飭也。」淮南子原道訓云「治在道，不在聖」，高誘注云：「治，爲也。」主術訓云「能多者無不治也」，注云：「治猶作也。」並與郭注「治作」義近。

竘者，廣雅：「竘，治也。」説文：「竘，匠也。」小爾雅亦云：「竘，治也。」淮南子人間訓云「室始成，竘然善也」，高誘注云「竘然，高壯貌」，義與「治」相近。

〔一〕「云」，十三經注疏本作「之」。

貌者，廣雅：「貌，治也。」説文：「皃，儀頌也。」〔一〕籀文作「貌」。案：修飾儀貌有「治」之義，故訓「貌」爲「治」。

巧者，廣雅：「竘、貌，巧也。」是「竘、貌」與「巧」義同之證。説文：「巧，技也。」墨子貴義篇云：「利于人謂之巧。」莊子天道篇云：「刻彫衆形而不爲巧。」楚辭離騷云「余猶惡其佻巧」，王逸注云：「巧，利也。」長笛賦云：「工人巧士。」孟子離婁篇：「公輸子之巧。」禮記月令云「毋或作爲淫巧」，書作「奇技淫巧」。是凡言「巧」者，皆「治」之義也。

二九　煦州吁。**煆，**呼夏反。**熱也，乾也。**熱則乾慘。**吴越曰煦煆。**

維言案：説文：「熱，昷也。」釋名云：「熱，爇也。如火所燒爇也。」詩桑柔篇：「誰能執熱。」孟子萬章篇：「則熱中。」素問脉要精微論云：「皆在陽，則爲熱。」五常變大論云：「肺其畏熱。」六元正紀大論云：「其運風，清熱。」腹中論云「熱中，消中」，王砅注云：「多飲數溲謂之熱中。」老子道德經云「靜勝熱」，王弼注云：「熱者，生之

〔一〕「儀頌」，説文作「頌儀」。

源。」是凡言「熱」者，並訓「炎熱」之義。

乾者，義見上文。

煦者，説文：「煦，蒸也。」廣雅：「煦，爇也。」韓詩章句云：「煦，暖也。」字通作「昫」。説文：「昫，昷也。」「昷」與「温」同。「温」亦「熱」也。

煆者，廣雅「煆，爇也」，玉篇「煆，熱也，乾也」，俱用方言之義。廣韻「煆，火氣」，與「熱、乾」義亦近。

三〇 **攍、**音盈。**膂、賀、艜，儋也。**今江東呼儋兩頭有物曰艜，音鄧。**齊楚陳宋之間曰攍；**莊子曰：「攍糧而赴之。」**燕之外郊越之垂甌吳之外鄙謂之膂；**擔者用膂力，故名云。**南楚或謂之攍；自關而西隴冀以往謂之賀，**今江東語亦然。**凡以驢馬馲駝載物者謂之負他，**音大。**亦謂之賀。**

維言案：説文：「儋，何也。」以背曰「負」，以肩曰「儋」。字亦作「擔」。字林：「擔，負也。」釋名云：「擔，任也，任力所勝也。」齊語云「負任儋何」，韋昭注云：「肩曰儋。」漢書貨殖傳云「漿千儋」，師古注云：「人擔之也。」[一] 蒯通傳云「守儋石之禄者」，

[一]「擔」當作「儋」。

注云："一人之所負儋也。"揚子本傳云"儋人之爵"，注云："儋，荷負也。"楚辭哀時命篇云"負擔荷以丈尺兮"，王逸注云："荷曰擔。"爾雅釋郭注云："今荆楚人呼牽牛爲擔鼓。擔者，荷也。"漢羊竇神道碑云："騎馬儋負。""儋"蓋"儋"之誤字也。是凡言"擔"，並訓"負荷"之義。今俗謂以肩挑物猶曰"擔"也。

攍者，廣雅："攍，擔也。""攍，負也。""負"亦"擔"也。字通作"嬴"。莊子胠篋篇云"嬴糧而趨之"，郭注引作"攍糧而赴之"，與今本異。

膂者，廣雅："膂，擔也。"郭注謂"擔者用膂力"。上文卷六云"膂，力也"，擔物必用力，故郭云然。

賀者，"何"之假借字。說文："何，儋也。"易噬嗑"何校滅耳"；小爾雅"何，任也"；詩候人篇"何戈與祋"，毛傳云"何，揭也"；無羊篇"何蓑何笠"；玄鳥篇"百禄是何"；儀禮鄉飲酒禮云"二人皆左何瑟"：並訓"負何"之義。廣雅："何，擔也。"又假借作"荷"。左氏昭七年傳云"其子弗克負荷"，杜預注云："荷，擔也。"論語憲問篇"有荷蕢而過孔氏之門者"，皇侃疏云："荷，擔揭也。"微子篇："以杖荷篠。"公羊宣六年傳云："有人荷畚。"東京賦云："荷天下之重任。"小爾雅："荷，擔也。""何、荷"並與"賀"聲近，故相假借也。

𦝫者，廣雅：「𦝫，擔也。」說文：「幐，囊也。」「囊」有「擔負」之義。負他者，「他」通作「佗」。漢書趙充國傳云「以馬自佗負」，師古注云：「凡以畜産載負者皆謂之佗。」說文：「佗，負何也。」字亦作「駝」。漢書司馬相如傳云「騊駼橐駝」，注云：「言其可負橐駝物，故以名云。」字又作「馱」。玉篇：「馱，馬負皃。」是「佗、駝、馱」並與「他」通。

三一　**樹植，立也。燕之外郊朝鮮洌水之間凡言置立者謂之樹植。**

維言案：立者，義見上文。

樹者，說文「樹，生植之總名」，徐鍇傳云：「樹之言豎也。」廣雅：「樹，本也。」爾雅釋宮：「屏謂之樹。」左氏成二年傳云「樹德而濟同欲焉」、昭元年傳云「引其封疆而樹之」，公羊僖三年傳云「無易樹子」，周語云「犬戎樹惇」，書牧誓「樹德務滋」、畢命「樹之風聲」，易繫辭「不封不樹」，詩有瞽篇「崇牙樹羽」，並訓「樹立」之義。字通作「尌」。說文：「尌，立也。」「樹」蓋「尌」之假借字。又通作「豎」。說文：「豎，堅立也。」廣雅：「豎，立也。」「豎」與「樹」聲近義同。

植者，左氏定十年傳云「皆至而立，如植」，杜預注云：「植，立也。」漢書韓延壽傳云「植羽葆」，師古注云：「植亦立也。」荀子非相篇云「傅説之狀，身如植鰭」，楊倞注云：「植，立也。」又周禮田僕云「令獲者植旌」，鄭注云：「植，樹也。」張衡西京賦云「植鎩懸㦸」，薛綜注云：「植，柱也。」吕氏春秋必己篇云「髮植，目裂，鬢指」，高誘注云：「植，豎也。」義並與「立」近。字通作「置」。廣雅：「置，立也。」禮記雜記云「無子則爲置後」，鄭注云：「置猶立也。」晉語云「置茅蕝」，韋昭注云：「置，立也。」吕氏春秋孝行篇云「父母置之，子弗敢廢」，高誘注云：「置，立也。」考工記廬人云「置而摇之」，鄭注云：「置猶尌也。」詩那篇「置鞉鼓」，鄭箋云：「置，讀曰植。」是「置」並與「植」同。

三二一　**過渡謂之涉濟。**猶今云濟渡。

維言案：説文：「渡，濟也。」廣雅：「渡，去也。」「渡，過也。」字通作「度」。楚辭惜賢篇云「年忽忽而日度」，王逸注云：「度，去也。」漢書匡衡傳注云：「度，過也。」是「過去」之義與「渡水」相近。今俗謂濟水之所曰「渡口」。又漢書賈誼傳云「度江河，亡維楫」，亦借「度」爲「渡」。

涉者，説文：「徒行濿水也。」爾雅釋訓「馮河，徒涉也」，李巡注云：「無舟而渡水曰徒涉。」釋水：「繇膝以上爲涉。」廣雅：「涉，渡也。」詩匏有苦葉篇「濟有深涉」，毛傳云：「由膝以上爲涉。」載馳篇「大夫跋涉」，毛傳云：「水行曰涉。」韓詩傳云：「不由蹊而遂涉曰跋涉。」楚辭離騷云「詔西皇使涉余」，王逸注云：「涉，渡也。」書泰誓「斮朝涉之脛」、微子「若涉大水」、孟子離婁篇「民未病涉也」、詩漸漸之石篇「烝涉波矣」，義並訓「涉」爲「渡」。

濟者，爾雅釋言：「濟，渡也。」易「既濟未濟」、書説命「若濟巨川」、莊子山木篇云「方舟而濟於河」，並訓「濟」爲「涉」。左氏昭二十九年傳云「遂濟窮桑」，賈逵注云：「濟，度也。」「度」與「渡」通。孟子離婁篇「濟人於溱洧」，亦訓「濟」爲「渡」。

三三　**福禄謂之祓戩。**廢、箭兩音。

維言案：説文：「福，祐也。」釋名云：「福，富也。其中多品如富者也。」禮記郊特牲云：「富也者，福也。」祭統云：「福者，備也。備者，百順之名也。」易晉卦「受兹介福」；書洪範「九五福」；詩瞻彼洛矣篇「福禄如茨」，鄭箋云「爵命爲福」；賈子道德説云「安利之謂福」；荀子天論篇云「順其類者謂之福」；韓非子解老篇云「全壽富貴之謂福」：義並相近。字通作「富」。書呂刑「惟訖于富」，王氏引之謂：「威福對文，言終于作福也。」詩瞻卬篇「何人不富」，毛傳云：「富，福也。」召旻篇「維昔之富」，鄭箋云：「富，福也。」易謙卦「天道惡盈而福謙」，釋文云：「福，京本作富。」是「福、富」相通之證。

禄者，爾雅釋詁：「禄，福也。」説文：「禄，福也。」詩既醉篇「天被爾禄」；儀禮饋食禮云「使女受禄于天」；詩玄鳥篇「百禄是何」，鄭箋云「當擔負天之多福」：是並「禄」訓「福」之義。「禄」又訓「俸」。周禮天府注云：「司禄，文昌第六星。禄之言穀也。」太宰云「四曰禄以馭其」，注云：「若今月俸也。」禮記王制云「王者之制禄爵」，疏云：「禄，穀也。」魯語云：「禄，次之食也。」晉語云「敢歸禄」〔一〕，韋昭注云：「禄，賞也。」左氏僖二十四年傳云：「介之推不言禄，禄亦弗及。」亦訓「禄」爲「賞」。孝經援神契云：「禄者，録也。」廣雅：「禄，善也。」「善」與「福」義亦近。

祓者，爾雅釋詁：「祓，福也。」説文：「祓，除惡祭也。」玉篇：「祓，除災求福也。」小爾雅：「祓，潔也。」廣雅：「祓，祭也。」左氏襄二十五年傳云「祝祓社」，杜預注云：「祓，除也。」僖六年傳云：「受其璧而祓之。」昭十八年傳云：「祓禳于四方。」周語云：「王其祇祓。」又云：「敬其祓除。」管子小匡篇云：「鮑叔祓而浴之。」荀子議兵篇云：

〔一〕國語「敢」下有「不」字。

「若祓不祥。」漢書五行志云：「三月祓霸上。」並以「祓除」爲義，與「福」義俱相近也。字亦作「茀」。爾雅郭注引詩「祓禄爾康矣」，毛詩卷阿篇作「茀禄爾康矣」。毛傳訓「茀」爲「小」，不若鄭箋訓「茀」爲「福」也。又通作「弗」。詩生民篇「以弗無子」，鄭箋云：「弗之言祓也。」是「茀、弗」並與「祓」義同。

戩者，爾雅釋詁：「戩，福也。」詩天保篇「俾爾戩穀」，毛傳云：「戩，福也。」案：説文：「戩，滅也。」「滅」亦「除」也，除惡滅凶，以求福也，義與「祓」略同。

三四　傺、音際。**眙**，敦吏反[一]。**逗也。**逗者，今「住」字也。**南楚謂之傺，西秦謂之眙。**眙，謂住視也。西秦，酒泉燉煌張掖是也。**逗，其通語也。**

維言案：説文：「逗，止也。」玉篇：「逗，住也。」漢書安國傳云「廷尉奏恢逗撓」，匈奴傳云「逗遛不進」，張衡思玄賦云「逗華陰之湍渚」，亦訓「逗遛不進」之義。字或作「侸」。説文：「侸，立也。」「侸」之或體作「住」。

郭注以爲「今『住』字」者，當作「侸」字，非「逗」字也。住者，後漢書鄧禹傳云「輒

[一]「敦」，戴震疏證本作「敕」。

停車住節」，是訓「住」爲「止」。齊書張融傳云「權牽船於岸上住」，是訓「住」爲「居」。今俗呼「止」曰「住」，呼「所居」亦曰「住」，義並本此。

傺者，廣雅：「傺，逗也。」楚辭離騷云「忳鬱邑余侘傺兮」，王逸注云：「傺，住也。楚人名住曰『傺』。」九章云「欲儃佪以干傺兮」，又云「心鬱邑余侘傺兮」，九辯云「欿傺而沉藏」，義並相近。

眙者，説文：「眙，直視也。」史記滑稽傳云：「目眙不禁。」楚辭九章云：「擥涕而竚眙。」吴都賦云「士女佇眙」，劉逵注云：「佇眙，立視也。」魯靈光殿賦序云「覩斯而眙」，張載注云：「愕視曰眙。」西都賦云「猶愕眙而不能階」，注引字林云：「眙，驚貌也。」並與郭注訓「直視」義近。或假借爲「佁」。漢書司馬相如傳云「沛艾赳螑仡以佁儗兮」，張揖注云「佁儗，不前也」，義與「逗」亦近。案：朱氏駿聲謂「眙爲竢之假借字」，郭注訓爲「直視」，失之。説文：「竢，待也。」爾雅釋詁：「竢，待也。」左氏哀元年傳云「日可竢也」，漢書賈誼傳云「竢罪長沙」，蕭望之傳云「竢見二子」，並訓「竢」爲「待」。經傳皆假借爲「俟」。詩著篇「俟我於著乎而」，漢書地理志引作「竢我於著乎而」，是其證。案：「竢」以「待」爲義。廣雅「眙、待」並訓「逗」，是「眙」與「竢」聲近義同，故相假借也。

方言釋義卷八

歷下　王維言學

一　虎，陳魏之間或謂之李父[一]；江淮南楚之間謂之李耳，虎食物值耳即止，以觸其諱耳。或謂之於䖘；於，音烏。今江南山夷呼虎爲䖘，音狗竇。自關東西或謂之伯都。俗曰伯都事亦虎説[二]。

維言案：説文：「虎，山獸之君。」格物論云：「虎，山獸之君也，狀如貓而大如牛。黄質黑章。鋸牙鉤爪，鬚健而尖，舌大如掌，生倒刺，項短鼻齆。夜視一目放光，一目看物。聲吼如雷，風從而生，百獸震恐。」淮南子時則訓云「虎始交」，許注云：「虎，陰中陽獸，與風同類也。」高注云：「虎，陽中之陰也。」天文訓云「虎嘯而谷風至」，高注云：「虎，土物也。」易通卦驗云：「立秋虎始嘯，立冬虎始交。」或云：「月暈時乃交。」又

[一]　戴震疏證本「陳魏」下有「宋楚」二字。
[二]　「亦」，戴震疏證本作「神」。

云：「虎不再交，孕七月而生。」又云：「虎能銜破，能畫地觀奇偶以卜食。今人效之，謂之虎卜。」李時珍本草綱目釋名云：「爾雅：『虎，淺毛曰虦貓，白虎曰甝，黑虎曰虪，似虎而五指曰貙，似虎而非真曰彪，似虎而有角曰虒。』」集解云：「虎噬物，隨月旬上下而囓其首尾。其搏物，三躍不中則捨之。人死於虎，則爲倀鬼，導虎而行。虎食狗則醉，狗乃虎之酒也。聞羊角煙則走，惡其臭也。虎害人、獸，而猬、鼠能制之，智無大小也。師、駮、酋耳、黄腰、渠搜能食虎，智無强弱也。抱朴子云：『虎五百歲則變白。』又海中有虎沙魚能變虎〔一〕，古有貙虎變人、貙人變虎之説，亦自有理也。」

李父者，李耳之轉聲也。

於䖘者，廣雅：「於䖘，虎也。」「䖘」亦作「菟」。左氏宣四年傳云：「楚人謂虎於菟。」又本草作「烏䖘」，漢書作「烏檡」，皆一聲之轉也。

李耳者，廣雅：「李耳，虎也。」太平御覽引風俗通云：「虎本南郡中廬李翁所化，故呼李耳。」案：焦氏易林云：「鹿求其子，虎廬之里。唐伯李耳，貪不我許。」然則「唐伯」亦「虎」名，豈復有唐氏翁所化者。應氏所説，穿鑿不經甚矣。蓋「唐伯、李耳」，皆

〔一〕「沙魚」，本草綱目作「鯊」。

方俗呼「虎」之異名也。郭注謂「虎食物值耳即止，以觸其諱」説，亦未確。案：「李耳」與「貍兒」聲相近，「李耳」者，恐是「貍兒」之訛音也。蓋方音轉「貍」爲「李」、「兒」爲「耳」也。今南人猶呼「虎」爲「貓」，即此意也。此説蓋本李時珍本草綱目釋名，確有理可從。王氏引之謂「貍」與「虎」相似，野人諱言「虎」，故呼爲「貍兒」，亦本李説爲義也。

伯都者，「於菟」之轉語耳。

二　**貔，**貍別名也。音毗。**陳楚江淮之間謂之猍，**音來。**北燕朝鮮之間謂之䝘，**今江南呼爲䝘貍，音丕。**關西謂之貍。**此通名耳。貔，未聞所出〔一〕。

維言案：廣雅：「貔，貍貓也。」爾雅釋獸「貔，白狐，其子豰」，郭注云「虎豹之屬」，失之。「貔」蓋今之「狐」類也。山東人謂「狐」爲「貔子」。狐，黄色；貔，白色。故爾雅以爲「白狐」。郭氏之説，蓋本陸璣疏而誤，郭既以「貔」爲「虎豹之屬」，故注方言則曰「貔，未聞所出」耳。

䝘者，亦作「豾」。廣雅：「豾，貍也。」爾雅釋獸「貍子隸」，郭注云：「今或呼

〔一〕戴震疏證本「聞」下有「語」字。

爲豾貍。」釋文引字林云：「豾，貍也。」儀禮大射儀鄭注云：「貍之言不來也。」「不」與「丕」、「來」與「貍」古並同聲。「來」通作「貅」，即方言之「貅」也，「貅」亦「貍」也。

貍者，說文：「貍，伏獸，似貙。」爾雅釋獸：「貙獌，似貍。」案：「貙」之大者曰「獌」，「貙」之小者曰「貍」，「貍」之可蓄者曰「貓」。莊子秋水篇云「捕鼠不如貍狌」，此家貓也。書禹貢「熊羆狐貍織皮」，此野貓也。今俗謂「貍」爲「野貓」。周禮射人云「則以貍步張之侯」[一]，鄭注：「貍，善搏者也。」李時珍本草綱目集解云：「貍有數種：大小如狐，毛雜黄黑有斑，如貓而圓頭大尾者爲貓貍，善竊雞鴨，其氣臭，肉不可食。有斑如貙虎，而尖頭方口者爲虎貍，善食蟲鼠果實，其肉不臭，可食。似虎貍而尾有黑白錢文相間者，爲九節貍，皮可領裘領。宋史安陸州貢野貓、花貓，蓋此二種也。有文如豹，而作麝香氣者爲香貍，即靈貓也。南方有白面而尾似牛者，爲牛尾貍，亦曰玉面貍，專上樹木食百果，冬月極肥，人多糟爲珍品，大能醒酒。張揖廣雅云：『玉面貍，人捕蓄之，鼠皆帖伏不敢出也。』一種似貓貍而絶小，黄斑色，居澤中，食蟲鼠及草根者名㺃。又登州

[一]「之」，十三經注疏本作「三」。

島上有海貍，貍頭而魚尾也。」案：此數種今皆不常見，惟身似虎文、其皮可以爲裘者常見之，其形似家貓而大，俗人呼爲「野貍」者是也。

三　**貛**，豚也。音歡。**關西謂之貒。**

維言案：說文：「貛，野豕也。」爾雅釋獸：「狼：牡，貛。」案：貛非狼也，疑是「狦」之借字。又云「貒子，貗」，郭注云：「貒，豚也。一名貛。」廣雅：「貒，貛也。」說文：「貒，獸也。」爾雅釋獸釋文引字林云：「貒，獸似豕而肥。」寇宗奭本草衍義云：「貒豚矮〔一〕，毛微灰色，頭連脊毛一道黑，觜尖，尾短闊，蒸食之，極美。」蘇頌本草圖經云：「貒，似犬而矮，尖喙黑足，褐色。與貛、貉三種大抵相類，而頭、足小別。」李時珍本草綱目集解云：「貒，即今猪貛也。處處山野間有之，穴居。狀似小猪㹠，形體肥而行鈍。其耳聾，見人乃走。短足短尾，尖喙褐毛，能孔地食蟲蟻瓜果。其肉帶土氣，皮毛不如狗貛。蘇頌所注乃狗貛，非貒也。郭璞謂貛即貒，亦誤。」又云：「貒，猪貛也；貛，狗貛也，二種相似而略殊。狗貛似小狗而肥，尖喙短足，短尾深毛，褐色。皮可爲裘領。亦

〔一〕「豚」，本草綱目作「肥」。

食蟲蟻、瓜果。」今驗：貒形如猪，穴地中，善攻隄岸；貛如狗，亦穴地中，夜出食人鷄鴨，形狀一如李説。爾雅、廣雅及説文皆未分别。郭注又籠統釋之。李氏辨其猪貛、狗貛之異，未詳其牝牡之别，亦欠分明。余嘗訪諸獵者，言貛似狗，俗人呼爲「狗貛」，是其牡。貒似猪，俗人呼爲「猪貛」，是其牝。蓋一種而有牝、牡之别。

四　雞，陳楚宋魏之間謂之鸊䲭[一]；避、祇兩音[二]。**桂林之中謂之割雞，或曰䳚。**音從。**北燕朝鮮洌水之間謂伏雞曰抱。**房奥反。江東呼蓲，尖富反[三]。**爵子及雞雛皆謂之鷇。**恪遘反。關西曰鷇，音顧。**其卵伏而未孚始化謂之涅。**

維言案：説文：「鷄，知時畜也。」漢書五行志云：「鷄者，小畜，主司時，起居人。」春秋説題辭云：「鷄爲積陽，南方之象，火陽精，物炎上，故陽出鷄鳴，以類感也。」易説卦「離爲鷄」，九家注云：「應八風也。風應節而變，變不失時。鷄時至而鳴，與風相應也。二九十八，主風精爲鷄，十八日剖而成雛。二九順陽曆，故鷄知時而鳴也。」

〔一〕「䲭」，匯證據王念孫廣雅疏證、錢繹方言箋疏、周祖謨方言校箋改作「䲭」。
〔二〕「祇」，匯證據王念孫廣雅疏證、錢繹方言箋疏、周祖謨方言校箋改作「祇」。
〔三〕「尖」，戴震疏證本作「央」。

鵯鴟者，亦作「辟雖」。廣雅：「辟雖，鷄也。」

雓者，廣韻作「雓」。楚人謂「鷄」也。集韻作「雓」。

鷇者，亦作「鷇」。爾雅釋鳥「生哺，鷇；生噣，雛」，邢昺疏云：「鳥子生須，母哺而食之，名鷇。」説文：「鷇，鳥子生哺者。」廣雅：「鷇，雛也。」魯語云：「鳥翼鷇卵。」漢書東方朔傳云：「鳥哺鷇也。」五行志云：「有戴鷇燒死。」莊子天地篇云：「夫聖人鶉居而鷇食。」列子湯問篇云：「視來丹猶雛鷇也。」並訓「鷇」爲「鳥鶵」。

孚者，亦作「桴」。夏小正云：「雞桴粥。」「桴」與「孚」同。

涅者，廣雅：「涅，七也。」「七」與「化」同，亦以「化生」爲義。

五　豬，北燕朝鮮之間謂之豭；猶云豭斗也[一]。**關東西或謂之彘，或謂之豕；南楚謂之豨。其子或謂之豚，或謂之貕，**音奚。**吳揚之間謂之豬子。其檻及蓐曰橧。**爾雅曰：「所寢，橧。」音繒。

維言案：説文：「豬，豕而三毛叢居者。」爾雅釋獸：「豕子，豬。」埤雅：「豬性卑

[一]「豭斗」，匯證據文義和周祖謨方言校箋改作「豭牛」。

而率。」李時珍本草綱目集解云：「豬，天下畜之，而各有不同。生青、兖者耳大[一]，生燕、冀者皮厚，生雍、梁者足短，生遼東者頭白，生豫州者咮短，生江南者耳小，謂之江豬，生嶺南者白極肥。豬孕四月而生，在畜屬水，在卦屬坎，在禽應室星。」又云：「凡白豬、花豬、豥豬、牝豬、黄膔豬、米豬，並不可食。黄膔煮之汁黄，米豬肉中有米。說文『豕食於星下則生息米』，周禮『豕盲視而交睫者星』，皆指此也。」案：豬即豕也。今俗概呼曰「豬」。

豭者，廣雅：「豭，豕也。」說文：「豭，牡豕也。」左氏定十四年傳云：「盍歸我艾豭也。」隱十一年傳云「鄭伯使卒出豭」，正義云：「豭，謂豕之牡者。」昭四年傳云：「深目而豭喙。」易姤卦注云：「羣豕之中，豭强而牝弱。」史記秦始皇紀云：「夫爲寄豭。」漢書翟方進傳云：「與豭豬連繫都亭下。」字亦作「猳」。史記衛康叔世家云：「太子與五人介，與猳從。」[二]「猳」與「豭」同，並訓爲「牡豕」也。

彘者，說文：「彘，豕也。」小爾雅：「彘，豬也。」廣雅：「彘，豕也。」禮記月令云

[一] 本草綱目「兖」下有「徐、淮」二字。
[二] 「與猳」，史記作「輿猳」；「從」下有「之」字。

「食黍與彘」，鄭注云：「彘，水畜也。」

豕者，說文：「豕，彘也。竭其尾，故謂之豕也。」易說卦：「坎謂豕。」詩漸漸之石篇「有豕白蹢」，毛傳云：「豕，豬也。」又本草「豬苓」，莊子徐无鬼篇作「豕零」。是「豕、豬、彘」三字古通用也。

豨者，廣雅：「豨，豕也。」說文：「豨，豕走豨豨也。」莊子知北遊篇云「履豨也，每下愈況」，李注云：「豨，大豕也。」漢書食貨志云：「名曰豬突豨勇。」史記天官書云「奎曰封豕」，漢書天文志作「封豨」。是「豨」與「豕」通。字亦作「狶」。列子黃帝篇云：「食狶如食人。」史記田完世家云：「豨膏棘軸。」「狶」與「豨」同。又鄧展注漢書高帝紀云：「東海人名豬曰豨。」字林云：「東方名豕曰豨。」是呼「豨」不獨南楚也。

豚者，說文：「豚，小豕也。」小爾雅：「彘，豬也。其子曰豚。」易中孚「豚魚吉」，禮記典禮云「豚曰肥腯」，雜記云「豚肩不掩豆」，論語陽貨篇「歸孔子豚」，越語云「二壺酒，一豚」，周禮庖人云「春行羔豚，膳膏香」，並訓「豚」爲「小豬」。字通作「豘」。莊子德充符篇云：「適見豘子食于其死母者。」晉書謝混傳云：「每得一豚[一]，以爲珍

[一]「豚」當作「豘」。

膳。」音義云：「豘，即豚字。」

豯者，廣雅：「豯，豚也。」説文：「豯，生三月豚，腹奚奚貌也。」是「豯」亦「豚」也。

豬子者，即爾雅之「豕子，豬」也。

橧者，爾雅釋獸：「所寢，橧。」廣雅：「橧，圈也。」詩疏引舍人爾雅注云「豕所寢草名爲橧」，又引某氏曰：「臨淮人謂野豬所寢爲橧。」又禮記禮運云「夏則居橧巢」，鄭注云：「暑則聚薪柴居其上。」然則人、豕所居通名「橧」也。橧中所薦草名「蓐」，一名「艽莦」。淮南子脩務訓云「野彘有艽莦」，高誘注云：「以爲蓐也。」

檻者，即「欄」也。義見卷三「苙，圂也」下。

六　布穀，自關東西梁楚之間謂之結誥[一]，周魏之間謂之擊穀，自關而西或謂之布穀。今江東呼爲穫穀。

維言案：爾雅釋鳥「鳲鳩，鵠鵴」，郭注云：「今之布穀也。江東呼爲穫穀。」西山經云「南山鳥多尸鳩」，郭注云：「尸鳩，布穀類也。」禮記月令「仲春鷹化爲鳩」，鄭注

[一]「自關東西」，匯證據錢繹方言箋疏、慧琳一切經音義改作「自關而東」。

云：「鳩，搏穀也。」「搏穀、布穀」一聲之轉。列子天瑞篇云：「鷂之爲鸇，鸇之爲布穀，久復爲鷂也。」「布穀」轉爲「搏穀」，又爲「穫穀」，又爲「擊穀」。陸璣疏云：「今梁宋之間謂布穀爲鴶鵴，一名擊穀，一名桑鳩。」然則，「鴶鵴」即「結誥」之轉聲也。廣雅：「鴶鵴，布穀。」說文：「鴶鵴，尸鳩也。」「鴶鵴」與「鴶鵴」同。「擊穀」又轉爲「郭公」。陳藏器本草拾遺云：「江東呼爲郭公。北人云撥穀，似鷂，長尾。牝牡飛鳴，以翼相拂擊。」六書故云：「其聲若曰布穀，故謂之布穀。又謂之勃姑，又謂之步姑。」今揚州人謂之卜姑，東齊德滄之間呼之爲保姑。其身灰色，翅尾末俱雜黑色。農人候此鳥鳴布種其穀。案：「郭公」者，「擊穀」之轉聲。「搏穀、撥穀、穫穀、勃姑、步姑、卜姑、保姑」，並「布穀」之轉聲也。廣雅：「擊穀、鴶鵴，布穀也。」然則「擊穀、鴶鵴、鴶鵴、結誥」，並皆一聲之轉。

七　**鴇鴠**，鳥似雞，五色，冬無毛，赤倮，晝夜鳴。侃、旦兩音。**周魏齊宋楚之間謂之定甲，或謂之獨舂；**好自低仰。**自關而東謂之城旦，**言其辛苦有似於罪禍者。**或謂之倒縣，**好自懸於樹也。**或謂之鴇鴠；自關而西秦隴之内謂之鶡鴠。**

維言案：鴇鴠，亦作「鳱鴠」。枚乘七發云：「朝則鸝黄、鳱鴠鳴焉。」又作「侃旦」。

郭義恭廣志云：「侃旦，冬毛希，夏毛盛。」後世謂之「寒號蟲」。嘉祐本草云：「寒號蟲，四足，有肉翅，不能遠飛。」本草綱目集解云：「曷旦，乃候時之鳥也，五臺諸山甚多。其狀如小鷄，四足有肉翅。夏月毛采五色，自鳴若曰：鳳凰不如我。至冬毛落如鳥雛，忍寒而號曰：得過且過。」此説與郭注相合。本草謂之「寒號蟲」，楊慎丹鉛謂「寒號蟲」即「鶡鴠」。廣雅：「鶡鴠，鴇鴠也。」禮記月令云「仲秋之月，鶡旦不鳴」，鄭注云：「鶡旦，夜鳴求旦之鳥也。」呂氏春秋仲冬紀注云：「鶡鴠，山鳥，陽物也，是月陰盛，故不鳴也。」鹽鐵論云「鶡鴠夜鳴，無益于鳴」，亦謂其求旦也。亦作「渴旦」。説文：「鴠，渴鴠也。」又作「盍旦」。禮記坊記引逸詩云「相彼盍旦，尚猶患之」，鄭注云：「盍旦，夜鳴求旦之鳥也。」

定甲者，廣雅：「定甲，鴇鴠也。」

獨舂者，廣雅：「獨舂，鴇鴠也。」

郭注謂「好自低仰」者，案：鷺鷥亦好自低仰，如舂如鋤之狀，故爾雅謂之「舂鋤」，此鳥亦好自低仰如舂之狀，故曰「獨舂」。此郭注之義也。一説古之罪人，罰使舂米，晝夜不息，此鳥辛苦有似於罪人，故蒙「城旦」、「獨舂」諸名，與郭注亦合。

城旦者，廣雅：「城旦，鴇鴠也。」案：城旦亦古罪人之名。漢書惠帝紀云「當爲城旦舂者」，師古注云「城旦者，旦起行治城；舂者，婦人不豫外徭，但舂作米，皆四歲刑也」，亦「辛苦不息」之義。

倒縣者，廣雅：「倒縣，鶪鳴也。」郭注謂「好自懸於樹」者，案：「倒縣」乃緑毛么鳳之名。此鳥夏間羽毛盛滿，五采絢爛，嘗自鳴「鳳凰不如我好」，倒懸於樹，自同於么鳳也，故名「倒懸」。

八　鳩，自關而東周鄭之郊韓魏之都謂之鵖音郎。鷎，音臯。其鵧鳩謂之鸊鷎。自關而西秦漢之間謂之鵴鳩；音菊。其大者謂之鳻鳩；音班。其小者謂之鴓鳩〔一〕，今荊鳩也。或謂之鵻鳩，音葵。或謂之鴀鳩，音浮。或謂之鶻鳩。梁宋之間謂之鷦。

維言案：李時珍本草綱目集解云：「今鳩小而灰色，及大而斑，如梨花點者並不善鳴，惟項下斑如真珠者聲大能鳴，可以作媒。鳩性慤孝，而拙於爲巢。纔架莖，往往墮卵。天將雨即逐其雌，霽則呼而反之。故有『鷦巧而危，鳩拙而安』，或曰『雄呼晴，雌呼雨』。」寇宗奭本草衍義云：「斑鳩，有有斑者，有無斑者，有大者，有小者。雖有數色，

〔一〕「鴓」，匯證據戴震疏證、周祖謨方言校箋改作「鵧」。

其用則一也。」

鵖鷎者，廣雅：「鵖鷎，鳩也。」是以「鵖鷎」爲鳩之總名，非也。本草釋名以「鵖鷎」爲鳩之子，近之。

鵴鳩者，廣雅：「鵴鳩，鶏鳩也。」通俗文云：「隹其謂之鶏鳩。」爾雅釋鳥「隹其鳺鴀」，郭注云：「今鵓鳩。」説文：「鵻，祝鳩也。」左氏昭十七年傳疏引樊光曰：「春秋傳云『祝鳩氏，司徒』，祝鳩，即隹其、夫不。孝，故爲司徒。」案：祝鳩，鳺鴀也，非鵴鳩。鵴鳩，蓋小鳩也。李時珍本草釋名云「鳩之子曰鵴鳩」，近之。「鵴鳩」亦作「鵓鳩」。鶏鳩蓋鵓鳩也。廣雅以「鵴鳩」爲「鶏鳩」亦未穩，鵴鳩亦非隹也。本草釋名云：「短尾者爲隹。」爾雅郭注以「隹其」爲「鵓鳩」，亦非。

鸊鷎者，廣雅：「鸊鷎、鵓鳩，鶏鳩也。」據本草釋名以鸊鷎爲鳩之子，與鵴鳩異名同物，亦非鶏鳩。

鶏鳩者，蓋鵓鳩也。廣雅「鵓鳩，鶏鳩也」，是已。

鵓鳩者，陸璣詩疏云：「鵓鳩，灰色，無繡項。陰則屏逐其匹，晴則呼之，語曰『天將雨，鳩逐婦』是也。」案：陸疏所説「鵓鳩得其形狀惟逐婦」一事，李氏以爲「斑鳩」，陸氏以爲「鵓鳩」，兩説稍異。余嘗於雨中，見斑鳩雙棲於樹枝間，未見逐其匹，然則李誤矣。

李氏復以鵓鳩爲班鳩，亦誤。「班」之言「斑」也，言有斑點也。鵓鳩無斑點，何以謂之班鳩？今之班鳩無斑點繡項者，即是鵓鳩。且李氏本草集解籠統而言，亦未分明。「鵓鳩」轉聲爲「勃鳩」，以其棲有定所，故南方有「勃鴣定」之語，以其巢不完、其卵易墮，故北方有「鵓鳩墮卵」之語，蓋指「鵓鳩」而言。又一種形小而善鳴，俗謂之「水鴣鴣」，因其聲以爲名也。亦是鵓鳩之類。

鶻鳩者，即爾雅之「鶌鳩，鶻鵃」，說文「鶌鳩、鶻鵃」也。詩小宛傳云：「鳴鳩，鶻鵰。」「鶻、鵃」古字通。禮記疏謂之「鶻嘲」。今驗其聲，正作「鶻嘲」。廣雅謂之「鴭鳩」，此鳥喜以春鳴，故東京賦云「鶻鵃春鳴」是也。其背青黑，故今俗人呼爲「青肩」。其膺紫斑，故又謂之「班鳩」。掌禹錫嘉祐本草云：「鶻嘲，似山鵲而小，尾短，有青毛冠，多聲，青黑色，在深林間，飛翔不遠。北人呼爲鸛鷒。」李時珍謂：「此鳥春來秋去，好食桑椹，易醉。」詩氓篇：「吁嗟鳩兮，無食桑椹。」李說是也。然又引或云以「鶻嘲」爲「戴勝」，誤矣。鄭樵通志以「鶻嘲」爲「鸜鵒」，尤誤。「鵓鳩」即廣雅之「鴭鳩」，與「班鳩」爲一物；其「䳈鳩、鵴鳩」爲一物，蓋小鳩也。李巡謂「楚鳩」，郭注謂之「荆鳩」，本草謂之「錦鳩」，其實名異物同。

鵻者，亦作「雕」，即爾雅之「隹其鳺鴀」也。一名「祝鳩」。此鳥性孝，故以司徒而教民。陸璣詩疏云：「鵻，今小鳩也。一名鵓鳩，幽州人謂之鶌鶋，梁宋之間謂之隹，揚州人亦然。」然鵻與鵓鳩一物也，與鶻鳩則迥非一物，方言失之。案：此節諸鳩之名，説未盡可據，今爲辨之。「班鳩、鳲鳩、鶻鳩」爲一物，即月令之「鳴鳩」也。「鶆鳩、鵓鳩、鵻」爲一物，即爾雅之「隹其、夫不」也，俗呼爲「鵓鳩」，左氏謂之「祝鳩」者也。「鶌鶋、𪇆[一]、鶌鶋」即李時珍所謂「鳩之子」也。「𪇆鳩、𪀗鳩」與郭注之「荊鳩」、李巡注之「楚鳩」，皆本草之「錦鳩」也，似鳩而小，即李時珍所謂「有真珠斑者」是也。如此分別，自明白矣。

九　尸鳩，按：爾雅，即布穀，非戴勝也。或云鶝，皆失之也。燕之東北朝鮮洌水之間謂之鶝鴀[二]。福、丕兩音。自關而東謂之戴鵀；東齊海岱之間謂之戴南，南猶鵀也；此亦楚語聲轉也[三]。或謂之鶭鸅，案：爾雅説「戴鵀」下「鶭鸅」自爲一鳥名，方言似依此義，又失也。或謂之戴鳻，或謂之戴勝；勝所以纏紝也。東齊吴揚之間謂之鵀；自關而西謂之服鶝，或謂之鵖鶝；燕之

[一]「𪇆」下脱「鳩」字。
[二]「鴀」，匯證據王念孫手校明本、盧文弨重校方言改作「鵧」。
[三]戴震疏證本作「此亦語楚聲轉也」。

東北朝鮮洌水之間謂之鶝。 音或。

維言案：尸鳩，「布穀」也。方言以爲「戴勝」，失之。爾雅釋鳥「鳲鳩，鴶鵴」，又云「鵖鴔，戴鵀」，分爲兩條，尸鳩非戴勝明矣。廣雅承方言之誤，云「尸鳩，戴勝也」，亦失之。淮南子時訓篇注「戴勝」引詩「鳲鳩在桑」[一]、吕氏春秋季春紀注「戴勝降于桑」，亦以爲「鳲鳩」，高氏亦失之。月令疏引孫炎曰「尸鳩，自關而東謂之戴鵀」，亦本方言而誤；又引李巡曰「戴鵀，一名鵖鳩」，亦誤。案：尸鳩巢居，戴勝乃生樹穴中，本非同物，安得合而爲一？戴勝即今樓樓穀，小於鵓鳩，黄白斑文，頭上毛冠如戴華勝，戴勝之名以此。常以三月中鳴，鳴云[二]。「樓樓穀」與「布穀」之聲相似，故自古誤爲一物。又李時珍本草綱目集解以「鵖鳩」爲「戴勝」，亦非也。爾雅「鵖鳩、戴鵀」分爲兩條，况鵖鳩鳴若「加加格格」，戴勝鳴若「樓樓穀」，聲亦不同。蓋李氏以鵖鳩有毛冠，戴勝亦有毛冠，遂合而爲一，誤矣。

鶝鴔者，廣雅：「鶝鴔，戴勝也。」

戴鵀者，廣雅：「戴紝，戴勝也。」高誘注淮南子時則訓云：「戴任，戴勝也。」春秋

[一] 「時訓」當作「時則訓」。

[二] 「鳴」下有脱文。此段案語實出郝懿行爾雅義疏，郝疏作「鳴自呼也」。

考異鄭云：「載紝出蠶期起。」是「載紝、戴任、載紝」，並與「戴鵀」字同。

戴鳻者，廣雅：「戴鳻，戴勝也。」「鳻、鵀」一聲之轉。

鶭鸅者，亦作「虞澤」。廣雅：「虞澤，戴勝也。」然爾雅釋鳥「鶭，澤虞澤」〔一〕，與「戴鵀」亦分爲兩條。爾雅郭注云「今婟澤鳥。似水鴉，蒼黑色，常在澤中。見人輒鳴喚不去，有象主守之官，因名云。俗呼爲護田鳥」，所説形狀與「戴勝」迥别。方言因爾雅「戴鵀、鶭澤虞」二物連文，遂以「鶭鸅」爲「戴勝」，誤矣。且爾雅之義似「鶭」一名「澤虞」。方言錯讀句讀，誤而又誤之矣。「服鶝、⿰复鳥鶝」皆「鵖鴔」之轉聲也。

⿰或鳥者，廣雅：「⿰或鳥鶝，戴勝也。」據廣雅「⿰或鳥鶝」連文，方言不能單稱「⿰或鳥」。疑「謂之⿰或鳥」下有「鶝」字，恐傳寫者脱落耳。

一〇 **蝙蝠，**邊、福兩音。**自關而東謂之服翼，或謂之飛鼠，或謂之老鼠，或謂之僊鼠；自關而西秦隴之間謂之蝙蝠；北燕謂之蟙蠌。**賊〔二〕、墨兩音。

〔一〕下「澤」字衍。

〔二〕「賊」，匯證據戴震疏證、盧文弨重校方言改作「職」。

維言案：爾雅釋鳥：「蝙蝠，服翼。」説文：「蝙蝠，服翼也。」孝經援神契云：「蝙蝠伏匿，故夜食。」按：蝙蝠形絶鼠，肉翅與足相連。夜捉蚊蚋食之。俗言老鼠所化也。或云「老鼠食鹽，則化蝙蝠」。

服翼者，亦作「伏翼」。廣雅：「伏翼，蚊蠼也。」「蚊」與「蟙」同。劉向新序雜事云：「黄鵠白鶴一舉千里，使之與燕服翼試之堂廡之下、廬室之間，其便未必能過燕服翼也。」王德瑛説「燕服翼」是一物，今東齊人謂之「燕蝙蝠」是也。案：今濟南人謂「蝙蝠」爲「蟞蚨」，語聲之轉也。郝氏懿行爾雅義疏云：「蝙蝠，毛紫黑色，肉翅與足相連，巢於屋檐，孳乳其中。夜出飛翔庭院，掠蚊蚋而食。其雛藏於肉翅下，且飛且乳，鼠化之説不經甚矣。」蘇恭唐本草注云：「伏翼即仙鼠也，在山孔中食諸乳石精汁，皆千歲，純白如雪，頭上有冠，大如鳩、鵲，陰乾服之，令人肥健長生，壽千歲。其大如雞未白者已百歲〔一〕，而並倒懸，其腦重也。」蘇頌圖經云：「恭説乃仙境所謂肉芝者。然今蝙蝠多生古屋中，白而大者蓋希。」寇宗奭本草衍義云：「伏翼日亦能飛，但畏鷙鳥不敢出耳。此物善服氣，故能壽。冬月不食，可知矣。」李時珍本草綱目集解云：「伏翼形似鼠，灰黑

〔一〕「其大如雞」，本草綱目作「其大如鶉」。

色。有薄肉翅連合四足及尾如一。夏出冬蟄，日伏夜飛，食蚊蚋。自能生育，或云鼉蝨化蝠，鼠亦化蝠，蝠又化魁蛤，恐不盡然。生乳穴者甚大。或云燕避戊巳，蝠伏庚申，此理之不可曉者也。若夫白色者，自有此一種爾。仙經以爲千百歲，服之令人不死者，乃方士誑言也。陶氏、蘇氏從而信之，迂矣。案：李石續博物志云：『唐陳子真得白蝙蝠大如鴉，服之，一夕大泄而死。又宋劉亮得白蝙蝠、白蟾蜍仙丹，服之立死。』嗚呼，書此足以破愚矣。其説始載於抱朴子書，葛洪誤世之罪通乎天下。又唐書云：『吐蕃有天鼠，狀如雀，大如貓，皮可爲裘。』此則別是一種，非此天鼠也。」本草名「蝙蝠」爲「天鼠」者，亦猶「飛鼠、僊鼠」之名爾。

飛鼠者，廣雅：「飛鼠，𧌒蟔也。」宋本草亦名「蝙蝠」爲「飛鼠」。

僊鼠者，廣雅：「仙鼠，𧌒蟔也。」唐本草亦名「蝙蝠」爲「仙鼠」，蓋皆本方言之名耳。

蟙蟔者，即廣雅之「𧌒蟔」也。集韻：「蟙蟔，蝙蝠也。」

一一　**鴈，自關而東謂之鴚鵝；**音加。**南楚之外謂之鵝，或謂之鶬鴚。**今江東通呼爲鴚。

維言案：説文「鴈，鵝也」，義與「雁」別。野鵝曰「鴈」，家鵝則曰「舒鴈」。爾雅釋鳥：「舒鴈，鵝。」周禮醢人云「箈菹鴈醢」，禮記内則云「舒鴈翠」，莊子山木篇云「命豎子殺鴈而烹之」，並訓「鴈」爲「鵝」。案：説文「鴈、雁」兩收：「鴈」字注云：「鵝也。」「雁」字注云：「雁，鳥也。」蓋「鴻雁」之「雁」則作「雁」，「鴈鵝」之「鴈」則作「鴈」。兩物迥別，今解經家不識「鴈」即「鵝」，遂以「鴻雁」之「雁」釋「鵝」，皆失之。

駉騀者，廣雅：「駉鵝，鳫也。」「鳫」與「鴈」同。「駉」通作「鴐」。楚辭七諫云：「畜鳧駕鵝。」郭義恭廣志云：「鴐鵝，野鵝也。」漢書司馬相如傳云「弋白鵠，連駕鵝」，史記作「鴐」。中山經云「是多駕鵝」，郭注云：「駕，宜作鴐。鴐，鵝也。」春秋時魯大夫有榮駕鵝。是「鴐、駕」古字通用，並與「駉」同。

鶬駉者，亦作「倉駉」。廣雅：「倉駉，鳫也。」又通作「蒼」。齊民要術引晉沈充鵞賦序云：「晉太康中得大蒼鵝，體色豐麗。」蓋鵝有蒼、白二色，蒼者即駉鵝也。

一二　**桑飛，**即鷦鷯也。又名鷦鸎[一]。**自關而東謂之工爵，或謂之過鸁，**音螺。**或謂之女鴎**[二]**；**今亦名爲巧婦，江東呼布母。**自關而東謂之鸋鴂；**按爾雅云：「鸋鴂，鴟鴞。」鴟屬，非此小雀明矣。

〔一〕「鸎」，匯證據王念孫廣雅疏證、錢繹方言箋疏、周祖謨方言校箋改作「鷃」。

〔二〕「鴎」，匯證據戴震疏證、慧琳一切經音義改作「匠」。

甯、玦兩音。**自關而西謂之桑飛，或謂之懱雀。**言懱截也。

維言案：桑飛者，郭注以爲「即鷦鷯也」。一名「鷦𪀚」。說文：「鷦𪀚，桃蟲也。」爾雅釋鳥「桃蟲，鷦，其雌艾」，郭注云：「鷦鸎，桃雀也。」詩小毖篇「肇允彼桃蟲」，毛傳云：「桃蟲，鷦也。」陸璣詩疏云：「今鷦鷯是也。微小於黃雀，其雛化而爲雕，故俗語云鷦鷯生雕。」又名「桃雀」。焦氏易林云：「桃雀竊脂，巢於小枝，搖動不安，爲風所吹。」又名「蒙鳩」。楊倞荀子勸學篇云：「蒙鳩，鷦鷯也。」又名「巧婦」。陳藏器本草拾遺云：「巧婦小於雀，在林藪間爲窠。窠如小袋。」李時珍本草綱目集解云：「鷦鷯生蒿木之間，居藩籬之上，狀似黃雀而小，灰色有斑，聲如吹噓，喙如利錐，取茅葦毛毳爲巢，大如雞卵，而繫之以麻髮，至爲精密。或一房、或二房。故曰巢林不過一枝，每食不過數粒。小人畜馴，教其作戲也。又一種鷦鷯，爾雅謂之剖葦。似雀而青灰斑色，長尾，好食葦蠹，亦鷦類也。」案：此鳥今俗呼爲「葦札」，似鷦鷯而小，非鷦鷯也。鷦鷯之鳥，今俗謂之「柳眼串」，又謂之「麻絡」，毛色青黃，目間有白色如銀，數編麻於竹樹枝間，條理細緻，莫能尋其端倪，時而雌雄交鳴，聲小而清澈。東齊人亦謂之「屨事稽留」。

工爵者，廣雅：「桑飛，工雀也。」「雀」與「爵」同。

女鴎者，廣雅：「女鴎，工雀也。」此鳥巧於作巢，故有「女鴎、工爵」諸名。

過蠃者，亦作「果蠃」。廣雅：「果蠃，工爵也。」陸璣疏引或云：「布穀生子，鶻鷞養之。」蓋此鳥常取布穀子以爲子，及長化而爲雕。故蠮螉取螟蛉之子以爲子，謂之「果蠃」[一]；鶻鷞取布穀子以爲子，謂之「果蠃」：其義一也。

鸋鴂者，爾雅釋鳥：「鴟鴞，鸋鴂。」廣雅：「鸋鴂，工雀也。」説文及詩傳並與爾雅同。陸璣疏云：「鴟鴞似黄雀而小，其喙尖如錐，取茅莠爲巢，以麻紩之，如刺襪然，縣著樹枝，或一房，或二房。幽州人謂之鸋鴂，或曰巧婦，或曰女匠。關東謂之工雀，或謂之過蠃。關西謂之桑飛，或謂之襪雀，或曰巧女。」據陸説，鸋鴂形狀即是鶻鷞，而郭璞注爾雅云「鴟屬」，注方言則云「非小雀」，明矣。郭意以爾雅「鴟鴞」與「狂茅鴟、怪鴟、梟鴟」連類而及，故斷以爲「鴟屬」。楚辭九歎云「鴟鴞集於木蘭兮」，王逸注云：「鴟鴞，貪鳥也。」蔡邕弔屈原文云「鸋鴂軒翥」，皆以鴟鴞爲貪惡大鳥。郭蓋本此。然爾雅、廣雅、説文、毛傳、陸疏並以「鸋鴂」爲「鶻鷞」無異詞；郭注爾雅已誤，復衍其誤以注方言，則皆失之矣。

懱雀者，廣雅：「懱雀，工雀也。」然據陸疏所説當爲「襪雀」，以其作巢如刺襪也。

[一]「蠃」疑當作「蠃」。

蓋「懱」與「襪」二字形似而訛。

一三　驪黃，自關而東謂之鶬鶊；又名商庚。**自關而西謂之驪黃，**其色黧黑而黃，因名之。**或謂之黃鳥，或謂之楚雀。**

維言案：爾雅釋鳥「倉庚，商庚」，郭注云：「即鵹黃也。」「鵹黃」與「驪黃」同，「倉庚」與「鶬鶊」亦同。說文作「離黃」，云：「離黃，倉庚也。鳴則蠶生。」夏小正：「二月有鳴倉庚。」詩七月篇：「有鳴倉庚。」禮記月令：「仲春倉庚鳴。」爾雅釋鳥又云：「倉庚，黧黃也。」又云「鵹黃，楚雀」，郭注云：「即倉庚也。」夏小正傳云：「倉庚者，商庚也。商庚者，長股也。」楚辭悼亂篇云：「鶬鶊兮喈喈。」陸璣疏云：「黃鳥，黃鸝留也。或謂之黃栗留也。幽州人謂之黃鶯。一名倉庚，一名商庚，一名鵹黃，一名楚雀。齊人謂之搏黍，當葚熟時，來在桑間，故里語曰：『黃栗留，看我麥黃葚熟否。』是應節趨時之鳥也。」詩葛覃篇「黃鳥于飛」，毛傳以「黃鳥」爲「搏黍」。爾雅釋鳥「皇，黃鳥」，郭注云：「俗呼黃離留，亦名搏黍。」然則黃鳥、搏黍皆即驪黃也。本草謂之「鸎」。一名「黃鳥」，一名「黧黃」，一名「倉庚」，一名「青鳥」，一名「黃伯勞」。「鸎」即「鶯」字。李時珍本草綱目集解云：「鶯處處有之。大於鸜鵒，雌雄雙飛，體毛黃色，羽及尾有黑色相間，黑眉尖觜，青脚。立春後即鳴，麥黃葚熟時尤甚，其音圓滑，如織機聲，乃應節趨時之鳥也。冬月則藏蟄入田塘中，以泥自裹如卵，至春始出。」今驗鸝黃形狀，一如李説。俗人呼爲「黃鷺」，亦呼爲「黃鸝」。東齊處處有之，登萊尤多。

一四　**野鳧，其小而好没水中者**[一]**，南楚之外謂之鷿鷉，**鷿，音指擘。鷉，音他奚反。**大者謂之鶻鷉。**滑、蹄兩音。

維言案：説文：「鳧，水鳥也。」詩「鳧鷖在涇」，傳云：「鳧，水鳥也。」女曰雞鳴篇：「弋鳧與雁。」然則鳧即今之野鴨也。亦名「水鴨」。李時珍本草綱目集解云：「鳧，東南江海湖泊中皆有之。數百爲羣，晨夜蔽天，而飛聲如風雨，所至稻粱一空。陸璣詩疏云：『狀似鴨而小，雜青白色，背上有文，短喙長尾，卑脚紅掌，水鳥之謹愿者，肥而耐寒。』又海中一種冠鳧，頭上有冠，乃石首魚所化也。」此鳥隨潮往來，不失其時，人呼爲「信鳧」。

鷿鷉者，廣雅：「鷿鷉，鶻鷉也。」爾雅釋鳥「鷉，須鸁」，郭注云：「鷉，鷿鷉，似鳧而

[一]「其」，匯證據周祖謨方言校箋、藝文類聚改作「甚」。

小，膏中瑩刀。」廣韻：「鸊鷉，鳥名。似鳧而小，足近尾。」南都賦云：「鷞鷿鸊鶙。」〔一〕蔡邕短人賦云：「雄荆雞兮鶩鸊鷈。」「鶙、鷈」並與「鷉」通。韓保昇蜀本草云：「野鴨有與家鴨相似者，有全別者。其甚小者名刁鴨，味最佳。」然則刁鴨即鷿鷉也。李時珍本草綱目集解云：「鸊鷉，似野鴨而小，蒼白文，多脂味美。冬月取之，其類甚多。」陳藏器本草拾遺云：「鸊鷉，水鳥也。大如鳩，鴨脚連尾，不能陸行，常在水中。人至即沈，或擊之便起。其膏塗刀劍不鏽。」續英華詩云：『馬銜苜蓿葉，劍瑩鸊鷉膏。』是也。

一五　守宮，秦晉西夏謂之守宮，或謂之蠦蝘，盧、纏兩音。或謂之蜇易。南陽人又呼蝘蜓。其在澤中者謂之易蜴。音析。南楚謂之蛇醫，或謂之蠑螈；榮、元兩音。東齊海岱謂之螔蜍；似蜇易，大而有鱗。今所在通言蛇醫耳。斯、侯兩音。北燕謂之祝蜓〔二〕。音廷〔三〕。桂林之中守宮大者而能鳴謂之蛤解。似蛇醫而短，身有鱗采。江東人呼爲蛤蚖。音頭頷。汝、潁人直名爲蛤。鸐音解，誤聲也〔四〕。

〔一〕「鷿」，文選作「鶂」。
〔二〕「蜓」，戴震疏證本作「蜓」。
〔三〕「廷」，戴震疏證本作「延」。
〔四〕「鸐音解誤聲也」，匯證據戴震疏證、吴予天方言注商、周祖謨方言校箋改作「解音懈，聲誤也」。

維言案：爾雅釋魚：「蠑螈，蜥蜴。蜥蜴，蝘蜓。蝘蜓，守宮也。」說文：「易，蜥蜴，蝘蜓，守宮也。」「在壁曰蝘蜓，在草曰蜥蜴。」又云：「蠑蚖，蛇醫，以注鳴者。」陸璣疏云：「蜴，一名榮原，水蜴也。或謂之螔蜼，或謂之蛇醫，如蜥蜴，青緑色，大如指，形狀可惡也。」案：陸說「榮原」者即「蠑螈」也。

螔蜼者〔一〕，即「螔侯」也。方言所說蓋有二種守宮也。蠦蝘也、蝁易也是一種，即今之蠍虎也；易蜴也、蛇醫也、蠑螈也、螔𧊅、祝蜓也是一種，即今之馬蛇子也。漢書東方朔傳云：「若非守宮即蜥蜴。」明言其一類兩種耳。本草「守宮，一名壁宮，一名壁虎，一名蠍虎，一名蝘蜓」，陶注云：「蝘蜓，喜緣籬壁間。以朱飼之，滿三斤殺，乾末以塗女人肢臂，如赤誌，偶則落，故名守宮。」蘇恭唐本草注云：「蝘蜓，又名蠍虎，以其常在屋壁，故名守宮，亦名壁宮。飼朱點婦，人謬說也。」李時珍本草綱目釋名云：「守宮善捕蠍、蠅，故得虎名。春秋考異郵云：『守宮，食蠆土勝水也。』點臂之說，淮南萬畢術、張華博物志、彭乘墨客揮犀皆有其法，大抵不真，恐别有術，今不傳矣。」集解云：「守宮，處處人家牆壁有之。狀如蛇醫而灰黑色，扁首長頸，細鱗四足，長者六七寸，亦不聞

〔一〕「蜼」疑當從上文改作「𧊅」。

噬人。又南方有十二時蟲，即守宮之五色者。」李時珍又云：「十二時蟲，一名避役，出容州、交州諸處，生人家籬壁、樹木間，守宮之類也。大小如指，狀同守宮，而腦上連背有肉鬣如冠幘，長頸長足，身青色，大者長尺許，尾與身等，囓人不可療。嶺南異物志言：『其首隨十二時變色，見者主有喜慶。』博物志言：『其陰多細緑，日中變易，或青或緑或丹或紅。』〔一〕北户録言：『不能變十二色，但黄、褐、青、赤四色而已。』竊案陶隱居言：『石龍五色者，爲蜥易。』陸佃云：『蜥易能十二時變易，故得易名。』若然，則此蟲亦蜥易矣，而生籬間，蓋五色守宮爾。陶氏説謂『守宮囓人必死，及點臂成誌』者，恐是此物。若尋常守宮，既不堪點臂，亦未有螫人至死者也。」今之馬蛇子，本草謂之石龍子，一名山龍子，一名泉龍，一名蜴，一名蜥，一名豬婆蛇。李時珍綱目集解云：「生山石間者曰石龍，即蜥蜴，俗呼豬婆蛇，似蛇有四足，頭扁，尾長，形細，長七八寸，大者一二尺，有細鱗金碧色；其五色全者爲雄〔二〕。生草澤間者曰蛇醫，又名蛇師、蛇舅母、水蜥蜴、蠑螈，俗亦呼豬婆蛇；蛇有傷，則銜草以敷之，又能入水與魚合，故得諸名；狀同石龍而頭

〔一〕「或丹或紅」，本草綱目作「或丹或黄，或紅或赤」。
〔二〕本草綱目「爲雄」下有「入藥尤胜」四字。

大尾短，形粗，其色青黄，亦有白斑者[一]。生屋壁間者曰蝘蜓，即守宫也。」據此則守宫之類蓋有三種也。古今注言：「蝘蜓，一名龍子，一名守宫，盖上樹捕蟬食之[二]。其細長五色者名爲蜥蜴，短大者名蠑螈。一曰蛇醫，大者長三尺，其色紺碧，善螫人，一名玄螈，一名緑螈。」皆其一類而小異者也。

蛤解者，廣雅：「蛤解，蜇蜴也。」案：「蛤解」亦名「蛤蚧」，似蜇蜴而非，蓋别是一種也。廣州記云：「蛤蚧，生廣南水中，有雌雄，狀若小鼠，夜即居於榕樹上，投一獲二。」段公路北户録云：「其首如蟾蜍，背緑色，上有黄斑點，如古錦紋，長尺許，尾短，其聲最大，多居木竅間，亦守宫、蜥蜴之類也。」劉恂嶺表録異云：「蛤蚧，首如蝦蟇，背有細鱗如蠶子，土黄色，身短尾長，多巢於樹中；端州古牆内，有巢於廳署城樓間者，旦暮則鳴自呼『蛤蚧』是也。」案：段、劉兩説並與郭注相合，即是此物。

一六　**宛野謂鼠爲䶂。**宛、新野，今皆在南陽。音錐。

[一]　本草綱目「白斑者」下有「不入藥用」四字。

[二]　「盖」，中華古今注作「善」，當據改。

維言案：廣雅「䶂，鼠」、玉篇「南陽呼鼠爲䶂」，是本方言與郭注之義。本草亦有「䶂鼠」之名。李時珍釋名云：「以其尖喙善穴，故南陽人謂之䶂鼠。」案：䶂鼠即鼠也，本草集解云：「鼠形似兔而小，青黑色。有四齒而無牙，長鬚露眼。前爪四，後爪五。尾文如織而無毛，長與身等。五臟俱全，肝有七葉，膽在肝之短葉間，大如黃豆，正白色，貼而不垂，衛生家寶方言其膽紅色者何耶。」案：鼠類頗繁，爾雅、説文所載後世不能悉知，後世所知者，二書復未盡載，可見格物無窮也。

一七　雞雛，徐魯之間謂之秋子。 子幽反。徐，今下邳，僮縣東南大徐城是也。

維言案：廣雅：「秋子，雛也。」「秋」之言「揫」也。廣雅：「揫，小也。」字或作「秋」。高誘淮南子原道訓注云：「屈讀秋雞無尾屈之屈，雞雛無尾，故以爲屈。」説文「屈，無尾也」，是其證。今濟南人猶呼雞雛之小者曰「秋雞」，讀聲如「秋」。或解「秋雞」爲秋時之雞雛，失之。

方言釋義　火部

方言釋義卷九

歷下　王維言學

一　戟，楚謂之孑〔一〕。取名於鉤釨也。凡戟而無刃，秦晉之間謂之釨，或謂之鏔；吴揚之間謂之戈。東齊秦晉之間謂之大者曰鏝胡，泥墁。其曲者謂之鉤釨鏝胡。即今雞鳴，句孑戟也〔二〕。

維言案：説文：「戟，有枝兵也。」釋名云：「戟，格也。旁有枝格也。」華嚴音義引論語圖云：「戟，形傍出兩刃也。」增韻：「雙枝爲戟，單枝爲戈。」考工記冶氏云「戟廣寸有半寸，内三之，胡四之，援五之」，鄭衆注云〔三〕：「戟，今三鋒戟也。内長四寸半，胡長六寸，援長七寸半。」廬人云：「車戟常。」詩無衣篇「修我矛戟」，鄭箋云：「戟，車戟

〔一〕「孑」，戴震疏證本作「釨」。
〔二〕「句孑」，戴震疏證本作「鉤釨」。
〔三〕「鄭衆」當作「鄭玄」。

常也。」齊語云「贖以犀甲一戟」，韋昭注云：「戟，車戟也。」古蓋以戟爲車上所用之兵，故曰「車戟」；今之「方天戟」是其遺制。

孑者，廣雅：「孑，戟也。」考工記疏引舊注云：「孑，句孑戟也。」夏官大司馬「戈盾」，注云：「戈有旁出者爲句孑。」左氏莊四年傳云：「楚武王荆尸，授師孑焉，以伐隨。」是楚人謂「戟」曰「孑」之證。

釨者，廣雅：「釨，戟也。」「釨」與「孑」同。

鏔者，廣雅：「鏔，戟也。」集韻：「鏔，戟無刃者。」字或作「戭」。說文「戭，長槍也」，義與「戟」亦近。

戈者，廣雅：「戈，戟也。」說文：「戈，平頭戟也。」書牧誓「稱爾戈」、顧命「執戈上刃」，鄭注云：「即今鉤孑戟。」考工記冶氏云「戈廣二寸，内倍之，胡三之，援四之」，鄭衆注云〔一〕：「戈，今句孑戟也。或謂之雞鳴，或謂之擁頸。」廬人云：「戈秘六尺有六寸〔二〕。車戟常。」釋名云：「戈，句孑戟也。戈，過也，所刺擣則決過，所鉤引則制之，弗

〔一〕「鄭衆」當作「鄭玄」。
〔二〕「秘」，十三經注疏本作「柲」。

得過也。」徐鍇說文繫傳云：「戟小支上向則爲戟，平之則爲戈。」一曰戟偏距爲戈。禮記曲禮云「進戈者前其鐏，後其刃」，正義云：「戈，鉤孑戟也。如戟而橫安刃，但頭不向上爲鉤也。直刃長八寸，橫刃長六寸，下接柄處四寸，並廣二寸，用以鉤害人也。」並訓「戈」爲「單戟」之名。

鏝胡者，廣雅：「鏝胡，戟也。」考工記注云：「俗謂戈胡爲曼胡。」「曼」與「鏝」同。鉤釨鏝胡者，即句孑戟之有胡者也。

二 三刃枝，今戟中有小孑刺者，所謂雄戟也。**南楚宛郢謂之匽戟。**音偃。郢，今江陵也。余正反。**其柄自關而西謂之柲，**音秘。**或謂之殳。**音殊。

維言案：郭注「所謂雄戟」者，廣雅：「匽謂之雄戟。」史記商君傳云：「干將之雄戟。」子虛賦云「建干將之雄戟」，張注云：「雄戟，胡中有距者。」今戟枝中有倒鉤者，即方言所謂「匽」，廣雅所謂「雄戟」者也。

柲者，說文：「柲，欑也。」廣雅：「柲，柄也。」考工記廬人云：「戈柲長六尺有六寸。」左氏昭十二年傳云「君王命剝圭以爲鏚柲」者，杜預注云：「柲，柄也。」案：殳用積竹杖而無刃，戈、戟、矛皆用積竹爲柄，他器用木。

殳者，廣雅：「殳，杖也。」説文：「殳，以杖殊人也。」[一]禮：「殳以積竹，八觚，長丈二尺，建于兵車，旅賁以先驅。」詩伯也篇「伯也執殳，爲王前驅」是也。周禮司戈盾云：「授旅賁殳。」左氏昭二十三年傳云：「執殳而立于道左。」西京賦云：「竿殳之所揘畢。」釋名云：「殳矛，殳，殊也。有所撞挃於車上，使殊離也。」是「殳」本兵器之名，三刃枝之柄名亦是此義。字通作「杸」。説文「杸，軍士所執殳也」，或曰即方言之「三刃枝戟」也，未知是否。

三　矛，吴揚江淮南楚五湖之間謂之鍦，嘗蛇反。五湖，今吴興太湖也。先儒之多亦有所未能詳者[二]。或謂之鋋，音蟬。或謂之鏦。漢書曰：「鏦殺吴王。」錯江反。其柄謂之矝[三]。今字作矜，巨巾反。

維言案：説文「矛，酋矛也。建於兵車，長二丈」，徐鍇傳云：「鉤，兵也。」考工記廬人云「酋矛常有四尺，夷矛三尋」，鄭注云：「八尺曰尋，倍尋曰常。酋、夷，長短名。」

〔一〕「杖」，説文作「杸」。

〔二〕「先儒之多亦有所未能詳者」，戴震疏證本作「先儒處之多亦不了，所未能詳者」。

〔三〕「矝」，戴震疏證本作「矜」，當據改。下文釋義中「矝」字亦當改「矜」。

書牧誓：「立爾矛。」詩小戎篇「厹矛鋈錞」，毛傳云：「三隅矛也。」禮記曲禮疏云：「矛，如鋋而長廉也。」尉繚子制談篇云：「殺人於五十步之内者，矛戟也。」是矛爲長兵之名。詩無衣篇「修我戈矛」，毛傳云：「矛，長二丈。」清人篇「二矛重英」，鄭箋云：「酋矛，夷矛也。」釋名云：「矛，冒也，刃下冒矜也。」「仇矛，頭有三叉，言可以討仇敵之矛也。」「仇矛」即詩之「厹矛」、考工記之「酋矛」也。又云「夷矛，夷，常也，其矛長丈六尺，不言常而言夷者，言其可夷滅敵，亦車上所持也。」此言「夷矛」長丈六尺，與考工記稍異。又逸周書王會解云「操弓執矛」，注云：「矛，戟也。」太玄爭七「爭干及矛鞙」，注云：「矛，戈。」是亦「矛」爲戈戟之名。然其訓爲「兵器」，則一也。

鍦者，亦作「𥎞」。廣雅：「𥎞，矛也。」又作「鉇」。荀子議兵篇云「宛距鐵鉇」，楊倞注云：「鉇，矛也。」史記書作「鐵施」。説文作「鉈」，云：「短矛也。」晉書云「丈八鉈矛左右盤」，是也。是「𥎞、鉇、施、鉈」並與「鍦」同。左思吴都賦云「藏鍦於人」，劉逵注云：「鍦，矛也。」「鍦」，郭注音「蛇」。後世言「蛇矛」，名出此。

鋋者，廣雅：「穳謂之鋋。」説文：「鋋，小矛也。」西京賦注引説文云：「鋋，小戈也。」聲類云：「鋋，鏦也。」釋名云：「鋋，延也，達也，去此至彼之言也。」漢書司馬相如傳云「鋋猛氏」，注云：「鋋，鐵把短矛也。」史記索隱引埤蒼云：「鋋，小矛鐵矜。」〔一〕漢書匈奴傳云：「短兵則刃鋋。」〔二〕是「鋋」爲短兵之名。

鏦者，廣雅：「鏦，矛也。」説文：「鏦，矛也。」淮南子兵略訓云「修鎩短鏦」，高誘注云：「鏦，短矛也。」字亦作「穜」。蒼頡篇云：「穜，短矛也。」「穜」與「鏦」聲近義同。又史記吴王濞傳云「即使人鏦殺吴王」，是郭注所引。然索隱云「鏦，謂以戈刺之」，與訓「矛」者義别。郭注失之。

矜者，説文：「矜，矛柄也。」字亦作「𥎊」。廣雅：「矜，柄也。」史記陳涉世家云「鉏耰棘矜」，服虔注漢書項籍傳云：「以棘作矛𥎊也。」考工記廬人注云：「凡矜八觚。」淮南子兵略訓云「伐棗棘而爲矜」〔三〕，亦訓「矜」爲「矛柄」也。

四　箭，自關而東謂之矢，江淮之間謂之鍭，音侯。**關西曰箭。**箭者，竹名，因以爲號。

維言案：説文：「箭，矢也。竹也。」廣雅：「箭，箵籅也。」周禮職方氏「其利金錫

〔一〕「矜」，史記作「矜」。
〔二〕「刃」，漢書作「刀」。
〔三〕「棗棘」，二十二子本作「棘棗」。

竹箭」，鄭注云：「箭，篠也。」西山經：「英山多箭𥳇。竹水。其陽多竹箭。」〔一〕爾雅釋地：「東南之美者，有會稽之竹箭焉。」禮記禮器云：「如竹箭之有筠也。」儀禮鄉射禮云：「箭籌八十。」大射儀云：「綴諸箭。」是凡言「箭」者，並訓「竹篠」之名。故郭注以爲「箭者，竹名，因以爲號」也。釋名云：「箭，進也。」古人名爲「矢」。

矢者，廣雅：「矢，箭也。」釋名云：「矢，指也，言其有所指向迅疾也。」說文：「矢，弓弩所發矢也。古者夷牟初作矢。」〔二〕或曰少皞子般爲之。周禮：「司弓矢，掌六弓四弩八矢之法。」考工記：「矢人爲矢。」易噬：「嗑得金矢，解得黃矢。」齊策云「疾如錐矢」，韋昭注云：「錐矢，小矢也。」又禮記少儀云「侍投則擁矢」，言投壺之矢也。投壺云：「某有枉矢哨壺。」大戴記投壺：「矢以柘若棘，無去其皮，大七分。」是投壺亦用矢也。今人統呼「矢」爲「箭」。

鍭者，爾雅釋器「金鏃翦羽謂之鍭」，郭注云：「今之錍箭是也。」說文：「鍭，矢金。」周禮司弓矢云「殺矢鍭矢」，鄭注云：「鍭矢，弩所用也。」後漢書西南夷傳注云：

〔一〕二十二子本「竹水」下有「出焉，北流注於渭」七字。
〔二〕說文「弓弩」下無「所發」二字。

「鍭猶候也，候物而射之也。」詩行葦篇「四鍭既鈞」，毛傳云：「鍭矢參亭。」班固東都賦云：「列刃攢鍭。」字又作「翭」。儀禮喪服禮云「翭矢乘」，「翭」與「鍭」同，即周禮之「鍭矢」也。

五　鑽謂之鍴。音端。

維言案：廣雅：「鍴謂之鑽。」是矛戟刃謂之「鑽」，猶小矛謂之「𥎞」，其義一也。鍴者，玉篇：「鍴，鑽也。」

六　矜謂之杖[一]**。**矛戟穫，即杖也。

維言案：矜者，義見上文。杖者，義猶「柄」也，字亦作「仗」。風俗通云：「仗，刀戟之總名也。」説文：「杖，持也。」訓「杖」爲「柄」，亦從「持」爲義。

[一]「矜」，戴震疏證本作「矝」，當據改。按，下文釋義中「矜」字亦當改「矝」。

七　劒削，自河而北燕趙之間謂之室；自關而東或謂之廓，或謂之削；自關而西謂之鞞。方婢反。

維言案：削者，亦作「鞘」。刀劒室皆謂之「削」，猶今言刀劒室皆謂之「鞘」也。説文：「削，鞞也。」釋名云：「削，峭也，其形峭殺裹刀體也。」漢書貨殖傳云「質氏以洒削而鼎食」，師古注云：「削，劒室也。」

室者，廣雅：「室，劒削也。」小爾雅：「刀之削謂之室。」燕策云：「拔劒，劒長，操其室。」史記春申君傳云：「刀劒室以珠玉飾之。」是刀劒之削通名「室」也。

廓者，廣雅：「鄗，劒室也。」「鄗」即「郭」字。「郭」與「廓」通。釋名云弩「牙外曰郭，爲牙之規郭也」，義與「劒廓」同。

鞞者，廣雅：「鞞，刀削也。」説文：「鞞，刀室也。」小爾雅：「室謂之鞞鞛。」詩公劉篇「鞞琫容刀」，毛傳云「下曰鞞，上曰琫」；瞻彼洛矣篇「鞞琫有珌」，毛傳云「容刀之鞞也」；又左氏桓二年傳云「藻率鞞鞛」；逸周書王會解云「請令以魚皮之鞞」：並訓「刀劒室」之義。

八　盾，自關而東或謂之瞂，音伐。或謂之干；干者，扞也。關西謂之盾。

維言案：説文：「盾，瞂也。所以扞身蔽目。」周禮司兵「掌五兵五盾」，鄭注云：「干櫓之屬。」釋名云：「盾，遯也，跪其後，避以隱遯也。大而平者曰吳魁，本出於吳，爲魁帥者所持也。隆者曰須盾，本出於蜀，須所持也。或曰羌盾，言出於羌也。約脇而鄒者曰陷虜，言可以陷破虜敵也。今謂之曰『露見』是也。狹而長者曰步盾，步兵所持與刀相配者也。狹而短者曰孑盾，車上所持者也。孑，小稱也。以縫編穖謂之木絡，以犀皮作之曰犀盾，以木作之曰木盾，皆因所用爲名也。」詩小戎篇「龍盾之合」，毛傳云：「盾，干也。」齊語云「制，輕罪贖以鞼盾一戟」，韋昭注云：「綴革有文如繪也。」管子幼官篇云「兵尚脅盾」，房注云：「署之于脅，故名。」字通作「楯」。左氏定五年傳云「樂祁獻揚楯六十於簡子」，義與「盾」同。

瞂者，廣雅：「瞂，盾也。」説文：「瞂，盾也。」逸周書王會解云「請令以鮫瞂利劒爲獻」，海内西經云「鳳皇、鸞鳥皆戴瞂」，吴都賦云「去瞂自閭」，並以「瞂」爲「盾」。字亦作「𢧵」。廣雅：「𢧵，盾也。」「𢧵」與「瞂」同。又通作「伐」。詩小戎篇「蒙伐有苑」，毛傳云：「伐，中干也。」史記孔子世家云「矛戟劒撥」，索隱云：「撥，大楯也。」「伐、撥」並與「瞂」聲近義同。

干者，廣雅：「干，盾也。」小爾雅亦云：「干，盾也。」書大禹謨「舞干羽於兩階」，牧誓「稱爾干」，詩公劉篇「干戈戚揚」，周禮樂師「有干舞」，並以「干」爲「盾」。「干」與「櫓」連文。禮記儒行云「禮義以爲干櫓」，鄭注云：「干、櫓，小盾、大盾也。」説文：「櫓，大盾也。」然則櫓爲大盾，干乃小盾耳。

郭注訓「干」爲「扞」者，爾雅言「干，扞也」，孫炎注云「干盾自蔽扞」，是郭所本。

九　車下鉄〔一〕**，陳宋淮楚之間謂之畢。**

維言案：廣雅：「紩，索也。」〔二〕「紩」字坊本訛作「鐵」。蓋「鐵」之俗體作「鉄」，「鉄」與「紩」字形相似，「紩」訛作「鉄」，「鉄」訛作「鐵」耳。今據廣雅訂正。而朱氏駿聲謂「紩亦作鉄」，引方言「車下鉄」證之，誤矣。

畢者，亦作「縪」。考工記玉人云「天子圭中必」，鄭注云：「『必讀如『鹿車縪』之縪，謂以組約其中央。」「圭中必」謂「組鹿車縪爲索」，其義同也。

一〇　大車謂之綦。鹿車也，音忌。

〔一〕「鉄」，戴震疏證本作「紩」。

〔二〕廣雅疏證「索」上有「繩」字。

維言案：一本作「大者謂之綦」，與上節並爲一節。

綦者，廣雅：「其衿謂之綦。」〔一〕謂「屨繫」也。儀禮士喪禮注云：「綦，屨係也。」讀如「馬絆綦」之「綦」，並與訓「索」之義相近。

一一　**車轊**，車軸頭也。于厲反。**齊謂之轆。**又名輚。

維言案：説文：「軎，車軸耑也。」或作「轊」。廣雅：「轊，輚也。」〔二〕史記萬石張叔傳云「櫟機轊」，田單傳云「以轊折車敗」，鄧析子無厚篇云「夫木繫折轊」，並訓「轊」爲「車軸耑」。字通作「轗」。子虚賦云「轗騊駼」，漢書注：「謂軸頭衝而殺之也。」是「轗」蓋從「車軸頭」爲義也。

轆者，廣雅：「轆，轊也。」廣韻：「轆，軸頭。」玉篇亦云：「轆，轊也。」小爾雅「車轅者上謂之轆」〔三〕，與方言義稍別。字通作「籠」。史記田單傳云「盡斷其車軸末而傅鐵籠」，義與「轆」相近。

〔一〕「衿」，廣雅疏證作「紟」。
〔二〕廣雅疏證作「輚，轊也」。
〔三〕「者上」，小爾雅義證本作「上者」。

一二　車枸簍，即車弓也。音縷。宋魏陳楚之間謂之筱，今呼車子弓爲筱，音巾幗。或謂之䉚籠。穹、隆兩音。其上約謂之箹，即軬帶也。音瓜瓝。或謂之箕。音脉〔一〕。秦晉之間自關而西謂之枸簍；西隴謂之㠏〔二〕；即「軬」字，薄晚反。南楚謂之外謂之篷〔三〕，今亦通呼篷。或謂之隆屈。尾屈。

維言案：廣雅：「枸簍，軬也。」玉篇：「簍，車弓也。」漢書季布傳云「置廣柳車中」，李奇注云：「廣柳，大隆穹也。」「柳」與「簍」通。案：枸簍者，蓋中高而四下之貌。故郭注以爲「車弓也」。

筱者，廣雅：「筱，軬也。」郭音「筱」，如「巾幗」之「幗」。漢書烏桓傳注云：「幗，婦人首飾也。」釋名作「簂」，云：「簂，恢也，恢廓覆髮上也。」字亦作「槶」。説文「槶，筐當也」，義並與「車弓謂之筱」義同。

䉚籠者，廣雅：「䉚籠，軬也。」説文作「穹窿」，倒言之則曰「隆穹」。故李奇漢書注謂之「大隆穹也」。單稱則謂「䉚」。玉篇：「䉚，姑簍也。」「姑、枸」一聲之轉。考工記

〔一〕「脉」，戴震疏證本作「覛」。
〔二〕「㠏」，戴震疏證本作「㮃」。下同。
〔三〕上「謂」字衍。

謂之「弓」，「弓」亦「穹」也，故釋名云：「弓，穹也，張之穹隆然也。」「車弓」謂之「䈷籠」，正取此義。

箹者，廣雅：「箹，軬帶也。」「箹」之猶言「約」也。「約謂之箹」猶「弓謂之穹」也。

篔者，廣雅：「篔，軬帶也。」「篔」與「繽」義近。廣雅：「繽，帶也。」

⿰木軬者，亦作「軬」。釋名：「軬，藩也，藩蔽雨水也。」說文作「轒」，云：「淮陽謂車穹窿爲轒。」「轒」與「軬」通。

篷者，廣雅：「篷，軬也。」廣韻：「篷，織竹夾箬覆舟也。」是「舟篷」與「車篷」義同。今俗猶謂「車篷」也。

隆屈者，廣雅：「隆屈，軬也。」釋名謂「車弓」爲「隆强」：「言體隆而强也。」「强」與「屈」義亦近。

一三　**輪，**車輅也。**韓楚之間謂之軑，**音大。**或謂之軝；**詩曰：「約軝錯衡。」音祇[一]。**關西謂之輚。**音揔。

[一]「祇」，戴震疏證本作「祇」。

維言案：説文：「有輻曰輪，無輻曰輇。」考工記輪人云：「兵車之輪六尺有六寸，田車之輪六尺有三寸，乘車之輪六尺有六寸。」釋名云：「輪，綸也。言彌綸周帀也。」詩伐檀篇「坎坎伐輪兮」，易説卦「坎爲弓輪」，左氏襄十年傳云「建大車之輪」，並訓「車輪」。

軑者，廣雅：「軑，輪也。」説文：「軑，車輨也。」廣韻引説文：「軑，車轄也。」楚辭離騷云：「齊玉軑而並馳。」甘泉賦云「肆玉軑而下馳」，注云：「軑，車轄也。」案：「輪」可謂「軑」，則包轂之鐵連於轂，故有此稱。似訓「輨」爲長，若「轄」則斷不可謂之「軑」也。

軝者，廣雅：「轂篆謂之軝。」説文：「軝，長轂之軝也，以朱約之。」案：當以革約之而朱之。詩烈祖及采芑篇並云「約軝錯衡」，毛傳云：「軝，長轂之軝也。」鄭箋云：「軝，轂飾也。」義並訓「飾轂」之「革」，無訓「輪」者，蓋假其名耳。

䡨者，廣雅：「䡨，輪也。」玉篇亦云：「䡨，輪也。」釋名作「𨏥」，云：「𨏥，言輻𨏥入轂中也。」「𨏥」與「䡨」同。

一四　輑謂之軸。牛忿反。

維言案：廣雅：「輑謂之軸。」説文「輑，軺車前横木也」，與方言義稍別。廣韻：

「軞，車軸相連也。」張衡西都賦云：「塍隄相軞。」軞者，相連之義。軸者，說文：「軸，持輪也。」釋名云：「軸，抽也。入轂可抽出也。」列女母儀傳云：「服重任，行遠道，正直而固者，軸也。」袁宏三國名臣贊云：「並迴乾軸。」木華海賦云：「地軸挺拔而爭迴。」「乾軸、地軸」並取「旋連轉輪」之義，與「車軸」義近。

一五　轅，楚衛之間謂之輈。 張由反。

維言案： 說文：「轅，輈也。」廣雅：「轅謂之輈。」釋名：「轅，援也，車之大援也。」考工記輈人云「今夫大車之轅摯」，謂轅卑也。穀梁昭八年傳云「置旃以爲轅門」，范注云：「卬車以其轅表門。」案：大車、柏車、羊車皆左右兩木，曰轅，其形直，一牛任轅間；田車、兵車、乘車皆居中一木穹隆而上，曰輈，其形曲，兩馬在輈旁。此古制也。若今之車，則皆以兩直木夾左右，以牛馬駕其中曰轅。如古之大車、柏車、羊車之轅，而微改其制，其橫則不用木而用革。

輈者，說文：「輈，轅也。」公羊僖元年傳注云：「輈，小車轅，冀州以此名之。」[一]釋

[一]「冀州以此名之」，十三經注疏本作「冀州以北名之云爾」。

名云：「輈，句也，輈上句也。」詩小戎篇「五楘梁輈」，毛傳云：「梁輈，輈上句也。」[一]正義云：「輈，從軫以前，稍曲而上，至衡，則向下句之。」考工記輈人云「國馬之輈深四尺有七寸，田馬之輈深四尺，駑馬之輈深三尺有三寸」，鄭衆注云：「深，謂轅曲中。」左氏隱十一年傳云：「潁考叔挾輈以走。」是「輈」爲「轅」之通名。案：輈之制，其初出軾前曲而上謂之胡，亦曰侯、曰疾；其前持衡曲而下謂之頸；其後承軫處謂之踵；其當兩轐間謂之當兔。凡長，國馬之輈，一丈九尺六寸有奇；田馬之輈，一丈八尺七寸有奇；駑馬之輈，一丈七尺二寸有奇。其在輿底之直者，皆四尺四寸也。其在軾前之穹者，弦皆一丈而深不同也。「輈」與「轅」，對文則異，散文則通。

一六 **箱謂之輫。**音俳。

維言案：說文：「箱，大車牝服也。」詩大東篇「不以服箱」，毛傳云：「箱，大車之箱也。」甫田篇「乃求萬斯箱」，思玄賦云「繫腰裹以服箱」，並訓「車箱」。「車箱」亦名「牝服」。考工記弓人云「大車牝服二柯有參分柯之二」，鄭注云：「牝服，長八尺。」鄭

[一] 十三經注疏本「句」下有「衡」字。

司農注云：「牝服，謂車箱。」是車箱有「牝服」之名，故説文訓「箱」爲「大車之牝服」也。輫者，廣雅：「輫，箱也。」玉篇：「輫，車箱也。」集韻「車箱，楚衛之間謂之輫」，是本方言。

一七　**軫謂之枕。**車後横木。

維言案：説文：「軫，車後横木也。」考工記「車軫四尺」，又「加軫與轐焉」，鄭注云：「軫，輿也。」輿人云：「六分其廣，以一爲之軫圍。」輈人注云：「軫之方也，以象地也。」案：軫者，車前後横木也。鄭注訓「軫」爲「輿」、爲「方」，皆失之。「軫」又名「收」。詩小戎篇「小戎俴收」，毛傳云：「收，軫也。」疏云：「大車前軫至後軫，其深八尺。兵車之軫四尺四寸，比之爲淺，故曰俴收。」「收者，車前後兩端横木，所以收斂所載也。」枕者，釋名云：「軫，枕也。軫横在前如卧牀之有横枕也。」是「軫」謂之「枕」之證。

一八　**車紂，自關而東、周洛韓鄭汝潁而東謂之緧，**音秋。**或謂之曲綯，**綯亦繩名。詩曰：「宵尔索綯。」**或謂之曲綸；**今江東通呼索綸，音倫。**自關而西謂之紂。**

維言案：廣雅：「紂，緧也。」説文：「紂，馬緧也。」今俗呼馬後緧猶謂之「紂」。

「馬紂」與「車紂」義同。

緧者，亦作「緧」。説文：「緧，馬紂也。」釋名云車緧「緧，遒也，在後遒迫使不得却縮也」。考工記輈人云「必緧其牛後」，鄭注云：「關東謂紂爲緧。」又通作「鞦」。玉篇：「鞦，車鞦也。」「緧、緧、鞦」字異義同。

曲綯者，廣雅：「綯，緧也。」爾雅釋言：「綯，絞也。」廣雅又云：「綯，索也。」詩七月篇「宵爾索綯」，正義引李巡云：「綯，繩之絞也。」故郭注以爲「綯亦繩名」也。字通作「韜」。説文「紛」字注云：「馬尾韜也。」又作「縚」。小爾雅：「縚，索也。」「韜、縚」並與「綯」聲近義同。

曲綸者，説文：「綸，青絲綬也。」釋名云：「綸，倫也，作之有倫理也。」禮記緇衣云「王言如絲，其出如綸」，疏云：「綸，粗於絲。」詩采緑篇「言綸之繩」，毛傳云：「綸，釣繳也。」爾雅釋詁「絡、縮，綸也」，注云：「綸者，繩也。」易「彌綸天地之道」，王肅注云：「纏，裹也。」「纏、裹」有「繩」之義，「綯、綸」皆「繩」也，故車紂因蒙其名。

一九　輨、音管。**軑**，音大。**錬鏅也。**錬，音柬。鏅，音度果反。**關之東西曰輨，南楚曰軑，趙魏之間曰錬鏅。**

維言案：説文：「輨，轂耑錔也。」增韻：「輨，車轂耑鐵也。」案：鐵之裹轂内曰釭，包轂外者曰輨。字通作「錧」。孟子題辭云「五經之錧鎋」，注云：「錧，以冒轂，以鍵輪。」儀禮既夕禮「木錧」義同。又通作「管」。吴子論將篇云：「車堅管轄。」是「錧、管」並與「輨」同。

軑者，廣雅：「軑，錧也。」説文：「軑，車輨也。」廣雅作「錧」，説文及方言並作「輨」，其實一字也。餘義見上文。

鍊𨪐者，廣雅：「鍊𨪐，錧也。」「鍊」亦作「鐗」。廣雅：「𨪐、鐗，錔也。」考工記圖云：「軸當轂釭，裹之以金，謂之鐗。」説文：「鐗，車軸鐵也。」釋名云：「鐗，間也，間釭軸之間，使不相磨也。」吴子治兵篇云：「膏鐗有餘，則車輕人。」「鐗」並與「鍊」同。

二〇　**車釭，齊燕海岱之間謂之鍋，**音戈。**或謂之錕。**衮衣。**自關而西謂之釭，盛膏者乃謂之鍋。**

維言案：説文：「釭，車轂口鐵也。」以鐵鍱裹轂壺中，所以固轂也；亦與軸鐗相摩不損也。釋名云：「釭，空也，其中空也。」急就篇云：「釭鐗鍵鑽冶錮鐈。」新序雜事篇云：「方内而員釭。」案：車釭空中，故又謂之「穿」；在内爲大穿，在外爲小穿。考工記輪人注云「賢，大穿；軹，小穿」，是也。今俗猶謂「車釭」爲「車穿」。

鍋者，廣雅：「鍋，釭也。」字通作「輠」。釋名云：「輠，裹也，裹軹頭也。」集韻：「輠，筩也。車盛膏器。」韻會：「車行，其軸當滑易，故常載脂膏以塗油，此即其器也。齊以髡爲炙輠，謂其言長而有味，如炙輠器，雖久而其膏不盡也。」「輠」與「鍋」義同，故又爲「盛膏器」。

錕者，廣雅：「錕，釭也。」玉篇：「錕，車釭也。」「錕」聲近「緷」。廣雅「緷，束」[一]，有以鐵束轂之義[二]。

二一　**凡箭鏃胡合嬴者，**胡鏑在於喉下。嬴，邊也。**四鐮**廣稜也[三]。**或曰拘腸；三鐮者謂之羊頭；其廣長而薄鐮謂之錍，或謂之鈀**音葩。**箭；其小而長中穿二孔者謂之鉀鑪；**金箭錍鏨空兩邊者也。嚧、盧兩音。**其三鐮長尺六者謂之飛䖟；**此謂今射箭也。**內之謂之平題**[四]**。**今戲射箭。頭，題，猶羊

[一]「束」，廣雅疏證作「束也」。

[二]「束」，廣雅疏證作「束」。

[三]「廣稜也」，戴震疏證本作「鐮，稜也」。

[四]「內之」，戴震疏證本作「内者」。

頭也[一]。**所以藏箭弩謂之箙。**盛弩箭器也。外傳曰：「檿弧箕箙。」**弓謂之鞬，**犍牛。**或謂之皾丸。**牛犢。

維言案：箭者，義見上文。

拘腸者，廣雅：「拘腸，鏑也。」說文：「鏑，矢鏠也。」今俗呼「鏑」爲「箭頭」。

羊頭者，廣雅：「羊頭，鏑也。」

錍者，廣雅：「錍，鏑也。」爾雅釋器「金鏃翦羽謂之鍭」，郭注云：「今之錍箭是也。」後世言「金鎞」，箭名出此。「鎞」與「錍」同。

鈀者，廣雅：「鈀，鏑也。」廣韻引方言注云：「江東呼錍箭爲鈀。」今郭注無此語，蓋佚之也。

鉀鑪者，廣雅：「鋅鑪，鏑也。」案：「鋅」字譌，當是「鉀」字。隸書「甲」字作「申」，「牢」字作「宰」，二字形相似，故「鉀」譌爲「鋅」。玉篇：「鉀，古狎切。鉀鑪，箭也。」「鋅，力刀切。鋅鑪，錍也。」廣韻與玉篇同。本「鉀」之一字，而玉篇、廣韻俱誤分爲二字。蓋由於廣雅譌「鉀」爲「鋅」，以致此也。郭注讀「鉀」爲「嗑」，是從甲不從牢也。郭說得之。今據郭注以辨廣雅及玉篇、廣韻之失。

飛䖟者，廣雅：「飛䖟，箭也。」潘岳閒居賦云「激天飛䖟」，李善注引東觀漢記光武

[一] 戴震疏證本同。劉台拱方言補校改爲「題，頭。平題猶平頭也」。按，本條下王維言釋義亦引作「猶平頭」。

作「飛寅箭以攻赤眉」。案：方言作於西漢，在光武以前，知飛寅之名不自光武始也。

平題者，廣雅：「平題，鏑也。」「題者，頭也。」故郭注以爲「猶平頭」也。

郭注以爲「戲射箭」者，蓋「骲箭」之類。集韻：「骲箭骨，不能傷人。」爾雅釋器「骨鏃不翦羽謂之志」是也。宋書「宋主昱以骲箭射蕭道成，中其臍」，蓋此箭也。今射者射皮鵠之箭，平頭無鏑，即平題箭也。

箙者，説文：「箙，弩矢箙也。」周禮司弓矢云「中秋獻矢箙」，鄭注云：「箙，盛矢器也。以獸皮爲之。」字通作「服」。詩采薇篇：「象弭魚服。」蜀都賦云：「服魚文。」齊語云：「矢無服。」子虛賦云：「右夏服之勁箭。」枚乘七發注云：「服，即今步叉也。」案：步叉，今俗呼爲「箭袋」。是凡言「服」者，並訓「藏矢之器」。又鄭語云「檿弧箕服」，韋昭注云：「服，矢房。」是郭所引。「箙」又名「房」。左氏宣十二年傳云「納諸廚子之房」，亦訓「盛矢之器」，與「箙」義同。

鞬者，廣雅：「鞬，弓藏也。」説文：「鞬，所以戢弓矢者。」通俗文云：「弓韔謂之鞬。」釋名云：「馬上曰鞬。鞬，建也，弓矢並建立於其中也。」左氏僖二十年傳云「右屬櫜鞬」[一]，杜預注云：「鞬，弓弢。所以受弓。」晉語韋昭注云：「鞬，弓弢也。」後漢

[一] 按，上句引文實出僖二十三年傳。

書西羌傳注云：「韃，箭服。」案：韃，可藏弓，亦可藏矢，故亦蒙「箭服」之名。字通作「建」。禮記樂記云：「名之曰建櫜。」是「建」與「韃」同。

嬻丸者，廣雅：「嬻䡈，矢藏也。」「䡈」與「丸」同。後漢書南匈奴傳云「弓韃嬻丸」，李賢注用方言。案：賈逵、馬融、服虔並以「掤」爲「嬻丸」。説文：「掤，所以覆矢。」廣雅：「掤，矢藏也。」據此，則「嬻丸」訓「矢服」明矣。而鄭注儀禮士冠禮云：「今時藏弓矢者謂之櫝丸。」「櫝」與「嬻」通。是弓弢亦有斯名矣。「弓弢」亦名「嬻丸」，猶「矢服」亦名「韃」，其義一也。坊本「嬻」下無「丸」字，蓋傳寫者遺漏耳。今據李賢後漢書注補。王氏念孫廣雅疏證、朱氏駿聲説文通訓定聲引方言並有「丸」字，其爲脱漏無疑。

二二　**凡矛骹細如雁脛者謂之鶴厀**〔一〕。今江東呼爲鈴釘。**有小枝刃者謂之鉤釨。**

維言案：鶴厀者，郭注以爲「鈴釘」。正韻：「鈴釘，矛名。」

鉤釨，義見上文。

〔一〕戴震疏證本「矛骹」上無「凡」字；「雁」作「鴈」。

二三　矛或謂之釨。

維言案：廣雅：「釨，戟也。」「矛」或名「釨」，與「戟」同名。

二四　錟謂之鈹。今江東呼大矛爲鈹，音彼。錟，音聃。

維言案：説文：「錟，長矛也。」史記賈誼傳云「非錟于句戟長鎩也」，蘇秦傳云「彊弩在前〔一〕，錟戈在後」，並當訓「錟」爲「矛。」史記正義訓「錟」爲「利」，失之。鈹者，亦矛名，故郭以爲「大矛」。又説文：「鈹，劒如刀裝者。」亦名「鈹」。即今俗之「雙手帶」也。與訓「矛」之「鈹」同名異物。

二五　骹謂之銎。即矛刃下口，音凶。

維言案：説文「銎，斤斧穿也」〔二〕，謂斤斧之孔所以受柄者。廣雅「銃謂之銎」，詩破斧傳云「方銎曰斨，隋銎曰斧」，並以「銎」爲「受柄之孔」。「矛銎」亦然。

〔一〕「彊」，史記作「彊」。

〔二〕「斧」，説文作「釜」。

二六　鐏謂之釬。音扞。或名爲鐓，音頓。

維言案：説文：「鐏，柲下銅也。」釋名云：「矛下頭曰鐏，鐏入地也。」禮記曲禮云「進戈者前其鐏」，鄭注云：「鋭底曰鐏，取其鐏也。」[一]案：取其鑽也，鋭底有鑽之義。今俗呼矛柄下鐵曰「鏨」。「鏨、鐏」一聲之轉。

釬者，廣雅：「釬，鐏也。」

郭注以爲「或名鐓」者，廣雅：「鐓，鐏也。」字通作「錞」。詩小戎篇「厹矛鋈錞」，毛傳云：「錞，鐏也。」説文：「錞，柲下銅鐏也。」「錞」並與「鐓」同。禮記曲禮云「進矛戟者前其鐓」，鄭注云：「平底曰鐓。」是鐓與鐏雖有鋭底、平底之異，然其爲用則一也。

二七　舟，自關而西謂之船；自關而東或謂之舟，或謂之航。行伍。**南楚江湘凡船大者謂之舸；**姑可反。**小舸謂之艖，**今江東呼艖，小底者也。音叉。**艖謂之艒縮**[二]**；**目、宿二音。**小艒縮謂之艇；**舸也。**艇長而薄者謂之艜；**衣帶。**短而深者謂之⿰舟咅；**今江東呼艖⿰舟咅者。音步。**小而**

[一]「也」，十三經注疏本作「地」。

[二]匯證據王念孫手校明本、周祖謨方言校箋於「艖」上補「小」字。

深者謂之椺。即長舼也。音邛竹。**東南丹陽會稽之間謂艖爲欚。**音礼〔一〕。**泭謂之簰，**音敷。**簰謂之筏。**音伐。**筏，秦晉之通語也。江淮家居簰中謂之薦。**音箭〔二〕。**方舟謂之潢。**揚州人呼渡津航爲杭。荆州人呼樹。音横〔三〕。**艁舟謂之浮梁。**即今浮橋。**楫謂之橈，**如寮反。**或謂之櫂。**今云櫂歌，依此名也。**所以隱櫂謂之[竹槷]。**摇櫓小橛也。江東又名爲胡人。音漿。**所以縣櫂謂之緝。**繫櫂頭索也。**所以刺船謂之檣。**音高。**維之謂之鼎。**係船爲維。**首謂之閤閭**〔四〕，今江東呼船頭屋謂之飛閭，是也。**或謂之艗艏。**鷁，鳥名也。今江東貴人船前作青雀，是其像也。音亦。**後曰舳，**今江東呼柁爲舳，音軸。**舳，制水也。僞之仡**〔五〕，吾敎反。僞，音訛。船動摇之皃也。**仡，不安也。**

維言案：説文：「舟，船也。古者共鼓、貨狄刳木爲舟，剡木爲楫，以濟不通。」考工記總目云：「作舟以行水。」釋名云：「舟，言周流也。」案：舟之始，古以自空大木爲之曰「俞」，後因集板爲之曰「舟」，又以其沿水而行曰「船」也。詩谷風篇「方之舟之」，

〔一〕「礼」，戴震疏證本作「禮」。

〔二〕「箭」，戴震疏證本作「荐」。

〔三〕匯證據盧文弨重校方言改上注爲「揚州人呼渡津舫爲杭。荆州人呼潢。音横」。

〔四〕匯證據周祖謨方言校箋、説文解字注、明代各版本推出「閤」字衍，當删。

〔五〕「僞」下當補「謂」字。戴震疏證本作「僞謂之扤」。

毛傳云：「舟，船也。」柏舟篇「汎彼柏舟」，鄭箋云：「舟，載渡物者。」今俗則概呼「舟」曰「船」。

船者，説文：「船，舟也。」釋名：「船，循也，循水而行也。」墨子小取篇云「船，木也」，取「以木作船」之義。

航者，説文：「斻，方舟也。」字亦作「航」。集韻：「航，方舟也。」廣韻：「航，船也。」淮南子主術訓注云：「方兩小船，並與共濟爲航也。」氾論訓注云：「舟相連爲航也。」張衡思玄賦云：「譬臨河而無航。」封禪文云「蓋周躍魚隕航」，注云：「航，舟也。」吴都賦云：「長鯨吞航。」又云：「汎舟航於彭蠡。」是「船」爲「航」，「同舟並濟」亦爲「航」也。

舸者，廣雅：「舸，舟也。」左思吴都賦云「宏舸連舳」，劉逵注用方言。吴志董襲傳云「乘大舸船，突入蒙衝裏」，並以「舸」爲「大船」也。

艖者，廣雅：「艖，舟也。」字亦作「𦨴」。廣雅：「𦨴，舟也。」又通作「槎」，亦作「楂」。韻會引：「歐陽氏曰『張騫乘槎』，乃『楂』字。」「槎、楂」並通「查」。廣韻：「查，水中浮木。」是「𦨴、槎、楂、查」並與「艖」通。

䑿䒀者，廣雅：「䑿䒀，舟也。」

艇者，廣雅：「艇，舟也。」小爾雅：「小船謂之艇。」釋名云：「艇，挺也。其形徑挺，一人二人所乘行者也。」增韻：「艇，小而長。」淮南子俶真訓云「越舲蜀艇」，高誘注云：「蜀艇一版[一]，若今豫章是也。」古詩：「艇子打兩槳。」是「艇」爲小船之名。

艄者，廣雅：「艄，舟也。」廣韻：「艄，艇船也。」

艀者，廣雅：「艀，舟也。」小爾雅：「艇之小者曰艀。」郭注以「艖艀」者，梁書羊侃傳云「於兩艖艀起三間通梁水齋」是也。又陳書侯景傳云：「以舣艕盛石[二]，沈塞海口。」「舣艕」與「艖艀」同。

㮇者，郭注以爲「長舼」。廣雅：「舼，舟也。」玉篇：「舼，小船也。」方氏密之通雅云：「今皖之太湖呼船小而深者曰艒䑿。」「艒」與「㮇」同。淮南子俶真訓「越舲蜀艇」，太平御覽引作「越舼蜀艇」。是「舼」又通作「舲」矣。

欚者，亦作「艣」。廣雅：「艣，舟也。」又通作「麗」。莊子秋水篇云「梁麗可以衝城」，司馬彪注云：「梁麗，小船也。」又通作「欐」。裴松之三國志王朗傳注云：「獨與

[一] 二十二子本「一版」下有「之舟」二字。

[二] 「盛」，陳書作「貯」。

老母共乘一欐。」是「欐」亦訓「小船」也。「欚、艬、麗、欐」並通。

泭者，亦作「游」。廣雅：「游，筏也。」説文：「泭，編木以渡也。」爾雅釋水「庶人乘泭」，李巡注云：「併木以渡也。」釋言「舫，泭也」，孫炎注云：「方木置水中爲泭筏也。」楚辭九章云「乘汜泭以下流兮」[一]，王逸注云：「編竹木曰泭。楚曰泭，秦人曰橃。」齊語云「方舟設泭」，韋昭注云：「編木曰泭。」管子輕重甲篇云：「夏不束泭。」字通作「艀」。廣雅：「艀，舟也。」又通作「桴」。論語公冶篇：「乘桴浮於海。」「桴」與「泭」聲近義同。

簰者，廣雅：「簰，筏也。」後漢書岑彭傳云「乘枋箄下江南」，李賢注云：「枋箄，以竹木爲之[二]，浮於水上。」「箄」與「簰」同。

筏者，一切經音義引通俗文作「𦪇」。廣雅：「𦪇，舟也。」集韻作「橃」，編竹木浮於河以運物也。又通作「栰」。馬融論語注云：「編竹木大者曰栰，小者曰桴。」今河上編木以渡猶曰「筏」也。案：正字作「𦪇」，「伐、筏」者，俗字也。

[一]「汜」，楚辭補注作「氾」。

[二]「竹木」，後漢書作「木竹」。

艭者，廣雅：「艭，筏也。」説文：「艭，以船渡也。」字通作「橫」。六韜軍用篇云：「天橫，一名天船。」又通作「潢」。張衡思玄賦云：「乘天潢之汎汎兮。」是「橫、潢」義並與「艭」同。

方舟者，爾雅釋水「大夫方舟」，郭注：「併兩船。」説文：「方舟，併船也。」又云：「斻，方舟也。」詩借爲「杭」，詩「一葦杭之」是也。「杭」，南人呼「橫」。故郭注以爲「揚州人呼渡津舫爲杭。荆州人呼艭。音橫」也。

艁舟者，説文：「艁，古文造。」詩大明篇：「造舟爲梁。」爾雅釋水「天子造舟」，郭注云：「比船爲橋。」詩大明正義引李巡爾雅注云「比其舟而渡曰造舟」，又引孫炎注云：「造舟比舟爲梁也。」公羊宣十二年疏引舊説云「以舟爲橋，詣其上而行過，故曰造舟也」，孔穎達謂「即今之浮橋」是也。王氏念孫廣雅疏證謂「造舟者，船相至而比也」，是本薛綜東京賦注「造舟，以舟相比次爲橋」之説，於義爲正。

楫者，説文：「楫，舟櫂也。」釋名云：「楫，捷也，撥水舟行捷疾也。」詩棫樸篇「烝徒楫之」，毛傳云：「楫，櫂也。」竹竿篇「檜楫松舟」，毛傳云：「楫，所以擢舟也。」楚辭九章云「楫齊揚以容與兮」，王逸注云：「楫，船櫂也。」漢書賈誼傳云「亡維楫」，師古注云：「楫，所以刺船也。」字通作「輯」。漢書百官公卿表「輯濯」，注云：「輯濯，船官也。」元后傳云「輯濯越歌」，亦假借爲「輯」。

橈者，小爾雅：「楫謂之橈。」集韻：「橈，楫也。」楚辭九歌云：「蓀橈兮蘭旌。」淮南子主術訓云「夫七尺之橈而制船之左右者，以水爲資」，高誘注云：「橈，刺船棹也。」後漢書岑彭傳云「露橈數千艘」，注云：「露橈，露楫在外，人在船中。」是「橈」爲「楫」。

櫂者，說文：「櫂，所以進船也。」釋名云：「在旁撥水曰櫂。櫂，濯也，濯於水中也，且言使舟擢進也。」韻會：「短曰楫，長曰櫂。」楚辭九歌云：「桂櫂兮蘭枻。」字通作「濯」。漢書百官志有「輯濯丞」，師古注云：「輯與楫同，濯與櫂同。」鄧通傳云：「以濯船爲黄頭郎。」上林賦云「濯鷁牛首」，注云：「濯，今棹也。」並假「濯」爲「櫂」。又通作「棹」。說文：「棹，所以進船具。」〔一〕「棹、櫂」亦同。

篥者，亦作「槳」。玉篇：「槳，楫屬。」正字通云：「長大曰櫓，横小曰槳。」韻會「前推曰槳，後洩曰櫂」，是其辨也。

郭注以爲「摇樐小橛」者，亦言「樐、槳」爲二物也。「樐」與「櫓」同。

緝者，亦作「緝」。廣雅：「緝，索也。」「緝」與「緝」同。儀禮喪服傳疏云：「緝，

〔一〕「具」，說文作「也」。

今人謂之綆也。」「綆」與「索」義近。

檣者，亦作「篙」。廣韻：「篙，進船竿也。」今俗猶呼「進船竿」爲「篙」。

維者，廣雅：「維，係也。」「係」與「繫」同。詩白駒篇「縶之維之」，毛傳云：「維，繫也。」「維」本訓「繫」，故郭注謂「係船爲維」。爾雅釋水「諸侯維舟」，亦是此義。

閤閭者，說文：「閤，門旁户也。」漢書公孫宏傳注云：「閤，小門也。」爾雅釋宮「小閨謂之閤閭」[一]，蓋訓「小門」之義。說文：「閭，里門也。」齊策注云：「閭，里中門也。」後漢書班固傳云「閭閻且干」，李賢注引字林云：「閭，里門也。」然則小門謂之「閤」，船頭小屋亦謂之「閤」；里門謂之「閭」，船屋之門亦謂之「閭」：其義一也。

郭注以「船頭屋」爲「飛閭」者，義與「飛閣」相近，言其聳然而高如飛來也。

艗艏者，廣雅：「艗艏，舟也。」亦作「鷁首」。蓋畫鷁於船首，因名其船爲「鷁首」也。淮南子本經訓云「龍舟鷁首」，高誘注云：「鷁，水鳥，畫其象著船頭，故曰鷁首也。」張衡西京賦云「浮鷁首」，薛綜注云：「船頭象鷁[二]，厭水神，故天子乘之。」「鷁首」或

[一] 十三經注疏本無「閭」字。

[二] 文選「鷁」下有「鳥」字。

單稱「鷁」。司馬相如子虛賦云「浮文鷁，揚桂栧」，是也。是郭注所本。而正字通引「晉王濬作大舟，畫鷁鳥怪獸於船首，以懼江神，故名『鷁首』」，此説失之。方言及淮南子，西京、子虛諸賦皆在王濬之前，舟名「鷁首」，安得自王濬始耶？

舳者，説文：「舳，一曰舟尾。」郭璞江賦云「舳艫相接」，注云：「舳，舟尾也。艫，船頭也。」漢書武帝紀云「舳艫千里」，李斐注云：「舳，船後持梔處也。」故郭注以爲「呼梔爲舳」。案：梔爲掣舟之具，故舳，制水也。是諸家説「舳」並訓「船尾」。而小爾雅云「船頭謂之舳」；左思吴都賦云「宏舸連舳」，劉逵注云「舳，船前也」：是「船頭」亦有名「舳」之義。

僞者，「訛」之假借字。爾雅釋詁：「訛，動也。」故郭注音僞爲訛。

仡者，集韻云：「仡，動舟貌。」船摇動則不安，故曰「仡，不安也」。

方言釋義卷十

歷下　王維言學

一　**媱、愓，遊也。江沅之間謂戲爲媱，或謂之愓，**音羊。**或謂之嬉。**香其反。

維言案：廣雅：「遊，戲也。」玉篇：「遊，遨遊也。」詩有杕之杜篇「噬肯來遊」，毛傳云「遊，觀也」；禮記曲禮云「遊毋倨」，鄭注云「遊，行也」；封禪文云「厥壤可遊」，注云「遊，遨也」；呂覽貴直篇云「在人之遊」，注云「遊，樂也」：並訓「遊戲」之義。字通作「游」。詩山有扶蘇篇「隰有游龍」，鄭箋云：「游猶放縱也。」「放縱」即「搖蕩遊戲」之義。

媱者，廣雅：「媱，戲也。」説文：「媱，曲肩行貌。」楚辭九思云：「音案衍兮要媱。」字通作「遙」。莊子大宗師篇云：「女將何以遊夫遙蕩恣睢，轉徙之途乎。」「遙蕩」與「遊戲」義近。

愓者，廣雅：「愓，放也。」[一]說文：「愓，放也。」荀子修身篇云：「加愓悍而不順。」榮辱篇云：「愓悍驕泰。」[二]字亦作「蕩」。論語陽貨篇「今之狂也蕩」，皇侃疏云：「蕩，猶動也。」「其蔽也蕩」，孔注云：「蕩，無所適守也。」禮記月令云「以蕩上心」，鄭注云：「蕩，謂動之使生奢泰也。」莊子大宗師篇王注云：「遥蕩，縱散也。」淮南子俶真訓云「其德蕩者其行僞」，高誘注云：「蕩，逸也。」義並與「遊戲」相近。

嬉者，廣雅：「嬉，戲也。」蒼頡篇：「嬉，戲笑也。」切韻：「嬉，遊也。」論語摘衰聖云「子欲居九夷，從鳳嬉」，洛神賦云「忽焉縱體，以遊以嬉」，並訓「嬉」爲「遊」。西京賦云「爲水嬉」，薛綜注云：「嬉，戲也。」思玄賦云「追漁父以同嬉」，舊注云：「嬉，樂也。」「戲、樂」並有「遊」義。字通作「娭」。說文：「娭，戲也。」楚辭招魂云「娭光眇視」，王逸注云：「娭，戲也。」上林賦云「娭遊往來」，張揖注云：「娭，戲也。」「娭」與「嬉」同。

二　**曾、訾，何也。湘潭之原**潭，水名，出武陵。音覃，亦曰淫。**荆之東南謂何爲曾，或謂之訾，**

[一]「放」，廣雅疏證作「戲」。
[二]「泰」，二十二子本作「暴」。

今江東人語亦云訾，爲聲爲斯〔一〕。**若中夏言何爲也。**

維言案：集韻：「何，詰詞也。」徐鍇本説文：「何，誰也。」論語里仁篇「能以禮讓爲國乎，何有」，何晏集解云：「言不難也。」左氏昭八年傳云：「若何弔也。」公羊桓三年傳云「曰：否。何者」，何休注云：「將設事類之辭。」儀禮喪服傳疏云：「稱何以者，據彼決此。」左氏襄十年傳云「則何謂正矣」，高唐賦云「何節奄忽」，射雉賦云「何調翰之喬桀」，並訓「詰問」之義。「詰」與「問」義近。廣雅：「何，問也。」字通作「河」。童子逢盛碑云：「無可奈河。」是借「河」爲「何」也。

曾者，廣雅：「曾，何也。」説文：「曾，詞之舒也。」論語爲政篇「曾是以爲孝乎」，鄭注云：「曾，則也。」孟子公孫丑篇「爾何曾比予於是」，趙岐注云：「何曾猶何乃也。」丁公著音義云：「曾，則也。」義並與「何」近。

訾者，通作「呰」。爾雅釋詁：「呰，此也。」是訓「呰」爲語助之辭，義與郭注相合。

三　**央亡、嚜杘、**嚜，音目。杘，丑夷反。**姡，**胡刮反。**獪也。江湘之間或謂之無賴，或謂之**

〔一〕「爲斯」，戴震疏證本作「如斯」，當據改。

獡。恐㤜[一]，多智也。恪交反。**凡小兒多詐而獪謂之央亡，或謂之嚜杘，**嚜杘，潛潛狡也。**或謂之姡。**言黠姡也。**姡，娗也。**言恫娗也。**或謂之猾。**音滑。**皆通語也。**

維言案：說文：「獪，狡獪也。」餘義詳見卷二。

央亡者，亦作「鞅罔」。廣雅：「鞅罔，無賴也。」「鞅罔」與「央亡」同。

嚜杘者，廣雅：「嚜杘，欺也。」亦作「墨杘」。列子力命篇「墨杘、單至」，釋文云「墨杘，江淮之間謂之無賴」，義本方言。

姡者，義亦見卷二。

無賴者，漢書高帝紀云「大人常以臣無賴」，晉灼注云「賴，利也。無利於家。或曰江湘之間謂小兒多詐狡獪爲無賴」，是本方言。

獡者，廣雅：「獡，擾也。」集韻：「獡，獪也。」

娗者，集韻：「娗，慢也。」「慢」與「獪」義近。

猾者，玉篇：「猾，黠也。」三蒼：「猾，黠惡也。」左氏昭二十六年傳云：「無助狡猾。」晉語云「齒牙爲猾」，韋昭注云：「猾，弄也。」史記高祖紀云：「爲人剽悍猾賊。」劉

[一]「恐㤜」，匯證據王念孫手校明本、劉台拱方言補校改作「恐𢗊」。

敬叔孫通傳云「專言大猾，何也」，索隱云：「狡也。」東京賦云：「巨猾間亹。」「巨猾」猶「大猾」也。字通作「滑」。史記酷吏傳云「滑賊任威」，漢書作「猾」；虞書「蠻夷猾夏」，潛夫論引作「滑」：並「猾」通「滑」之證。

四　崽者，子也。崽，音枲，聲之轉也。湘沅之會兩水合處也。音獪。凡言是子者謂之崽，若東齊言子矣。聲如宰。

維言案：廣韻：「崽，自高而侮人也。」酈道元水經注云：「孌童丱女，弱年崽子。」正字通：「囝、崽音義通。」集韻：「閩人呼兒曰囝。」字亦作「仔」。今粵俗呼泥腿曰「濫仔」，呼幼稺曰「小仔」，呼幼女曰「柳陰仔」，呼使女曰「美仔」，呼十歲内男女曰「顖門仔」，呼紈袴曰「阿官仔」。「仔」即「崽」字音，「宰、囝、仔」並與「崽」同。南人呼之不以爲怪，北人則以爲駡詈之詞矣。

五　誺，不知也。音癡眩。江東曰咨，此亦如聲之轉也。沅澧之間澧水，今在長沙。音禮。凡相問而不知答曰誺；使之而不肯答曰旨。音茫，今中國語亦然。粃，不知也。今淮楚間語呼聲如非也。

維言案：廣雅：「誺，誤也。」正字通云：「以言相欺曰謾，以言相誣曰誺。」「誤、誣」並與「不知」義近。

㐌者，玉篇：「使人問而不肯答曰㐌。」廣韻「㐌，不知」，又云「老人不知」，皆本方言爲義也。

粃者，廣雅：「粃，不也。」義同「詿」。廣雅：「詿，誤也。」義又同「紕」。尚書大傳云「五者一兩紕繆」[一]，鄭注：「紕繆猶錯也。」又與「惶」義亦近。文選解嘲云：「故有造蕭何之律於唐虞之世，則惶矣。」是言「詿、紕、惶」並與「粃」義相近。

六　**煤，火也。**呼隗反。**楚轉語也，猶齊言焜，火也。**音毀。

維言案：說文：「火，燬也。」白虎通云：「火之言化也。陽氣用事，萬物變化也。」釋名云：「火，化也，消化物也。」又云：「火言毀也，物入中皆毀壞也。」春秋感精符云：「火者，陽之精也。」元命苞云：「火之委隨也。」案：天有大火之星，地有炎火之山，人有火師之官，物有火浣之布，人生日用惟火功用爲大，故字从人散二者爲火也。

煤者，玉篇「楚人呼火爲煤」，是本方言。

[一]「兩」，十三經注疏本作「物」。

焜者，説文「焜，火也」，引詩「王室如焜」，今詩作「燬」。汝墳釋文云：「燬，字書作焜。或曰楚人名曰煤，齊人曰燬，吳人曰焜，此方俗訛語也。」廣韻：「焜，齊人呼火也。」玉篇：「焜，烈火也。」字通作「燬」。説文：「燬，火也。」詩「王室如燬」，傳云：「燬，火也。」周禮故書司燬氏鄭衆注云：「燬，當爲烜。」其實皆「火」字之或體。爾雅釋言孫注云：「方言有輕重，故謂火爲燬也。」周禮司烜氏疏云：「燬，火之別名也。」「焜、燬」字同。

七　嘳、無寫，憐也。皆秦漢之代語也〔一〕。音蒯。**沅澧之原凡言相憐哀謂之嘳，或謂之無寫，江濱謂之思。**濱，水邊也。**皆相見驩喜有得亡之意也。九疑湘潭之間謂之人兮。**九嶷，山名，今在零陵營道縣。

維言案：憐者，義見卷一。

嘳者，説文：「嘳，太息也。」字林：「嘳、息，憐也。」晏子雜篇云：「嘳然而嘆。」字亦作「喟」。論語子罕篇「顏淵喟然嘆曰」，何晏集解云：「喟，嘆聲也。」先進篇：「夫

〔一〕傳本方言「秦漢」二字原缺，戴震疏證以爲當作「南鄙」。

子喟然嘆曰。」孟子盡心篇：「望見齊王之子喟然嘆曰。」禮記禮運云：「喟然而嘆。」漢書高帝紀云：「喟然太息。」儒林傳云：「然後喟然興于學。」楚辭九章云：「永嘆喟兮。」離騷云：「喟憑心而歷茲。」是凡言「喟」者，並與「嘳」同。

無寫者，詩車舝篇「我心寫兮」，毛傳云：「寫，輸也。」泉水篇「駕言出遊，以寫我憂」，毛傳云：「寫，除也。」「輸、除」皆「寫」之義。「無寫」言「心有憂恨，無所輸除」也。爾雅釋詁：「寫，憂也。」「無寫」乃反言以明之之義。

思者，義見卷一。

人兮者，楚辭山鬼篇云「若有人兮山之阿」，言所思在山之阿也。時解作「若有一人在山之阿」，失之。而不知「人兮」訓「思」出於方言也。

八　婩、魚踐反。**婧**、**鮮**，**好也**。**南楚之外通語也**。

維言案：好者，義見卷一。

婩者，廣雅：「婩，好也。」集韻：「婩，婦人齊整貌。」「齊整」亦「好」之義。

婧者，廣雅：「婧，好也。」說文「婧，齊也」，亦「整齊」之義。字通作「嫧」。廣韻：「嫧，淨也。」「潔淨」亦「好」之義。

鮮者，廣雅：「鮮，好也。」玉篇：「鮮，善也。」「善」亦「好」也。易説卦「爲蕃鮮」，釋文云：「鮮，明也。」淮南子俶真訓云「華藻鋪鮮」〔一〕，高誘注云：「鮮，明好也。」文選西都賦云「鮮顥氣之清英」，李善注云：「鮮，潔也。」好色賦云「寤春風兮發鮮榮」，注云：「鮮，華也。」義並與「好」相近。

九　囒哰、闌、牢兩音。**謰謱，**上音連，下力口反。**拏也。**言譇拏也。奴佳反。**南東周晉之鄙曰囒哰**〔二〕**。囒哰亦通語也。**平原人好囒哰也〔三〕。**南楚曰謰謱，或謂之支註，**支，之豉反。註，音注。**或謂之詀謕，**上託兼反，下音啼。**轉語也。拏，揚州會稽之語也，或謂之惹，**言情惹也。汝邪反，一音若。**或謂之䛳。**言誣䛳也。

維言案：説文：「拏，牽引也。」淮南子覽冥訓云「美人拏首墨面而不容」，高誘注云：「拏首，亂頭也。」本經訓云：「芒繁紛拏。」史記霍去病傳云「漢匈奴相紛拏」，索隱云：「拏，牽也。」漢書注云：「拏，亂相持搏也。」漢書嚴安傳云「禍拏而不解」，師

〔一〕「鋪」，二十二子本作「鏄」。
〔二〕「南東」，戴震疏證本作「東齊」。
〔三〕「好」，匯證據王念孫手校明本、周祖謨方言校箋改作「呼」。

古注云：「挐，相連引也。」楚辭九辯云「枝煩挐而交横」，亦訓「牽引」之義。

𡅅哰者，廣韻：「𡅅哰，搘挐，語不可解。」「𡅅」亦作「囒」。集韻：「𡅅哰，謰謱，言語不解也。」廣雅：「𡅅哰，謰謱也。」

謰謱者，玉篇：「謰謱，繁挐也。」楚辭九思云：「媒女拙兮謰謱。」〔一〕字亦作「嗹嘍」。玉篇「嗹嘍，多言也」，義亦相近。

支註者，類篇：「支註，挐也。」「支註」與「支絀」聲近，左支右絀，亦「搘挐」之義也。

詁謕者，集韻：「詁謕，轉語也。一曰巧言也。」

惹者，廣雅：「惹，挐也。」玉篇：「惹，亂也。」「亂」亦「搘挐」之義。

譫者，廣雅：「譫，挐也。」廣韻：「譫，惹也。」字亦作「媕」。説文：「媕，誣挐也。」郭注以爲「誣譫」者，「誣譫」義見卷六。

一〇　䖭、嗇，貪也。謂慳貪也。音懿。**荆汝江湘之郊凡貪而不施謂之䖭，**亦中國之通語。

〔一〕「拙」，楚辭補注作「詘」。

或謂之嗇，或謂之悋。悋，恨也。 慳者，多憒恨也〔一〕。

維言案： 貪者，義見卷一。

𧶠者，廣雅：「𧶠，貪也。」又左思吴都賦云「簡其華質，則𧶠費錦繢」，劉逵注：「𧶠費，錦文貌。」案：「𧶠」與「費」連文，亦「貪濫叢雜」之義。

嗇者，亦作「嗇」。廣雅：「嗇，貪也。」易説卦：「坤爲吝嗇。」詩桑柔篇「好是稼穡」，鄭本作「好是家嗇」，箋云：「居家吝嗇。」左氏襄二十六年傳云「小人之性嗇於禍」，杜預注云：「嗇，貪也。」老子道德經云：「治人事天莫若嗇。」韓非子解老篇云：「少費謂之嗇。」並訓「吝嗇」之義。史記五宗世家云「晚節嗇」，正義云：「嗇，貪悋也。」漢書貨殖傳云「痛于孅嗇」，師古注云：「嗇，愛悋也。」〔二〕管子五輔篇云「纖嗇省用」，房注云：「嗇，悋也。」吕氏春秋先己篇云「嗇其大寶」，高誘注云：「嗇，愛也。」義並與「貪」相近。

悋者，亦作「吝」。説文：「吝，恨惜也。」文選琴賦注引説文：「吝，貪惜也。」俗

〔一〕「憒」，匯證據戴震疏證、盧文弨重校方言、周祖謨方言校箋改作「惜」。

〔二〕「悋」，後漢書作「吝」。

作「𠫤」。亦作「惂」。廣雅：「𠫤，恨也。」家語致思篇「商甚惂于財」，注云：「惂，嗇甚也。」思玄賦云「柏舟悄悄𠫤不飛」，舊注云：「𠫤，恨也。」「𠫤、惂」並與「吝」同。書仲虺之誥「改過不吝」，傳云：「無所吝惜。」論語泰伯篇「使驕且吝」，堯曰篇「出納之吝」，並訓「吝惜」之義。字又通作「遴」。廣雅：「遴，貪也。」漢書魯恭王傳注云「遴與𠯑同，猶言貪嗇也。」案：「𠯑」，古「吝」字，即「𠫤」字也。

一一　**遥、窕，淫也。九嶷荆郊之鄙謂淫曰遥，**言心遥蕩也。**沅湘之間謂之窕。**窈窕，冶容。

維言案：説文：「淫，浸淫隨理也。」案：淫者，過度之義。故水過度謂之「淫水」，樂過度謂之「淫聲」，人過度謂之「淫泆」，其義一也。左氏昭元年傳云「淫生六疾」，杜預注云：「淫，過也。」襄二十九年傳云：「遷而不淫。」注云：「淫，過蕩也。」昭六年傳云「以威其淫」，注云：「淫，放也。」周禮宫正云「去其淫怠」，鄭注云：「淫，放濫也。」禮記儒行云「其居處不淫」，鄭注云：「淫爲傾邪也。」孟子滕文公篇「富貴不能淫」，趙岐注云：「淫，亂其心也。」禮記緇衣云「以御民之淫」，鄭注云：「淫，貪侈也。」大戴曾子立事篇云「居上位而不淫」，盧湛注云：「淫，汰也。」並訓「過度」之義。小爾雅「男女不以禮交謂之淫」，易繫辭「冶色誨淫」，左氏成二年傳云「貪色爲淫」，亦以「過度」

爲義。字通作「婬」。説文：「婬，私逸也。」家語刑政篇作「婬」，注云「婬，逸也」，亦與「過度」義近。

遥者，亦作「媱」。廣雅：「媱，婬也。」又通作「摇」。説文：「摇，動也。」爾雅釋詁：「摇，作也。」管子心術篇云：「摇者不定。」史記賈生傳云「摇增翮逝而去之」，正義云：「摇，動也。」「摇」並以「動」爲義。故郭注以爲「心摇蕩也」。

窕者，廣雅：「窕，婬也。」説文：「窕，深肆極也。」爾雅釋言：「窕，肆也。」「放肆」與「淫」義近。字通作「佻」。爾雅釋言：「佻，偷也。」説文：「佻，愉也。」周語云：「姦仁爲佻。」又云：「却至佻天以爲己力。」〔一〕楚辭離騷云：「余猶惡其佻巧。」王逸注云：「佻，輕也。」輕蕩之義與淫相近。

郭注以爲「窈窕，冶容」者，是本易繫辭「冶容誨淫」之義爲説也。

一二　**潛、涵，沈也。楚郢以南曰涵，**音含，或古南反。**或曰潛。潛又游也。**潛行水中亦爲游也。

維言案：廣雅：「沈，没也。」小爾雅亦云：「沈，没也。」詩菁菁者莪篇「載沈載

〔一〕國語「天」下有「之功」二字。

浮」，趙策云「沈竈産鼃」，異物志云「沈香，甘心堅者，置水必沈」，並訓「沈没」之義。又周語云「以揚沈伏」，韋昭注云「沈，滯也」；素問至真要大論云「其脈沈」，王砅注云「沈，下也」；又周語「水無沈氣」，注云「沈，伏也」；莊子外物篇云「慰暋沈屯」，司馬彪注云「沈，深也」；周禮大宗伯注云「川澤曰沈」；尚書大傳云「沈四海」，鄭注云「祭水曰沈」：並與「沈没」義近。

潛者，廣雅：「潛，没也。」説文：「潛，涉水也。」案：没水以涉曰「潛」。爾雅釋言「潛，深也」；廣雅又云「潛，隱也」；説文「一曰藏也」；易乾卦「潛龍勿用」，崔注云「潛，隱也」；書洪範「沈潛剛克」，馬融注云「潛，伏也」：並與「沈没」義近。字變作「熸」。小爾雅：「熸，滅也。」「滅」與「沈」義亦近。

涵者，玉篇：「涵，没也。」吴都賦云「涵泳乎其中」，劉逵注云：「涵，沈也。」

游者，詩蒹葭篇「遡游從也」；爾雅釋水「順流而下曰泝游」；列子黄帝篇云「能游者可教也」，釋文云「浮水曰游」；淮南子脩務訓云「游川水」，高誘注云「游，渡也」；後漢書馬援傳注云「游，浮也」：義並與郭注「潛行水中」説合。

一三　宋、安，静也。江湘九嶷之郊謂之宋。

維言案：説文：「靜，審也。」詩柏舟篇「靜言思之」，毛傳云：「靜，安也。」逸周書大匡解云：「施舍靜衆。」周祝解云「民乃靜」，孔晁注云：「靜，服也。」「服」亦「安」也。今俗言「安」，猶曰「安靜」也。字通作「竫」。説文：「竫，亭安也。」經傳以「靜」爲之。案：動靜之「靜」，皆有「安」之義也。

宋者，廣雅：「宋，靜也。」説文：「宋，無人聲也。」假借作「寂」。埤蒼：「寂寥無人也。」易繫辭傳云：「寂然不動。」楚辭遠遊篇云「聲嗸嗸以寂寥兮」，王逸注云：「寂寥，空無人民之貌也。」四子講德論云「寂寥宇宙」，注云：「曠遠之貌也。」老子道德經云「寂兮寥兮」，王弼注云：「無形體也。」文選西征賦注引韓詩薛君章句云：「寂，無聲之貌也。」莊子天道篇云：「寂漠無爲。」淮南子俶真訓云：「虚無寂寞。」晉書顧愷之傳云：「門階闃寂。」又楚辭大招云「湯谷宋只」，九辯云「蟬宋寞而無聲」，並從古文作「宋」，皆「安靜」之義也。字又通作「家」。楚辭遠遊篇云：「野家漠其無人。」莊子大宗師篇云：「其容家。」孔寵碑云：「家兮冥冥。」又通作「啾」。説文：「啾，啾嘆也。」[一]「啾嘆」與「寂寞」同，並與「安靜」之義相近。案：「安」與「靜」對文則異，散

[一] 説文原作「啾，嘆也」。

文則通。禮記大學：「定而后能靜，靜而后能安。」是「安、靜」義有深淺。説文：「安，竫也。」廣雅：「安，靜也。」是「安、靜」義同也。

一四　**拌，棄也。**音伴，又普槃反。**楚凡揮棄物謂之拌，或謂之敲；**恪交反。今汝潁同語亦然〔一〕。或云撅也。**淮汝之間謂之役。**江東又呼撅，音黶，又音狗音豹〔二〕。

維言案：説文：「棄，捐也。」爾雅釋言：「棄，忘也。」左氏昭十三年傳云「其庸可棄乎」，杜預注云：「棄猶忘也。」二十九年傳云「水官棄矣」，注云：「棄，廢也。」秦策云「子棄寡人」，注訓「棄」爲「去」。詩汝墳篇「不我遐棄」，正月篇「乃棄爾輔」，谷風篇「汝轉棄予」，孟子公孫丑篇「今又棄寡人而歸」：並訓「捨棄」之義。

拌者，廣雅：「拌，棄也。」字通作「播」，書「播棄黎老」是也。儀禮士虞禮云「播餘於筐」〔三〕，謂棄其餘於筐也。今俗或用「拚」字，誤矣。案：「拌」與「拚」異訓也，「拌」訓「棄」，而「拚」訓「舉」，並見廣雅。今俗語謂「致命」曰「拌命」，「致身」曰「拌身」，皆

〔一〕「同」當作「間」。

〔二〕戴震疏證上注作「江東又呼撅，音黶，又音揞」。

〔三〕「於筐」，十三經注疏本作「于篚」。

是「拌」字猶言「棄」也。俗人不知「拌」之訓「棄」，皆誤用「拚」字。今據方言及廣雅以正世俗之誤。

敲者，或通作「墽」。廣雅：「墽，棄也。」淮南子墜形訓云：「察水陸肥墽高下之宜。」是「墽」又與「磽」同。地瘠薄也，瘠薄可棄，故有「棄」義。「墽」與「敲」聲近義同。

郭注以爲「或云擫」者，廣雅：「擫，投也。」「投」有「棄」義，是郭所本。役者，亦作「投」。廣雅：「投，棄也。」小爾雅亦云：「投，棄也。」禮記曲禮云「毋投與狗骨」，疏云：「棄其骨與犬也。」詩巷伯篇「投畀豺虎」，亦言「棄置」之義。案：說文「投，擿也」「敲，橫擿也」，義本相同。「擿、擿」並有「棄而不惜」之義，故「敲、投」訓爲「揮棄」。一說「役」本作「役」。說文「役，戍邊也」，廣雅「役，使也」，並與「棄」義不合。惟楚辭大招云「不歡役只」，王逸注云：「役，賤也。」「賤」與「棄」義近。又公羊宣十二年傳云「廝役扈養」，何休注云「汲水漿者」，亦是「賤」義。今俗謂「皁隸」曰「役」，亦是人之賤者。案：「役」可訓爲「賤棄」之義，不可訓爲「揮棄」之義。郭注「役」字既無定音，說者難得折衷之，正當從廣雅作「投」，於義較長。

一五　**誎，愬也。**誎譖亦通語也。**楚以南謂之誎。**

維言案：説文：「訴，告也。」廣雅：「訴，諻也。」左氏成十六年傳云「訴公於晉侯」，杜預注云：「訴，譖也。」論語顏淵篇「膚受之愬」，漢書五行志引作「訴」。是「愬」與「訴」同也。憲問篇「公伯寮愬子路於季孫」，義亦訓「譖」。公羊昭三十一年傳云「負孝公之周愬天子」，齊策云「必東愬于齊」，詩柏舟篇「薄言往愬」，並訓「告愬」，與「譖」義亦相近。

誎者，廣雅「誎，訴也」「誎，諻也」「誎，譖也」，義並相近。元包經云「誎加于譎」，傳曰：「遭讒毀也。」楚辭離騷云「衆女嫉余之蛾眉兮，謡誎謂予以善淫」，王逸注云：「誎猶譖也。」字通作「椓」。左氏哀十七年傳云「太子又使誎之」〔一〕，杜預注云：「椓，訴也。」案：「誎」與「愬」對文則異，散文則通耳。

一六　**戲、泄，歇也。楚謂之戲**音義〔二〕。**泄。奄，息也，楚揚謂之泄。**

維言案：説文：「歇，息也。一曰氣越泄也。」廣雅：「歇，泄也。」左氏襄二十九年

〔一〕「誎」當作「椓」。

〔二〕「義」，匯證據戴震疏證、明抄本、清抄本和周祖謨方言校箋改作「羲」。

傳云「難未歇也」，杜預注云：「歇，息也。」文選北山移文云「澗愧不歇」，義亦訓「息」。顏延年詩云「芬馥歇蘭若」，李善注云：「歇，氣越泄也。」又宣十二年傳云「憂未歇也」，注訓「歇」爲「盡」。「盡」與「息」義亦近。

戲者，廣雅：「戲，泄也。」又云：「戲，施也。」「施」與「泄」義近。

泄者，集韻：「泄，散也。」詩民勞篇「俾民憂泄」，毛傳云：「泄，去也。」鄭箋云：「泄猶出也，發也。」莊子山木篇云「運物之泄也」，司馬彪注云：「泄，發也。」魏都賦云「窮岫泄雲」，劉逵注云：「泄猶出也。」素問平人氣象論云「宗氣泄也」，王砅注云：「泄謂發泄。」淮南子本經訓云「精泄于目」，高誘注：「泄猶通也。」又左氏昭二十年傳云「濟其不及，以泄其過」，杜預注云：「泄，減也。」管子山權數篇云「而天下不吾泄矣」，房注云：「泄，散也。」並與「歇息」義近。

奄者，漢書司馬相如傳云「奄息蔥極」，師古注云：「奄然，休息也。」禮樂志云「神奄留」，義訓「安」，「安」亦「息」也。

息者，廣雅：「息，安息休也。」[一]禮記檀弓云「細人之愛人也以姑息」，鄭注云：

[一] 廣雅疏證「休」上無「安息」二字。

「息猶安也。」呂氏春秋適威篇云「而不得息」，高誘注云：「息，安也。」秦策云「攻戰不息」，高誘注云：「息，休也。」詩小明篇「無恒安息」，毛傳云：「息猶處也。」殷其雷篇「莫敢遑息」，毛傳云：「息，止也。」「止」亦「安」也。案：「安、息」二字義同，對文則異，散文則通。

一七　攓，取也。 音騫，一曰騫[一]。**楚或謂之攓**[二]。

維言案：此節義並見卷一「撏、攓、摭、挻，取也」下。

一八　昲、曬，乾物也。揚楚通語也。 昲，音曬[三]，亦皆北方通語。或云膘。

維言案：乾物者，義見卷七。

昲者，廣雅：「昲，曝也。」列子周穆王篇云「肴未昲」，義訓「日乾」。字亦作「曊」。

[一] 「音騫，一曰騫」，匯證據王念孫手校明本、盧文弨重校方言改作「音蹇，一曰騫」。

[二] 據方言文例、戴震疏證，「或」字衍。

[三] 「曬」，戴震疏證作「費」。

淮南子墜形訓云：「日日所曊。」[一]「曊」與「昲」同。郭注謂「或云瞟」者，廣雅：「瞟，曝也。」玉篇「瞟，置風日中令乾也」，義與「昲」同。曬者，義亦見卷七。

一九　蕖，猝也。謂倉卒也。音斐。**江湘之間凡卒相見謂之蕖相見，或曰突。**他骨反。

維言案：説文：「猝，犬从艸暴出逐人也。」下文卷十二云「懟朴，猝也」，郭注「謂急速也」。「急速」即「倉猝」之義。漢書五行志注云「猝，暴也」，義亦相近。字通作「卒」。漢書成帝紀云「興卒暴之作」，師古注云：「卒謂急也。」食貨志云「行西踰隴卒」，注云：「卒，倉卒也。」辛慶忌傳云「則亡以應卒」，注云：「卒，暴也。」司馬相如傳云「卒然遇逸材之獸」，注云：「卒然，謂暴疾也。」師丹傳云「卒暴無漸」，注云：「卒讀曰猝。」是「卒」並與「猝」同。又論語先進篇「子路率爾而對曰」，古本作「卒爾而對曰」。皇侃疏云「謂無禮儀也」，亦「倉猝」之義。

蕖者，廣雅：「蕖，猝也。」

[一]「日日」，二十二子本作「日之」。

突者，廣雅：「突，猝也。」説文：「突，犬从穴中暫出也。」易離卦「突如其來如」；詩甫田篇「突而弁兮」；魯靈光殿賦云「盜賊奔突」，張載注云「突，唐突也」：義並與「倉猝」相近。

二〇　**迹迹、屑屑，不安也。**皆往來之貌也。**江沅之間謂之迹迹；秦晉謂之屑屑，或謂之塞塞，或謂之省省。不安之語也。**

維言案：迹迹者，廣雅：「迹迹，不安也。」

屑屑者，廣雅：「屑屑，不安也。」又云：「屑，勞也。」勞則不安，故「屑」訓「勞」，疊言之則「屑屑」亦訓「勞而不安」之義。「屑」又訓「碎」。思玄賦云「屑瑶蕊以爲餱兮」，舊注云：「屑，碎也。」疊言之則「屑屑」亦訓「瑣碎」之義。左氏昭五年傳云「屑屑焉習威儀以亟」〔一〕，漢書董仲舒傳云「凡所爲屑屑，夙興夜寐，務法上古者」，王莽傳云「晨夜屑屑」，後漢書王良傳云「何其往來屑屑不憚煩也」，並與「不安」義近。

塞塞者，廣雅：「塞塞，不安也。」説文：「塞，隔也。」禮記孔子閒居云「志氣塞乎天

〔一〕十三經注疏本「習」下無「威」字。

地」，鄭注：「塞，滿也。」荀子富國篇云「以塞其口」，楊倞注云：「塞猶充也。」儀禮既夕禮注云：「塞，充窒也。」荀子大略篇注云：「塞，掩也。」淮南子主術訓注云：「塞，閉也。」「塞」並訓「不通」之義。疊言之則「塞塞」亦訓「不通」。「不通」與「不安」義近。

省省者，廣雅：「省省，不安也。」案：「省省」猶「惺惺」也。「惺惺」與「不安」義近。

二一　**潤沐**〔一〕、音闃。**征伀，遑遽也。江湘之間凡窘猝怖遽謂之潤沐，**喘喈貌也。**或謂之征伀。**

維言案：遑遽者，廣雅：「惶，懼也。」又云：「惶惶，劇也。」楚辭離世篇注云：「皇皇，惶遽貌。」「惶劇、惶遽」並與「遑遽」通。

潤沐者，集韻：「潤沐，怖遽也。」「潤」通作「闃」。廣雅：「闃，懼也。」

郭注以爲「喘喈」者，亦「倉猝、恐怖」之義。

征伀者，廣雅：「征伀，懼也。」又云：「屏營，征伀也。」王褒四子講德論云：「百姓征伀，無所措其手足。」潛夫論救邊篇云：「乃復怔忪如前。」「怔忪」與「征伀」同。又

〔一〕「沐」，匯證據戴震疏證、盧文弨重校方言改作「沭」。下同。

通作「正營」。漢書王莽傳云「人民正營」，師古注云「正營，惶恐不安之意也」，義與「征伀」同。釋名云：「夫之兄曰兄公，俗間曰兄伀，言是己所敬忌，見之怔忪遽〔一〕，自肅齊也。俗或謂舅曰公，亦如之也。」又禮記昏義注云「女妐、女叔、諸婦也」，亦是此義。「妐」與「伀」亦同。

二二 **翥，舉也。**謂軒翥也〔二〕。**楚謂之翥。**

維言案：說文：「舉，對舉也。」晉語云「舉而從之」，韋昭注云：「舉亦起也。」齊策云「三十日而舉燕國」，高誘注云：「舉，拔也。」吕氏春秋順說篇云「莫不延頸舉踵」，高誘注云：「企望之也。」魯語云「君爲是舉」，注云：「舉，動也。」義並與「飛舉」相近。論語鄉黨篇「色斯舉矣」；張衡西京賦云「鳥不暇舉」，薛綜注云「舉，飛也」：並「舉」訓「飛」之證。

翥者，廣雅：「翥，舉也。」說文：「翥，飛舉也。」爾雅釋蟲「翥醜罅」，邢昺疏云：

〔一〕釋名「敬」下無「忌」字，「怔忪遽」作「伀遽」。

〔二〕匯證據劉台拱方言補校、王國維書郭注方言後三，於「謂軒翥也」上補「音曙」二字。

「翥，飛也。」楚辭遠遊篇云：「鸞鳥軒翥而翔飛。」蔡邕吊屈原文云：「鶉鳩軒翥。」張衡西京賦云：「鳳騫翥於甍標。」「騫翥」猶「軒翥」也。並與郭注相合。

二三　**忸怩，慙歰也。**歰猶苦者。**楚郢江湘之間謂之忸怩，或謂之⿹戊𠮷咨。**子六、莊伊二反。

維言案：慙歰者，「慙」義見卷六。「歰」義見卷七。忸怩者，廣雅：「恧怩，慙也。」「恧」與「忸」同。晉語云「君忸怩顏」，韋昭注云：「忸怩，慙貌。」孟子萬章篇「忸怩」，趙岐注云：「忸怩而慙。」廣雅又云：「忸怩，⿹戊𠮷咨也。」⿹戊𠮷咨者，廣雅：「⿹戊𠮷咨，慙也。」易離卦釋文亦云：「⿹戊𠮷咨，慙也。」倒言之則爲「資戚」。太玄經云：「其志資戚。」「資戚」猶「齟齬」，志不伸也。范望注訓「資」爲「用」，「戚」爲「親」，失之。

二四　**垤、封，場也。楚郢以南蟻土謂之垤**〔一〕**。垤，中齊語也。**

維言案：場者，義見卷六。

〔一〕「垤」，戴震疏證本作「封」。

垤者，廣雅：「垤，埸也。」説文：「垤，蟻封也。」詩東山篇「鸛鳴于垤」，毛傳云：「垤，蟻冢也。」〔一〕呂氏春秋慎小篇云：「不蹷於山而蹷於垤。」韓非子姦劫篇云：「猶螘垤之比大陵。」陸佃埤雅云：「蟻埸謂之坻，亦謂之垤。从至，以蟻之微而能爲垤，用其至也。」

封者，廣雅：「封，埸也。」周禮封人注云：「聚土曰封。」儀禮士喪禮注云：「中封，中尖壤也。」〔二〕易林云：「蟻封穴户。」「蟻垤」蓋以「封」爲義。

二五　**謫，過也。**謂罪過也。音蹟，亦音適，罪罰也。**南楚以南凡相非議人謂之謫，或謂之衇。**血脉。**衇，又慧也。**今名黠鬼衇〔三〕。

維言案：廣雅：「過，責也。」論語雍也篇「不貳過」，皇侃疏云：「過猶失也。」廣雅又云：「過，誤也。」孟子公孫丑篇「然則聖人且有過與」，趙岐注云：「過，謬也。」「謬誤」即「過失」之義。

〔一〕「蟻冢」，十三經注疏本作「螘塚」。
〔二〕「尖」，十三經注疏本作「央」。
〔三〕戴震疏證本「鬼衇」上有「爲」字。

謫者，小爾雅：「謫，責也。」詩北門篇「室人交徧謫我」，毛傳云：「謫我。」[一]周語云「秦師必有謫」，韋昭注云：「謫猶咎也。」左氏桓十八年傳云「公謫之」，列子力命篇云「不相謫發」，後漢書王符傳云「討謫物情」，並訓「責罰」之義。字通作「讁」。説文：「讁，罰也。」通俗文云：「罰罪曰讁。」左氏昭七年傳云「以自取讁于日月之災」，杜預注云「讁，譴也」；成十七年傳云「國子讁我」：義亦並訓「責罰」之義。又通作「適」。詩殷武篇「勿予禍適」，毛傳云：「適，過也。」漢書武帝紀云「發天下七科適出朔方」[二]，史記大宛傳作「七科謫」，訓「謫」爲「罪罰」。屈賈傳云：「又以適去。」漢書食貨志云：「故吏皆適令伐棘。」「適」並與「謫」同，與「過失」義近。

䑛者，釋名云：「䑛摘，猶譎摘也，如醫別人脈知疾之意，見事者之稱也。」「䑛」訓「慧」者，卷一云「慧或謂之鬼」，郭注云：「言鬼脈也。」「脈」與「䑛」同，故「䑛」有訓「慧」之義。

二六　膊，兄也。此音義所未詳。荆揚之鄙謂之膊，桂林之中謂之𥂫。

維言案：説文：「兄，長也。」爾雅釋親：「男子先生爲兄。」白虎通云：「兄者，况

[一]「讁我」，當從十三經注疏本改作「讁，責也」。

[二]「適」，漢書作「讁」。

也，况文法也。」[一]廣雅：「兄，况也。」釋名云：「兄，荒也。荒，大也。故青徐人謂兄謂荒也。」今浙江杭州人呼兄爲「况」，或曰「况老」，蓋古之遺語也。

膊者，朱氏駿聲謂「膊猶伯也」。説文：「伯，長也。」白虎通云：「伯者，子最長，迫近父也。」是「伯」訓「兄」之證。

二七　譠、極，吃也。楚語也。亦北方通語也。**或謂之軋，**鞅軋，氣不利也。烏八反。**或謂之𨆫。**語𨆫難也。今江南又名爲喋，若葉反。

維言案：説文：「吃，言蹇難也。」聲類：「吃，重言也。」史記韓非傳云：「爲人口吃，不能道説，而善著書。」漢書周昌傳云：「昌爲人口吃。」唐史拾遺云：「焦遂口吃。」「吃」蓋「言語艱難」之義。

譠者，廣雅：「譠，吃也。」字通作「謇」。通俗文云：「言不通利謂之謇吃。」又通作「謰」。列子力命篇云「譠極淩誶」[二]，釋文云：「譠極，吃也。」「謇、譠」並與「譠」同。

極者，廣雅：「極，吃也。」列子力命篇作「悈」，亦訓「吃」。

[一]「文」，白虎通疏證作「父」。

[二]「極」，二十二子本作「悈」。下同。

軋者，廣雅：「軋，吃也。」史記律書云：「乙者，言萬物生軋軋也。」説文：「乙，象春草木寃曲而出，陰氣尚彊[一]，其出乙乙也。」李善注文賦云：「乙乙，難出之貌。」「乙」與「軋」通。又穀梁宣十九年傳云「軋辭也」，范注云「謂委曲也」，義與「吃」亦近。郭注以爲「鞅軋」者，甘泉賦云：「鞅軋無垠。」枚乘七發云「軋盤涌裔」，注云：「軋坱，無垠貌。」「軋坱」與「鞅軋」同。廣韻：「軋，勢相傾也。」莊子人間世篇云：「名也者，相軋也。」「傾軋」亦與「吃」近。

蹇者，廣雅：「蹇，吃也。」説文：「蹇，不滑也。」楚辭七諫云「言語訥蹇」，亦訓「蹇難」之義。字通作「㞅」。漢犍爲楊君頌云：「蓬路㞅難。」「㞅」與「蹇」同。吃者，言語不滑利故，謂之蹇也。言語不滑謂之「蹇」，物之不滑亦謂之「蹇」，其義一也。

二八　**啙、**昨啟反。**矲，**蒲楷反。**短也。江湘之會謂之啙。凡物生而不長大亦謂之鮆，又曰癠。**今俗呼小爲癠，音薺菜。**桂林之中謂之短矲**[二]**。**言矲矲也。**矲，通語也。東陽之間謂之**

[一]「彊」，説文作「彊」。

[二]「謂之短矲」，戴震疏證本作「謂短矲」，周祖謨方言校箋以爲當作「謂短曰矲」。

㾊〔一〕。言俯視之，因名云。

維言案：説文：「短，有所長短，以矢爲正。」案：短，不長也。呂氏春秋長見篇云「以其長見與短見也」，高誘注云：「短，近也。」史記孔子世家云：「僬僥三尺，短之至也。」禮記表記云：「義有長、短、大、小。」呂氏春秋先識篇云「此治世之所以短」，高誘注云：「短，少也。」淮南子脩務訓云「知者之所短」，高誘注云：「短，缺也。」今俗物數缺亦謂之「短」。書堯典「日短星昴」，謂「晝短」也。荀子非相篇云「帝舜短」，言「身體短」也。義並訓「長」之對文。

呰者，説文：「呰，窳也。」漢書地理志云「呰窳偷生」，師古注云：「呰，短窳，弱也。」史記貨殖傳云「以故呰窳」，應劭注云：「呰，弱也。」「弱」亦有「短」義。

矲者，廣雅：「矲，短也。」義同「䠷」。説文：「䠷，短人立䠷之貌。」周禮典同「陂聲散」，鄭興注云：「陂，讀爲人短罷之罷。」是「矲」與「罷」同也。義又與「㾊」近。周禮司弓矢「㾊矢」，鄭衆注云：「㾊，讀爲人罷短之罷。」

郭注以爲「矲䂺」者，廣韻：「矲䂺，短也。」又爾雅「犤牛」，郭注云「犤牛庳小」，聲義並與「矲」近。

〔一〕「東陽」，匯證據王念孫手校明本、劉台拱方言補校等推斷當作「東揚」。

癠者，廣雅：「癠，短也。」

郭注以爲「呼小爲癠」者，「短、小」義同。然則草之小者爲「薺」，澤之小者爲「濟」，禾之小者爲「穧」，物之小者爲「癠」，其義一也。又爾雅釋詁：「癠，病也。」人物有病則短小，故「癠」訓「病」，又可借訓爲「短」。

府者，「府」，廣雅：「短也。」說文：「府，俛病也。」「俛」與「俯」同，故郭注以爲「俯視之」也。人俯則短，仰則長，即此義。

䵷者，廣雅「䵷，短也」，義與「呰」同。故漢書如淳注云：「呰，或作䵷。」借爲「䵷」亦同。是「䵷、呰」字同之證。

二九 **鉗**，鉗害，口惡也。**疲**、疲恎，惡腹也。妨反反。**憋**，憋忕，急性也。妨滅反。**惡也。南楚凡人殘罵謂之鉗**，殘猶惡也。**又謂之疲。**

維言案：「惡」有三義。說文「惡，過也」；周禮司救「掌萬民之衺惡過失」；左氏定五年傳云「吾以志前惡」；易象傳云「君子以遏惡揚善」，又云「不惡而嚴」；法言脩身篇云「脩其惡則爲惡人」：是訓「善惡」之義。書洪範「五曰惡」；孟子離婁篇「雖有惡人」；左氏昭二十八年傳云「鬷蔑惡」，杜預注云「惡，貌醜也」；禮記大學「人莫知其子之惡」；老子道德經云「天下皆知美之爲美，斯惡已」；管子樞言篇云「惡者，美之充也」；左氏成六年傳云「其惡易覯」；齊語云「惡金以鑄鉏、夷、斤、欘」；呂氏春秋簡選篇云「與惡無擇」：並訓「美惡」之義。呂氏春秋首時篇云「其貌適吾所甚惡也」，高誘注云「惡，憎也」；論語陽貨篇「君子亦有惡乎」，皇侃疏云「惡，憎疾也」；史記弟子傳云「王且必惡越」；左氏隱三年傳云「周鄭交惡」；齊策云「齊衛交惡」：並訓「憎惡」之義。案：此三義皆相通也。

鉗者，廣雅：「鉗，惡也。」後漢書梁冀傳云「性鉗忌」，李賢注云：「言性忌害，如鉗之鉏物也。」案：夾持緊脅謂之「鉗」，故凡夾持之具即不緊脅者亦謂之「鉗」。漢書楚元王傳云「楚人將鉗我於市」，後漢書光武紀云「皆弛解鉗」，並訓「夾持緊脅」之義。皆與「惡」相發明也。

郭注以爲「鉗害，口惡」者，荀子解蔽篇云：「殭鉗而利口。」〔一〕今俗呼利口者，猶曰「鉗子口」，是「可惡」也。字通作「拑」。説文「拑，脅持也」，亦「惡」之義也。

疲者，廣雅：「疲，惡也。」郭注以爲「疲恎，惡腹」者，玉篇：「疲，惡也。」「恆，惡心

〔一〕「殭」，荀子作「彊」。

也，急性也。」「怑」與「⿸疒反」同。又云：「恎，惡性。」「痓，惡也。」「痓」與「恎」同。左氏定三年傳云：「莊公卞急而好絜。」「卞」與「⿸疒反」亦聲近義同。

憋者，廣雅：「憋，惡也。」列子力命篇云：「嘽咺憋懯。」「憋懯」與「憋怤」同，急性也。後漢書董卓傳云「敝腸狗態」，李賢注云：「言心腸敝惡也。」「敝」與「憋」同。續漢書作「憋」是也。義又同「獘」。周禮司弓矢注云：「獘猶惡也。」故大司寇「以邦成獘之」，故書「獘」爲「憋」矣。義又通「蔽」。漢司隸校尉楊孟文石門頌云：「惡蟲蔽狩。」「蔽狩」與「憋獸」同。

郭注以爲「憋怤，急性」者，「憋怤」猶「鷩⿰付鳥」也。南山經云「基山有鳥焉，其狀如鷄，而三首六目六足三翼，其名曰鷩⿰付鳥」，郭璞注云：「鷩⿰付鳥，急性。」廣韻：「鷩，鵂鶹也。」鵂鶹亦惡聲之鳥，人所惡也。又釋名云：「鷩雉，山雉也。鷩，憋也，性急憋，不可生服，必自殺也。」是凡言「憋」者，並與「惡」義近也。

三〇 **癡，騃也。**吾駭反。**揚越之郊凡人相侮以爲無知謂之眲。**諾革反。眲，耳目不相信也。因字名也。**或謂之斫。**斫郄。斫，頑直之貌。今關西語亦皆然。

維言案：廣雅：「騃，癡也。」蒼頡篇：「騃，無知之貌。」漢書息夫躬傳云「内實騃不曉政事」，師古注云：「騃，愚也。」「愚」亦「癡」也。

癡者，説文「癡，不慧也」，徐鍇傳云：「癡者，神思不足。」亦病也。漢書韋賢傳云：「蒙恥辱爲狂癡。」後漢高士傳云：「侯君房素癡，今小瘥耳。」晉書王諶傳云〔一〕：「諶有隱德，人皆以爲癡。」顏氏家訓書證篇云：「人無才思，自謂清華，江南號爲詅癡符。」案：廣雅：「詅，賣也。」是賣癡之符信耳。范成大村田樂府序云「分歲罷，小兒繞街呼叫，皆云：賣汝癡，賣汝獃」，即「詅癡」之義也。

眲者，説文：「眲，安也。」馬融長笛賦云「匏巴眲柱」〔二〕，注云：「眲，安也。」案：「眲」無訓「癡騃」之義，故郭注以爲「因字名也」。

斫者，郭注以爲「頑直之貌」。韻會：「頑，癡也。」廣雅：「頑，愚也。」「頑，鈍也。」左氏僖二十八年傳云「喜賂怒頑」，杜預注云：「不可告請，故曰頑。」鄭語云：「童頑窮固。」〔三〕義並與「癡騃」相近。

〔一〕「諶」，晉書作「湛」。下同。

〔二〕「匏」，文選作「瓠」。

〔三〕「童頑」，國語作「頑童」。

三一　惃、衮衣。𢡃、音教。頓愍，惛也。謂迷昏也。楚揚謂之惃，或謂之𢡃；江湘之間謂之頓愍，頓愍猶頓悶也。或謂之氐惆。丁弟、丁牢二反。南楚飲毒藥懣謂之氐惆，亦謂之頓愍，猶中齊言眠眩也。愁恚憒憒、毒而不發謂之氐惆。氐惆，猶懊憹也。

維言案：說文：「惛，不憭也。」廣雅：「惛，癡也。」秦策云「皆惛于教」，高誘注云：「惛，不明也。」列子黄帝篇云「以黄金摳者惛」，張湛注云：「惛，迷惛也。」荀子賦篇「往來惛憊」，楊倞注云：「惛憊猶晦暝也。」漢書劉向傳云「臣甚惛焉」，師古注云：「惛謂不了。」孟子梁惠王篇「王曰吾惛」，亦訓「不明」之義。義又爲「亂」。廣雅：「惛惛，亂也。」詩民勞篇「以謹惛怓」，毛傳云：「惛怓，大亂也。」大戴禮曾子立事篇云「怒之而觀其不惛也」，盧辯注云：「惛，亂也。」義又爲「悶」。吕氏春秋本生篇云：「下爲匹夫而不惛。」後漢書張衡傳注云：「惛，悶也。」案：「惛」凡三訓，義並相通。

惃者，廣雅：「惃，亂也。」「惛、亂」義同。

𢡃者，廣雅：「𢡃，亂也。」玉篇：「𢡃，迷亂也。」字亦作「誖」。說文：「誖，亂也。」廣雅：「誖，癡也。」漢書五行志注云：「誖，惑也。」律書注云：「誖，乖也。」地理志注云：「誖，亂也。」外戚傳注：「誖，違也。」字又作「悖」。禮記月令云「毋悖於時」，鄭注云：「悖猶逆也。」荀子正名篇云「足以喻治之所悖」，楊倞注云：「悖，惑也。」又云「悖其所辭」，注云：「悖，違也。」秦策云「計有一二者，難悖也」，注云：「悖，誤也。」淮南子原道訓云「疏達而不悖」，高誘注云：「悖，謬也。」説山訓云「行者爲之悖戾」，注云：「悖，粗惡也。」漢書高五王傳注云：「悖，乖也。」吕氏春秋審問篇云「無使悖放」，高誘注云：「悖，亂也。」是凡言「誖、悖」者，並與「慹」同。

頓愍者，廣雅：「頓悶，亂也。」淮南子脩務訓云「鈍聞條達」，高誘注云：「鈍聞猶鈍惛也。」文子精誠篇作「屯閔」，聲義並與「頓愍」相近。氏惆者，説文：「惆，失意也。」陸璣歎逝賦注引廣雅云：「惆，痛也。」荀子禮論篇云「惆然不嗛」，楊倞注云：「惆，悵也。」「惆悵」與「氐惆」義近。郭注以爲「猶懊憹」者，類篇：「懊憹，痛悔也。」集韻引晉書引「燠儂」〔一〕，「儂」與「憹」同。

三二 **悦、舒，蘇也。**謂蘇息也。**楚通語也。**

維言案：集韻：「蘇，息也。」小爾雅：「死而復生曰蘇。」左氏襄十年傳云：「蘇而

〔一〕據文義，下「引」字疑當作「作」。

復上者三。」孟子滕文公篇引書：「后來其蘇。」禮記樂記云「蟄蟲昭蘇」，鄭注云：「更息曰蘇。」義並相近。

悦者，爾雅釋詁：「悦，樂也。」「悦，服也。」經典作「説」，故顔氏家訓書證篇云：「以説爲悦。」又通作「兑」。禮記文王世子、樂記、緇衣鄭注並云：「兑爲説。」書「説命」古本作「兑命」，是其證。是「兑、説」並與「悦」同。廣雅：「悦，喜也。」大戴禮子張問入官篇云「調悦者，情之道也」，莊子天地篇云「共利之之謂悦」，東京賦云「海内同悦」，並訓「喜悦」之義。又詩草蟲篇「我心則説」，毛傳云：「説，服也。」周禮掌交「達萬民之説」，鄭注云：「説，喜也。」左氏僖二十七年傳云「説禮樂而敦詩書」，疏云：「説謂愛樂之。」周語云「厲王説榮夷公」，韋昭注云：「説，好也。」並訓「喜説」之義。「説」與「悦」同，義與「蘇息」相近。又詩野有死麕篇「舒而脱脱兮」，毛傳云：「脱脱，舒遲也。」「脱」與「悦」亦聲近義同。

舒者，爾雅釋言：「舒，緩也。」字通作「紓」。説文：「紓，緩也。」詩采菽篇「彼交匪紓」，毛傳亦云：「紓，緩也。」「紓緩」與「蘇息」義近。餘見卷六。

三三　**眠娗**、莫典、塗殄二反。**脉蜴**、音析。**賜施**、輕易。**茭媞**、恪交、得懈二反。**譠謾**、託蘭、莫蘭二反。**㦒忚，**麗、醓二音。**皆欺謾之語也。楚鄒以南東揚之郊通語也**〔一〕**。**六者中國相輕易蚩弄之言也〔二〕。

維言案：六者皆一聲之轉也。眠娗者，韻會：「眠娗，慢也。」列子力命篇云：「眂娗、諈諉。」〔三〕「眂」與「眠」通。

脉蜴者，集韻「楚謂欺慢爲脉蜴也」，是本方言。「脉」與「⿰山𠂢」同。上文云「⿰山𠂢又慧也」，亦「欺慢」之義。

賜施者，玉篇：「賜，施也。」是「賜、施」二字叠韻語也。「施」讀爲「易」，與「㦒忚」聲近義同。

茭媞者，「茭」亦作「姣」。媞〔四〕，廣雅：「姣，侮也。」「侮慢」與「欺謾」義近。

譠謾者，廣雅作「謾譠」，云：「謾譠，欺也。」韓詩外傳云：「謾誕者，趨禍之路。」史記龜策傳云：「人或忠信而不如誕謾。」是「謾譠、譠謾、謾誕、誕謾」，皆一聲之字顛倒

〔一〕「鄒」，戴震疏證本作「郢」。

〔二〕戴震疏證本「六者」下有「亦」字。

〔三〕「眂」，二十二子本作「眠」。

〔四〕據上下文義，「媞」字疑衍。

讀之，其義一也。

慴怹者，廣雅：「慴怹，欺也。」又云：「慴惦，欺慢也。」「惦」與「怹」亦「讇謾」之義也。

三四　瀕、頷、顏，頟也。湘江之間謂之瀕，今建平人呼頷爲瀕。音旃裘。中夏謂之頷，東齊謂之頟，汝潁淮泗之間謂之顏。

維言案：説文：「頟，顙也。」廣雅亦云：「頟，顙也。」易説卦傳云：「其於馬也，爲的頟。」爾雅馬屬：「的頟〔一〕，白顛。」「顛」亦「頟」也。易林云：「玄鬣黑頟，東歸富鄉。」〔二〕是以「頷」爲「頟」也。孟子告子篇：「可使過頟。」易説卦傳云：「其於人也爲廣頟。」家語困誓篇云：「河目龍頟。」儀禮士喪禮云「拜稽頟」，鄭注云：「頭觸地。」公羊昭二十五年傳云「再拜稽頟」，何休注云：「猶今叩頭。」是以「頭」爲「頟」也。

瀕者，廣雅：「瀕，頷也。」玉篇：「瀕，頟也。」

〔一〕十三經注疏本「的」作「馰」。

〔二〕「富」，易林作「高」。

頟者，説文：「頟，顙也。」六書故云：「髮下眉上謂之頟。」字亦作「額」。釋名云：「額，鄂也，有限鄂也[一]，故幽州人謂之鄂也。」今俗謂眉上曰「額」。

顏者，廣雅：「顏，頟也。」説文：「顏，眉目之間也。」小爾雅：「顏，頟也。」詩君子偕老篇「揚且之顏也」，毛傳云：「顏，頟角豐滿也。」[二]齊語云「天威不違顏咫尺」，韋昭注云：「顏，眉目之間。」吕氏春秋遇合篇云「推顙廣顏，色如漆赭」，史記蔡澤傳云「魋顏蹙齃」，「顏」皆謂「頟」。索隱以爲「顏貌」，失之。高祖紀云「隆準而龍顏」，集解云：「顏，頟顙也。」漢書溝洫志云「引洛水至商顏」，師古注云：「商山之顏。猶山頟也。」並「顏」訓「顙、頟」之證。

三五　頷、頤，頜也。謂頷車也。南楚謂之頷，亦今通語耳。秦晉謂之頜。頤，其通語也。

維言案：頷者，玉篇：「頷，口也。」廣韻：「頷頷，頤旁。」説文：「頷，顄也。」案：實與「顄」同字，長言曰「顄」，短言曰「頷」，耳下曲骨，所謂輔車也。長楊賦云：「皆稽

[一]「限」，釋名作「垠」。
[二]十三經注疏本作「廣揚而顏角豐滿」。

顡樹頷。」公羊宣五年傳云「絶其頷」，漢書作「頜」。是「頷、頜」相通之證。

頜者，亦作「顄」。廣雅：「顄，頜也。」説文：「顄，頤也。」釋名云：「或曰頜車。頷，含也，口含物之車也。」漢書王莽傳云「侈口蹷顄」，師古注云：「顄，頤也。」馬融長笛賦云：「寒熊振頷。」字又通作「唅」。王褒洞簫賦云「瞋唅呦以紆鬱」，注云：「唅與顄同。」[一]是「頷、顄、唅」聲義並同。

頤者，廣雅：「頤，頜也。」説文：「𦣝，顄也。」篆文作「頤」。釋名云：「頤，養也，動於下、止於上，上下咀物以養人也。」又云：「或曰輔車。或曰牙車。或曰頰車。或曰鰜車。凡繫於車，皆取在下載上物也。」易「頤」鄭注云：「口車輔之名也。」漢書賈誼傳云「頤指如意」，師古注云：「但動頤指麾，則所欲皆如意。」左氏傳所謂「輔車相依」，今俗所謂「牙牀」者，即方言之「頤」也。

三六　紛怡，喜也。湘潭之間曰紛怡，或曰巸已。嬉、怡二音。

維言案：説文：「喜，樂也。」邢昺爾雅疏引説文：「不言而説也。」詩彤弓篇「中心

[一] 文選原作「唅，顄頤也」。

喜之」，毛傳云：「喜，樂也。」魯語云「固慶其喜」，韋昭注云：「喜猶福也。」素問宣明五氣篇云：「精氣并於心則喜。」淮南子原道訓云：「大喜墜陽。」春秋繁露云：「喜氣爲暖。」鬼谷子權篇云：「喜者，宣散而無要也。」摩篇云：「喜者，悦也。」又禮記檀弓云：「人喜則斯陶。」論語公冶篇「子路聞之喜」，孟子公孫丑篇「子路，人告之以有過則喜」，並訓「歡樂」之義。

紛怡者，廣雅：「紛怡，喜也。」後漢書延篤傳云：「紛紛欣欣兮其獨樂也。」爾雅釋詁：「怡，樂也。」説文：「怡，和也。」書金縢「公乃爲詩以怡王」，鄭注：「怡，悦也。」禮記内則云「下氣怡色」，鄭注云：「怡，悦也。」「悦」與「喜」義同。字通作「台」。史記太史公自序云「虞舜不台」，索隱云：「台，悦也。」又云「諸吕不台」，徐廣注云「台，怡釋也」，義亦與「喜」近。

𦣞已者，類篇：「𦣞已，樂也。」「樂」亦「喜」也。「𦣞」通作「熙」。字林：「熙，歡笑也。」逸周書太子晉解云「萬物熙熙」，孔晁注云：「熙熙，和盛。」荀子儒效篇云「熙兮其樂人之臧也」，楊倞注云：「熙熙，和樂之貌。」又淮南子俶真訓云「鼓腹而熙」，説山訓云「搏矢而熙」，文選好色賦云「熙邯鄲」，注並云：「熙，戲也。」「戲」與「喜」義近。又通作「嫛」。説文「嫛，説樂」，義與「喜」同。

三七　湖，或也。酒酣。沅澧之間凡言或如此者曰湖如是。此亦憨聲之轉耳。

維言案：小爾雅：「或，有也。」墨子小取篇云：「或也者，不盡也。」易乾卦「或躍在淵」，文言傳云：「或之者，疑之也。」書微子「殷其弗或亂正四方」，孔傳云：「或，有也。」詩天保篇「無不爾或承」，鄭箋云：「或之言有也。」禮記祭義云「庶或饗之」，鄭注云：「或猶有也。」左氏昭二十八年傳云「或賜二小人酒」，杜預注云：「或，他人也。」大戴禮曾子制言篇云「貧賤吾恐其或失也」，盧注云：「或猶惑也。」「或」蓋不知而疑之詞。

湖者，玉篇：「湖湖不定也。」「湖湖」，今俗作「含糊」。含糊者，遲疑不定之義。「或」者，亦遲疑不定之義，故以「湖」爲「或」也。

三八　愮、療，治也。江湘郊會謂醫治之曰愮。俗云厭愮病。音曜。愮又憂也。博異義也。或曰療。

維言案：治者，義見卷三。

愮者，廣雅：「搖，治也。」「搖」與「愮」同。「愮」訓「憂」者，爾雅釋訓「懽懽、愮愮，憂無告也」，邢昺疏引詩黍篇「中心搖搖」毛傳云：「搖搖，憂無所愬。」是「愮」與

「摇」字同。「愮」蓋「摇」之或體也。

療者，廣雅：「療，治也。」左氏襄二十六年傳云「不可救療」，周禮瘍醫云「凡療瘍以五毒攻之」，劉向列女傳引詩「可以療飢」，張衡思玄賦云「羞玉足以療飢」〔二〕，漢永明十一年策秀才文云「療飢不期于鼎食」〔三〕，並訓「療」爲「治」。字亦作「𤻲」。説文：「𤻲，治也。」

療訓「憂」者，廣雅：「𤻲，病也。」「病」與「憂」義近。

三九　芔、凶位反。**莽**，嫫母反。**草也。東越揚州之間曰芔，南楚曰莽。**

維言案：芔者，古「卉」字。説文：「芔，草總名。」韻會引復古編云：「古芔从三中，今作卉，三十並也。」爾雅釋草「卉草」，舍人注云：「凡百草，一名卉。」詩出車篇：「卉木萋萋。」四月篇：「百卉具腓。」太玄玄圖云：「百卉權輿。」書禹貢：「島夷卉服。」後漢南蠻西南夷傳「卉衣」，注云：「卉衣，草服也。」又廣雅：「卉，衆也。」「芔」

〔二〕「足」，文選作「芝」。

〔三〕按，該文實爲南朝齊王融所作。

从三中，亦「衆」之義也。

莽者，小爾雅：「莽，草也。」易同人卦「伏戎于莽」；左氏哀元年傳云「暴骨如莽」；漢書景帝紀云「地饒廣薦，草莽水泉」，師古注云「草稠曰薦，深曰莽」：並訓「草深」之義。孟子萬章篇「在野曰草莽之臣」，趙岐注云：「莽亦草也。」字亦作「茻」。説文：「茻，衆草也。」廣雅：「茻茻，茂也。」經傳皆以「莽」爲之。

四〇　悈鰓、悈，音良悈。鰓，音魚鰓。**乾都、**音干。**耇、**音垢。**革，老也。**皆老者皮色枯憔之名也〔一〕。**皆南楚江湘之間代語也。**凡以異語相易謂之代也。

維言案：老者，義見卷一。

悈鰓者，爾雅釋言：「悈，急也。」「鰓，魚鰓也。」言老者皮粗瘦緊急如魚鰓也。

乾都者，淮南子説林訓注云：「乾，燥也。」字林：「乾，燥也。」易噬嗑「乾肉」，注云：「乾肉，堅也。」今俗謂「枯」爲「乾」，是「乾、枯」義同。老者皮肉乾枯，故呼爲「乾都」。「都、枯」聲近。廣雅：「都，大也。」老者年高，故蒙「都」稱。

〔一〕戴震疏證本作「皆老者皮色枯瘁之形也」。

者者，義亦見卷一。

革者，説文：「獸皮治去其毛曰革。」禮記禮運云「膚革充盈」，疏云：「膚肉之厚皮革也。」[一]三國志蜀彭羕傳云「老革荒悖」，隋書蘇威傳云「老革多奸」，並老者呼「革」之證。

四一　**𢫬**、撞𢫬。**扰**，都感反，亦音甚。**推也。南楚凡相推搏曰𢫬，或曰揔。**苦骨反。**沅涌澆幽之語**澆水，今在桂陽，音扶。涌水，今在南郡華容縣也。**或曰攩。**今江東人亦名推爲攩，音晃。

維言案：説文：「推，排也。」蒼頡篇：「推，軵也，前也。」詩雲漢篇「則不可推」，毛傳云「推，去也」，謂推而去之。左氏襄十四年傳云「或輓之，或推之」，林注云：「前牽爲輓，後送爲推。」今俗呼以手推之曰「推」，自後排之亦曰「推」也。

𢫬者，廣雅：「𢫬，擊也。」列子黄帝篇：「攩𢫬挨扰。」張衡西京賦云「徒搏之所撞𢫬」，薛綜注云：「撞𢫬猶揘畢也。」謂撞而𢫬倒。

[一]「肉」，十三經注疏本作「内」。

扰者，廣雅：「扰，擊也。」[一]説文：「扰，深擊也。」

揔者，廣雅：「揔，擊也。」

攩者，廣雅：「攩，擊也。」今俗用爲「抵攩」字，謂「遮遏」也。案：「㧙、扰、揔、攩」，廣雅並訓「擊」，方言則訓「推」，説文訓「推」爲「排」。「排擠」之義與「擊」相近。公羊定四年傳云：「推刃之道也。」是「推」有「擊」之義。

四二　食閻、音鹽。**慫慂，**上子竦反，下音涌。**勸也。南楚凡己不欲喜而旁人説之、己不欲怒而旁人怒之謂之食閻，或謂之慫慂。**

維言案：説文：「勸，勉也。」小爾雅：「勸，力也。」廣雅：「勸，助也。」「勸，教也。」秦策云「則楚之應之也必勸」，注訓「勸」爲「進」，亦「勉勵」之義。

食閻者，廣雅：「食閻，勸也。」案：朱氏駿聲以「食閻」食字爲「僉」字或「弇」字之形訛，廣雅承其誤也。

慫慂者，廣雅：「慫慂，勸也。」字亦作「縱臾」。漢書衡山王傳云「日夜縱臾王謀反

[一]「擊」，廣雅疏證作「刺」。

事」，師古注云：「縱臾謂獎勸也。」史記作「從容」。汲黯傳云：「從諛承意。」「從諛」與「縱臾」同。「縱臾、從容、從諛」並與「慫慂」通，蓋「慫、縱、從」聲近，而「慂、臾、容、諛」並雙聲字也。今俗謂相猶曰「慂慫」〔一〕，「慂慫」猶「慫慂」，顛倒呼之，其義一也。

四三　**欸**、音醫，或音塵埃。**䁝**，烏鷖。**然也。南楚凡言然者曰欸，或曰䁝。**

維言案：廣雅：「然，譍也。」論語衛靈公篇「子曰然」，皇侃疏云：「然，如此也。」禮記大傳云「其義然也」，鄭注云：「然，如是也。」淮南子原道訓云「不易自然也」，高誘注云：「然，宜也。」廣雅又云：「然，成也。」「成」亦「宜」也，義並與「譍」近。

欸者，廣雅：「欸，譍也。」説文：「欸，然也。」字通作「誒、唉」。説文：「誒，然也。」「唉，應也。」「應」亦「然」也。莊子知北遊篇云「狂屈曰唉」，李注云：「唉，應聲也。」「誒、唉」並與「欸」聲近義同。又管子小問篇云：「管仲曰：『國必有聖人。』桓公曰：『然。』」呂氏春秋重言篇「然」作「譆」。説苑權謀篇作「歖」。「譆、歖」亦與「欸」聲近義同。案：陳芳芸窻私志云：「今人暴見不然者，必出聲曰欸。」然則「然」曰「欸」，

〔一〕「猶」疑當作「勸」。

「不然」亦曰「欸」，猶贊美曰「歎」，悲慨亦曰「歎」，義相反而相成也。

譩者，廣雅：「譩，然也。」玉篇：「譩，是也。」「是」亦「然」也。字亦作「吟」。一切經音義引蒼頡篇云：「唉，吟也。」「吟」與「譩」同。

四四　緤、末、紀，緒也。南楚皆曰緤，音薛。**或曰端，或曰紀，或曰末，皆楚轉語也。**

維言案：説文：「緒，絲耑也。」廣雅：「緒，末也。」莊子山木篇云「食不敢先嘗，必取其緒」，釋文云：「緒，次緒也。」義又訓「餘」。讓王篇「其緒餘以爲國家」，司馬彪注云：「緒者，殘也。」楚辭九章云「欸秋冬之緒風」，王逸注云：「緒，餘也。」義並相近。

緤者，亦作「紲」。廣雅：「紲，係也。」説文：「紲，系也。」廣雅又云：「紲，索也。」字亦作「絏」。小爾雅：「繆而紾之，而絏。」論語公冶長篇「雖在縲絏之中」，孔注云：「絏，攣也。」漢世司馬遷傳作「纍紲」，師古注云：「紲，長繩也。」此係人之紲也。左氏僖二十四年傳云「臣負羈紲」，杜預注云：「紲，馬韁。」思玄賦云：「縱余緤乎不周。」楚辭離騷云「登閬風而緤馬」，王逸注云：「緤，繫也。」此係馬之紲也。禮記少儀云「犬則執緤」，鄭注云：「所以繫制之者。」西京賦云：「韓盧噬于緤末。」此係犬之紲也。是凡言「緤」者，並訓「長繩」之義。「繩」與「緒」義近。

末者，義見卷二「末，續也」下。

紀者，説文：「紀，别絲也。」白虎通云：三綱六紀，「紀者，理也」。詩棫樸篇「綱紀四方」，鄭箋云：「張之爲綱，理之爲紀。」禮記禮器云「衆之紀也」，鄭注云：「絲縷之數有紀。」樂記云「中和之紀」，注云：「紀，總要之名也。」穀梁莊二十二年傳云：「紀，治理也。」周語云「紀農協功」，韋昭注云：「紀猶綜理也。」晉語云「蔽兆之紀」，注云：「紀，經也。」義並與「端、緒」相近。

端者，廣雅：「端，業也。」又云：「緒，業也。」「端、緒」義同。禮記禮器云「居天下之大端矣」，鄭注云：「端，本也。」禮運云「五行之端」，注云：「端，始也。」中庸云「執其兩端」，疏云：「端，頭緒也。」孟子公孫丑篇「仁之端也」，趙岐注云：「端，首也。」「首」亦「頭緒」之義。論語子罕篇「我叩其兩端而竭焉」，鄭注云：「兩端，末也。」焦氏循以爲「兩端」即中庸「兩端」之義。是凡言「端」者，皆「緒」之義也。今俗謂「端緒」曰「頭緒」。

四五　瞍、音揔〔一〕。**䵒、**音麗。**闚、貼、**敕纖反。**占、伺，視也。凡相竊視，南楚謂之闚，或謂**

〔一〕「揔」，戴震疏證本作「總」。

之睃，或謂之貼，或謂之占，或謂之䚻，中夏語也。亦言睞也〔一〕。闚，其通語也。自江而北謂之貼，或謂之視。凡相候謂之占。占猶瞻也。

維言案：視者，義見卷六。

睃者，廣雅：「睃，視也。」王延壽王孫賦云「眙睆睃而眽睗」，蓋訓「小視」之義。

「小」與「竊」義近。

䚻者，玉篇：「䚻，視也。」郭璞江賦云「䚻雰祲於清旭」，亦訓「視」之義。

闚者，說文：「闚，閃也。」字林：「闚，傾頭門内視也。」易豐卦：「闚其户。」公羊成二年傳云：「踊于踣而闚客。」〔二〕魏都賦云「距遠關以闚闇」，劉逵注云：「望尊位也。」吴仲山廟碑云：「未嘗闚城。」當从規，从視誤也。史記刺客傳云「闚以重利」，索隱云：「闚，視也。」後漢書李雲傳云「闚諫」，李賢注云：「視人君顏色而諫也。」凡言「闚」者，義並訓「視」。字通作「窺」。說文：「窺，小視也。」玉篇：「窺，亦作闚。」是「窺」與「闚」同。莊子秋水篇云「以管闚天」，一作「窺天」。禮記禮運云：「皆可俯而

〔一〕「睞」，戴震疏證本作「瞟」。

〔二〕「踣」，十三經注疏本作「棓」。

窺也。」少儀云：「不窺密。」呂氏春秋精諭篇云「弗能窺矣」，高誘注云：「窺猶見也。」是「窺」並與「闚」同。

貼者，亦作「覘」。廣雅：「覘，視也。」說文：「覘，窺也。」亦作「貼」[一]。左氏成十七年傳云「公使覘之信」，杜預注云：「覘，伺也。」晉語云「各覘其私」，韋昭注云：「覘，微視也。」禮記檀弓云「晉人之覘宋者」，鄭注云：「覘，闚視也。」家語子貢問篇云「使人覘之」，王肅注云：「覘，觀也。」淮南子俶真訓云「其兄掩户而入，覘之」，高誘注云：「覘，視也。」晉書音義云：「覘，候也。」字又作「佔」。禮記學記云「呻其佔畢」，鄭注云：「佔，視也。」「覘、佔」並與「貼」同。

占者，廣雅：「占，視也。」玉篇：「占，候也。」說文「占，視兆向也」[二]，義與「視」近。

瞻者，説文：「瞻，臨視也。」爾雅釋詁：「瞻，視也。」詩燕燕篇「瞻望弗及」、雄雉篇「瞻彼日月」，毛傳並云：「瞻，視也。」楚辭離騷云「瞻前顧後兮」，王逸注云：「瞻，觀也。」「觀」亦「視」也。

[一] 「亦作『貼』」疑衍。

[二] 「向」，説文作「問」。

伺者，亦作「覗」。廣雅：「覗，視也。」「覗」與「伺」同。漢書文三王傳云「更相眂伺」，唐書陸贄傳云「有所狙伺」，並訓「伺」爲「候」。字林：「伺，候也。察也。」説文新附：「伺，候也。」埤蒼作「覗」。又作「眮」。集韻：「眮，竊視也。」又通作「司」。漢書灌夫傳云：「令門下候司至日中。」是「司」與「伺」同。

四六　𡗝、惡孔反。**㚢、**奴動反。**晠，多也。南楚凡大而多謂之𡗝，或謂之㚢。凡人言語過度及妄施行亦謂之㚢**〔一〕**。**

維言案：説文：「多，重也。」爾雅釋詁：「多，衆也。」史記五帝紀云「與爲多焉」，索隱云：「多，大也。」「盛大」亦「多」之義。漢書趙廣漢傳注云：「多，厚也。」荀子致仕篇云「寬裕而多容」，楊倞注云：「多，廣納也。」「廣、厚」亦「多」之義。詩卷阿篇「矢詩不多」，毛傳云：「不多，多也。」此反言以明之之義。今俗呼「衆」猶曰「多也」。

𡗝者，廣雅：「𡗝，多也。」廣韻：「𡗝，盛多也。」

㚢者，廣雅：「㚢，多也。」字亦作「繷」。後漢書崔駰傳云「紛繷塞路」，李賢注引方

〔一〕「人言語」，戴震疏證本作「人語言」。

言：「𧳋[一]，盛多也。」字亦作「襛」。說文：「襛，衣厚貌。」「厚」亦「多」也。是「繷、襛」並與「𧳋」同。又說文「濃」字注云：「濃，露多也。」「濃」與「𧳋」聲義並近。

四七　抯、相棃。**摣**[二]，以加反。**取也。南楚之間凡取物溝泥中謂之抯，或謂之摣。**

維言案：取者，義見卷一。

抯者，廣雅：「抯，取也。」說文：「抯，挹也。」「挹」亦「取」也。餘義見卷六。

摣者，說文：「𧇖，叉取也。」亦作「摣」。廣雅：「摣，取也。」釋名：「摣，叉也，五指俱往叉取也。」張衡西京賦云「摣狒猥，批窳狻」，薛綜注云：「摣、批皆謂戟撮之。」亦「奪取」之義。今俗猶呼用五指奪取人物曰「摣」。

四八　佻、音汎。**僄，**飄零。**輕也。楚凡相輕薄謂之相佻，或謂之僄也。**

維言案：廣韻：「輕，重之對也。」齊策云「使輕車鋭騎衝雍門」，韋昭注云：「輕，

[一]「𧳋」當作「繷」。

[二]「摣」，匯證據戴震疏證、王念孫手校明本改作「摣」。下同。又下文「以加反」，匯證據戴震疏證、周祖謨方言校箋改作「仄加反」。

便也。」西京賦云「輕鋭僄狡」，薛綜注云：「輕謂便利。」「便利」即「輕」之義也。

仉者，廣雅：「仉，輕也。」亦作「汎」。説文：「汎，浮貌。」魏都賦云「過以汎剽之單慧」，張載注引方言：「汎剽，輕也。」「汎剽」與「仉僄」同。

僄者，廣雅：「僄，輕也。」説文：「僄，輕也。」荀子修身篇云「怠慢僄弃」，義亦訓「輕」。字亦作「嫖」。説文：「嫖，輕也。」亦作「剽」。考工記弓人云「則其爲獸必剽」，亦「輕」之義。又通作「票」。周禮草人云：「輕票用犬。」「輕票」猶「輕僄」也。又史記賈誼傳云「鳳漂漂其高遰兮」，漢書作「縹」。司馬相如傳云：「飄飄有淩雲之氣。」是「飄、漂」並與「僄」聲近義同。今俗呼至輕之物猶必「僄輕」，義出於此。

方言釋義卷十一

歷下　王維言學

一　**蛥蚗，**蛥，音折。蚗，亏列反〔一〕，一音玦。**齊謂之螇螰；**奚、鹿二音。**楚謂之蟪蛄，**莊子曰「蟪蛄不知春秋」也。**或謂之蛉蛄；**音零。**秦謂之蛥蚗；自關而東謂之虭蟧，**貂、料二音。**或謂之蝭蟧，**音帝。**或謂之蜓蚞。**廷、木二音。**西楚與秦通名也。**江東人呼蟂蟧。

維言案：廣雅：「蛥蚗，蚻也。」亦作「⿰虫尹蚗」。說文：「⿰虫尹蚗，蛁蟟也。」太玄飾次篇云「蛁蟟喁喁」，范望注云：「蛁，蟬也。」本草「蚱蟬」，陶注云：「七八月鳴者名蛁蟟。色青。」李時珍本草綱目集解亦言：「小而有文者，曰螓，曰麥蚻。秋月鳴而色青紫者，曰蟪蛄，曰蛁蟟，曰蜓蚞，曰螇螰，曰蛥蚗。」然則蚻一物也，蛥蚗一物也。廣雅以「蛥蚗」爲「蚻」，失之。

〔一〕「亏列反」，戴震疏證本作「于列反」。

螇螰者，説文：「螇鹿，蛁蟟也。」鹽鐵論散不足篇云：「諸生獨不見季夏之螇乎？音聲入耳，秋風至而無聲。」此説即未穩。案：蛁蟟即今都了也。在夏謂之「伏了」，入秋謂之「都了」。七八月其鳴更盛，故本草陶注以爲「七八月鳴者蛁蟟」，蛁蟟即螇螰也，安得謂「秋風至而無聲乎」。

蟪蛄者，廣雅：「蟪蛄，蛁蟟也。」莊子逍遥遊篇云「蟪蛄不知春秋」，司馬彪注云：「蟪蛄，寒蟬也。」然寒蟬即寒蜩，名「蜺」，見爾雅，非蟪蛄也。司馬説失之。崔譔注云「蟪蛄，蛁蟟也」，是矣。孔叢子所謂「違山十里，蟪蛄之聲猶然在耳」，即此蟬也。

郭注「江東呼蟂蟧」者，「蟂蟧」即「蛁蟟」之轉聲也。

蛉蛄者，廣雅：「蛉蛄，蛁蟟也。」

虭蟧者，亦「蛁蟟」之轉。今東齊呼「都了」爲「虭蟧」。

蝭蟧者，廣雅：「䗖蟧，蛁蟟也。」「䗖」與「蝭」同。夏小正傳作「蝭蠑」，「蝭蠑」亦「蛁蟧」之轉聲，即今之「都了」。夏小正傳亦以「蝭蠑」爲「寒蜩」，亦非。寒蟬者，蜺也，似蛁蟟小而色青赤，又一名「寒螿」，與「蛁蟟」判然兩物，何以諸家往往混爲一物？離騷以「蟪蛄」爲「寒螿」，亦誤。

蜓蚞者，爾雅釋蟲「螇蚸，蜓蚞」[一]，郭注云：「即蝭蟧也。」是「螇蚸」又名「蜓蚞」，皆「蛁蟟」之別名也。

二　蟬，或謂之蜩，音調。宋衛之間謂之螗蜩，今胡蟬也。似蟬而小，鳴聲清亮，江南呼螗蛦。陳鄭之間謂之蜋蜩，音良。秦晉之間謂之蟬，海岱之間謂之蚑。齊人呼爲巨蚑，音技。其大者謂之蟧，或謂之蝒馬；按：爾雅云「蝒，馬蜩」[二]，非別名蝒馬也，此方言誤耳。其小者謂之麥蚻。如蟬而小，青色。今關西呼麥蠽，音癰癥之癥。有文者謂之蜻蜻。即蚻也，爾雅云耳。其雌蜻謂之疋[三]。祖一反。大而黑色謂之蝬，音棧。黑而赤者謂之蜺。雲霓。蜩蟧謂之蓋蜩。江東呼爲蓋蠽也。蟪謂之寒蜩。寒蜩，瘖蜩也。按：爾雅以蜺爲寒蜩，月令亦曰「寒蜩鳴」，知寒蜩非瘖者也。此諸蟬名，通出爾雅，而多駁雜，未可詳據也。寒蜩，螿也，似小蟬而色青。蟪，音應。

維言案：說文：「蟬，以旁鳴者。」考工記梓人注云：「旁鳴者，蜩蜺屬。」淮南子說林訓云：「蟬無口而鳴，三十日而死。」崔豹古今注云：「齊王后怨王而死，化爲蟬，故

[一]「螇蚸，蜓蚞」，十三經注疏本作「蜓蚞，螇蚸」。

[二]「蝒，馬蜩」，戴震疏證本作「蝒者馬蜩」。

[三]「雌蜻」，匯證據太平御覽、集韻質韻改作「雌者」。「疋」，匯證據戴震疏證、周祖謨方言校箋改作「尐」。

蟬名齊女。」此謬説也。詩人美莊姜爲齊侯之子，螓首蛾眉。螓亦蟬名，人隱其名，呼爲齊女，義蓋取此。蟬者，其總名也。今濟南人呼爲「稍遷」，登萊人呼爲「蛣蟟」是也。王充論衡無形篇：「蠐螬化爲復育，復育轉而爲蟬。」案：復育，蟬所蜕皮。今人呼爲「蟬蜕」。説文：「秦人謂蟬蜕曰蛩。」然則蛩即復育也。寇宗奭本草衍義云：「蚱蟬，夏月身與聲俱大，始終一般。乘昏夜，出土中，升高處，拆背殼而出。日出則畏人，且畏日炙，乾其殼，不能蜕也。」李時珍本草綱目集解云：「蟬，諸蜩總名也。皆自蠐螬、腹蛸變而爲蟬，亦有轉丸化成者，皆三十日而死。皆方首廣額，兩翼六足，以脇而鳴，吸風飲露，溺而不糞。古人食之，夜以火取，謂之耀蟬。」案：論衡以爲蠐螬所化，李氏因之，或言朽木所化，或言蜣蜋所化，皆非。今驗雌蟬不鳴，至秋遺子入地，來年穴土而出，登木而蜕即爲蟬矣。嘗於秋冬間掘地，見有蟬子大如指頂，黄色，形即類未蜕之蟬，屢驗無異，始知古人之説不盡然也。

蜩者，説文：「蜩，蟬也。」詩七月篇「五月鳴蜩」，毛傳云：「蜩，螗也。」然蕩篇「如蜩如螗」，「蜩、螗」對舉，其非一物明矣。蜩蓋諸蟬總名；螗，胡蝀也。毛以「蜩」爲「螗」，失之。禮記内則云：「爵鷃蜩范。」古人食蟬，故蜩可供食品。莊子達生篇云「見痀瘻者承蜩」，寓言篇云「予蜩甲也」，並訓「蜩」爲「蟬」。

蟪蜩者，爾雅釋蟲「蟪蜩」郭注云：「夏小正傳曰：『蟪蜩者蝘。』俗呼爲胡蟬，江南謂之蟪蛢。」詩蕩傳云「蟪，蝘也」，亦本夏小正。今夏小正傳「蟪」作「唐」，「蝘」作「匽」。陸佃埤雅云：「蟪首方廣有冠，似蟬而小，鳴聲清亮。」今驗蟪蜩小於馬蜩，而微大於蛁蟟，背青緑色，頭有花冠，即本草所謂「蟬花」者也。此蟬喜鳴，聲音清圓，其聲若「烏友」「烏友」。登萊此蟬最多，濟南甚少，登州俗人謂之「烏友」，蓋因其名聲而名之也〔一〕。

蜋蜩者，爾雅釋蟲：「蜩，蜋蜩。」夏小正傳云：「良蜩者，五采俱。」「良」與「蜋」同。

蛉者，廣雅：「蛉、蛣，蟬也。」郭注以爲「巨蛉」，蓋方俗名也。

蟧者，廣雅：「蟧，馬蜩也。」廣韻：「馬蟧，大蟬也。」

蝒馬者，爾雅釋蟲「蝒，馬蜩也」，郭注云：「蜩中最大者名馬蜩。」説文：「蝒，馬蜩也。」廣雅亦云：「蝒，馬蜩也。」案：蝒乃馬蜩，非名「蝒馬」，方言蓋誤讀爾雅句讀耳。故郭注引爾雅以辨其誤。今此蟬登州人呼爲「馬鱟蟟」，其形龐大而色黑，鳴聲洪壯，直

〔一〕據文義，上「名」字疑當作「鳴」。

而無曲。濟南人統呼爲「稍遷」。蘇頌圖經云：「今夏中所鳴者，比衆蟬最大即此蟬也。處處有之，原不擇樹而鳴。」而本草別録謂「蚱蟬生楊柳上」，何其拘迂乃爾？

麥蚻者，爾雅釋蟲「蚻，蜻蜻」，郭注云：「如蟬而小。」「蚻」，夏小正作「札」，云「鳴札」，傳云：「札也者，寧懸也。」「寧懸」蓋「札」之別名。

蜻蜻者，爾雅注引方言云「有文者謂之螓」，今方言作「蜻蜻」。「蜻、螓」聲相轉也。詩碩人正義引方言與爾雅注同。又引舍人曰：「小蟬，色青者。」又引某氏曰：「鳴蚻者。」蓋「青青」，象其色也，「蚻蚻」，象其聲也。説見郝氏懿行爾雅義疏。今驗此蟬，形短小，頭額方正，身有文彩。五月中此蟬先鳴，鳴聲清婉若咨咨然，順天俗人呼爲「咨咨」，亦因其聲而名之也。

疋者，雌蟬也。「疋」聲義同「瘂」，蓋「瘂蟬」也。今驗雌蟬不能鳴，故謂之「瘂蟬」。登州人呼爲「瘂蟧」，即此蟬也。

𧍱者，亦作「蠽」。集韻「蠽」亦作「蟬」。是「𧍱、蠽」並與「蟬」通。

蜺者，爾雅釋蟲「蜺，寒蜩」，郭注云：「寒螿也，似蟬而小，青赤色。」説文：「蜺，寒蜩也。」案：「蜺」，爾雅、説文並訓「寒蜩」是也。方言以爲「瘖蜩」，失之。禮記月令云：「寒蟬鳴。」是寒蜩未嘗瘖也。廣雅「闇蜩，𧖴也」，不名「寒蜩」也。是𧖴蜩瘖，而寒蜩非瘖也。蓋蜺蜩，寒蜩也。蠀蜩，瘖蜩也。方言於「蜺」下不名「寒蜩」，而以「寒蜩」釋「蠀蜩」，殊欠分明。

蓋蜩者，爾雅釋蟲「蠽，蓋蜩」，郭注云：「江東呼爲茅蠽，似蟬而小，青色。」今有一種似馬蜩而小，青色，聲細而清澈，登州有之，其俗人呼爲「桑蠽蟟」，蓋此蟬也。

蠀者，廣雅：「闇蜩，蠀也。」「闇蜩，瘂蟬也。」本草「蚱蟬」，陶注云「蚱蟬」即是「瘂蟬」，「瘂蟬，雌蟬也。不能鳴者」。蓋蟬之雌者，本不能鳴。即蠀蜩，非蚱蟬也。陶注謂「蚱蟬不能鳴」，失之。蓋瘂蟬始終無聲。寒蟬至深秋亦寂寞無聲，然非闇也。而後漢書杜密傳云「劉勝知善不薦，聞惡無言，隱情惜己，自同寒蟬」，李賢注云「寒蟬，謂寂默也」，引楚辭九辯云：「悲哉，秋之爲氣也。」蟬寂寞而無聲，然則寒蟬非無聲也，不過感深秋之氣，噤而不鳴，亦如反舌無聲之義。而郝氏懿行爾雅義疏引劉勝事爲方言回護，亦似蛇足。

三　**蛄詣謂之杜蛒。**音格。**螻螲謂之螻蛄，**音室塞。**或謂之蟓蛉。**象、零二音。**南楚謂之杜狗，或謂之蛞螻。**

維言案：爾雅釋蟲「螜，天螻」，郭注云：「螻蛄也。」夏小正「四月螜則鳴」，是也。

埤雅引廣志小學篇云「螻蛄，會稽謂之蟈蛄」，又引孫炎爾雅注云：「蟄是雄，喜鳴，善飛。雌者腹大羽小，不能遠飛，食風與土也。」螻蛄，一名「梧鼠」。蘇頌圖經云：「螻蛄，穴地糞壤中而生，夜則出外求食。荀子所謂『梧鼠五技而窮』，蔡邕『碩鼠五能不成一技』，皆指此也。魏詩『碩鼠』乃大鼠，與此同名而技不窮，固不同耳。五技者：能飛不能過屋，能緣不能窮木，能游不能度谷，能穴不能掩身，能走不能先人。」今驗螻蛄，短翅不能遠飛，黃色，四足，頭如狗頭，喜夜鳴，鳴聲清徹，多在墻陰土中，亦或與蚓同穴。今夏夜，牆下土中有物長鳴，俗人皆以爲蚓鳴，而不知蚓之老者亦能鳴，其聲小，不若螻蛄之聲大也。知古人所謂「蚓笛」者，亦並誤以螻蛄之鳴爲蚓耳。嘗於夏夜尋其鳴者掘出視之，往往螻蛄與蚓在一處，留蚓而去螻蛄，則此處不聞其鳴矣；留螻蛄而去蚓，則少頃復鳴。如將兩物分而置之，則螻蛄鳴而蚓終不能鳴。屢試屢驗，始知蚓笛二字自古已誤也。此物喜撲燈火，田中有之，亦能害稼。濟南人呼爲「螻狗」，東昌呼爲「拉蛄」，順天人呼爲「拉拉古」，並「螻蛄」之轉聲也。

蟓蛉、杜狗、蛞螻者，廣雅：「蟓蛉、蛞螻、杜狗，螻蛄也。」此物頭形如狗頭，俗人呼爲「土狗」。「土狗」者，即「杜狗」之轉聲也。「螻蛄」倒言之則爲「蛞螻」。「蛄詣、杜蛒、螻螲」者，並「螻蛄」之聲相轉耳。

四　**蜻蛚**，即趨織也。精、列二音。**楚謂之蟋蟀，或謂之蛬**；梁園呼蛬[一]，音鞏。**南楚之間謂之蚟孫**。孫一作絲。

維言案：蜻蛚，亦作「精列」。考工記云「以注鳴者」，鄭注云：「精列屬。」說文：「蛚，蜻蛚也。」字亦作「蛩」。禮記月令疏引孫炎云：「蜻蛩也，蟋蟀者。」[二]爾雅釋蟲「蟋蟀，蛬」，郭注云：「今促織也。」一名「蜻蛩」。說文：「𧊵，悉𧊵也。」「悉𧊵」與「蟋蟀」同。詩「蟋蟀在堂」，毛傳云：「蟋蟀，蛬也。」陸璣詩疏云：「蟋蟀似蝗而小，正黑有光澤如漆，有角翅。一名蛬，一名蜻蛩，楚人謂之『王孫』，幽州人謂之『趨織』。里語曰：『蟋蟀鳴，嬾婦驚。』是也。」一名「促織」。文選古詩云「促織鳴東壁」，李善注引春秋考異郵云「立秋趣織鳴」，宋均注云：「趣織，蟋蟀也，立秋女工急，故趣之。」是「趨織、促織、趣織」並字異而義同。今濟南人呼爲「趨趨」者，是也。

蛬者，亦作「𧒒」。廣雅：「𧒒，蜻蛚也。」亦作「蛩」。古今注云：「蟋蟀，一名蛩𧒒。」「𧒒、蛩」並與「蛬」同。

[一]「園」，戴震疏證本作「國」。

[二]「蜻蛩也，蟋蟀者」，十三經注疏本作「蟋蟀，蜻蛚也。梁國爲蛬」。

虹孫者，廣雅：「虹孫，蜻蛚也。」陸璣作「王孫」。「王」與「虹」同。

五　螳螂謂之髦，有脊蟲也[一]。江東呼爲石蜋，又名齕肬。**或謂之虰**，按：爾雅云：「螳蜋，蛑。」「虰」義自應下屬。方言依此說，失其指也。**或謂之蝆蝆。姑蠪謂之强蝆。**米中小黑甲蟲也。江東名爲蛪，音加。建平人呼蝆子，音芈。芈即姓也。

維言案：螳螂者，爾雅釋蟲「莫貈，蟷蜋，蛑」，又云「不過，蟷蠰。其子蜱蛸」，皆謂「螳螂」也。說文：「堂蜋，一名蚚父。」案：蚚父即拒斧也。呂氏春秋仲夏紀云「螳蜋生」，高誘注云：「螳蜋，一名天馬，一曰齕疣。兗州謂之拒斧。」淮南子注作「巨斧」，義同。此蟲有臂如斧因得名。李時珍本草綱目釋名云：「蟷蜋，兩臂如斧，當轍不避，故得『當郎』之名。俗呼爲『刀蜋』。兗州人呼爲『拒斧』，又呼『不過』也。代人謂之『天馬』，因其首如驤馬也。燕趙之間謂之『蝕肬』。『肬』即『疣子』，小肉贅也。今人病肬者，往往捕此食之，其來有自矣。」

髦者，爾雅作「蛑」，字異音義並同也。

[一]「脊」，戴震疏證本作「斉」。

虰者，爾雅釋蟲「虰蛵，負勞」，郭注云：「即蜻蛉也。」案：蜻蛉即今蜻蜓，非螳螂也。方言之説蓋本爾雅，因「莫貈，蟷蜋，蛑」與下「虰蛵，負勞」連文，誤以「虰」字屬上句讀，故郭注議其失也。而孫炎注爾雅，則以「虰」字上屬，亦失之。

蛑蛑者，李時珍本草綱目釋名引方言作「羊七」，蓋以「蛑」字訛爲「羊」字，而重文訛爲「七」字也。又云「齊兖以東謂之敷常」，今方言無此文，恐傳寫者脱之。

蛄蠪、强蛑者，爾雅釋蟲「蛄蠪，强蛑」[一]，郭注云：「今穀米中蠹小黑蟲是也。建平人呼爲蛑子。」案：强蛑謂米中小黑蟲，亦非螳螂。方言因爾雅「蛄蠪，强蛑」與「不蜩，王蚥」連文，「不蜩，王蚥」者亦「螳螂」之別名，遂以「蛄蠪、强蛑」與「螳螂」合爲一物，並訛「蛄」爲「姑」，俱失之矣。

郭注「蛩」與「芈子」者，並是「强蛑」之別名，與「螳螂」無涉。

六　**蟒**，即蝗也。莫鯁反。**宋魏之間謂之蚮**，音貸。**南楚之外謂之蟅蟒**，蟅，音近詐。亦呼乇陌。**或謂之蟒，或謂之螣。**音滕。

[一]「蛄」，十三經注疏本作「姑」。下同。

維言案：蟒者，郭注以爲「即蝗也」。説文：「蝗，螽也。」吕氏春秋不屈篇云「蝗螟，農夫得而殺之」，高誘注云：「今兖州謂蝗爲螣。」陸佃埤雅云：「蝗字从皇，今其首腹背皆有『王』字。」漢書文帝紀師古注云：「蝗即螽也。食苗爲災，今俗呼『簸鍾』。」後漢書五行志云：「蝗蟲，貪苛之所致也。」唐韻古音引演春秋繁露云：「徽州稻苦蟲害，俗呼横蟲。」「横、蝗」一聲之轉也。

蚮者，亦作「蟘」。爾雅釋蟲：「食葉，蟘。」亦作「蟦」。蟲食苗葉者，吏乞貸則生蟦。「蟘、蟦」與「蚮」同。

蟅蟒者，廣雅：「蟅蟒，蚮也。」「蟅蟒」猶言「蚝蛨」，倒言之則曰「蛨蚝」，今人猶呼「蛨蚝」，其子謂之「蝻子」。俗人謂其「步蝻」，言其尚小不能飛也。

螣者，與「蚮」通。爾雅作「蟘」，説文作「蟦」，廣雅作「蚮」，詩大田篇「去其螟螣」作「螣」，並字異義同。詩正義引舍人爾雅注以「螣」爲「蝗」也。禮記月令云「百螣時起」，鄭注云：「螣，蝗屬。」吕氏春秋仲夏紀注云：「百螣，動股屬。」是並以「螣」爲「蝗」。吕氏春秋任地篇注云：「蜮或作螣。食葉曰蜮。兖州謂蜮爲螣。」是以春秋「有蜮」之「蜮」爲螣也。案：螣者，食苗葉小蟲，非蛨蚝也。爾雅、毛詩、説文並無異訓。方言合蛨蚝與螣爲一，蓋連類而及耳。而鄭注月令、高注吕氏春秋則以螣即蝗矣，失之。

廣雅以蟅蟒爲蚮，亦失之。此皆本方言而誤者，郝氏懿行爾雅義疏以螣爲綿蟲，近之。

七　蜻蛉謂之蝍蛉。六足四翼蟲也。音靈。江東名爲狐黎，淮南人呼蠊蛜。蠊，音康。蛜，音伊。

維言案：爾雅釋蟲「虰蛵，負勞」，郭注云：「即蜻蛉也。」説文：「蛉，蜻蛉也。」廣雅：「蜻蛉、蝍蛉，蒼螘也。」尸子云：「荆莊子使養由基射蜻蛉，拂左翼。」楚策云「王獨不見夫蜻蛉乎？六足四翼，飛翔乎天地之間」，是郭注所本。吕氏春秋精諭篇云「海上之人有好蜻者」，高誘注云：「蜻，蜻蜓，小蟲，細腰四翅，一名白宿。」淮南子説林訓云「水蠆爲蟌」，高誘注云：「蟌，青蛉也。」「青」與「蜻」同。爾雅翼云：「水蠆既化蜻蛉，蜻蛉相交，還於水上，附物散卵，復爲水蠆也。」古今注云：「蜻蛉，一名青亭，一名胡蝶，色青而大者是也。小而黄者曰胡黎，一曰胡離。小而赤者曰赤卒，一名絳騶，一名赤衣使者，一名赤弁丈人，好集水上。」本草陶注云：「蜻蛉，一名諸乘，俗呼爲胡黎。」寇宗奭本草衍義云：「蜻蜓中有一種最大者汴人呼爲馬大頭，身緑色。其雌者腰間有碧色一遭。」列子天瑞篇云「厥昭生乎溼」，釋文引曾子曰「狐黎一名厥昭，恒翔繞其水，不能離去」，又引師説云：「狐黎，蜻蜓蟲也。」

蠊蛜者，亦「胡離」之轉聲也。李時珍本草綱目釋名云：「蜻蛉，淮南呼蠊蛜，江東呼胡黎。」是「蠊蛜」與「蠊蚜」、「胡黎」與「狐黎」並同。今俗通呼爲「蜻蜓」，或謂之「流離」，即「狐黎」之轉聲也。或謂之「馬郎」，即「負勞」之轉語。其赤色者，今人呼爲「火胡盧」，亦即「紅胡黎」之聲轉也。

八　春黍謂之䗥蝑。 䗥，音藂。蝑，音壞沮反〔一〕。又名松䗥，江東呼虴蛨。

維言案： 廣雅：「⿱舂虫蝑，⿱春虫⿱黍虫也。」爾雅釋蟲「蜇螽，蜙蝑」，郭注云：「蜙𧒂也。俗呼蝽⿰虫黍。」詩七月篇「五月斯螽動股」，毛傳云：「斯螽，蜙蝑也。」陸璣疏云：「幽州人謂之春箕。春箕即春黍，蝗類也，長而青，長角、長股，股鳴者；或謂似蝗而小，斑黑，其股似玳瑁文，五月中以兩股相切作聲，聞數十步。」郝氏懿行爾雅義疏云：「此類有三種：一種碧緑色，腹淺赤，體狹長，飛而以股作聲戛戛者，蜙蝑也。陸疏前説是也。一種似蝗而斑黑色，股似玳瑁文，相切作聲咨咨者，陸疏後説是也。又一種亦似蝗而尤小，青黄色，好在莎草中，善跳，俗呼爲『跳八丈』，亦能以股作聲，甚清亮。此三者皆動股屬也。」鄭注考工記梓人云「股鳴，蜙蝑動股屬」，以蜙蝑、動股爲二物，失之。

〔一〕匯證據劉台拱方言補校推斷「反」字衍。

九　蠀蝛謂之蚇蠖。即趿趿音〔一〕。蠖，烏郭反。又呼步屈。

維言案：爾雅釋蟲「蠖，尺蠖」，郭注云：「今蝍蝛。」「蝍」與「蠀」通。説文：「蠖，尺蠖，屈申蟲也。」一名「步屈」，是郭注所本。廣雅：「蠀蝛，尺蠖也。」〔二〕易「尺蠖之屈」，侯果注云：「詘行蟲，蝍蝛也。」亦作「屰蠖」。考工記弓人注云：「屰蠖，屈蟲也。」一切經音義引舍人爾雅注云：「一名步屈，宋地曰尋桑也。」又引纂文云：「吴人以步屈爲桑闔。」今驗步屈，小青蟲也，在草木葉上懸絲自縋，亦作小繭，化爲飛蛾。與桑蟲同類，故有「尋桑、桑闔」諸名。晏子春秋外篇云「尺蠖食黄則黄，食蒼則蒼」，謂其食樹葉也。埤雅云：「尺蠖，似蠶，食葉，老亦吐絲作繭，化而爲蝶。」案：此蟲其行先屈後伸，如人布手知尺之狀，故名「尺蠖」。方言作「蚇」，非矣。

一〇　蠭，燕趙之間謂之蠓螉。蒙、翁二音。**其小者謂之蠮螉，**小而細腰也。音哽噎。**或謂之蚴蜕；**幽、悦二音。**其大而蜜謂之壺蠭。**今黑蠭，穿竹木作孔亦有蜜者。或呼笛師。

〔一〕「即趿趿音」，戴震疏證本作「即、趿二音」。

〔二〕廣雅疏證作「尺蠖，蠀蝛也」。

維言案：説文：「蠭，飛蟲螫人者。」「蠭」與「𧕎」同。又作「蜂」。詩小毖篇：「莫予荓蜂。」「蜂」與「蠭」亦同。𧕎蓋總名，其類不一。

蠓螉者，廣雅：「蠓螉，蜂也。」案：「蠓螉」合聲爲「蜂」。

蠮螉者，土蜂也。一名「果蠃」。爾雅釋蟲「果蠃，蒲盧」，郭注云：「果蠃，即細腰蜂也。」又名「稺蜂」。列子天瑞篇云「純雄其名稺雄」〔一〕，張湛注：「名稺，小蜂也。無雌而自化。」〔二〕莊子天運篇云「細腰者化」，是也。又名「奔蜂」。庚桑楚篇云「奔蜂不能化藿蠋」，司馬彪注云：「奔蜂，小蜂也。一云土蜂。」詩小宛篇「螟蛉有子，果蠃負之」，即此蜂也。然其理殊不足信。本草陶注與李時珍綱目辨之甚詳。此釋「蠮螉」，非釋「果蠃」，故不復辨。

蚴蜕者，廣雅：「蚴蜕，蠮螉也。」

壺𧕎者，即爾雅之「木蠭」。本草陶注云：「木蜜懸樹枝作之，色青白。」壺蜂亦能作蜜，故方言謂其「大而蜜」也。今俗呼爲「壺盧蜂」，即陶注所謂「瓠瓤蜂」也。其飛

〔一〕下「雄」字，二十二子本作「蜂」。
〔二〕二十二子本作「稺，小也。此無雌雄而自化」。

聲清細，故有「笛師」之名。案：「笛師」，本草作「留師」，「留」與「笛」形似而誤。案：笛師，竹蜂也。李時珍本草綱目集解引六占云：「竹蜜蜂出蜀中。于野竹上結窠，紺色，大如雞子，長寸許，有蔕。窠有蜜，甘倍常蜜。即此也。」據此，則笛師非壺螽也，壺螽即瓠瓠蜂，非竹蜂也。郭以「笛師」爲「壺螽」，失之。

一一　**蠅，東齊謂之羊。**此亦語轉耳，今江東人呼羊聲如蠅。凡此之類，皆不宜別立名也。**陳楚謂之蠅**〔一〕**，自關而西秦晉之間謂之蠅。**

維言案：説文：「蠅，蟲之大腹者。」埤雅云：「青蠅亂色，蒼蠅亂聲。」案：今濟南人呼蒼蠅爲「蒼羊」，而呼青蠅爲「緑豆蠅」，若東昌人概呼爲「蠅」矣。「蠅、羊」一聲之轉。李時珍本草綱目集解云：「蠅處處有之。夏出冬蟄，喜暖惡寒。蒼者聲雄壯，負金者聲清括，青者糞能敗物，巨者首如火，麻者茅根所化。蠅聲在鼻，而足喜交。其蛆胎生。蛆入灰中蜕化爲蠅，如蠶蛹之化蛾也。蠅溺水死，得灰復活。故淮南子云：『爛灰生蠅。』古人憎之，多有辟法。一種小蜘蛛，專捕食之，謂之『蠅虎』者是

〔一〕戴震疏證本「陳楚」下有「之間」二字，據方言文例當補。

也。」[一]案：蠅有數種，惟蒼者、青者見於經典。詩雞鳴篇「蒼蠅之聲」，言其蒼者也。小雅「營營青蠅」，言其青者也。爾雅釋蟲「蠅醜，扇」，是統而呼之也。

一二　**蚍蜉，**毗、浮二音。亦呼蟞蜉[二]。**齊魯之間謂之蚼蟓，**駒、養二音。**西南梁益之間謂之玄蚼，**法言曰「玄駒之步」，是。**燕謂之蛾蛘。**蟻、養二音。建平人呼蚳，音侈。**其場謂之坻，**直户反[三]。**或謂之垤。**亦言冢也。

維言案：爾雅釋蟲：「蚍蜉，大螘。」說文：「螘，蚍蜉也。」廣雅：「蟞蜉，螘也。」「蟞」與「蚍」通。禮記學記云「蛾子時述之」，鄭注云：「蛾，蚍蜉也。」易林云：「蚍蜉戴粒，留不止山。」是以「蚍蜉」爲螘之通名。「螘」亦作「蟻」。李時珍本草綱目集解云：「蟻處處有之。有大、小、黑、白、黄、赤數種，穴生卵生。其居有等，其行有隊。能知雨候，春出冬蟄。壅土成封曰蟻封，又曰蟻垤、蟻塿、蟻冢，狀其如封、垤、塿、冢也。其卵名蚳，山人掘之，有至斗石者。古人食之，故内則、周官『饋食之豆』有『蚳醢』也。今淮

[一]「螌」，本草綱目作「蟄」。「蛹」，作「蝎」。「蜘」，作「蟢」。

[二]「蟞」，戴震疏證本作「蟞」。

[三]「直户反」，戴震疏證本作「直尸反」。

南夷食之〔一〕。劉恂嶺表録異云：『交廣溪峒間酋長，多取蟻卵，淘淨爲醬，云味似肉醬，非尊貴不可得也。』又云：『嶺南多蟻，其窠如薄絮，連帶枝葉，彼人以布袋盛之，賣與養柑子者以辟蠹。』五行記云：『後魏時，兖州有赤蟻與黑蟻鬥，長六七步，闊四寸，赤蟻斷頭死。則楚辭所謂南方「赤蟻若象，玄蜂若壺」者，非寓言也。』陳藏器本草拾遺云：『嶺南有獨脚蟻，一足連樹根下，止能動摇，不能脱去。亦一異也。』」時珍又云：「白蟻，即蟻之白者，一名螱，一名飛蟻〔二〕。穴地而居，蠹木而食，因濕營土，大爲物害。初生爲蟻蝝，至夏遺卵，生翼而飛，則變黑色。」今有一種大蟻能飛者，即「螱」也。

蚼蟓者，廣雅：「蚼蟓，螘也。」「蟓」亦作「蛘」。廣韻：「蚼蛘，蚍蜉也。」

玄蚼者，廣雅：「玄蚼，螘也。」「蚼」亦作「駒」。夏小正「十有二月玄駒賁」，傳云：「玄駒也者，螘也。」法言先知篇云：「吾見玄駒之步。」是郭注所引「駒」並與「蚼」同。

蛾蛘者，廣雅：「蛾蛘，螘也。」今登州人猶呼「螘蛘」，音如「几養」，濟南人呼「蟻」

〔一〕「淮」，本草綱目作「惟」，當據改。

〔二〕「飛螘」，本草綱目作「飛蟻」。

爲「蛑蛘」，音如「米養」，則「蛾蛘」之轉聲也。其大者呼爲「馬蟻」。

「坻、垤」義並見卷六及卷十。

一三　**蠀螬謂之蟦。**翡翠反[一]。**自關而東謂之蝤蠀，**猶、資二音[二]。**或謂之蚉蠾，**書卷。**或謂之蝖螜；**亦呼當齊，或呼地蠶，或呼蟦蝖。宣、斛兩音。**梁益之間謂之蛒，**音格。**或謂之蝎，或謂之蛭蛒；**音質。**秦晉之間謂之蠹，或謂之天螻。**按爾雅云：「螜，天螻。」謂螻蛄耳。而方言以爲蝎，未詳其義也。

維言案：爾雅釋蟲「蟦，蠐螬」，郭注云：「在糞土中。」孟子滕文公篇「螬食實者過半矣」，趙岐注云：「螬，蟲也。」說文：「螬，蠐螬也。」莊子至樂篇云：「烏足之根爲蠐螬。」王充論衡無形篇云：「蠐螬化而爲復育。」御覽引博物志云：「蠐螬以背行，駛於用足。」是皆蠐螬之證。

蝤蠀者，亦作「蝤蠐」。爾雅釋蟲：「蝤蠐，蝎。」說文：「蝤，蝤蠐也。」案：據爾

[一] 匯證據戴震疏證、周祖謨方言校箋刪「反」字。

[二] 「猶、資」，戴震疏證本作「酋、資」。

雅、説文並以蝤蠐、蠐螬爲二物。而詩碩人正義引孫炎曰:「蠐螬謂之蟦蠐,關東謂之蝤蠐,梁益之間謂之蝎。」司馬彪注莊子至樂篇云:「蠐蠐,蝎也。」蘇恭唐本草注云:「蠐螬,一名蝤蠐。有在糞聚中,在腐木中。」雷斅炮炙論云:「蠐螬須使桑樹、柏樹中者妙。」是皆以蝤蠐、蠐螬爲一物,並本方言而誤。案:諸家説蝤蠐,並與蠐螬混爲一物,俱本方言而誤。惟陳藏器本草拾遺云:「蠐螬青黄色,身短足長,背有毛筋。從夏入秋,化爲蟬。蝤蠐白色,身長足短,口黑無毛,至春化爲天牛。」今驗二物,判然迴别,方言混爲一物,失之。

蛬蠾者,廣雅:「蛬蠾,蟦螬也。」一本作「卷蠾」。

蝖轂者,郭注以爲「亦呼當齊,或呼地蠶,或呼蟦蝖」,是土中之「蟦」也,今人或呼「地蛆」,與「蠐螬」相似而非一物。方言以「蝖轂」爲「蠐螬」,亦欠分明。

蝎者,據爾雅當是「木中蠹蟲」,蓋蝤蠐也,亦非蠐螬。

蛭蛒者,廣雅:「蛭蛒,蟦螬也。」

蠹者,廣雅「蠹,蟦螬也」,亦失之。案:蠹乃木中之蟲,是蝤蠐,亦非蠐螬。廣雅蓋承方言而誤。陳藏器本草拾遺云:「木蠹,一如蠐螬,節長足短,生腐木中,穿木如錐。」案:蠹即今俗呼爲「蜇木蟲」,椓木鳥食之。

天螻者，即是「天牛」。「螻」與「牛」一聲之字，義亦相通。陳藏器本草拾遺云：「天牛，兩角狀如水牛，亦有一角者，色黑，背有白點，上下緣，飛騰不遠。」李時珍本草綱目集解云：「天牛，大如蟬，黑甲，光如漆，甲上有黄白點，甲下有翅能飛。目前二黑角甚長，前向如水牛角，能動。其喙黑而扁，如鉗，甚利，亦似蜈蚣喙。六足在腹，乃諸樹蠹蟲所化也。夏月有之，出則主雨。」案：天牛，今呼「香水牛」，其氣味香而臭，形狀一如陳、李所説，其甲上有白點，亦有無白點而紅頭者，在桑樹者名「嚙桑」，即爾雅之「蠰嚙桑」也。郭注爾雅以「天牛、嚙桑」爲兩物，失之。

一四　**蚰𧎘，**由、延二音。**自關而東謂之螾𧎘，**音引。**或謂之入耳，或謂之蜄蠷；**音麗。**趙魏之間謂之蚨虶；**扶、于二音。**北燕謂之蚰蚭。**蚰，奴六反；蚭，音尼。江東又呼蛩，音鞏。

維言案：爾雅釋蟲「螾𧗟，入耳」，郭注云：「蚰蜒。」「𧗟」與「𧎘」同。又通作「衍」。考工記梓人注云：「却行，螾衍之屬。」一名「蚙窮」。淮南子泰族訓云「昌羊去蚤蝨，而人弗席之者，爲其來蚙窮也」，高誘注云：「蚙窮，幽晉謂之蜻蛚，入耳之蟲也。」是「蚰蜒」又名「蜻蛚」。

郭注「江東呼蛩」者，「蛩」與「蛉窮」之合聲也[一]。一名「吐古」。邢昺爾雅疏云：「此蟲象蜈蚣，黄色而細長，呼爲吐舌。」陳藏器本草拾遺云：「蚰蜒，狀如蜈蚣而甚長，正黄不斑，大者如釵股，其足無數，好脂油香，能入人耳及諸竅中，以驢乳灌之，即化爲水。」

蝭蠬者，廣雅：「蝭蠬，蚰蜒也。」

蚨虷者，廣雅：「蚨虷，蚰蜒也。」

蛆蚭者，廣雅：「蛆蚭，蚰蜒也。」「蛆蚭」與「蜻蛚」聲相近。疑「蛆蚭」即高注之「蛸蛢」。李時珍本草綱目引方言「一名蛸蛢」，今方言無此文，或傳寫脱漏。

一五　**鼅鼄，**知、株二音。**鼄蝥也。**音無。**自關而西秦晋之間謂之鼄蝥；**今江東呼蝃蝥，音掇。**自關而東趙魏之郊謂之鼅鼄，或謂之蠾蝓。**燭、臾二音。**蠾蝓者，侏儒語之轉也。北燕朝鮮洌水之間謂之蝳蜍。**齊人又呼社公，亦言罔工。音毒餘。

維言案：爾雅釋蟲「鼅鼄，鼄蝥」，郭注云「今江東呼蝃蝥」，與方言注同。説文「䵹蝥，作罔蛛蝥也。」「䵹蝥」與「蝃蝥」同，即今之作網蜘蛛也。賈子禮篇云：「蛛蝥作

〔一〕「與」疑當作「乃」。

罟。」太玄務次五篇云：「蜘蛛之務，不如蠶之渝。測曰：蜘蛛之務，無益於人也。」「蜘蛛」與「鼅鼄」同。案：鼅鼄，總名。鼄蝥、蝃蝥者，本草謂之「蚍蟱」，即爾雅之「草鼅鼄」也。方言以「鼅鼄」爲「鼄蝥」，郭注以「蝃蝥」釋之，然爾雅「鼅鼄、鼄蝥」與「草鼅鼄」分爲兩條，郭注籠統釋之，殊欠分明。

蠾蝓者，廣雅：「蠾蝬，蠕蜍也。」「蝬」與「蝓」同。

蠕蜍者，玉篇：「蠕蜍，肥大蜘蛛也。」

郭注以爲「罔工」者，廣雅：「冈工，蠕蜍也。」「冈」與「罔」同。罔工者，以「作網」得名也。

一六　**蜉蚍**，浮、由二音。**秦晉之間謂之蝶蠀**。似天牛而小，有甲、角，生糞土中，朝生夕死。

維言案：爾雅釋蟲「蜉蝣，渠略」，郭注云：「似蛣蜣，身狹而長，有角，黄黑色，叢生糞土中，朝生暮死，猪好啖之。」是「蝣」與「蚍」同。「渠略」與「蝶蠀」同。蝶蠀，説文作「𧕳蟟」。一曰「蜉蝣」，朝生莫死。夏小正「浮游有殷」，傳云：「浮游，渠略也，朝生而莫死。」是「浮游」亦與「蜉蚍」同。陸璣疏云：「蜉蝣，方土語也，通謂之渠略。似甲蟲，有角，大如指，長三四寸，甲下有翅能飛，夏月陰雨時地中出。」今人燒炙噉，美如蟬也。淮南子詮言訓云：「龜三千歲，蜉蝣不過三日。」説林訓云：「蜉蝣不飲不食，三日而死。」然則「蜉蝣」雖短期，非必限以朝夕也，説者甚其辭耳。詩蜉蝣篇「蜉蝣之羽」，毛傳云：「蜉蝣，渠略也。」正義引舍人曰「蜉蝣，一名渠略。南陽以東曰蜉蝣，梁宋之間曰渠略」，蓋方言語也。今方言無此語，當據舍人之説補之。

一七　馬蚿，音弦。**北燕謂之蛆蟝。**蝍蛆。**其大者謂之馬蚰。**音逐。今關西云。

維言案：爾雅釋蟲「蛝，馬䗃」，郭注云：「馬蠲蚐。俗呼馬𧒂。」「蛝」即「蚿」之異文，「䗃」即「𧒂」之轉聲，「𧒂」與「蚰」同。廣雅：「馬𧒂，馬蚿也。」本草作「馬陸」，陶注引李當之云：「此蟲長五六寸，狀如大蛩，夏月登樹鳴，冬則入蟄，今人呼爲飛蚿蟲。」蘇恭唐本草注云：「此蟲大如細筆管，長三四寸，斑色，亦如蚰蜒。襄陽人名馬蚿，亦名刀環蟲，以其死側卧如刀環也。」此蟲又名「百節蟲」。寇宗奭本草衍義云：「百節，身如槎，節節有細蹙文起，紫黑色，光潤，百足，死則側卧如環，長二三寸，大者如小指。古牆壁中甚多。」李時珍本草綱目集解云：「馬蚿處處有之。形大如蚯蚓，紫黑色，其足比比至百，而皮極硬，節節有横文如金線，首尾一般大。觸之即側卧局縮〔一〕，不

〔一〕本草綱目「局縮」下有「如環」二字。

必死也。」

蛆蟝者，廣雅：「蛆蟝，馬蚿也。」又云：「馬蠖，蠽蛆也。」「蠽蛆」亦「蛆蟝」之轉聲也。莊子秋水篇「使商蚷馳河必不勝任矣」，司馬彪注云：「商蚷，蟲名，北燕謂之馬蚿。」呂氏春秋季夏紀云「腐草化爲蚈」，高誘注云：「蚈，馬蚿也。幽州謂之秦渠。」然則「商蚷、秦渠」並「蛆蟝」之轉聲也。説文「蠲，馬蠲也」，引明堂月令云：「腐草爲蠲。」「蠲、蚈、蚿」並聲近義同。本草陶注云：「此蟲足甚多，寸寸斷，便寸寸行。」案：蚿足多，故莊子謂「蚿憐蛇」是也。又宋書隱逸王素傳云：「山中有蚿蟲，聲清長，聽之使人不厭；而其形甚醜。素乃作蚿賦以自况也。」案：陳藏器本草拾遺云：「山蛩蟲，生山林間。狀如百足而大，烏斑色，長二三寸。更有大如指，名馬陸，能登木群吟。」據此則鳴聲可聽者，乃「山蛩蟲」，非「馬蚿」也。此二蟲相似，古人往往混爲一物，惟李時珍之説尚爲分明，陳氏以百足、馬陸分爲二物，亦覺未穩。李當之所説，蓋馬蚿之大者，即山蛩蟲也。若馬蚿，今處處有之，何以不聞其鳴耶？

方言釋義　土部

方言釋義卷十二

歷下　王維言學

一　**爰、嗳，哀也。** 嗳，哀而恚也。音段。

維言案：哀者，義見卷一。爰、嗳者，義並見卷六。

二　**儒輸，愚也。** 儒輸猶儒撰也。

維言案：説文：「愚，戇也。」鄭注周禮司刺云：「愚〔一〕，生而癡騃童昏者。」詩抑篇「靡哲不愚」，疏云：「愚，癡也。」論語爲政篇「不違如愚」，皇侃疏云：「不違之稱也。」荀子修身篇云：「非是、是非謂之愚。」賈子道術篇云：「反知爲愚。」大戴禮保傅

〔一〕十三經注疏本「愚」上有「惷」字。

篇注引箕子曰：「知不用而言愚。」三蒼「愚，無所知也」，亦「鈍」也。今俗則呼「愚」爲「癡」。

儒輸者，廣雅：「儒輸，愚也。」説文：「儒，柔也。」禮記玉藻釋文引别本：「儒者，所畏弱也。」「儒輸」倒言之則「偷儒」。荀子修身篇云「偷儒轉脱」是也。「儒」並爲「懦」之假借字。説文：「懦，駑弱者也。」荀子禮論篇云「苟怠惰偷懦之爲安」，楊倞注云：「懦，讀爲儒。」是「偷懦」與「偷儒」同。修身篇又云「偷儒憚事」，並與「儒輸」義同。郭注「猶懦撰」者，亦作「懦選」，又作「愞撰」，劣弱貌。倒言之則爲「選懦」。漢書西南夷傳云「恐議者選耎」，後漢書清河王傳云「選懦之恩，知非國典」，西羌傳云「公卿選懦，容頭過身」，鄭注玉藻云「舒懦者，所畏在前也」，並字異義同。

三 **惾、諒，知也。**

維言案：知者，義見卷一。

惾、諒者，廣雅：「惾、諒，智也。」「智」與「知」同。「諒」義與「亮」通，「明亮」亦「知」之義。

四　拊、撫，疾也。謂急疾也。音府。

維言案：爾雅釋言：「疾，壯也。」廣雅：「疾，急也。」禮記樂記云「奮疾而不拔」，月令「征鳥厲疾」，玉藻云「疾趨則欲發」，左氏襄五年傳云「而疾討陳」，十一年傳云「晉不吾疾也」，穀梁桓十四年傳云「聞其疾而不聞其舒」，周語云「位高實疾僨」，齊語云「深耕而疾耰之」，論語鄉黨篇「不疾言」，孟子梁惠王篇「夫撫劍疾視」，管子七臣七主篇云「美哉，成事疾」，吕氏春秋勤學篇云「聖人生子疾學」，並訓「急速」之義。

拊者，廣雅：「拊，疾也。」説文「駙」字注云：「一曰疾也。」「駙」與「拊」聲近義同。

撫者，亦作「舞」。廣雅：「舞，疾也。」「舞」與「撫」通。

五　菲、惄，悵也。謂惋惘也。音翡。

維言案：説文：「悵，望恨也。」漢書外戚傳云「洿沬悵兮」，師古注云：「悵，惆也。」

菲者，亦作「悲」。廣雅「悲，悵也」，義與「悲」同。廣雅又云：「悲，悵也。」「悲、悲」並與「菲」通。

惄者，義見卷一。

郭注以爲「惋惘」者，六書故云：「惋，駭恨也。」集韻：「惋，驚嘆也。」説文：

「惆，失意也。」荀子禮論篇云「惆然不樂」〔一〕，楊倞注云：「惆然，悵然也。」是「惆、悵」義同。

六 鬱、熙，長也。謂壯大也。音怡。

維言案：長者，義見卷一。

鬱者，廣雅：「鬱，長也。」又班固西都賦云「神明鬱其特起」，司馬相如長門賦云「鬱並起而穹崇」，並訓「高出」之義。字通作「菀」。詩正月篇「有菀其特」，鄭箋云「菀然茂特」，亦「高出」之義。並與「長」義相近。

熙者，亦作「巸」。廣雅：「巸，長也。」説文「巸，廣臣也」，義與「長」亦近。

七 娋、孟，姉也。外傳曰：「孟啖我。」是也。今江東江越間呼姉聲如市〔二〕，此因字誤遂俗也。娋，音義未詳。

維言案：姉者，亦作「姊」。説文：「姊，女兄也。」爾雅釋親：「男子謂女子先生爲

〔一〕「樂」，二十二子本作「嗛」。
〔二〕「江越」，戴震疏證本作「山越」。

姊。」白虎通云：「姊者，咨也。」釋名云：「姊，積也，猶日始出積時多而明也。」詩泉水篇：「問我諸姑，遂及伯姊。」是女子謂先生者亦曰「姊」也。

娋者，廣雅：「娋，姊也。」字亦作「⿱稍女」。廣韻：「⿱稍女，齊人呼姊。」音轉爲「嬃」。廣韻：「楚人謂姊曰嬃。」楚辭離騷云：「女嬃之嬋媛兮。」賈侍中説：「楚人謂姊爲嬃。」「娋、嬃」一聲之轉也。

孟者，廣雅：「孟，姊也。」説文：「孟，長也。」詩有女同車篇「彼美孟姜」，毛傳云：「孟姜，齊之長女。」左氏隱元年傳云：「惠公元妃孟子。」言子姓之長女也。「長女」並有訓「姊」之義。

八　築娌，匹也。今關西兄弟婦相呼爲築娌，度六反。廣雅作「妯」。

維言案：匹者，義見卷二。

築娌者，廣雅：「妯娌、娣姒，先後也。」顔師古注漢書郊祀志云：「古謂之娣姒，今關中俗呼之爲先後，吴楚俗呼之爲妯娌。」是「妯娌」並與「築娌」同。今濟南人猶呼「娣姒」爲「妯娌」。

九　娌，耦也。

維言案：廣雅：「儷，耦也。」「儷」與「娌」聲近義同。「耦」義亦見卷二。

一〇　𥗼、裔，習也。謂玩習也。音盈。

維言案：説文：「習，數飛也。」易象傳：「君子以朋友講習。」論語學而篇「學而時習之」，皇侃疏：「習是修故之稱。」周語云「是皆習民數者也」，韋昭注云：「習，簡習也。」吕氏春秋造父篇云「始習于大豆」，高誘注云：「習，學也。」又漢書五行志注云：「習，狎習也。」易習坎象傳虞翻注云〔一〕：「習，常也。」並訓「習」爲「習慣」之義。故家語稱「習慣若自然」也。

𥗼者，廣雅：「𥗼，習也。」

裔者，廣雅：「裔，習也。」又漢書馮異傳云「忸忲小利」，李賢注云：「忸忲猶慣習也。」詩大叔于田正義引孫炎云：「忸忲前事復爲也。」説文：「忕，習。」左氏桓十二年

〔一〕「習」字疑衍。

傳正義引説文作「怢」〔一〕。是「怢、⿰忄曳」並與「裔」通。

一一　**躔**、度展反。**逡**，逡巡。**循也**。

維言案：説文：「循，順也。」爾雅釋詁：「循，自也。」廣雅：「循，述也。」文選注引廣雅：「循，從也。」楚辭天問注云：「循，遵也。」淮南子本經訓云「五星循軌」，高誘注云：「循，順也。」原道訓云「循天者，與道游者也」，注云：「循，隨也。」義並相近。

躔者，廣雅：「躔，行也。」説文「躔，踐也」，徐鍇傳云：「星之躔次，星所曆行也。」漢書律曆志集注云：「躔，徑也。」文選月賦注云：「躔，處也。亦次也。」〔二〕吕氏春秋圜道篇云「月躔二十八宿」，高誘注：「躔，舍也。」是凡言「躔」者，並有「行」義。「行」與「循」義近也。

逡者，説文：「逡，復也。」爾雅釋言：「逡，退也。」漢書公孫宏傳云「則羣臣逡」，注云：「言有次第也。」鄭固碑云：「逡循退讓。」史記遊俠傳云：「逡逡有退讓君子之

〔一〕「十二年」當作「十三年」。

〔二〕「亦次」，文選作「處亦居」。

風。」義並與「循」相近。

一二　**躔、歷，行也。**躔猶踐也。**日運爲躔，月運爲逡。**運猶行也。

維言案：行者，義見卷六。

躔者，義見上文。

郭注以爲「躔猶踐」者，廣雅「躔，踐也」，是郭所本。

歷者，説文：「歷，過也。」廣雅：「歷，行也。」秦策云「横歷天下」，高注云：「歷，行也。」漢書律曆志應劭注云：「曆，行也。」天文志師古注云：「曆者，正行也。」

運者，廣雅：「運，轉也。」易繫辭：「日月運行。」周髀算經云「日月運行，四極之道」，趙爽注云：「運，周也。」「周」亦「行」也。

逡者，義亦見上文。

一三　**逭、**音換。亦管。**逭，**陽六反。**轉也。逭、逭，步也。**轉相訓耳。

維言案：説文：「轉，運也。」廣雅：「轉，行也。」詩祈父篇「胡轉予于恤」，鄭箋云：「轉，移也。」左氏昭十九年傳注云：「轉，遷徙也。」並與「運動」義近。

逭者，廣雅：「逭，轉也。」淮南子時則訓云「員而不垸」，高誘注云：「垸，轉也。」「垸」與「逭」通。玉篇：「逭，轉也。步也。」爾雅釋言樊光注云「行相避逃謂之逭」，亦「轉徙」之義也。廣雅又云：「逭，行也。」「行」與「轉」義亦近。

遁者，廣雅：「遁，轉也。」玉篇：「遁，轉也。」廣韻：「遁，步也。」廣雅又云：「遁，行也。」

步者，說文：「步，行也。」小爾雅：「倍跬謂之步。」禮記祭義釋文云：「再舉足爲步。」釋名云：「徐行曰步。步，捕也，如有所司捕，務安詳也。」楚辭離騷云「步余馬于蘭皋兮」，王逸注云：「步，徐行也。」又爾雅釋宮：「堂下謂之步。」書召誥：「王朝步自周。」禮記曲禮：「步路馬必中道。」少儀：「執轡然後步。」左氏襄二十九年傳云：「見夫人之步馬者。」僖二十三年傳云：「將步師於敝邑。」定五年傳云：「改步改玉。」是凡言「步」者，並訓「行」義。是「步也、轉也、行也」三義相近。

一四　**㷭、虞，望也。**今云烽火是也。

維言案：廣雅：「望，覗也。」孟子滕文公篇：「守望相助。」是「望」猶「候」也。

㷭者，廣雅：「㷭，望也。」說文：「㷭，燧，候表也。邊有警則舉火。」史記周紀云

「幽王爲熢燧」，正義云：「熢，土魯也。」漢書司馬相如傳云「聞熢舉燧燔」，孟康曰：「熢如覆米奠，縣著挈皋頭，有寇，則舉之。」張揖曰：「晝舉熢，夜燔燧。」字亦作「烽」。史記司馬相如傳索隱云：「烽見敵則舉，燧有難則焚。烽主晝，燧主夜。」後漢書光武紀注云：「邊方備警急，作高土臺，臺上作桔槔，桔槔頭有兜零，以薪草置其中，常低之，有寇即燃火舉之，以相告，曰烽。」[一]是烽爲候敵之用，故訓「望」也。

虞者，廣雅：「虞，望也。」左氏桓十一年傳云「且日虞四邑之至也」，昭六年傳云「始吾有虞於子，今則已矣」，王氏念孫謂「虞」並訓「望」。杜預並訓「度」，失之。又昭二十年傳云「藪之薪蒸，虞候守之」，正義云：「立官使之候望，故以虞候爲名。」廣雅：「候，望也。」是「虞」訓「望」之證。

一五　揄、墯[二]，脱也。

維言案：廣雅：「脱，離也。」齊語云「脱衣就」，韋昭注云：「脱，解也。」家語辨樂

[一] 兩處「桔槔」，後漢書皆作「桔皋」。
[二] 「墯」，本條下王維言釋義作「撱」。

篇云「虎賁之士脱劍」，王肅注云：「脱劍，解劍也。」管子霸形篇云「言脱于口」，房注云：「脱，出也。」後漢書隗囂傳注云：「脱，失也。」義並相近。

揄、撱者，廣雅：「揄、墮，脱也。」案：「揄」當是「輸」之假借字。義見下文。

一六　解、輸，挩也。挩猶脱也。

維言案：説文：「挩，解挩也。」經傳皆以「脱」爲之，故郭注以爲「挩猶脱也」。

解者，説文：「解，判也。」廣韻：「解，脱也。」廣雅：「解，散也。」禮記曲禮云「解屨不敢當階」，疏云：「解，脱也。」儀禮大射儀「解綱」注云：「解猶釋也。」漢書五行志注云：「解，舍也，止也。」管子王輔篇注云：「解，放也。」並與「挩」義相近。

輸者，説文：「輸，委輸也。」廣雅：「輸，寫也。」穀梁隱六年傳云：「輸者，墮也。」上文「墮，脱也」，「墮」有「脱」之義，故「輸」亦訓「挩」。春秋隱五年經云「鄭人來輸平」，杜預注云：「輸平，隳成也。」「隳」與「墮」同。案：「輸」與上文「揄」字聲近義同。

一七　賦、與，操也。謂操持也。

維言案：廣雅：「操，持也。」説文：「操，把持也。」禮記學記云「不學操縵」，玉藻云「食中棄所操」，公羊莊三十年傳云「蓋以操之爲已蹙矣」，史記酷吏傳云「操下如束溼薪」，並訓「操持」之義。又漢書張湯傳云「雖賈人有賢操」，師古注云「謂所執持之志行也」，義亦相近。字通作「摻」。詩遵大路篇：「摻執子之袪兮。」「操、摻」一聲之轉，義相近也。

賦者，詩烝民篇「明命使賦」，毛傳云：「賦，布也。」「布」通作「抪」，從「操持」爲義也。又左氏僖二十七年傳云「賦納以言」，杜預注云：「賦，取也。」呂氏春秋分職篇云「出高庫之兵以賦民」，高誘注云：「賦，予也。」漢書元帝紀云「賦貸種、食」，師古注云：「賦，給與也。」是「取與」之義並與「操持」相近。

與者，義見卷六。

一八　盪、音鹿。歇，泄乞〔一〕。涸也。謂渴也。音鶴。

維言案：爾雅釋詁：「涸，竭也。」説文：「涸，渴也。」禮記月令及呂氏春秋仲秋紀並云「水始涸」，周語云「天根見而水涸」，義並訓「竭」。廣雅：「涸，盡也。」淮南子主術

〔一〕「乞」，戴震疏證本作「气」。

訓云「不涸澤而漁」，高誘注云：「涸澤，漉池也。」楚辭繆諫篇云「就江河之可涸」[一]，王逸注云：「涸，塞也。」字亦作「沍」。史記封禪書云「春秋涸凍」[二]，索隱云：「涸，凝也。」「涸」與「沍」同。左氏昭四年傳云「固陰沍寒」，杜預注云：「涸，閉也。」「閉」與「竭盡」義近。

㴖者，亦作「盝」。爾雅釋詁：「盝，竭也。」又通作「漉」。廣雅：「漉，滲也。」說文：「漉，浚也。」又通作「淥」。說文「淥」即「漉」之重文，「盝」即「㴖」之省文。考工記㡃氏云「清其灰而盝之」，鄭注云「於灰澄而出盝晞之」，義亦與「涸」相近。

歇者，爾雅釋詁：「歇，竭也。」說文：「歇，息也。」餘義見卷十。

郭注以爲訓「渴」者，廣雅：「渴，盡也。」說文：「渴，盡也。」周禮草人云「渴澤用鹿」，注云：「渴澤，故水處。」案：謂「涸水處」也。是「渴」並與「竭」通。

一九　潎、妨計反。**澂**，音澄。**清也。**

[一]「就」，楚辭補注作「孰」。

[二] 史記「秋」上無「春」字。

維言案：説文：「清，朖也。澂水之皃。」詩黍苗篇「泉流既清」，毛傳云：「水治曰清。」伐檀篇「河水清且漣猗」，孟子離婁篇「滄浪之水清兮」，並訓「清澈」之義。

澈者，廣雅：「澈，清也。」

澂者，廣雅：「澂，清也。」説文：「澂，清也。」字亦作「澄」。禮記坊記云「澄酒在下」，鄭注云：「澄酒猶清酒也。」淮南子説山訓云「而鑑於澄水」，高誘注云：「澄水，止水也。」文選吴都賦注云：「澄，湛也。」「湛」亦「清」也。後漢書儒林傳贊云：「千載不作，淵源誰澂。」「澂」亦訓「清」。

二〇　**逯**、音鹿，亦録。**遡**，音素。**行也。**

維言案：行者，義見卷六。

逯者，廣雅：「逯，行也。」説文：「逯，行謹逯逯也。」淮南子精神訓云「逯然而往」[一]，高誘注云：「逯，謂無所爲。忽然往來也。」義與「行」相近。

[一] 「往」，二十二子本作「來」。

遡者，廣雅：「遡，行也。」曹植洛神賦云：「御輕風而上遡。」〔一〕法言五百篇云「其遡於日乎」，李軌注云：「遡，迎也。」張協七命云「遡九秋之鳴飈」，義亦訓「迎」。詩桑柔篇「如彼遡風」、公劉篇「遡其過澗」，毛傳並云：「遡，鄉也。」「迎、鄉」並有「行」義。字亦作「泝」。爾雅釋水「逆流而上曰泝洄，順流而下曰泝游」，詩蒹葭篇作「遡洄從之、遡游從之」是也。説文：「逆流而下曰泝洄〔二〕。泝，向也。水欲下違之而上也。」左氏文十五年傳云「沿漢泝江」〔三〕、吴語云「沿海泝淮」、東京賦云「泝洛背河」，注並訓「泝」爲「向」。「向」猶「行」也。「泝」並與「遡」同。

二一　**墾、牧，司也。墾，力也。**耕墾用力。

維言案：廣雅：「有司，臣也。」小爾雅：「司，主也。」案：周官四十有一司，司理其事也。詩羔裘篇「邦之司直」，毛傳云：「司，主也。」禮記曲禮云「司徒」，疏引周禮干注云：「凡言司者，總其領也。」「司」蓋有「治」之義。

〔一〕「風」，曹植集校注作「舟」。
〔二〕「下」，説文作「上」。
〔三〕「十五年」當作「十年」。

墾者，廣雅「墾，治也」，今本廣雅脱「墾」字。「墾」訓「力」者，廣雅：「墾，力也。」集韻：「墾，開田用力反土也。」今俗謂開田之荒者曰「開墾」，亦言其用力也。牧者，小爾雅：「牧，臨也。」廣雅：「牧，臣也。」「牧，使也。」詩靜女篇「自牧歸荑」，毛傳云：「牧，田官也。」周禮太宰云「而建其牧」，鄭注云：「侯伯有功德者，加命作州長，謂之牧。」大宗伯云：「八命作牧。」禮記曲禮云：「九州之長，入天子之國曰牧。」書立政「宅乃牧」，鄭注云：「殷之州牧曰伯，虞夏及周皆曰牧。」白虎通云：「牧視諸侯，故謂之牧。」義並與「司」近。荀子成相篇云「請牧基，賢者思」，楊倞注云：「牧，治也。」「治」與「司」義相近。

二二　**牧，飤也。**謂放飤牛馬也。

維言案：飤者，義見卷五「飤馬槖」下。牧者，説文：「牧，養牛人也。」詩無羊篇「牧人乃夢」，亦言「牧牛之人」。周禮牧人「掌牧六牲」，鄭注云：「養牧于野田者。」[一]左氏僖二十八年傳云「誰扞牧圉」，杜預注

[一]「牧」，十三經注疏本作「牲」。

云：「牛曰牧。」列子黄帝篇「周宣王之牧正」，釋文云：「養禽獸之長也。」[一]周禮校人云「夏祭牧」[二]，鄭注云：「始養馬者。」義並與郭注義合。

二三　**監、牧，察也**[三]。

維言案：説文：「察，覆審也。」爾雅釋詁：「察，審也。」廣雅：「察，至也。」吴語「今君王不察」，韋昭注云：「察，理也。」吕氏春秋本味篇云「察其所以然」，高誘注云：「察，省也。」楚辭離騷注云：「察，視也。」淮南子俶真訓「而不能察方圓」，高誘注云：「察，見也。」東京賦云「目察區陬」，薛綜注云：「察，觀也。」西京賦云「察貳廉空」，薛綜注云：「察、廉，皆視也。」後漢書班彪傳注云：「察，舉也。」淮南子説林訓注云：「察，别也。」禮記禮器云「觀物弗之察矣」，鄭注云：「察猶分辨也。」論語「察其所安」，皇侃疏云：「沈吟用心忖度之也。」孟子離婁篇「察於人倫」，趙岐注云：「察，識也。」周禮士師注云「士，察也」，義取「察理訟獄」之事。是凡言「察」者，

[一] 按，上引文當爲張湛注。
[二] 十三經注疏本「祭」下有「先」字。
[三] 匯證據錢繹方言箋疏於「察」上補「督」字。

義並相近。

監者，説文：「監，臨下也。」爾雅釋詁：「監，視也。」詩烝民篇「天監有周」，鄭箋云：「監，視也。」節南山篇「何用不監」，鄭箋云：「女何用爲職不監察之。」周語云「使監謗者」，韋昭注云：「監，察也。」晉語云「監戒而謀」，韋昭注云：「監，察也。」禮記王制云「天子使其大夫爲三監，監於方伯之國」，鄭注云：「使佐方伯，領諸侯，監臨而督察之也。」莊子天運篇云「監臨下土」，亦是此意。並「監」訓「察」之證。

二四　**奞，始也。奞，化也。**別異訓也。音歡。

維言案：廣雅：「奞，化也。」化生有「始」之義，故亦訓「始」。

二五　**鋪、脾，止也。**義有不同，故異訓之。鋪，妨孤反。

維言案：廣雅：「止，待也。」「止，逗也。」禮記檀弓云「吉事雖止不怠」，鄭注云：「止，謂立俟時事也。」孟子公孫丑篇「可以止則止」，趙岐注云：「止，處也。」家語辨政篇云「匪其止共」，王肅注云：「止，息也。」呂氏春秋下賢篇云「亦可以止矣」，高誘注云：「止，休也。」淮南子説山訓云「止念慮」，高誘注云：「止猶去也。」是凡言「止」

者，義並相近。

鋪者，廣雅：「鋪，止也。」詩江漢篇「淮夷來鋪」，言爲淮夷之故來止也。舊説讀「鋪」爲「痡」，謂爲淮夷而來，當討而病之，失其義矣。

脾者，廣雅：「脾，止也。」字通作「趕」。廣雅：「趕，止也。」説文：「趕，止行也。」鄭衆注周禮隸僕云：「蹕謂止行者，清道。」説文「縪」字注云：「縪，止也。」「蹕、縪」亦並與「脾」聲近義同。

二六　**攘、掩，止也。**

維言案：止者，義見上文。案：此節「止」字當訓「容止」之義，與上文不同。詩相鼠篇「人而無止」、抑「淑慎而止」[一]，毛傳云：「止，至也。」鄭箋云：「止，容止也。」逸周書大戒解云「庸止生郄」，孔晁注云：「止，容也。」並「止」訓「容」之證。又齊高止字子容，亦此義也。

攘者，説文「攘，推也」，謂推手使前拱揖之容也。禮記曲禮云「左右攘辟」、史記太

[一]「而」，十三經注疏本作「爾」。

史公自序云「小子何敢攘焉」、漢書司馬相如傳云「隨流而攘」，並訓「却攘」之義。字亦作「讓」。左氏襄十三年傳云「讓，禮之主也」，昭十年傳云「讓者，德之主也」；周語云「讓，文之材也」；晉語「讓，推賢也」；書堯典「允恭克讓」，鄭注云「推賢尚善曰讓」；禮記曲禮云「退讓以明禮」；儒行云「其尊讓有如此者」：並訓「讓」爲「謙讓」之義。案：「揖讓」字本作「攘」；作「讓」者，假借字也。「誚讓」字本作「讓」；作「攘」者，假借字也。是二字之分别。

掩者，説文：「掩，斂也。」案：「掩」爲「斂手爲禮」也，故訓「容止」之義。與「掩取、掩薆、掩同」義皆别。

二七　幕，覆也。

維言案：説文：「覆，蓋也。」禮記檀弓云：「見若覆夏屋者矣。」爾雅釋器「罦，覆車也」，孫炎注云：「車網可以掩兔。」上文卷四云：「覆結謂之髮。」左氏隱九年傳云「君爲三覆以待之」，杜預注云：「覆，伏兵也。」並與「掩蓋」義近。

幕者，廣雅：「幕，覆也。」説文：「帷在上曰幕。一曰覆食案曰幕。」易井卦上六王弼注云：「幕猶覆也。」鄭注周禮幕人云「在上曰幕，在旁曰帷」[一]，與說文義同。釋名云：「幕，幕絡也，在表之稱也。」莊子則陽篇云：「解朝服而幕之。」是以「幕」爲「覆」義。又通「冪」，亦作「幎」。廣雅：「幎，覆也。」周禮「幎人」注云[二]：「以巾覆物之名。」[三]「冪、幕」一聲之轉，義相近也。

二八　**侗**、他動反。**胴**，挺挏。**狀也**。謂形狀也。

維言案：說文：「狀，犬形也。」案：犬形謂之「狀」，人之形容亦謂之「狀」，其義一也。秦策云「王后悦其狀」，韋昭注云：「狀，貌也。」漢書東方朔傳云「妾無狀」，師古注云：「狀，形貌也。」考工記㮚氏云「凡鑄金之狀」，杜子春注云：「狀謂形狀。」是凡言「狀」者，並訓「形貌」之義。

侗者，說文：「侗，大貌。」案：「侗」之義謂「壯」也。「壯」與「狀」通。又論語泰伯篇「侗而不愿」，皇侃疏云：「侗謂籠侗，未成器之人也。」莊子山木篇云「侗乎其爲無

[一]　十三經注疏本作「在旁曰帷，在上曰幕」。
[二]　「幎」，十三經注疏本作「冪」。
[三]　「之名」，十三經注疏本作「曰冪」。

識」、庚桑楚篇云「侗然而來」，義並與「形狀」相近。

胴者，集韻：「胴，直貌。」案：「胴」訓「直」，與「侗」義近，故並訓「狀」也。

二九　疋、杪，小也。樹枝細爲杪也〔一〕。

維言案：小者，義見卷二。

疋者，一本作「尐」。廣雅：「尐，小也。」說文：「尐，少也。」物多則大，少則小。孟子告子篇「力不能勝一匹雛」，趙岐注云：「言我力不能勝一小雛。」孫奭音義云：「匹，丁作疋。方言：『尐，小也。』蓋與疋字相似，後人傳寫誤也。」案：孫說是也。當從廣雅作「尐」，作「疋」者誤也。「疋」與「匹」同。「匹」訓「耦」不訓「小」，是其證也。廣韻：「礣尐，小也。」卷九郭注作「懱截」，「懱截」與「礣尐」同。說文又云：「⿰截鳥，小鷄也。」〔二〕又云：「⿱髟截，束髮少小也。」〔三〕西京賦云：「朱鬢⿱髟截髽。」爾雅釋蟲「蠽，茅蜩」，郭注云：「似蟬而小。」廣韻：「吵，鳴吵吵也。」是「⿰截鳥、⿱髟截、蠽、吵」並與「尐」聲近義同。

〔一〕「樹枝細」，戴震疏證本作「樹細枝」。

〔二〕按，上引文當出自玉篇。「⿰截鳥」，宋本玉篇作「⿰𩮜鳥」。

〔三〕「少小」，說文作「少」。

杪者，義亦見卷二。

三〇　屑、往，勞也。屑屑、往來，皆劬勞也。

維言案：說文：「勞，勮也。」爾雅釋詁：「勞，勤也。」論語爲政篇「有事弟子服其勞」，皇侃疏云：「勞，苦也。」越語云「勞而不矜其功」，韋昭注云：「勞，動而不已也。」管子小匡篇云「犧牲不勞」，房注云：「過用謂之勞。」義並相近。又廣雅：「勞，嬾也。」「嬾」與「勤」對文，亦反言以明之義。

屑者，廣雅：「屑，勞也。」又云：「屑屑，不安也。」「不安」亦「勞」之義。餘義見卷十。

往者，亦作「徃」。廣雅：「徃徃，勮也。」又云：「徃蘘，惶勮也。」「惶勮」亦與「勞」義相近。「徃」與「往」同。說文：「往，之也。」廣雅：「往，至也。」「往，去也。」「來、去」義與「勞」相近。餘義見卷一。

三一　屑、惟，王相。獪也。市儈[一]。

[一]「儈」，戴震疏證本作「獪」。

維言案：獪者，義見卷十。「屑、恎」義並見上文。「恎」與「往」同。「狡獪」之義與「勞」亦近。

三二　**效**、音皎。**烓**，口類反。**明也**。

維言案：説文：「明，照也。」爾雅釋詁：「明，成也。」釋言：「明，朗也。」小爾雅：「明，陽也。」廣雅：「明，通也。」「明，發也。」左氏僖二十八年傳云：「照臨四方曰明。」周語云：「明，精白也。」晉語云「怨豈在明」，韋昭注云：「明，著也。」齊策云「此不叛寡人明矣」，高誘注云：「明，審也。」又爾雅釋訓：「明明，察也。」並與「光明」義近。效者，「覺」之假借字也。荀子正論篇云「由此效之也」，儒效「鄉也，效門室之辨」，並訓「明察」之義。史記天官書云「其時宜效」，正義云：「效，見也。」字作「効」。淮南子天文訓云「効斗牽牛」，長笛賦云「致誠効志」，廣雅「効，驗也」，並與「明」義相近。字又通作「較」。廣雅：「較，明也。」字又通作「皎」。廣雅：「皎，明也。」説文「皎，月之白也」，義與「明」亦近。

烓者，廣雅：「烓，明也。」説文：「烓，讀若冋。」又云：「炯，光也。」詩無將大車篇

「不出于熲」，毛傳云：「熲，光也。」説文：「熲，大光也。」[一]「光」與「明」義同。「烓、冋、炯、熲」是字異義同。

三三　溱、將，威也。

維言案：威者，「會」之假借字，與「威嚴」之「威」義別。

溱者，一本作「湊」。説文：「湊，水人所會也。」[二]逸周書作雒解云「以爲天下之大湊」，孔晁注云：「湊，會也。」楚辭王逸注云：「湊，聚也。」淮南子原道訓云「趨舍相湊」，高誘注：「湊，所合也。」精神訓云「衰世湊學」，注云：「湊，趨也。」太玄經玄挩篇云「臚湊羣辟」，范望注云：「湊，至也。」義並與「會」相近。字亦作「輳」。吴都賦云「果布輻湊」，一作「輻輳」。今俗呼「會聚」猶曰「湊」也。

將者，詩樛木篇「福履將之」，鄭箋云：「將，扶助也。」「無將大車」，鄭箋云：「將，扶進也。」「我將我享」，鄭箋云：「將猶奉也。」爾雅釋言：「將，送。」詩鵲巢篇「百兩將之」，亦訓「將」爲「送」。義並與「會聚」相近。

[一]「大」，説文作「火」。
[二]説文「水」下有「上」字。

三四　嫣居僞反。**娗**，音挺。**僈也。**爤僈，健狡也。博丹反。

維言案：僈者，郭注訓「爤僈」爲「健狡」。案：訓「健狡」當作「嫚」。説文：「嫚，侮傷也。」〔一〕賈子道術篇云：「反敬爲嫚。」荀子宥坐篇云：「嫚令謹誅，賊也。」淮南子繆稱訓云「嫚生乎小人」，高誘注云：「嫚，倨也。」漢書枚乘傳云「爲賦頌，好嫚戲」，師古注云：「嫚，褻汙也。」張良傳云：「皆以上嫚侮士。」高帝紀云：「上嫚駡。」又禮記雜記鄭注云：「時人倨嫚。」並訓「侮嫚」之義。「嫚」與「僈」同。嫣娗者，「嫣娗」猶「眠娗」也。卷十云：「眠娗，欺謾之言也。」「謾」與「僈」通。

三五　儇、虔，謾也。謂慧黠也。莫錢反。

維言案：此節義並見卷一。

三六　佻，疾也。謂輕疾也。音糶。

維言案：疾者，義見上文。

〔一〕「傷」，説文作「易」。

佻者，爾雅釋言：「佻，偷也。」「偷薄」與「疾」義近。字亦作「挑」。廣雅：「挑，疾也。」又通作「嬥」。爾雅釋訓：「佻佻、契契，逾遐急也。」「急、疾」義同。魏都賦注引作「嬥嬥」。廣雅：「嬥嬥，好也。」詩大東篇「嬥嬥公子」，楚辭九歎注引詩作「苕苕」。釋文或作「窕窕」。左氏成十六年傳云：「楚師輕窕。」又作「跳」。史記燕世家云：「至跳驅至長安。」[一]「跳驅」謂「疾驅」也。是「佻、挑、嬥、窕、跳」並字異義同。

三七　**鞅、侼，强也。**謂强戾也。音教。

維言案：强者，義見卷七。

鞅、侼者，亦作「怏、悖」。廣雅：「怏、悖，强也。」「怏、悖」與「鞅、侼」同。郭注以爲「强戾」者，廣雅：「戾，佷也。」秦策云「虎者戾蟲」，高誘注云：「戾，貪也。」莊子天道篇云「𩐁萬物而不爲戾」，釋文云：「戾，暴也。」荀子修身篇云「勇膽猛戾」，楊倞注云：「戾，忿惡也。」義並與「强戾」相近。

[一] 上「至」字，史記作「遂」。

三八　鞅、侼，懟也。亦爲怨懟。鞅猶怏也。

維言案：説文：「懟，怨也。」廣雅：「懟，恨也。」左氏僖二十四年傳云「以死誰懟」，穀梁莊三十一年傳云「力盡則懟」，孟子萬章篇「以懟父母」：並訓「怨恨」之義。又漢書外戚傳云「懟以手自擣」，注訓「懟」爲「怨怒」，義亦近。

鞅、侼又訓「懟」者，漢書韓信傳云「居常鞅鞅」，周亞夫傳云「此鞅鞅非少主臣」，並通作「怏」。説文：「怏，不服懟也。」蒼頡篇：「怏，懟也。」漢書石顯傳云：「塞其怏怏心。」「怏」並與「鞅」同。

侼者，亦作「誖」。説文：「誖，亂也。」漢書五行志注云：「誖，惑也。」廣雅：「誖，癡也。」又通作「悖」。玉篇：「悖，逆也。」淮南子原道訓注云：「悖，謬也。」義並與「懟」相近。「誖、悖」並與「侼」聲近義同。又通作「勃」，義見卷十。

三九　追、末，隨也。

維言案：説文：「隨，從也。」廣雅「隨，順也」「隨，行也」「隨，逐也」，義並相近。

追者，廣雅：「追，逐也。」「逐」亦「隨」也。説文：「追，逐也。」玉篇：「追，送也。」周禮小司徒「以比追胥」，鄭注云：「追，逐寇也。」〔二〕左氏莊十八年傳云「公追戎于濟西」，亦「追逐」之義。詩有客篇「薄言追之」，鄭箋云：「追，送也。」「逐、送」並與「隨」義相近。字又通作「隨」。楚辭九歎云「背繩墨以追曲兮」〔三〕，王逸注云：「追，古與隨通。」是其證。

末者，廣雅：「末，續也。」「續」與「隨」義近。餘見卷一。

四〇 僉、怚，劇也。謂勤劇。音驕怚也。

維言案：文選引説文：「劇，甚也。」漢書揚子本傳云「口吃不能劇談」，師古注云：「劇，疾也。」鄭氏注云：「劇，甚也。」荀子非十二子篇云「猶然而材劇志大」，楊倞注云：「劇，繁多也。」解蔽篇云「不以夢劇亂知謂之靜」，注云：「劇，煩囂也。」義並相近。字亦作「勮」。説文「勮，務也」，謂用力之甚。廣雅：「勮，疾也。」「勮」與「劇」同。

僉、怚者，通作「險、阻」。説文：「險、阻，難也。」左氏僖二十三年傳云：「險阻艱

〔二〕按，上引文實爲賈公彦疏。

〔三〕按，上引文實出自離騷。

難備嘗之矣。」「險阻」亦「艱難」之義，與「劇」義相近。

維言案：此節義並見卷一。

四一　僉，夥也。 僉者同，故爲多。音禍。

四二　夸、烝，婬也。 上婬爲烝。

維言案：婬者，義見卷十。

夸者，廣雅：「夸，婬也。」案：「夸」爲「汙」之假借字。荀子正論篇云「流淫汙漫」，楊倞注云：「汙，穢行也。」是「汙」訓「婬」之證。「夸」又訓「大」。廣雅又云：「夸，大也。」爾雅釋詁：「淫，大也。」「淫」與「婬」同。「夸、淫」皆「過度」之義。

烝者，小爾雅：「上淫曰烝。」左氏桓十六年傳云「衛宣公烝於夷姜」，服虔注云：「上淫曰烝。」字又作「蒸」。廣雅：「蒸，婬也。」「蒸」與「烝」同。

四三　毗顩，懣也。 謂憤懣也。音頻。

維言案：懣者，義見卷六。

眦顝者，廣雅：「眦顝，懣也。」案：「眦顝」猶「坯悶」也。今俗謂「煩懣」謂「坯悶」，即此義。

四四　殸、激，清也。

維言案：清者，義見上文。殸者，亦作「瀅」。集韻「瀅，水澄也」，又引方言「瀥，激清也」，與此文小異。説文「瀥，裂去水也」[一]，是「瀥」之義也。

激者，楚辭招魂云「發激楚些」，王逸注云：「激，清聲也。」成公綏嘯賦云「聲激嚁而清厲」，李善注云：「激嚁，清唳貌。」並「激」訓「清」之證。又説文：「激，水礙衺疾波也」。「激」又訓「急疾」之義。

四五　紓、退，緩也。謂寬緩也。音舒。

維言案：説文：「緩，綽也。」周禮典同云：「正聲緩。」晉語云「丕鄭如秦謝緩秦

[一]「裂去水也」，説文作「水裂去也」。

路」[一]，韋昭注云：「緩，遲也。」高誘注呂氏春秋任地篇云：「緩，柔也。」史記樂書云「嘽緩慢易」，正義云：「緩，和也。」素問五常政大論云「其動緛戾拘緩」，王砅注云：「緩，不收也。」義並相近。今俗用爲「緩急」字。

紓者，説文：「紓，緩也。」廣雅：「紓，解也。」「解」與「緩」義近。詩采菽篇「彼交匪紓」，左氏莊十六年傳云「以紓楚國之難」、成十六年傳云「可以紓憂」、僖二十一年傳云「是崇皡濟而修祀紓禍也」，魯語云「以紓執事」：義並與「緩」相近。字亦作「舒」。義見卷六。

逞者，廣雅：「逞，緩也。」字亦作「侵」。説文：「侵，一曰行遲也。」古文作「逞」，是「侵」與「逞」同。

四六　清、躡，急也。

維言案：説文「急，褊也」，詩六月篇「我是用急」，釋名云「急，及也，操切之使相逮及也」，呂氏春秋首時篇云「似緩而急」，並爲「亟」之假借字。「急、亟」雙聲。

[一] 國語「路」上無「秦」字。

清者，廣雅：「清，急也。」餘義見上文。

躡者，廣雅：「躡，急也。」曹植七啟云「忽躡景而輕鶩」，李善注云：「躡之言疾也。」藉田賦云「躡躡側肩」，注引説文：「躡，追也。」「追」有「急」義。字通作「懾」。後漢書趙壹傳云：「捷懾逐物。」「懾」與「躡」同，言急於趨時也。李賢注訓「懾」爲「懼」，失之。

四七　杼、杼柚〔一〕。**㾗，**胡計反。**解也。**

維言案：解者，義見上文。

杼者，亦作「紓」。廣雅：「紓，解也。」「紓」與「杼」通。

㾗者，亦作「摯」。廣雅：「摯，解也。」「摯」與「㾗」通。案：説文「㾗」字無訓「解」者，當是「瘳」之假借字。説文「引縱曰瘳」，有「解」之義。

〔一〕「杼」，戴震疏證本作「抒」；「杼柚」作「抒井」。

四九[一]　**柢柲，刺也。**皆矛戟之𥌒，所以刺物者也。音觸觝。

維言案：説文「刺，直傷也」，爾雅釋詁「刺，殺也」，晉語云「刺懷公於高梁」，孟子梁惠王篇「刺人而殺之」，秦策云「無刺一虎之勞」，並訓「刺」爲「殺傷」之名，與草木刺人之「刺」義別。又周禮廬人「刺兵欲無蜎」，鄭注云「刺，矛屬」，義亦相近。柢柲者，廣雅：「柢柲，刺也。」案：「柢柲」二字，方言从木，廣雅从手，然郭注既以訓「矛戟𥌒」爲義，當以从木者爲正。廣雅又云「柲，柄也」，義亦相近。

五〇　**倩、荼，借也。**荼猶徒也。

維言案：説文：「借，假也。」家語「其臣如借」，王肅注云：「言不有其身，如借使也。」漢書文帝紀云：「假借納用。」後漢書李充傳云「無所借借」，李賢注云：「下音假。」是「假、借」二字通也。字又通作「藉」。小爾雅：「藉，借也。」史記陳涉世家云「藉第令毋斬」，集解云：「藉，假也。」是「藉」與「借」同。

[一] 本條前，方言原文本有「蕆、逞，解也」條。王維言謄寫時誤漏該條，遂補於卷十二末尾。今仍稿本之舊，但爲方便對照，特保留該條編號。

倩者，卷三注云：「言可倩借也。」[一]是「倩」有「借」義。陳林爲曹洪與魏文帝書云：「怪乃輕其家丘，謂爲倩人。」是「倩」爲「借」也。

荼者，廣雅：「荼，借也。」案：「荼」蓋「賒」之假借字。説文：「賒，貰賣也。」「貰，貸也。」「賒、貸」義同，故訓「借」。

五一　懖朴，猝也。 謂急速也。劈歷、打撲二音。

維言案： 猝者，義見卷十。懖朴者，廣雅：「朴，猝猝也。」[二]案：今俗語狀聲響之急速者曰「懖朴」，亦「倉猝」之義也。

五二　麋、黎，老也。 麋猶眉也。

維言案：「麋」與「眉」通，「黎」與「棃」通。義並見卷一。

[一] 方言卷三注作「言可借倩也」。

[二] 廣雅疏證作「懖樸，猝也」。

五三　萃、離，時也。

維言案：時者，「待」之訛字。待者，説文：「待，竢也。」廣雅：「待，逗也。」易歸妹卦「有待而行也」，左氏隱元年傳云「子姑待之」，宣十二年傳云「駒伯曰：『待諸乎』」，論語子罕篇「我待賈者也」，莊子漁父篇云「竊待於下風」：並訓「待」爲「俟」。

萃者，廣雅：「崒，待也。」「崒」與「萃」通。楚辭天問云「北至回水萃何喜」，王逸注云：「萃，止也。」「止」與「待」義近。

離者，廣雅：「離，待也。」易序卦傳「離者麗也」，否卦九家注云：「離，附也。」禮記曲禮鄭注云：「離，兩也。」左氏昭元年傳云「設服離衛」，杜預注云：「離，陳也。」莊子則陽篇云「予獨先離之」，釋文云：「離，著也。」楚辭招魂云「離榭修幕」，王逸注云：「離，列也。」是凡言「離」者，並與「對待」義近，皆一義之引伸也。

五四　漢、茶，怒也。

維言案：怒者，義見卷三。

漢者，廣雅：「漢，怒也。」

茶者，亦作「赫」。廣雅：「赫，怒也。」詩皇矣篇「王赫斯怒」，鄭箋云：「赫，怒意也。」桑柔篇「反予來赫」，通作「嚇」，正義云：「嚇是張口嗔怒之貌。」莊子秋水篇云：「鴟得腐鼠，鵷雛過而仰視之曰：『嚇。』」司馬彪注云：「嚇怒其聲，恐其奪己也。」廣韻：「嚇，怒也。」集韻「嚇」通作「赫」，或作「焃」。是「焃、赫、嚇」並通。

五五　焃，發也。

維言案：爾雅釋言「愷、悌，發也」，舍人注云：「發，行也。」廣雅：「發，去也。」「發，開也。」禮記月令云「雷乃發聲」，鄭注云：「發猶出也。」左氏昭元年傳云「發爲五色」，杜預注云：「發，見也。」書微子「我其發出狂」，鄭注云：「發，起也。」呂氏春秋季春紀「陽氣發泄」，高誘注云：「發猶布散也。」素問六元政記大論云「火鬱發之」〔一〕，王砅注云：「汗之令其疎散也。」義並相近。又廣雅「發，明也」，義亦相近。

焃者，義見上文。「怒」與「發」義近。又小爾雅：「赫，明也。」廣雅：「赫赫，明也。」又云：「赫，覺也。」又郭璞江賦注云：「嚇猶開也。」義並與「發」相近。

〔一〕六元政記大論當作六元正紀大論。

五六　譁、呼瓜反。**吁，然也。**音于。皆應聲也。

維言案：然者，義見卷十。

譁者，廣雅：「譁，譍也。」「譍」亦「然」也。

吁者，廣雅：「吁，譍也。」

五七　猜、恎，恨也。

維言案：説文：「恨，怨也。」荀子成相篇云「不知戒，後必有恨」，楊倞注云：「恨，悔也。」漢書敘傳云：「恨，限也。」廣雅：「很，恨也。」義並相近。

猜者，説文：「猜，恨賊也。」小爾雅：「猜，很也。」左氏僖九年傳云「耦俱無猜」，杜預注云：「兩無猜恨。」又廣雅：「猜，懼也。」史記酷吏傳索隱云：「猜，惡也。」亦並與「恨」義相近。字通作「採」。廣雅：「採，恨也。」「採、猜」聲近義同。

恎者，廣雅：「恎，恨也。」説文：「恎，憂也。」「憂」與「恨」義近。又廣雅「恎，懼也」，義亦近。

五八　艮、磑，堅也。艮、磑，皆石名物也。五碓反。

維言案：堅者，義見卷三。

艮者，廣雅「艮，堅也」，今本廣雅脱「堅」字。易説卦傳云「艮爲山，爲小石」，皆「堅」之義也。今人謂物堅者曰「艮」，出此。

磑者，宋玉高唐賦云：「振陳磑磑。」張衡思玄賦云：「行積冰之磑磑。」釋名云：「磑[一]，塏也。塏即堅重之言也。」義並與「堅」近。説文：「磑，䃺也。」今俗作「磨」，以石爲之，有「堅」之義也。

五九　炗、眼[二]，明也。 炗光也。音淫。

維言案：明者，義見上文。

炗者，亦作「𤆍」。廣雅：「𤆍，明也。」説文：「𤆍，小熱也。」引詩「憂心𤆍𤆍」。今詩作「憂心如惔」，韓詩作「炎」。説文「炎，火上光也」[三]，義亦與「明」近。

[一]「磑」，釋名作「鎧」。

[二]「眼」，匯證據劉台拱方言補校和郭注改作「朖」。

[三]「火上光也」，説文作「火光上也」。

六〇　**㥦愉，悦也。**㥦愉猶呴愉也。音敷。

維言案：悦者，義見卷十。

㥦愉者，廣雅：「㥦愉，説也。」「説」與「悦」同。漢瑟調曲隴西行云：「顔色正敷愉。」「敷」與「㥦」通。

六一　**即、圍，就也。即，半也。**即一作助。

維言案：就者，廣雅：「就，歸也。」小爾雅：「就，因也。」禮記曲禮：「主人就東階，客就西階。」又云：「就屨，跪而舉之。」論語學而篇「就有道而正焉」、孟子離婁篇「猶水之就下也」，義並與「因」近。

即者，説文：「即，就食也。」易屯卦「即鹿無虞」、書康誥「以即乃封」、詩氓篇「來即我謀」、春秋「公即位」、禮記曲禮「將即席」、周語云「無即慆淫」、史記平準書云「即山鑄錢」，並訓「即」爲「就」。

圍者，易繫辭傳「範圍天地之化」，九家注云：「圍，周也。」廣雅：「圍，裹也。」義並與「就」相近。

即訓「半」者，「即」爲「卩」之假借字。經傳皆以「節」爲之。周禮掌節云：「守邦國者用玉節，守都鄙者用角節，凡邦國之使節，山川用虎節，土國用人節，澤國用龍節，皆金也，以英蕩爲之。門關用符節，貨殖用璽節，道路用旌節。」[一]案：節之爲用，一物而中分之，持其半以爲信，合則相符，孟子所謂「若合符節」是也。故其義訓「半」。

六二　惙、怞，中也。「中」宜爲「忡」。忡，惱怖意也。

維言案：中者，通作「忡」。説文：「忡，憂也。」詩擊鼓篇「憂心有忡」，毛傳云：「憂心忡忡然。」草蟲篇：「憂心忡忡。」爾雅釋訓：「忡忡，憂也。」字又通作「爞」。楚辭九章云：「極勞心兮爞爞。」[二]又通作「悺」。廣雅：「悺，憂也。」並字異義同。

惙者，説文：「惙，憂也。」聲類：「惙，短氣貌。」詩草蟲篇：「憂心惙惙。」爾雅釋訓：「惙惙，憂也。」淮南子原道訓云「其爲悲不惙惙」，高誘注云「惙惙，傷性也」，與「憂」義相近。

怞者，玉篇：「怞，憂也。」是「忡、惙、怞」義並訓「憂」，皆與郭注「惱怖意」近。

[一]「山川」，十三經注疏本作「山國」。「貨殖」作「貨賄」。

[二]按，上引文實出自九歌。

六三　薵、蒙，覆也。

維言案：覆者，義見上文。

薵者，亦作「翿」。小爾雅：「翿，覆也。」廣雅亦云：「翿，覆也。」説文：「翿，溥覆照也。」左氏襄二十九年傳云「如天之無不幬也」，史記吴世家作「翿」。逸周書作雒解云「翿以黄土」，義亦訓「覆」。又公羊成十三年傳云「魯公翿」，何休注云：「翿，冒也。」「冒」與「覆」義近。是「翿、幬」並與「薵」通。案：訓「覆」之義本字作「幬」，「薵、翿」皆假借字也。

蒙者，説文：「冡，覆也。」廣雅：「幪，覆也。」「冡、幪」並與「蒙」通。爾雅釋言：「蒙，奄也。」小爾雅：「蒙，覆也。」詩君子偕老篇「蒙彼縐絺」，毛傳云：「蒙，覆也。」今俗猶呼覆物曰「蒙」。又周禮方相氏「掌蒙熊皮」，鄭注：「蒙，冒也。」晉語云「閒蒙甲胄」，韋昭注云：「蒙，被也。」漢書鼂錯傳云「蒙矢石」，師古注云「蒙，冒犯也」，義亦並與「覆」近。

六四　薵，戴也。此義之反覆兩通者。字或作「翿」，音俱波濤也。

維言案：小爾雅：「戴，覆。」爾雅釋山「石戴土謂之崔嵬」，釋地「北戴斗極爲空桐」，「戴」並有「在上覆冒」之義。孝經援神契注云：「在上曰戴。」周語云「衆非元后何戴」，韋昭注云：「戴，奉也。」義又同「載」。釋名云：「戴，載也，載之於頭也。」又云：「載，戴也，戴在其上也。」是「戴、載」互訓。

壽者，廣雅：「𢍆，載也。」「載」亦「戴」也。餘義見上文。

六五　堪、輂，載也。輂轝，亦載物者。音釘鋦。

維言案：説文：「載，乘也。」詩正月篇「載輸爾載」，謂所載之物也。上「載」是發聲之詞。上文「其車既載」是本義。緜蠻篇「命彼後車謂之載之」，義亦訓「乘」。漢書董仲舒傳云「身寵而載高位」，師古注云：「載亦乘也。」又天覆地載，地能載物，故稱「載」，亦「乘」之義也。

堪者，廣雅：「堪，載也。」又云：「堪，盛也。」「盛」與「載」義近。爾雅釋詁：「堪，勝也。」詩小毖篇「未堪家多難」，毛傳云：「堪，任也。」魯語云「口弗堪也」，韋昭注云：「堪猶勝也。」義並與「載」相近。

輂者，説文：「輂，大車駕馬也。」周禮鄉師鄭注云：「輂，駕〔一〕；輦，人輓行，所以

〔一〕十三經注疏本「駕」下有「馬」字。

載任器也。」管子海王篇云：「行服連軺輂者。」史記淮南衡山傳云：「輂車四十乘。」廣雅：「輂，車也。」「輂」本訓「車」，訓「載」者，從「車載物」爲義。字亦作「檋」。史記夏本紀云「山行乘檋」，漢書溝洫志作「梮」。韋昭注云：「梮，木器，如今輿牀，人舉以行也。」「檋」亦有「載」義，故書言「予乘四載」也。左氏襄九年傳云「陳畚梮」，漢書五行志作「輂」，應劭注云「輂，所以輿土也」，亦「載」之義也。「梮」亦與「輂」同。「梮」之轉音爲「橋」。字亦作「轎」，漢書「輿轎而越嶺」是也。即公羊之「筍將」、史記之「箯輿」，皆人舁以行。今之「肩輿」是其遺制，亦有「載」之義也。

六六 搖、祖，上也。

維言案：上者，義見卷六。

搖者，廣雅：「搖，上也。」爾雅釋詁：「搖，作也。」「作起」有「上」之義。釋天：「扶搖謂之猋。」莊子逍遥遊篇云：「摶扶搖而上者九萬里。」楚辭九章云：「願搖起而横奔兮。」漢書禮樂志云：「將搖舉，誰與期。」西都賦云：「遂乃風舉雲搖。」是凡言「搖」者，並與「上」義相近。

祖者，廣雅：「祖，上也。」史記三王世家云：「祖，先也。」詩生民序疏云：「祖者，始也。己所從始也。」「祖」有「尊上」之義，故訓「上」。又爲「徂」之假借也。風俗通云：「祖者，徂也。」詩四月篇「六月徂暑」，鄭箋云：「徂猶始也。」「始」與「上」義近。

六七　**祖，摇也。**

維言案：此節義與上文同。

六八　**祖，轉也。**互相釋也。動摇即轉矣。

維言案：轉者，義見上文。「祖」訓「轉」者，郭注以爲「摇動即轉」，義見上文。

六九　**括、關，閉也。**易曰：「括囊無咎。」音活〔一〕。

維言案：説文：「閉，闔門也。」廣雅：「閉，塞也。」左氏昭元年傳云：「勿使有壅

〔一〕「活」，匯證據戴震疏證、周祖謨方言校箋改作「适」。

閉湫底。」晉語云「閉而不通」，韋昭注云：「閉，壅也。」禮記月令：「脩鍵閉。」易象傳云：「先王以至日閉關。」今俗猶謂「塞」爲「閉」。

括者，廣雅：「括，結也。」易坤卦六四「括囊無咎」，虞翻注云：「括，結也。」説文：「括，絜也。」韓詩章句云：「括，約束也。」左氏襄三十年傳「衛北宫括字子結」，是「括」訓「結」之證。「結」與「閉」義近。廣雅又云：「括，塞也。」字又作「擓」。廣雅：「擓，收也。」並與「閉」義亦近。

關者，説文：「以木横持門户也。」案：豎木爲閉，横木爲關。周禮司關注云：「界上之門也。」儀禮聘禮云「乃謁關人」，鄭注云：「古者竟上爲關。」禮記王制云：「關譏而不征。」淮南子覽冥訓云：「城郭不關。」廣雅：「關，塞也。」玉篇：「關，扃也。」義並與「閉」近。今俗謂「閉門」猶曰「關門」也。

七〇　衝、俶，動也。

維言案：説文：「動，作也。」爾雅釋詁：「動，作也。」易象傳「動而健」，虞翻注云：「動，震也。」繫辭「效天下之動者也」，虞注云：「動，發也。」「變動不居」，虞注云：「動，行也。」孟子滕文公篇「將終歲勤動」，趙岐注云：「動，作也。」楚辭抽思篇云

「秋風之動容兮」，王逸注云：「動，搖也。」義並相近。

衝者，亦作「衝」。廣雅：「衝，動也。」又通作「憧」。説文：「憧，意不定也。」易咸卦：「憧憧往來。」案：「憧憧、往來」皆「動貌」也，義並與「動」相近。

俶者，爾雅釋詁：「俶，作也。」亦作「⿰亻尗」。廣雅：「⿰亻尗，動也。」詩崧高篇「有俶其城」，毛傳云：「俶，作也。」又爾雅釋詁：「俶，始也。」「始」有「作」義，故訓「動」也。又通作「埱」。説文「埱，氣出土也」，亦以「動」爲義。「埱」與「俶」聲近義同。

七一　羞、厲，熟也。熟食爲羞。

維言案：熟者，義見卷七。

羞者，廣雅：「羞，熟也。」儀禮聘禮云「燕與羞，俶獻無常數」，鄭注云：「羞謂禽羞，雁鶩之屬，成熟煎和也。」周禮膳夫「掌王之食飲膳羞」，鄭衆注云：「羞，有滋味者。」義並與「熟」相近。

厲者，亦作「礪」。廣雅：「礪，熟也。」「礪」與「厲」同。案：「厲」當是「糲」之假借字。淮南子精神訓云：「糲粢之飯。」史記刺客傳云「粗糲之費」，正義云：「糲，脱粟也。」義與「熟」相近。

七二　厲，今也。

維言案：今者，「合」之訛字也。合者，廣雅：「合，同也。」詩大明篇「天作之合」，毛傳云：「合，配也。」楚語云「合其嘉好」，韋昭注云：「合，結也。」又云「合其州鄉朋友婚姻」，注云：「合，會也。」魯語云「詩所以合意」，注云：「合，成也。」楚辭離騷云「湯禹儼而求合兮」王逸注云：「合，匹也。」呂氏春秋論威篇注云：「合，交也。」詩民勞箋云：「合，聚也。」義並相近。

厲者，廣雅：「厲，近也。」「近」與「合」義近。又爲「連」之假借字，故厲山氏或作連山氏。「連、厲」雙聲。

七三　備、該，咸也。咸猶皆也。

維言案：説文：「咸，皆也。」爾雅釋詁：「咸，皆也。」書堯典「庶績咸熙」，孔傳云：「咸，皆也。」詩閟宫篇「克咸厥功」，鄭箋云：「咸，同也。」周禮筮人注云：「咸猶僉也。」魯語云「小賜不咸」，韋昭注云：「咸，徧也。」義並相近。

備者，廣雅：「備，咸也。」尚書大傳云：「備者，成也。」禮記祭統：「備者，百順之名也，無所不順者謂之備。」儀禮特牲禮云「宗人舉獸尾告備」，鄭注云：「備，具也。」周禮小宗伯云「告備于王」，鄭注云：「備謂饌具。」禮記月令云「農事備收」，鄭注：「備猶盡也。」荀子禮論注云：「備，豐足也。」韋昭楚語注云：「備，滿也。」義並與「咸」相近。

該者，穀梁哀元年傳云「此該之變而道之也」，范注云：「該，備也。」楚辭招魂云「招具該備」，王逸注云：「該亦備也。」天問云「該秉季德」，注云：「該，包也。」太玄經玄圖篇云「旁該終始」，范望注云：「該，兼也。」義並與「咸」相近。字通作「晐」。説文：「晐，兼晐也。」廣雅：「晐，備也。」小爾雅：「該，備也。」廣雅又云：「晐，咸也。」莊子齊物論篇云「晐而存焉」，簡文注云：「晐，兼也。」吴語云「一介嫡女，執箕帚以晐姓於王宮」，韋昭注云：「晐，備也。」義並與「咸」近。「晐」與「該」同，「該」乃「晐」之假借字也。今字作「賅」，爲「晐」之俗體。

七四 噬，食也。

維言案：食者，義見卷一。

噬者，廣雅：「噬，食也。」説文：「噬，啗也。」易雜卦：「噬嗑，食也。」玉篇：「噬，齧也。」左氏莊六年傳云：「後君噬臍。」哀十二年傳云「國狗之瘈，無不噬也」，杜預注云：「噬，齧也。」「齧」與「食」義近。

七五　噬，憂也。

維言案：憂者，義見卷一。

噬者，廣雅：「噬，憂也。」廣雅蓋本方言之訓。

七六　㥉，悸也。 謂悚悸也。

維言案：説文：「悸，心動也。」楚辭悼亂篇云「惶悸兮失氣」，王逸注云：「悸，懼也。」魯靈光殿賦云「心⿰犭思⿰犭思而發悸」，義亦相近。又廣雅：「悸，怒也。」「怒」與「懼」義亦相近。

㥉者，集韻：「㥉㥉，悚悸也。」

七七　虜、鈔，强也。 皆强取物也。

維言案：强者，義見卷七。

虜者，説文：「虜，獲也。」史記李斯傳云「而嚴家無格虜」者，索隱云「奴隸也」，言所虜之人爲奴隸。張孟陽七哀云「珍寶見剽虜」，集韻「虜，掠也」，並與郭注「强取」義近。字亦作「擄」。廣雅：「擄，强也。」又作「擄」。集韻：「擄，掠也。」「擄、擄」並與「虜」同。

鈔者，説文：「鈔，叉取也。」廣雅：「鈔，强也。」又云：「鈔，掠也。」字亦作「抄」。廣韻：「抄，略取也。」通俗文云：「遮取謂之抄掠。」魏志太祖紀注云：「抄掠諸郡。」「抄、掠」皆「强取」之義。

七八　鹵，奪也。

維言案：禮記大學云「爭民施奪」，鄭注云：「施其刦奪之情也。」荀子臣道篇云：「奪然後義。」吕氏春秋愼行篇云「無忌勸王奪」，高誘注云：「奪，取也。」案：「奪」爲「强取」之名，今俗猶謂「强取」爲「奪」也。

鹵者，史記高帝紀云：「毋得鹵抄。」[一]吴王濞傳云「鹵御物」，集解云：「鹵，抄掠也。」漢書衛青傳云「車輜畜産畢收爲鹵」，後漢書光武紀云「有出鹵掠者」，義並與「奪」同。

[一]「抄」，史記作「掠」。

近。案：「鹵」爲「虜」之假借字也。義見上文。

七九　鑈，正也。 謂堅正也。奴俠反。

維言案：正者，義見卷六「由、迪，正也」。下與卷三「格，正也」之「正」義別。

鑈者，廣雅：「鑈，正也。」

八〇　蒔、殖，立也。

維言案：立者，義見卷七。

蒔者，廣雅：「蒔，立也。」説文：「蒔，更別種也。」廣雅又云：「蒔，種也。」案：分秧匀插爲「蒔」。義與「立」近。字亦作「時」。書「播時百穀」，亦訓「種植」之義。

殖者，亦作「置」。廣雅：「置，立也。」「置、殖」聲近義同。亦作「植」。義見卷七。

八一　蒔，更也。 爲更種也。音待〔一〕。

〔一〕「爲」，戴震疏證本作「謂」；「待」作「侍」。

維言案：更者，義見卷三。

蒔者，義見上文。説文「蒔，更別種也」，是郭注所本。

八二　鬠、尾、稍，盡也。 鬠，毛物漸落去之名。除爲也〔一〕。

維言案：盡者，義見卷三。

鬠者，當是「鬌」之訛字。廣雅：「鬌，盡也。」説文：「鬌，髮隋也。」玉篇：「小兒剪髮爲鬌。」剪去髮有「盡」之義。廣雅又云：「鬌，落也。」又云：「鬌，墮也。」「落、墮」並與「盡」義近。字亦作「毻」。廣雅：「毻，解也。」又作「䯿」。廣雅：「䯿，盡也。」並字異義同。

尾者，説文：「尾，微也。」廣雅：「尾，後也。」爾雅釋水注云：「尾猶底也。」史記張儀傳索隱云：「尾，末也。」太玄經玄文篇范望注云：「尾，終也。」義並與「盡」相近。

稍者，廣雅：「稍，盡也。」今人謂「樹杪」爲「稍」，亦「盡」之義也。「梢」與「稍」

〔一〕「也」，戴震疏證本作「反」。

同。「稍」之言「消」也。説文：「消，盡也。」「消」與「稍」聲近義同。

八三　尾，梢也。

維言案：此節義見上文。

八四　㱥、⿰亻執，僗也。 今江東呼極爲㱥。音劇。外傳曰：「余病㱥矣。」

維言案：僗者，亦作「倦」。説文：「倦，罷也。」晉語云「則偏而不倦」，韋昭注云：「倦，懈也。」漢書司馬相如傳集注云：「倦，疲也。」張衡西京賦云「倦狹路之迫隘」，薛綜注云：「倦，極也。」禮記表記云「不繼之以倦」，論語顔淵篇「居之無倦」，述而篇「誨人不倦」，並訓「罷倦」之義。

㱥者，廣雅：「㱥，極也。」字亦作「喙」。詩緜篇「惟其喙矣」，毛傳云：「喙，困也。」晉語云「余病喙矣」，韋昭注云：「喙，短氣貌。」「喙」與「㱥」同，故郭注引晉語以「喙」作「㱥」。

⿰亻執者，亦作「⿰彳卻」。廣雅：「⿰彳卻，極也。」又通作「卻」。趙策云「恐太后玉體之有所卻也」，史記趙世家作「苦」，並與「困倦」義近。又通作「𢜞」。説文：「𢜞，劳也。」「劳」

與「倦」義近。又通作「谻」。子虛賦云「徼谻受詘」，郭注云：「谻，疲極也。」上林賦云「與其窮極倦谻」，郭注云：「倦谻，疲憊者也。」並字異義同。

八五　鼃、律，始也。音蛙。

維言案：説文：「始，女之初也。」釋名云：「始，息也，言滋息也。」禮記檀弓云「君子念始之者也」，鄭注云：「始猶生也。」昏義云「夫禮始於冠」，鄭注云：「始猶根也。」論語泰伯篇「師摯之始」，皇侃疏云：「始，首也。」晉語云「安始而可」，韋昭注云：「始，先也。」秦策云「孰與始强」，高誘注云：「始，初也。」義並相近。

鼃者，廣雅：「鼃，始也。」

律者，太玄經玄瑩篇云：「六始爲律。」是「律」有「始」義也。六律始黄鐘，黄鐘爲萬物之本，故「律」訓「始」。字亦作「葎」。廣雅：「葎，始也。」「葎」與「律」通。

八六　蓐、臧，厚也。

維言案：説文：「厚，山陵之㫗也。」考工記弓人云「厚其液而節其帤」，鄭注云：「厚，多也。」魯語云「不厚其棟」，韋昭注云：「厚，大也。」墨子經上篇云：「厚，有所大也。」秦策云「其於敝邑之王甚厚」，高誘注云：「厚，重也。」吕氏春秋辨土篇云「必厚其靹」，高誘注云：「厚，深也。」晉語云「以厚其欲」，韋昭注云：「厚，益也。」魯語云「而厚於寇」，韋昭注云：「厚，彊也。」禮記坊記云「以厚别也」，鄭注云：「厚猶遠也。」是凡言「厚」者，義並相近。

薵者，廣雅：「薵，厚也。」説文：「薵，陳草復生也。」聲類：「薵，蔫也。」草蔫曰「薵」，有「厚」之義。

臧者，廣雅：「臧，厚也。」説文：「臧，善也。」爾雅釋詁：「臧，善也。」今俗稱善人曰「忠厚」，是「臧」從「厚」爲義。「臧」又爲「奘」之假借字。説文：「奘，駔大也。」「大」與「厚」義近。

八七　遵、遳，行也。遳遳，行貌也。魚晚反。

維言案：行者，義見卷六。

遵者，廣雅：「遵，行也。」説文：「遵，循也。」爾雅釋詁：「遵，自也。」詩汝墳篇「遵彼汝墳」、遵大路篇「遵大路兮」，孟子梁惠王篇「遵海而南」、盡心篇「遵海濱而處」，義並相近。詩酌篇「遵時養晦」，毛傳云：「遵，率也。」「率」與「行」義亦近。

遳者，廣雅：「行也。」集韻「遳，行貌」，是本郭注義也。

八八　鑴、音携。**錣，**祭餟。**餽也。**音愧。

維言案：一本作「鑴、餟，餽也」。並从食不从金。从金者，「食」之訛字也。說文：「吴人謂祭鬼曰餽。」又禮記檀弓云：「君有餽焉曰獻。」〔一〕孟子公孫丑篇：「王餽兼金一百而不受。」萬章篇：「亟餽鼎肉。」中山策云：「飲食餔餽。」漢書禮樂志云：「齊人餽魯而孔子行。」食貨志云：「千里擔囊餽餉。」〔二〕高帝紀云：「給餉餽。」廣陵厲山胥傳云〔三〕：「數相餽遺。」凡言「餽」者，並「饋」之假借字。說文「饋，餉也」，是其本義。

鑴者，廣韻：「鑴，小餟之貌。」然則「鑴」與「餟」義同也。

餟者，說文：「餟，祭酹也。」案：以酒曰「酹」，以飯曰「餟」。史記孝武紀云「其下四方地，爲餟食」，封禪書作「醊」。字林：「餟，以酒沃地，察也。」是「醊」與「餟」義同。玉篇：「餟，祭酹也。一曰餽也。」「祭酹」之義與「餽」亦近。

〔一〕「餽」，十三經注疏本作「饋」。
〔二〕「擔囊」，漢書作「負擔」。
〔三〕「山」當作「王」。

八九　餼、香既反。**䭘**，音映。**飽也。**

維言案：説文：「飽，猒也。」廣雅：「飽，滿也。」食滿腹謂之「飽」，故「飽」有「滿」義。詩權輿篇「今也每食不飽」、既醉篇「既飽以德」、執競篇「既醉既飽」，義並相近。餼者，小爾雅：「餼，饋也。」越語云「公與之餼」，韋昭注云「餼，食也」，義與「飽」近。字亦作「愾」。廣雅：「愾，滿也。」「滿」與「飽」義近。䭘者，廣雅：「䭘，滿也。」字通作「䭊」。廣雅：「䭊，滿也。」又通作「䬐」。玉篇：「䬐，飽也。」並字異義同。

九〇　惵、度協反。**耇**，音垢。**嬴也。**音盈。

維言案：嬴者，「羸」之假借字也。説文：「羸，瘦也。」廣雅：「羸，極也。」「羸，惡也。」「羸，瘠也。」禮記問喪云「身體病羸」，釋文云：「羸，疲也。」楚語云「恤民之羸」，韋昭注云：「羸，病也。」周語云「此羸者陽也」，注云：「羸，弱也。」義並相近。惵者，東都賦云「惵然意下」，注云：「惵猶恐懼也。」字亦作「慴」。説文：「慴，失氣也。」禮記樂記云「柔氣不慴」，鄭注云：「慴猶恐懼也。」曲禮云「則志不慴」，鄭注云：「慴，怯惑也。」「慴」並與「惵」同。案：「惵」義與「怯」略同。「怯」有「羸」義，故訓「惵」爲「羸」。

耇者，上文卷十云：「耇，老也。」「老」亦有「羸」義，「耇」訓「老」，亦訓「羸」，其義一也。餘義見卷一及卷十。

九一　趙、肖，小也。

維言案：小者，義見卷二。

趙者，釋名：「趙，朝也，本小邑，朝事大國也。」廣韻：「趙，少也。」「少」亦「小」也。

肖者，廣雅：「肖，小也。」莊子達生篇云「達生之情者傀，達於知者肖」，王氏念孫廣雅疏證云：「『傀者，大也』；『肖者，小也』。『肖』與『傀』義相反。郭象注以『傀』爲大者，是也；其以『肖』爲失散，失之。」字亦作「宵」。禮記學記云「宵雅肄三」，鄭注云：「『宵之言小也。』」「宵、肖」古同聲，故漢書刑法志「肖字或作宵」，是其證矣。又通作「消」。釋名云：「消，削也。」言滅削也，義與「小」亦近。

九二　蚩、慆，悖也。謂悖惑也。音遥。

維言案：悖者，義見卷十。

蚩者，廣雅：「蚩，亂也。」「亂」亦「悖」也。蒼頡篇「蚩，侮也」，廣雅又云「蚩，輕也」，小爾雅「蚩，戲也」，釋名云「蚩，癡也」，聲類「蚩，騃也」，法言重黎篇云「六國蚩蚩」，後漢書袁紹傳注云「蚩，悖也」，張衡西京賦云「蚩眩邊鄙」，薛綜注云「蚩，悔也」：義與「悖」亦相近。

愮者，廣雅：「愮，亂也。」爾雅釋訓「愮愮，憂無告也」，釋文引廣雅：「愮，亂也。」字亦作「搖」。詩黍離篇「中心搖搖」，楚策云「搖搖如懸旌」：義並與「悖」相近。

九三　吹、扇，助也。吹噓、扇拂，相佐助也。

維言案：說文：「助，左也。」爾雅釋詁：「助，勴也。」小爾雅：「助，佐也。」廣雅：「助，舉也。」釋名云：「助，乍也，乍往相助，非長久也。」孟子滕文公篇：「助者，藉也。」論語孔注云：「助，益也。」義並相近。

吹者，廣雅：「吹，助也。」說文：「吹，噓也。」聲類：「出氣急曰吹。」後漢書章帝紀注云：「言吹噓可成。」莊子逍遥遊篇云：「生物之以息相吹也。」釋名云：「吹，推也，以氣推發其聲也。」義並與「助」相近。

扇者，廣雅：「扇，助也。」束晳補亡詩云：「八風代扇。」潘岳射雉賦云「候扇舉而清呌」，注云：「扇，布也。」又爾雅釋蟲「蠅醜扇」，郭注云：「好摇翅。」字亦作「煽」。詩十月之交篇「豔妻煽方處」，爾雅釋言「煽，熾也」，義並與郭注相引伸。

九四　焜、曅，晠也。 韓曅、焜燿，晠貌也。

維言案：晠者，義見卷一。

焜者，廣雅：「昆，盛也。」「昆」與「焜」同，「盛」與「晠」同。說文：「焜，煌也。」左氏昭三年傳云「焜燿寡人之望」，服虔注云：「焜，明也。」禮記王制鄭注亦云：「焜，明也。」「明」亦「晠」之義也。

曅者，說文：「曅，光也。」「光」亦有「晠」義。字通作「曄」。廣雅：「曄，盛也。」「曄，明也。」神女賦序云「曄兮如華」，吴都賦云「曄兮菲菲」，又云「飾赤烏之曄曄」，長笛賦云「曄然後揚」[一]，注並訓「盛貌」。

九五　苦、翕，熾也。

[一]「後」，文選作「復」。

維言案：説文：「熾，盛也。」詩六月篇「玁狁孔熾」，毛傳云：「熾，盛也。」苦者，廣雅：「苦，熾也。」周禮瘍醫云「以苦養氣」，鄭注云：「苦，火味也。」「火」與「熾」義近。又集韻引説文「苦，一曰急也」，與「熾」義亦近。

翕者，廣雅：「翕，熾也。」甘泉賦云「翕赫曶霍」，李善注云：「翕赫，盛貌。」論語八佾篇「翕如也」，集解云：「翕，盛也。」琴賦云「瑶瑾翕艴」，李善注云：「翕艴，盛貌。」「盛」與「熾」義近。字亦作「熻」。廣雅「熻，爇也」〔一〕，義與「熾」義近。

九六　藴，崇也。

維言案：爾雅釋詁：「崇，重也。」廣雅：「崇，積也。」「崇，聚也。」小爾雅：「崇，叢也。」爾雅釋宫孫炎注云：「崇，多也。」書酒誥「矧曰其敢崇飲」，孔傳云：「崇，聚也。」左氏隱六年傳云：「芟夷藴崇之。」僖二十四年傳云：「棄德崇姦。」周語云「用巧變以崇天災」，韋昭注云：「崇，益也。」義並相近。

藴者，廣雅：「藴，聚也。」左氏隱六年傳注云：「藴，積也。」字亦作「蕰」。説文：

〔一〕「爇」，廣雅疏證作「爇」。

「蘊，積也。」[一]廣雅：「薀，積也。」「薀，盛也。」昭二十五年傳云：「弗治將薀。」昭十年傳云「薀利生孽」，杜預注云：「薀，畜也。」義並與「崇」相近。

九七　蘊、嗇，積也。嗇者貪，故爲積。

維言案：説文：「積，聚也。」小爾雅：「積，叢也。」廣雅：「積，重也。」楚語云「無一日之積」，韋昭注云：「積，儲也。」大戴禮子張問入官篇云「故天下積也」，盧辯注云：「積謂歸湊也。」公羊莊十七年傳云「瀸，積也」，何休注云：「積，衆多。」荀子修身篇云「不窮而通者積焉」，楊倞注云：「積，填委也。」是凡言「積」者，並與上文「崇」義略同。

蘊者，義見上文。

嗇者，廣雅：「嗇，積也。」卷十云：「嗇，貪也。」「嗇」本有「貪」義，故郭注云然。

九八　嗇、殄[二]，合也。

[一]「蘊」當作「薀」。

[二]「殄」，匯證據錢繹方言箋疏作「弥」。

維言案：合者，義見上文。

嗇者，亦作「繬」。廣雅：「繬，合也。」説文：「繬、彌，縫也。」[一]「繬」並與「嗇」同。

殄者，「彌」之訛字。廣雅：「彌，合也。」易繫辭傳云：「故能彌綸天地之道。」左氏昭二年傳云「敢拜子之彌縫敝邑」，杜預注云：「彌縫猶補合也。」又漢書司馬相如傳「彌山跨谷」，注云：「彌，滿也。」周禮大祝云「彌祀社稷禱祠」，鄭注云：「彌猶徧。」西京賦云「彌皋被岡」，薛綜注云：「彌猶覆也。」廣雅又云：「彌，縫也。」淮南子原道訓云「横之而彌于四海」，高誘注云：「彌猶絡也。」義並與「合」相近。

九九　翬、翻，飛也。 翬翬，飛貌也。音揮。

維言案：説文：「飛，鳥翥也。」今俗呼「鳥舉」猶曰「飛」。字亦作「蜚」。史記封禪書云「蜚英聲」，義與「飛」同。

翬者，説文：「翬，大飛也。」爾雅釋鳥「鷹隼醜，其飛也翬」，舍人注云：「翬翬，其

[一] 説文無「繬、彌，縫也」。廣雅有此條。

飛疾羽聲也。」廣雅：「翬翬，飛也。」[一]馬融廣成頌云「翬然雲起」，亦「飛」之義也。

翻者，廣雅：「翻，飛也。」孫綽游天台山賦云「整輕翮而思矯」，李善注引方言「矯，飛也」，今作「翻」。「翻」與「矯」通。玉篇：「翻，飛也。」朱氏駿聲引廣雅亦云「矯，飛也」，今本作「翻」。案：「翻、矯」二字聲近義同，古通用也。

一〇〇 憤、自，盈也。

維言案：說文：「盈，滿器也。」廣雅：「盈，滿也。」「盈，充也。」易坎「不盈」，虞翻注云：「盈，溢也。」詩鵲巢篇「維鳩盈之」，毛傳云：「盈，滿也。」穆天子傳云「予一人不盈于德」，郭注云：「盈猶充也。」義並相近。又與卷七「盈，怒也」義略同。

憤者，廣雅：「憤，盈也。」說文：「憤，懣也。」周語云「陽癉憤盈」，韋昭注云：「憤，積也。」賈注云：「憤，盛也。」楚辭惜誦篇云「發憤以抒情」，王逸注云：「憤，懣也。」淮南子脩務訓云「憤于中則應于外」，高誘注云：「憤，發也。」禮記樂記云「賁之音作」，鄭注云：「賁，讀如憤。憤，怒氣充實也。」義並與「盈」相近。

[一]「翬翬」，廣雅疏證作「翬」。

自者，「詯」之假借字也。説文：「詯，膽氣滿聲。」又通作「膞」，義見卷二。

一〇一　**譟**、唤譟。**諻**，從横。**音也。**

維言案：説文：「音，聲也。」白虎通云：「音，飲也。剛柔清濁和而相飲也。」案：「音」與「聲」別。單出曰「聲」，襍比曰「音」。今俗通呼爲「聲音」矣。

譟者，説文：「譟，擾也。」韻會引説文：「譟，擾聒也。」周禮大司馬「車徒皆譟」，鄭注云：「譟，讙也。」穀梁定十年傳云「齊人鼓譟而起」，范注云：「羣呼曰譟。」今俗呼大言曰「譟」，亦取「聲」之義。字通作「喿」。説文「喿，鳥羣鳴也」，與「音」義亦近。又通作「鎗」。廣雅：「鎗，聲也。」「鎗、譟」一聲之轉。

諻者，亦作「喤」。説文：「喤，小兒聲。」詩斯干篇：「其泣喤喤。」廣雅：「喤喤，聲也。」吴都賦云：「喧譁喤呷。」其訓「聲音」之義。詩執競篇「鐘鼓喤喤」，毛傳云「喤喤，和也」，亦「音」之義也。又通作「鍠」。廣雅：「鍠，聲也。」「鍠」與「諻」亦聲近義同。

一〇二　**攎**、音盧。**⿺辶勅**[一]，音敕。**張也。**

[一]「⿺辶勅」，戴震疏證本作「遫」，二字同。

維言案：説文：「張，施弓弦也。」廣雅：「張，開也。」「張，施也。」詩吉日篇：「既張我弓。」禮記雜記云：「一張一弛。」楚辭招魂云：「羅幬張些。」秦策云：「張樂設飲。」荀子王霸篇云「不務張其義」，楊倞注云：「張，開也。」楚辭九章云「與佳期兮夕張」，王逸注云：「張，施也。」義並相近。

攎者，亦作「攄」。廣雅：「攄，張也。」「攄」與「攎」同。説文：「攎，挐持也。」廣雅又云：「攎，引也。」「引」與「張」義近。

遡者，廣雅：「遡，張也。」

一〇三　**岑、夤，大也。**

維言案：大者，義見卷一。

岑者，廣雅：「岑，大也。」餘義見下文。

夤者，廣雅：「夤，大也。」吴都賦云：「夤緣山嶽之岊。」淮南子墬形訓云「九州之外，乃有八夤」，高誘注云：「夤猶遠也。」「遠」與「大」義近。

一〇四　**岑，高也。**岑崟，峻貌也。

維言案：高者，義見卷六。

岑者，廣雅：「岑，高也。」説文：「岑，山小而高也。」爾雅釋山「山小而高，岑」，郭注云：「言岑崟也。」羽獵賦云「玉石嶜崟」，李善注云：「嶜崟，高大貌。」案：「嶜崟」與「岑崟」同。思玄賦云「飲青岑之玉醴兮」，舊注云：「上高者曰岑。」孟子告子篇「可使高于岑樓」，趙岐注云：「岑樓，山之鋭嶺者。」釋名云：「岑，嶃也，嶃嶃然也。」並與「高」義相近。

一〇五　效、昈，文也。昈昈，文采貌也。音良[一]。

維言案：廣雅：「文，飾也。」論語雍也篇「文質彬彬」，皇侃疏云：「文，華也。」子罕篇「博我以文」，皇疏云：「文，文章也。」禮記樂記云：「文采節奏之聲。」又云「以進爲文」，鄭注云：「文猶美也。」又考工記：「畫繢之事，青與赤謂之文。」左氏昭二十八年傳云：「經天緯地曰文。」晉語云：「吾不如衰之文也。」義並相近。

昈者，廣雅：「昈，文也。」説文：「昈，明也。」漢書揚子本傳云「昈分殊事」，亦訓

[一]「音良」，戴震疏證本作「音户」，並移至「昈」下。

「盳」爲「明」。西京賦云「赫盳盳以宏敞」，薛綜注引埤蒼云：「盳亦文也。」並「盳」訓「文」之證。字通作「扈」。上林賦云：「煌煌扈扈。」又通作「蔰」。淮南子俶真訓云「蓶蔰鉅煌」[一]，高誘注云：「蔰，文采貌。」[二]又通作「户」。論語摘衰聖云「腹文户」，亦「文采」之義。宋均注「户，爲所由出入」，失之。是「盳、扈、蔰、户」並字異義同。

一〇六　鈵、董，錮也。謂堅固也。音柄。

維言案：說文：「錮，鑄塞也。」漢書賈山傳云「冶銅錮其内」，師古注云「錮謂鑄而合之也」；劉向傳云「雖錮南山猶有隙」：並有「堅固」之義。又爲「固」之假借字。說文：「固，四塞也。」左氏昭四年傳云「固陰沍寒」，疏云：「固，牢也。」詩天保篇「亦孔之固」，毛傳云：「固，堅也。」廣雅「固，堅也」，今本廣雅脱「堅」字。凡言「固」者，並與郭注義近。

鈵者，廣雅：「鈵，固也。」

[一]「鉅」，二十二子本作「炫」。

[二]二十二子本作「萑蔰，采色貌也」。

董者，廣雅：「董，固也。」史記倉公傳云「年六十以上氣當大董」，注訓「深藏」之義，與「堅、固」義亦近。

一〇七　扜、搷，揚也。謂播揚也。音顛[一]。

維言案：説文：「揚，飛舉也。」小爾雅：「揚，舉也。」禮記檀弓云「杜蕢洗而揚觶」，鄉飲酒義云「盥洗揚觶」，儀禮鄉射禮云「南揚弓」，鄭注並訓「揚」爲「舉」。樂記云「弦歌干揚」，皇氏注云「揚，舉也」，義並相近。

扜者，廣雅：「扜，揚也。」集韻：「扜，引也。」「引」與「揚」義近。説文「扜，指摩也」[二]，義與「揚」亦近。

搷者，集韻：「搷，引也。」今俗呼「簸米」曰「搷」，義與郭注「播揚」相近。

一〇八　水中可居爲洲，三輔謂之淤，音血瘀。上林賦曰「行乎洲淤之浦」也。**蜀漢謂之㟤。**手臂。

[一]「音顛」，戴震疏證本作「音搷」，並移至「搷」下。
[二]「摩」，説文作「麾」。

維言案：洲者，爾雅釋水：「水中可居者曰洲。」亦作「州」。説文引詩「在河之州」，今詩作「洲」。廣雅：「州，居也。」釋名云：「水中可居曰洲。」「洲，聚也，人及鳥物所聚息之處也。」[一]詩關雎正義引李巡曰：「四方皆有水，中央獨可居。」一切經音義引孫炎云：「水有平地可居者也。」楚語云：「又有藪曰雲連徒洲。」詩鼓鐘篇「淮有三洲」，毛傳云：「洲，淮上地。」義並相近。

淤者，説文：「淤，澱滓，濁，泥。」司馬相如上林賦云「行乎洲淤之浦」，是郭注所引。

檗者，集韻「蜀漢水呼水洲曰檗」[二]，是本方言。

一〇九　殹，幕也。謂蒙幕也。音醫。

維言案：上文云：「幕，覆也。」「覆」亦「蒙蔽」之義。故郭注以爲「蒙幕也」。義見上文。

殹，亦作「翳」。義見卷六。

[一]「物」，釋名作「獸」。

[二]按，上引文實出廣韻。上「水」字，宋本廣韻作「人」。

一一〇　**刳，**音枯。**狄也。**宜音剔。

維言案：狄者，亦作「㹊」。廣雅：「㹊，屠也。」又通作「剔」。又作「鬄」。詩泮宮篇「狄彼東南」，鄭箋云：「狄，當爲剔。剔，治也。」釋文引韓詩作「鬄」，云：「鬄，除也。」鄭注儀禮士吉禮云：「鬄，解也。」又作「𩮜」。說文：「𩮜，解骨也。」又作「肆」。周禮大司徒：「羞其肆。」大宗伯：「肆獻祼。」「小子羞羊肆」，鄭注云：「肆讀爲鬄。羊鬄者，所謂豚解也。」禮記郊特牲云「腥肆爓腍祭」，音義亦與「鬄」同。是「狄、㹊、剔、鬄、𩮜、肆」並字異義同。

刳者，說文：「刳，判也。」書泰誓「刳剔孕婦」，疏引說文：「刳，刲也。」廣雅：「刳，屠也。」禮記內則云：「刲之刳之。」易繫辭：「刳木爲舟。」漢書王莽傳云：「與巧屠共刳剝之。」義並與「狄」相近。

一一一　**度高爲揣。**蒙絹反[一]。

維言案：廣雅：「揣，度。」說文：「揣，量也。」左氏昭二十三年傳云「揣厚薄」[二]，

[一]「蒙絹反」，戴震疏證作「常絹反」。

[二]「二十三」當作「三十二」。「揣」，十三經注疏本作「度」。

三十二年傳云「揣高卑」，孟子告子篇「不揣其本」，並訓「度量」之義。六書通云：「凡稱量忖度皆曰惴。」今俗謂度量皆曰「揣」，不僅度高也。然「揣」从「耑」爲義。耑者，高也。故「度高爲揣」。

度者，説文：「度，法制也。」禮記王制云「度地以居民」，釋文云：「度，量也。」少儀云「不度民械」，釋文云：「度，計也。」左氏隱十一年傳云：「山有木工則度之。」昭四年傳云「度不可改」，杜預注云：「度，法也。」書吕刑「度作刑以詰四方」，馬融注云：「度，法度也。」案：「度」起于人手取法，故義與「量」略同。

一一二　**半步爲跬。** 差箠反〔一〕。

維言案： 小爾雅：「跬，一舉足也。」案：白虎通：「人踐三尺，法天地人，再舉足步，備陰陽也。」類篇引周禮司馬法云「凡人一舉足曰跬，跬，三尺也。兩舉足曰步，步，六尺也」，即「半步」爲「跬」之證。

〔一〕「差箠反」，匯證據戴震疏證、劉台拱方言補校、周祖謨方言校箋改作「羌箠反」。

一一三　**半盲爲睺。**呼鉤反，一音猴。

維言案：集韻「睺，半盲也」，是本方言之義。又聲類「睺、矆，大視也」，與「半盲」義稍别。

一一四　**半陞天龍謂之蟠龍**〔一〕。

維言案：蟠龍者，尚書大傳云「蟠龍賁信于其藏」，鄭注云：「蟠，屈也。」太玄經「龍蟠于泥」義同。亦作「盤龍」。袁公諸葛亮贊云：「初如龍盤。」「盤」與「蟠」同。韻會：「蟠，伏也。曲也。屈也。」皆「未陞天」之義也。

一一五　**裔，夷狄之總名。**邊地爲裔，亦四夷通以爲號也。

維言案：廣雅：「裔，遠也。」「裔，表也。」「裔，邊也。」家語「裔夷之俘」；史記五帝紀云「乃流四凶族，遷于四裔」，賈逵注云「四裔之地，是王城千里」〔二〕；左氏文十八年傳云「投諸四裔」；晉語云「以實裔土木」；華海賦云「迤延八裔」：並訓「裔」爲

〔一〕「半」，戴震疏證本作「未」。
〔二〕「是王城千里」，史記作「去王城四千里」。

「荒遠」之稱。故郭注謂「邊地爲裔」也。

一一六　**考，引也。**

維言案：爾雅釋詁：「引，長也。」釋訓：「子子孫孫引無極也。」詩楚茨篇「勿替引之」，「引」當爲「延」之假借字。釋名云：「引，演也。」漢書律曆志云：「引者，信也，信天下也。」文選典引注云：「引者，伸也。」顔延年詩云「臨途未及引」，李善注云：「引，進也。」義並與「延」近。

考者，説文：「考，老也。」「老」與「引」義近。又爾雅釋詁：「考，成也。」禮記禮運云「故行事有考也」，鄭注云：「考，成也。」淮南子人間訓云「婦人不能剡麻考縷」[一]，高誘注云：「考，成也。」訓「成」之義，與「引」亦近。

一一七　**㢸，高也。**

維言案：高者，義見卷六。

[一]「能」，二十二子本作「得」。

弼者，廣雅：「弼，高也。」「弼，上也。」「上」與「高」義近。爾雅釋詁「弼，重也」，説文「弼，輔也，重也」，義並與「高」近。

一一八　上，重也。

維言案：廣雅：「重，再也。」禮記内則鄭注云：「重，陪也。」左氏成二年傳云「重器備」，杜預注云：「重猶多也。」儀禮少牢禮云「蓋二以重」，鄭注云：「重，累之。」史記李斯傳索隱云：「重，再也。」漢書文帝紀注云：「重謂增益也。」詩大車篇「衹自重兮」，鄭箋云：「重猶累也。」「重、累」即「加厚」之義。故説文：「重，厚也。」案：説文「重」字本兼「輕重、重疊」二義爲訓，義皆可通。

上者，義見卷六。

一一九　箇，枚也。爲枚數也[一]。古餓反。

維言案：集韻：「枚，个也。」書大禹謨「枚卜功臣」，謂一一卜之也。左氏昭十二年傳云「南蒯枚筮之」，疏云：「今人數物云一枚、兩枚，枚是籌之名也。」釋名云：「竹曰

[一]「爲」，戴震疏證本作「謂」。

个，木曰枚。」漢書食貨志云「二枚爲一朋」，五行志云「拔宫中樹七圍以上者十六枚」，義並與「个」近。

箇者，説文：「箇，竹枝也。」〔一〕戴侗六書故引唐本説文或作「个，半竹也。」史記貨殖傳云「竹竿萬个」，索隱云：「箇、个，古今字也。」儀禮大射儀云「搢三挾一个」，有司徹「俎釋三个」〔二〕，齊語云「鹿皮四个」，注皆云：「个，枚也。」禮記少儀云：「太牢則以牛左肩、臑、折九箇，少牢則以羊肩七箇，特豕則以豕左肩五箇。」〔三〕周禮祭僕注皆作「个」字。亦作「個」。儀禮士虞禮注云：「今俗或名枚爲個，音相近。」荀子議兵篇云「負矢五十箇」，言五十枚也。今俗言「幾枚」猶曰「幾个」。

一二〇　一，**蜀也。南楚謂之獨。**蜀猶獨也。

維言案：廣雅：「蜀，弌也。」「弌」與「一」同。管子地形篇云：「抱蜀不言，而廟堂既循。」〔四〕「抱蜀」者猶老子言「抱一」也。

〔一〕「枝」，説文作「枚」。

〔二〕「微」當爲「徹」之誤。

〔三〕十三經注疏本「臑」上有「臂」字，「羊」下有「左」字，「特」作「犆」。

〔四〕按，上引文實出形勢篇。「循」，二十二子本作「修」。

獨者，爾雅釋山「獨者蜀」，邢昺疏云：「蟲之孤獨者名蜀，山之孤獨者亦名蜀。」詩正月篇「哀此煢獨」「念我獨兮」，毛傳並云：「獨，單也。」白華篇：「俾我獨兮。」書洪範：「無虐煢獨。」孟子梁惠王篇：「老而無子曰獨。」後漢書劉翊傳注云：「無夫曰獨。」莊子養生主篇云「天之生是使獨也」，郭象注云：「偏刖曰獨。」又禮記禮器云「君子愼其獨也」，疏云：「獨，少也。」儒行云：「儒有特立而獨行。」老子道德經云「獨立而不改」，王注云：「獨無匹雙。」[一]義並與「一」相近。

補遺 此節在「杼、𢡁，解也」之下。

四八 蕆、逞，解也。 蕆訓敕，復言解，雜用其義。音展。

維言案： 解者，義見上文。

蕆者，義見下文卷十三。

逞者，義見卷二。

〔一〕按，此當爲河上注文，原作「獨立者，無匹雙」。

方言釋義卷十三

歷下　王維言學

一　奝、歷，相也。

維言案：說文「相，省視也」，爾雅釋詁「相，視也」「相，道也」，小爾雅「相，治也」，風俗通「相者，助也」，書盤庚「相時憸民」，詩相鼠篇「相鼠有皮」，周禮春官「馮相氏」，禮記月令云「善相丘陵」，又詩公劉篇「相其陰陽」，左氏隱十一年傳云「相時而動」：義並相近。

奝者，朱氏駿聲以爲「睇」之假借字。說文：「睇，目小衺視也。」[一]義見卷二。郝氏懿行以爲「艾」之假聲。爾雅釋詁：「艾，相也。」

歷者，爾雅釋詁：「歷，相也。」又云：「歷，傅也。」「傅、相」義同。

[一] 說文「視」上無「衺」字。

二　**裔、旅，末也。**

維言案：末者，義見卷十。

裔者，廣雅：「裔，末也。」晉語云「延及寡君之紹續昆裔」，韋昭注云：「裔，末也。」書微子之命「德垂後裔」，楚辭離騷云「帝高陽之苗裔兮」：義並與「末」相近。説文：「裔，衣末邊也。」小爾雅：「裒[一]，末也。」「裒」與「裔」同。左氏襄十四年傳云「是四嶽之裔胄也」，張納功德敘云「枝裒滋布」，漢書藝文志云「亦六經之支與流裔」：亦並與「末」義相近。

旅者，周禮地官旅師宰夫「四曰旅，掌官常以治數」[二]，鄭注「旅，下士也」，義與「末」近。又爲「緒」之假借字。廣雅：「緒，末也。」「緒、旅」疊韻，故假其義也。

三　**毗、緣，廢也。**

維言案：説文：「廢，屋頓也。」小爾雅：「廢，置也。」淮南子覽冥訓注云：「廢，

〔一〕「裒」，正字作「裔」。

〔二〕按，上引文實出天官宰夫。

頓也。」禮記學記注云：「廢，弛也。」左氏定三年傳云「廢于爐炭」，杜預注云：「廢，墮也。」爾雅釋詁：「廢，舍也。」周禮太宰注云：「廢猶退也。」禮記中庸「半途而廢」，鄭注云：「廢，罷止也。」莊子讓王篇云「則右手廢」，李注云：「廢，棄也。」詩楚茨篇鄭箋云：「廢，去也。」爾雅釋詁又云：「廢，止也。」義並相近。

毗者，爾雅釋詁「毗，暴樂也」[一]，郭注云：「木葉缺落蔭。」案：「暴樂」猶「剥落」也，義與「廢」相近。又爲「秕」之假借字。說文「秕，不成粟也」，亦以「廢棄」爲義。

緣者，「捐」之假借字。說文：「捐，棄也。」「捐」、「緣」疊韻，故假其義也。

四　純、毣，好也。毣毣，小好貌也。音沐。

維言案：好者，義見卷二。

純者，廣雅：「純，好也。」禮記郊特牲云「貴純之道也」，鄭注云：「純謂中外皆善。」呂氏春秋士容篇云「純乎其若鍾山之玉」，高誘注云：「純，美也。」漢書地理志云「織作冰紈綺繡純麗之物」，師古注云：「純，精好也。」史記諸侯年表云「非德不純」，索

[一] 十三經注疏本「毗」下有「劉」字。下郭注「蔭」下有「疏」字。

隱云：「純，善也。」義並訓「好」。又乾卦文言「純粹精也」，崔覲注云「不雜曰純」，亦與「好」義近。

毣者，亦作「旄」。孟子梁惠王篇「見羽旄之美」，史記司馬相如傳云「總光耀之采旄」，是「旄」並有「好」義。又通作「眊」。廣雅：「眊，好也。」又通「藐」。爾雅釋詁：「藐藐，美也。」又通「懇」。説文：「懇，美也。」又假借爲「媌」。説文：「媌，目裏好也。」義見卷一。是「毣、旄、眊、藐、懇、媌」並聲近義同。

五　藐、素，廣也。藐藐，曠遠貌。音邈。

維言案：説文：「廣，屋之大也。」[一]小爾雅：「廣，遠也。」廣雅：「廣，大也。」「廣，博也。」詩六月篇「四牡脩廣」、雍篇「於薦廣牡」，毛傳並云：「廣，大也。」禮記曲禮云「車上不廣欬」，鄭注云：「廣猶宏也。」中庸「致廣大而盡精微」，鄭注云：「廣猶博厚也。」左氏莊二十八年傳云「狄之廣漠」，杜預注云：「地之曠絶也。」西周策云「地廣而益重」，高注云：「廣，多也。」義並相近。字通作「曠」。廣雅：「曠，遠也。」又通

〔一〕「屋之大也」，説文作「殿之大屋也」。

「廰」。説文：「廰，㵪也。一曰廣也，大也。一曰寬也。」經傳皆「曠」爲之。「曠、廰」並與「廣」聲近義同。

藐者，廣雅：「藐，廣也。」詩瞻卬篇「藐藐昊天」，楚辭九章云「藐曼曼之不可量兮」，莊子逍遥篇云「藐姑射之山」[一]，思玄賦云「藐以迭逷」，注皆訓「遠」。「遠」與「廣」義近。字亦作「邈」。義見卷六。

素者，廣雅：「素，廣也。」「素，博也。」「博」亦「廣」也。

六　藐，漸也。

維言案：漸者，當是「蔪」之假借字。説文：「蔪草曰蔪苞也。」字亦作「蔪」。枚乘七發云「麥秀蔪兮雉朝飛」，注引埤蒼云：「蔪，木芒也。」書禹貢「草木漸苞」，孔傳云：「漸，長進也。」史記微子世家云「麥秀漸漸兮」，索隱云：「漸漸，麥芒之狀。」射雉賦云「麥漸漸以含芒」，李善注云：「漸漸，含秀之貌。」[二]「漸」並爲「蔪」之假借，與

[一]「逍遥篇」當作「逍遥遊篇」。

[二] 按，上爲徐爰注。

「漸水、漸濕」義皆别。

藐者，亦作「杪」。説文「杪，木標末也」，義與「漸」同。又爲「稍」之假借字。説文：「稍，出物有漸也。」漢書郊祀志集注云：「稍，漸也。」是「杪、稍」並與「藐」聲近義同。

七　躪、踊躍。**抍**，㧓拔[一]。**拔也。出休爲抍，出火爲躪也。**「抍」一作「㧖」[二]。「躪」一作「踚」。

維言案：説文：「拔，擢也。」爾雅釋詁：「拔，盡也。」廣雅：「拔，出也。」「拔，除也。」易乾卦「確乎其不可拔」，鄭注云：「拔，移也。」莊子達生篇李注云：「拔，把也。」又蒼頡篇：「拔，引也。」義並相近。「拔」蓋「引出」之義。

躪者，廣雅：「躪，拔也。」字亦作「踚」。義見卷一。

抍者，廣雅：「抍，拔也。」「拔」有「上舉」之義。説文「抍，上舉也」，引易「抍馬壯吉」。今易明夷六二及涣初六並作「拯」。王肅注云：「拯，拔也。」馬融注云：「拯，

[一]「㧓」，匯證據戴震疏證改作「拯」。
[二]「㧖」，匯證據盧文弨重校方言改作「拯」。

舉也。」伏曼容注云：「拯，濟也。」艮六二「不拯其隨」，虞翻注云：「拯，取也。」釋文作「承」。左氏宣十二年傳云「目於眢井而拯之」，杜預注云：「出溺曰拯。」昭十年傳云「是以無拯」，杜預注云：「拯猶救助也。」淮南子氾論訓云「則捽其髮而拯」，高誘注云：「拯，升也。」孟子公孫丑篇：「民以爲將拯己於水火之中也。」是水火皆曰「拯」。凡言「拯」者，並與「抍」通用。字又通作「撜」。淮南子齊俗訓云「子路撜溺而受牛謝」，高誘注云：「撜，舉也。」「撜」與「抍」同。文選注引説文：「出溺爲抍。」廣雅又云「抍，舉也」「抍，取也」「抍，收也」「抍，陞也」，義並與「拔」相近。

休者，古「溺」字。義見下文。

八　炖、託孫反。**焃、**音閲。**煓，**波湍。**䓇貌也。**皆其盛熾之貌。

維言案：䓇貌者，義見卷十二。

炖者，玉篇「炖，風與火也」，集韻「炖，風而火盛貌」，義並與郭注相合。

焃者，廣雅：「焃，赤也。」集韻：「焃，赫也。」又云：「火赤貌。一曰明也。」字亦作「赫」，與「䓇」同。並訓「火熾」之義。

煓者，玉篇：「煓，火熾也。」洞冥記云「邀臣入雲煓之幕」，亦訓「火盛」之義。

九　憒、窾，孔窾。**阨也。**謂迫阨。烏革反。

維言案：賈子道術篇云：「反寬謂阨。」孟子公孫丑篇：「阨窮而不憫。」左氏昭元年傳云：「所遇又阨。」羽獵賦云：「挾三王之阨僻。」荀子議兵篇云「除阨其下」，楊倞注云：「阨，迫蹙也。」字亦作「戹」。說文：「戹，隘也。」亦作「厄」。蒼頡篇：「厄，困也。」詩谷風箋云「厄難，勤苦之事也」，孟子盡心篇「君子厄於陳蔡之間」，聲義並與「阨」同，皆「困阨」之義也。

憒者，義見卷十二。

窾者，「激」之假借字也。東京賦云「誼方激而遐騖」，薛綜注云：「激，感也。」漢書高五三傳贊注云[一]：「激，感發也。」後漢書陳寵傳云：「言事者必多激切。」並與郭注義近。今俗猶謂「扼啘」爲「憒激」也。「憒激」與「憒窾」同。

一〇　杪、眇，小也。

維言案：小者，義見卷二。

[一]「三」當作「王」。

杪者，義亦見卷二。

眇者，廣雅：「眇，小也。」釋名云：「眇，小也。」易説卦王肅本作「神也，眇萬物而爲言者也」。案：即小莫破之義。董遇本作「妙」，注云：「成也。」失之。莊子德充符篇云「眇乎小哉」，簡文注云：「眇，陋也。」卑陋亦小之義。漢書武帝紀云「朕以眇身承至尊」，師古注云：「眇，微細也。」賈誼傳云「起教于微眇」，注云：「眇，細小也。」外戚傳云「輕細微眇之漸」，注云：「眇亦細也。」疊語亦然。書顧命「眇眇余末小子」，幽通賦云「咨孤蒙之眇眇」，傳、注皆訓「眇」爲「微」義，並與「小」相近。

一一　**讟、咎，謗也。** 謗言，噂讟也。音沓。

維言案：説文：「謗，毀也。」廣雅：「謗，諻也。」「謗，惡也。」左氏昭二十七年傳云「進胙者莫不謗令尹」，杜預注云：「謗，詛也。」楚辭沈江篇云「反離謗而見攘」，王逸注云：「謗，訕也。」呂氏春秋達鬱篇云「國人皆謗」，高誘注：「謗，怨也。」周語云：「使監謗者。」齊策云：「有誹謗于市朝。」[一]案：「謗」與「誹、譏」義別。大言曰「謗」，

[一] 「誹謗」，戰國策作「能謗譏」。

微言曰「誹」、曰「譏」，是其辨也。

讟者，説文：「讟，痛怨也。」左氏昭元年傳云「民無謗讟」，杜預注云：「讟，誹也。」宣十二年傳云「君無怨讟」，注云：「讟，謗也。」漢書五行志云「怨讟動于民」，師古注云：「讟，痛怨之言也。」

郭注言「噂讟」者，亦作「噂沓」。詩十月之交篇「噂沓背憎」，亦「謗」之義也。

咎者，説文：「咎，災也。」爾雅釋詁：「咎，病也。」廣雅：「咎，惡也。」易繫辭傳云：「咎者[一]，善補過也。」書洪範「其作汝用咎」，疏云：「咎是過之别名。」西伯戡黎序云「殷始咎用」，鄭注云：「咎，惡也。」詩伐木篇「微我有咎」，毛傳云：「咎，過也。」北山篇「或慘慘畏咎」，鄭箋云：「咎猶罪過也。」逸周書文酌解云「一除戎咎醜」，孔晁注云：「咎，罪也。」吕氏春秋侈樂篇云「棄寶者必離其咎」，高誘注云：「咎，殃也。」義並與「謗」相引伸。

一二　**葳、敕、戒，備也。**　葳亦訓敕。

[一]「咎者」，十三經注疏本作「無咎者」。

維言案：説文：「備，慎也。」大戴禮小辨篇云：「事戒不虞曰知備。」墨子七患篇云：「備者，國之重也。」周語云：「且夫備有未至而投之。」〔一〕韋昭注云：「備，國備也。」漢書終軍傳云：「當其具其備。」〔二〕師古注云：「備者，猶今言調度。」並訓「戒備」之義。與卷十二「備」訓「咸」者義別。

蕆者，廣雅：「蕆，備也。」「蕆，敕也。」「蕆，解也。」卷十二云：「蕆、逞，解也。」左氏文十七年傳云：「寡君又朝，以蕆陳事。」韻會：「蕆，備也。」案：「蕆」與「展」聲義並同，有「抒難解患」之義。故訓「解」，又訓「備」。

敕者，説文：「敕，誡也。」小爾雅：「敕，正也。」廣雅：「敕，順也。」〔三〕「敕，理也。」「憖憖，誡也。」〔四〕「憖」與「敕」同。書天之命孔傳云：「敕，正也。」易噬嗑卦象「君子以明罰敕法」，崔注云：「敕，理也。」漢書禮樂志云「敕身齋戒」，師古注云：「敕，敬謹

〔一〕「投」，國語作「設」。
〔二〕「其具」，漢書作「先具」。
〔三〕「順」，廣雅疏證作「設」。
〔四〕「憖憖」，廣雅疏證作「愸愸」。「誡」作「誠」。

之貌。」[一]後漢書張衡傳云「懼余身之未敇」，東京賦云「亭候脩敇」，注並云「敇，整也」，義並與「備」相近。

戒者，說文：「戒，警也。」禮記曾子問云「以三年之戒」，鄭注云：「戒猶備也。」左氏哀元年傳云「惎澆，能戒之」，杜預注云：「戒，備也。」吴語云「息民以戒」，韋昭注云：「戒，儆也。」「儆」亦「備」也。孟子公孫丑篇「辭曰聞戒」，趙岐注云：「有戒備不虞之心也。」易萃卦「戒不虞」，注云：「備，不虞也。」並「戒」訓「備」之證。又左氏宣十二年傳云「軍政不戒而備」，杜預注云：「戒，敇令也。」詩大田篇：「既種既戒，既備乃事。」案：「戒」與「備」對文則義異，散文則義通。

一三　**摵**、音蹜。**撴**，音致。**到也**。

維言案：說文：「到，至也。」案：「到」義與「至」略同，「至」義見卷一。今俗猶呼「至」爲「到」也。

摵者，廣雅：「摵，至也。」「至」亦「到」也。

[一]「敬謹」，漢書作「謹敬」。

撴者，廣雅：「撴，至也。」説文：「撴，刺之財至也。」甘泉賦云：「撴北極之嶟嶟。」漢書應劭注云：「撴，至也。」字通作「致」。廣雅：「致，至也。」漢書公孫宏傳云「致利除害」，師古注云：「致謂引而至也。」「致」與「撴」聲近義同。

一四　聾、䁖，忘也。

維言案：説文：「忘，不識也。」詩假樂篇「不愆不忘」，説苑作「不愆不亡」。漢戾太子傳注云：「忘，亡也。」歎逝賦云「樂潰心其如忘」[一]，注云：「忘，失也。」「失」亦「亡」也。列子周穆王篇云「中年病忘」，釋文：「忘，不記事也。」今俗謂不記事猶曰「忘」也。

聾者，當是「罄」之假借字。爾雅釋詁：「罄，盡也。」詩蓼莪篇「瓶之罄矣」，天保篇「罄無不宜」，義並訓「盡」。「盡」與「忘」義近。

䁖者，廣雅：「䁖，忘也。」又云：「䁖，久也。」「久」與「忘」義近。

一五　黮、度感反。䵝，莫江反。私也。皆冥闇，故爲陰私也。

[一]「潰」，全上古三代秦漢三國六朝文作「隤」。

維言案：賈子道術篇云「反公爲私」；管子任法篇云「私者，下之所以侵法亂主也」；楚辭離騷云「皇天無私阿兮」，王逸注云「竊愛爲私」；秦策云「賞不私親」，高誘注云「私猶曲也」；吕氏春秋有度篇云「奚道知其不爲私」，高誘注云「私，邪也」：義並與「陰私」相近。案：「私」當是「厶」之假借字。説文：「厶，姦衺也。」韓非曰：「蒼頡作字，自營爲厶。」又案：韓非子五蠹篇云：「自環者謂之私。」説文繫傳引詩碩人篇「譚公維私」，經傳並用「私」字。

黚者，廣雅：「黚，私也。」聲類：「黚，深黑色。」字林：「黚，黑黄也。」廣雅又云：「黚，黑也。」家語辨樂篇注云：「黚，黑貌。」景福殿賦注云：「黚，黑貌。」並與「陰私」義近。又莊子齊物論篇云「則人固受其黚闇」，李注云「黚闇，不明貌」，義亦相近。

⿰黑毛者，廣雅：「⿰黑毛，私也。」義與「⿰黑毛」略同。

一六　**龕**、音堪。**喊**、音減。**㖪**、荒麥反，亦音郁。**唏**，靈几反。**聲也。**

維言案：聲者，與「音」略同。單出曰「聲」，雜出曰「音」，是其辨。

龕者，玉篇：「龕，聲也。」

喊者，廣雅：「喊，可也。」廣韻：「喊，聲也。」

嘁者，玉篇：「嘁，或作欶。」集韻：「欶，通作嘁。」廣韻「嘁，大笑貌」，亦以聲爲義也。

唏者，說文：「唏，笑也。」廣雅：「唏唏，笑也。」案：唏，笑聲也。與卷一「唏」訓「痛」者義別。

一七　筡、音余〔一〕。**箄，**方婢反。**析也。析竹謂之筡。**今江東呼篾竹裏爲筡，亦名爲筡之也〔二〕。

維言案：說文：「析，破木也。」廣雅：「析，分也。」聲類：「析，劈也。」詩南山篇「析薪如之何」，公羊宣十五年傳云「析骸而炊之」，義並相近。又史記司馬相如傳云「析圭而儋爵」，索隱云「析，中分也」；淮南子俶真訓云「析才子之脛」〔三〕，高誘注云「析，解也」：義亦相近。

筡者，廣雅：「筡，分也。」說文：「筡，析竹笢也。」「笢，竹膚也。」郭注之義蓋本說文。

箄者，「劈」之假借字也。廣雅「劈，分也」，說文「劈，破也」，埤蒼「劈，剖也」，並與

〔一〕「余」，戴震疏證本作「涂」。

〔二〕「筡之」，匯證據周祖謨方言校箋改作「笨」。

〔三〕「子」，二十二子本作「士」。

「析」義相近。字又作「鈲」，義見卷二。

一八　㒑、音逵。**宵，**音簫。**使也。**

維言案：説文：「使，伶也。」爾雅釋詁：「使，從也。」大戴禮將軍文子篇云「有衆使也」，盧辯注云：「使，舉也。」荀子解蔽篇云「况于使之者乎」，楊倞注云：「使，役也。」義並相近。又論語八佾篇「君使臣以禮」，憲問篇「使乎使乎」，學而篇「使民以時」，孟子梁惠王篇「不足使令於前與」，義亦相近。案：「使」與「令」對文則異，散文則通。

㒑者，集韻：「㒑，使也。」

宵者，「嗾」之假借字。説文：「嗾，使犬聲。」卷七云：「使犬曰哨。」「哨」與「宵」同。「嗾、宵」雙聲字也。

一九　蠢，作也。謂動作也。

維言案：作者，義見卷六。

蠢者，説文：「蠢，蟲動也。」爾雅：「蠢，動也。」「蠢，作也。」字通作「春」。考工記梓人云「則春以功」，鄭注云：「春讀爲蠢。蠢，作也。」禮記鄉飲酒義云：「春之言蠢也。」白虎通云：「春之爲言偆。偆，動也。」是「春、偆」並與「蠢」通，又通作「惷」。説文引昭二十三年傳云「王室日惷惷焉」，今傳作「王室實蠢蠢焉」。杜預注訓爲「擾動之貌」，與「作」義亦近。

二〇　忽、達，芒也。謂草杪芒射出。

維言案：説文：「芒，草耑也。」白虎通云：「芒之言萌也。」字林：「芒，禾杪也。」周禮稻人云「穜之芒種」，鄭衆注云：「稻麥也。」班固答賓戲云：「鋭思于毫芒之内。」太玄經玄數篇云「神句芒」〔一〕，范望注云：「謂其有芒角也。」〔二〕義並相近。

忽者，漢書律曆志云「無有忽微」，師古注云：「忽，細于髮者也。」敘傳云「造計杪忽」，劉德注云：「忽，蜘蛛網細者也。」今俗謂至輕者猶曰「杪忽忽」。史記正義：「謂蠶口出絲也。」是「忽」爲至細之名，義與「芒」近。

〔一〕上引文見於禮記月令。

〔二〕按，禮記月令「其神句芒」孔穎達疏：「木初生之時，句屈而有芒角，故云句芒。」

達者，詩載芟篇「驛驛其達」，毛傳云：「達，射也。」史記樂書云「區萌達」，正義云：「達，出也。」莊子達生篇釋文：「達，暢也。」淮南子脩務訓注云：「達，穿也。」並與郭注義近。

二一 **芒、濟，滅也。**外傳曰：「二帝用師以相濟也。」

維言案：爾雅釋詁：「滅，絶也。」晉語云「滅其前惡」，韋昭注云：「滅，除也。」呂氏春秋慎勢篇云「以小畜大滅」，高誘注云：「滅，亡也。」左氏文十五年傳云：「凡勝國者曰滅之。」襄十三年傳云：「用大師焉曰滅。」論語堯曰篇「興滅國」，詩正月篇「褒姒滅之」，義並相近。

芒者，「亡」之假借字也。詩車鄰篇「逝者其亡」，毛傳云「喪棄也」；論語雍也篇「亡之命矣夫」，孔注云「亡，喪也」；禮記樂記云「國之滅亡無日矣」；秦策云「始吾不知水之可亡人之國也」，高誘注云「亡，滅也」；孟子離婁篇「亦終必亡而已矣」；秦策云「亡趙自危」：義亦並與「滅」近。

濟者，晉語云「二帝用師以相濟也」，韋昭注云：「濟當讀爲擠，滅也」，是郭注所本。義又訓「憂」，見卷一。

一二二　**劘**，音廓。**劙**，音麗。**解也。**

維言案：解者，義見卷十二。

劘者，亦作「劐」。廣雅：「劐，裂也。」又作「霍」。荀子議兵篇云「霍焉離耳」，義並與「解」近。

劙者，亦作「蠡」。卷六云：「蠡，分也。」廣雅「蠡，分也」[一]，「分」與「解」義相近。

一二三　**覣，能也。**

維言案：能者，假借爲「態」。説文：「態，意也。」西京賦云「要紹修態」，薛注云：「態，嬌媚意也。」楚辭大招云「滂心綽態」，王逸注云：「態，姿也。」舞賦云「狗媮致態」，李善注云：「態，姿態也。」案：「能」爲本字，「態」爲借字。書「柔遠能邇」，鄭注云：「能，姿也。」是本字亦有訓「姿」之義。

覣者，亦作「嫢」。廣雅：「嫢，好也。」集韻「嫢，盈姿貌」，與「姿、能」義同。

[一] 廣雅無「蠡，分也」條，有「劙，解也」條。

二四　㧘，刻也。

維言案：説文：「刻，鏤也。」爾雅釋器：「木謂之刻。」廣雅：「刻，分也。」「刻，畫也。」左氏莊二十四年傳云「刻桓宫桷」，杜預注云：「刻，鏤也。」今俗猶謂「鏤」爲「刻」。

㧘者，集韻：「㧘，刻也。」

二五　聳，悚也。謂警聳也。山頂反。

維言案：字林：「悚，惶懼也。」家語弟子行篇云：「不戁不悚。」字又作「雙」。説文：「雙，懼也。」漢書刑法志云「雙之以行」，亦「悚懼」之義。

聳者，義與「悚」略同。左氏襄四年傳云「邊鄙不聳」，成十四年傳云「無不聳懼」，昭六年傳云「聳之以行」，十九年傳云「駟氏聳」，注並訓「聳」以「懼」，義與「悚」同。

二六　跌，蹷也。偃地反，江東言跢，丁賀反。

維言案：説文：「蹶，僵也。」廣雅：「蹷，敗也。」吕氏春秋慎行篇云「小人之行，不蹷于山」，高誘注云「蹷躓，顛頓也」；荀子成相篇云「國乃蹷」，楊倞注云「蹷，顛覆也」：義並相近。

跌者，説文：「跌，踢也。」字林：「跌，失蹠也。」漢書鼂錯傳云「一跌不振」[一]，師古注云「足失據也」；荀子王霸篇云「此夫過舉蹞步而覺跌千里者」，楊倞注云「跌，差也」；淮南子謬稱訓云「若跌而據」，高誘注云「跌，仆也」：義並與「蹷」相近。今俗謂「蹷」猶曰「跌」，亦「傾倒」之義也。

二七 **蘪，無也。** 謂草穢蕪也。音務。

維言案：説文「無，豐也」，引商書「庶草繁無也」，今書洪範作「庶草繁廡」。晉語云：「不能蕃廡。」東京賦云「草木蕃廡」，薛綜注云：「廡，盛也。」「廡」並與「無」同。又通作「蕪」。説文：「蕪，薉也。」周語云「田疇荒蕪」，韋昭注云：「蕪，穢也。」孟子告子篇：「土地荒蕪。」楚辭招魂云「牽予俗而蕪穢」[二]，王逸注云：「不治曰蕪。」離騷云：「哀衆草之蕪穢。」又小爾雅：「蕪，草也。」爾雅釋草：「蕪，豐也。」案：草盛則蕪

[一]「一跌」，漢書作「跌而」。

[二]「予」，楚辭補注作「於」。

穢，故訓「豐」，又訓「穢」也。

虉者，爾雅釋草「虉從水生」，邢昺疏云：「草從水曰虉。」又通作「虉」。太玄去庭「有虉」，范望注云：「虉，草也。」又素問氣厥論注云：「虉，爛也。」「虉」當訓「爛草」之義，方與郭注相合。

二八　漫、淹，敗也。溼敝爲漫，水敝爲淹。皆爲水潦漫澇壞物也。

維言案：説文「敗，毀也」；釋名「敗，潰也」；詩民勞篇「無俾正敗」，鄭箋云「敗，壞也」：義並相近。

漫者，廣雅：「漫，敗也。」書堯典傳云「若漫天」，疏云：「漫者，加陵之辭。」字亦作「僈」。荀子榮辱篇云「汙僈突盜」，楊倞注云「僈當爲漫，漫亦汙也」，義亦與「敗」相近。

淹者，廣雅：「淹，敗也。」禮記儒行云「淹之以樂好」，鄭注云：「淹謂浸漬之。」楚辭離世篇云「淹芳芷于腐卉兮」[一]，王逸注云：「淹，漬也。」淮南子脩務訓云「淹浸漬漸靡使然也」，義並同。今俗猶謂「水漬」爲「淹」也。

[一] 按，上引文實出怨思篇。「卉」當作「井」。

二九　**釐**、音貍。**挴**，亡改反。**貪也**。

維言案：貪者，義見卷十。

釐者，廣雅：「釐，貪也。」案：「貪」即「利、賴」之義。詩既醉篇「釐爾女士」，毛傳云「釐，予也」；江漢篇「釐爾圭瓚」，毛傳云「釐，賜也」：義並相近。

挴者，廣雅：「挴，貪也。」楚辭天問云「穆王巧挴」，王逸注云：「挴，貪也。」字亦作「每」。莊子人間世篇云「無門無每」，崔譔注云「每，貪也」；漢書賈誼傳云「品庶每生」，孟康注云「每，貪也」：義並同。又莊子胠篋篇云「故天下每每」，李注云「每每猶昏昏也」，義與「貪」亦近。

三〇　**擷**、恪頴反。**挻**，音延。**竟也**。

維言案：竟者，義見卷六。

擷者，廣雅：「擷，竟也。」

挻者，廣雅：「挻，竟也。」説文：「挻，長也。」字亦作「埏」。漢書音義云：「八埏，地之八際也。」「延長」之義與「竟」相近。

三一 **譴喘，轉也。** 譴喘，猶宛轉也。

維言案：轉者，義見卷十二。

譴喘者，廣雅：「譴喘，轉也。」案：「譴喘」，叠韻連語也。

三二 **困、胎、倇，逃也。** 皆謂逃叛也。倇，音鞭撻。

維言案：説文：「逃，亡也。」廣雅：「逃，避也。」孟子盡心篇「逃墨必歸于楊」，趙岐注云「逃，去也」；楚辭大招云「魂無逃只」，王逸注云「逃，竄也」：義並相近。

困者，廣雅：「困，逃也。」「困，窮也。」蓋訓「隱居」之義。郭注以爲「逃叛」，失之。

胎者，廣雅：「胎，逃也。」又爲「駘」之假借字。説文：「駘，馬銜脱也。」「駘、胎」叠韻。又通作「台」。義見卷六。

倇者，亦作「倢」。廣雅：「倢，逃也。」

三三 **隋、毻，易也。** 謂解毻也。他卧反。

維言案：易者，「鬄」之假借字。義見卷十二。

隋者，亦作「墮」。漢書匈奴傳注云：「墮，落也。」又通作「鬌」。義見卷十二。

毻者，廣雅：「毻，解也。」廣韻：「毻，鳥易毛也。」江賦云「産毻積羽」，李善注引：「字書曰：『毤，落毛也。』『毤』與『毻』同。」廣雅：「毤，解也。」今猶呼鳥獸解毛爲「毤」。「毤、毻」義同，皆「易」之義也。

三四　朓説，好也。 謂姅悦也。音遥。

維言案： 好者，義見卷二。

朓説者，亦作「姚娧」。廣雅：「姚娧，好也。」廣韻：「姚娧，美好也。」楚辭九辯云：「心摇娧而目幸兮。」〔一〕「摇娧」與「姚娧」亦聲近義同。「姚」又通作「窕」。荀子禮論「窕冶」注云：「窕冶，妖美也。」〔二〕説文：「娧，好也。」神女賦云：「倪薄妝。」〔三〕李善注云：「娧，好也。」

三五　憚、怛，惡也。 心怛難，亦惡難也。

〔一〕楚辭補注作「心摇悦而日幸兮」。

〔二〕二十二子本作「窕，讀爲姚，姚冶，妖美也」。

〔三〕「妝」，文選作「裝」。李善注「娧」作「倪」。

維言案：惡者，義見卷十。憚者，廣雅：「憚，惡也。」説文：「憚，忌難也。」詩縣蠻篇「豈敢憚行」，雲漢篇「我心憚暑」，鄭箋並云「憚，畏也」，義與「惡」近。

怛者，義見卷一。

三六　**吴，大也。**

維言案：大者，義見卷一。吴者，説文：「吴，一曰大言也。」詩絲衣篇「不吴不敖」，泮水篇「不吴不揚」，毛傳並云：「吴，譁也。」「譁」亦「大言」之義。何承天云：「从口下大，故魚之大口名吴。胡化反。」案：「吳」即「吴」之或體。説文訓「大言」，故矢口以出聲，今寫詩者改「吴」作「吳」，又音「呼化切」，其謬甚矣。

三七　**灼，驚也。**猶云恐燸也。

維言案：驚者，義見卷二。灼者，亦作「忍」。廣雅：「忍，驚也。」「忍」與「灼」同。應劭風俗通義十反篇云：

「人數恐灼。」是「灼」訓「驚恐」之證。案：「灼」與「逴略」同，義見卷二。

三八　**賦，動也。** 賦斂所以擾動民也。

維言案：動者，義見卷十二。賦者，廣雅：「賦，動也。」説文云：「賦，斂也。」爾雅釋言「賦，量也」，言量出入也。廣雅又云：「賦，税也。」書禹貢「厥賦爲上上錯」；周禮太宰「以九賦斂財賄」；小司徒云「而令貢賦」；公羊哀十二年傳云「譏始用田賦也」；左氏隱四年傳云「敝邑以賦」，服虔注「賦，兵也」；魯語云「悉師敝賦」；論語公冶篇「可使治其賦也」：並訓「賦斂」之義，與郭注相近。

三九　**瘵，極也。** 巨畏反。江東呼「極」爲「瘵」，「倦」聲之轉也。

維言案：廣雅：「極，已也。」詩鴇羽篇「曷其有極」，鄭箋云：「極，已也。」禮記大學「無所不用其極」，鄭注：「極，盡也。」孟子離婁篇「又極之於其所往」，趙岐注云：「極者，惡而困之也。」漢書匈奴傳集注云：「極，困也。」吕氏春秋大樂篇「極則復反」，高誘注云：「極，窮也。」適音篇云「則耳谿極」，注云：「極，病也。」楚辭離騷「相觀民之計極」，王逸注云：「極，窮也。」義並相近。字通作「慛」。說文「慛，疾也」，列子力命篇釋文云「慛，急也」，義亦相近。

瘃者，亦作「㾃」，義見卷十二。

四〇　煎，盡也。

維言案：盡者，義見卷三。煎者，廣雅：「煎，盡也。」字通作「翦」。左氏成二年傳云「余姑翦滅此而朝食」，杜預注云：「翦，盡也。」西京賦云「而翦諸鶉首」，薛綜注云：「翦，盡也。」詩甘棠篇「勿翦勿伐」，毛傳云「翦，去也」；左氏宣十二年傳云「其翦以賜諸侯」，杜預注云「翦，削也」；襄四年傳云「毋是翦棄」，注亦云「翦，削也」；禮記文王世子云「不翦其類也」，鄭注云「翦，割截也」；詩閟宮篇「實始翦商」，鄭箋云「翦，斷也」：義並與「盡」相近。

四一　爽，過也。謂過差也。

維言案：易大過疏云：「過者，謂相過越之甚也。」左氏昭九年傳云「過則爲菑」，杜預注云：「過，淫也。」「淫」即「過度」之義。史記外戚世家云「皆過栗姬」，索隱云：「過謂踰之。」義並相近。亦與「過誤」之義同，義見卷十。

爽者，爾雅釋言：「爽，忒也。」「爽，差也。」廣雅：「爽，減也。」周語云「言爽，日反其信」，韋昭注云：「爽，貳也。」案：「貳」當是「貣」之誤字，古多以「貣」爲「忒」。詩氓篇「女也不爽」，書洛誥「惟事其爽侮」，周語又云「晉君爽二」，列子黄帝篇云「昏然五情爽惑」，義並與「過」相近。

四二　蟬，毒也。

維言案：廣雅：「毒，苦也。」「毒，痛也。」「毒，惡也。」「毒，憎也。」周語云「其毒必亡」，韋昭注云：「毒，害也。」吴語云「毒逐於中原柏舉」，注云：「毒，暴也。」列子湯問篇云「仙聖毒之」，釋文云：「毒，病也。」義並相近。

蟬者，廣雅：「蟬，懼也。」又通作「癉」。爾雅釋詁：「癉，勞也。」廣雅：「癉，苦也。」又通作「亶」。爾雅釋詁：「亶，病也。」「癉、亶」與「蟬」並聲近義同，與「毒」義亦相近。

四三　傪，惛也。音猶。

維言案：玉篇：「慉，悒也。」「悒，憂也。」

傪者，集韻：「傪，痛也。」「痛」與「憂」義近。字作「慘」。説文：「慘，毒也。」爾雅釋詁：「慘，憂也。」詩月出篇「勞心慘兮」，釋文：「慘，憂貌。」列子楊朱篇釋文云：「慘，痛也。」重文亦然。詩抑篇「我心慘慘」，毛傳云「慘慘，憂不樂也」；正月篇「憂心慘慘」；北山篇「或慘慘畏咎」：義並與「慉」相近。

四四　慉，惡也。慘悴，惡事也。

維言案：惡者，義見卷十。

慉者，廣雅：「慉，惡也。」餘義見上文。

四五　還，積也。

維言案：積者，義見卷十二。又爲「蹟」之假借字。詩沔水篇「念彼不蹟」，毛傳云：「不蹟，不循道也。」然則「蹟」有「循」義。

還者，説文：「還，復也。」爾雅釋言：「還，反也。」廣雅：「還，歸也。」又荀子成相篇云「比周還主黨與施」，楊倞注云「還，繞也」，義並與「蹟」相近。

四六　宛，蓄也。謂宛樂也，音婉〔一〕。

維言案：説文：「蓄，積也。」廣雅：「蓄，聚也。」詩谷風篇「我有旨蓄」，禮記王制云「無三年之蓄」，東方賦云「洪恩素蓄」〔二〕，義並相近。又晉語云「蓄力一紀」，韋昭注云「蓄，養也」，義亦近。字又作「滀」。莊子大宗師篇云：「忿滀之氣。」海賦云：「瀰濆淪而滀漯。」又作「稸」。漢書貨殖傳云：「稸足用功。」〔三〕「滀、稸」並與「蓄」同。宛者，禮記内則：「兔爲宛脾。」「宛」有「蘊蓄」之義。或作「鬱」。荀子富國篇云「使民夏之宛暍」，楊倞注云：「宛，讀爲蘊。」史記倉公傳云：「寒溼氣宛。」「宛」與「菀」同。風俗通云：「菀，蘊也，言新蒸所蘊積也。」詩都人士篇「我心菀結」，鄭箋云：「菀猶結也，積也。」義並與「蓄」近。

四七　貑，本也。今以鳥羽本爲貑，音侯。

〔一〕戴震疏證本「音婉」移置於上「宛」字下。
〔二〕「方」當作「京」。
〔三〕「用功」，漢書作「功用」。

維言案：説文：「本下曰本。」[一]廣雅：「本，幹也。」詩蕩篇「本實先撥」，左氏昭元年傳云「木水有本原」[二]，義並相近。翭者，廣雅：「翭，本也。」説文「翭，羽本也」；九章算術粟米章云「買羽二千一百翭」，劉徽注云「翭，羽本也」：並「翭」訓「本」之證。

四八　懼，病也，驚也。

維言案：「懼」訓「病」者，字通作「癯」。漢書司馬相如傳云：「形容甚癯。」沈約安陸昭王碑文云：「癯瘠改貌。」又通作「臞」。爾雅釋言：「臞，瘠也。」「癯、臞」並與「懼」聲近義同。「瘠瘦」亦「病」之義也。又通作「劬」。爾雅釋詁：「劬勞，病也。」詩凱風及鴻雁傳並云：「劬勞，病苦也。」「劬」與「懼」聲義亦近。「懼」訓「驚」者，爾雅釋詁：「驚，懼也。」説文：「懼，恐也。」字通作「瞿」。莊子天運篇云「吾始聞之懼」，庚桑楚篇云「南榮趎懼然顧其後」，釋文並云：「懼，本作

[一] 上「本」字，説文作「木」，當據改。
[二] 「元年」當作「九年」。

懮。」漢書惠帝贊云「聞叔孫通之諫則懼然」，東方朔傳云「吴王懼然改容」，「懼」並與「懮」之假借字〔一〕。

四九　葯，薄也。 謂薄裹物也。葯猶纏也。音決。

維言案：薄者，「縛」之假借字。説文：「縛，束也。」釋名云：「縛，薄也，使相薄著也。」「薄、縛」疊韻。

葯者，亦作「約」。説文：「約，纏束也。」考工記匠人云「凡任索約」，鄭注：「約，縮也。」詩斯干篇「約之閣閣」，毛傳云：「約，束也。」「約」並與「葯」同。潘岳射雉賦云「首葯緑素」，李善注云「葯猶纏也」，與郭注義同。

五〇　臉，短也。 便旋，庳小貌也。

維言案：短者，義見卷十。

臉者，廣雅：「臉，短也。」集韻「臉，短也。一曰便臉，小貌」，與郭注義同。又爾

〔一〕據上下文義，「與」字疑當作「爲」。

雅釋木「還味，棯棗」，郭注云「還味，短味也」，義與「膍」同。

五一　掊，深也。掊尅，深能。

維言案：爾雅釋言：「深，測也。」説文：「測，深所至也。」禮記樂記云「窮高極遠，而測深厚」；老子道德經云「深矣遠矣」；周禮大司徒云「測土深」；左氏文十二年傳云「請深壘固軍」，疏云「深，高也」：義並相近。

掊者，廣雅：「掊，深也。」漢書郊祀志云「掊視得鼎」，師古注云：「掊，謂手把土也。」〔一〕説文：「掊，杷也。」案：當爲「把」也。以手把之，有「深」之義。郭注以「掊尅，深能」者，詩蕩篇「曾是掊克」，釋文云「掊克，聚斂也」，有「深藏」之義。字亦作「稖」。廣雅：「稖，耕也。」「耕」亦有「深」義。

五二　湟，休也。

維言案：説文：「休，没也。」上文云：「出休爲抍。」玉篇引禮記：「君子休于口，

〔一〕「把」，漢書作「杷」。

小人休于水。」經傳皆以「溺」爲之。

涅者，「涅」之訛字。廣雅「涅，没也」，與「休」義同。

五三　撈，取也。謂鉤撈也。音料。

維言案：取者，義見卷一。

撈者，廣雅：「撈，取。」一切經音義引通俗文云：「沈取曰撈。」今俗呼入水取物曰「撈」，是其義也。

五四　膜[一]**，撫也。**謂撫順也。音莫。

維言案：説文：「撫，安也。一曰循也。」廣雅：「撫，定也。」「撫，安也。」周禮大行人「撫邦國諸侯」，鄭注云：「撫猶安也。」魯語云：「鎮撫敝邑。」左氏桓十三年傳云：「撫小民以信。」又云：「君若不鎮撫。」定四年傳云「若以君靈撫之」，杜預注云：「撫，存恤也。」與「安定」義近。

[一]「膜」，匯證據戴震疏證、慧琳一切經音義、周祖謨方言校箋改作「摸」。

膜者，亦作「摹」。廣雅：「摸，撫也。」又通作「嘆」。廣雅：「嘆，安也。」爾雅釋詁：「嘆，安定也。」又通作「莫」。詩皇矣篇「求民之莫」，毛傳云：「莫，定也。」並字異義同。「安定」與郭注「撫順」義亦近。

五五　山，式也。

維言案：爾雅釋言：「式，用也。」詩南有嘉魚篇「嘉賓式燕以樂」，角弓篇「式居婁驕」，民勞篇「式遏寇虐」，泮水篇「式固爾猶」，小宛篇「式穀似之」，鄭箋並云：「式，用也。」秦策云「式于政，不式于勇」，高誘注云：「式，皆用也。」〔一〕山者，説文：「山，宣也。」春秋説題辭云：「山之爲言宣也。」訓「宣」之義，與「用」相近。

五六　猷，詐也。 猷者言，故爲詐。

維言案：詐者，義見卷三。

〔一〕戰國策「用」上無「皆」字。

猷者，亦作「猶」。廣雅：「猶，欺也。」「欺」亦「詐」也。

五七　莛，隨也。

維言案：隨者，義見卷十二。莛者，當是「箱」之假借字。埤蒼：「箱，序也。」「序」與「隨」義近。

五八　揣，試也。揣度試之。

維言案：説文：「試，用也。」爾雅釋言：「試，用也。」廣雅：「試，嘗也。」易无妄卦「不可試也」，釋文：「試，驗也。」並與「揣度」義近。揣者，義見卷十二。

五九　頪，怒也。頪頪，恚貌也。巨廩反。

維言案：怒者，義見卷三。頪者，廣雅：「頪，怒也。」廣韻：「頪，切齒怒也。」

六〇　埝，下也。謂陷下也。音坫聿〔一〕。

維言案：下者，義見卷六。

埝者，廣雅：「埝，下也。」字亦作「念」。靈樞經通天篇云：「太陰之人，其狀念然下。」〔二〕「念」與「埝」同。

六一　讚，解也。讚訟，所以解釋物理也。

維言案：解者，義見卷十二。

讚者，廣雅：「讚，明也。」小爾雅：「讚，明也。」釋名云：「讚，纂也，纂集其美而敍之也。」後漢書崔駰傳云「進不黨以讚己」，李賢注云：「讚，稱也。」晉書劉隗傳云：「共相讚白者以爲忠節。」並與「解釋」義近。

六二　賴，取也。

〔一〕「聿」，戴震疏證本作「肆」。

〔二〕二十二子本「下」下有「意」字。

維言案：取者，義見卷一。賴者，廣雅：「賴，取也。」莊子讓王篇云：「伯夷、叔齊其於富貴也，苟可得已，則必不賴。」是「賴」訓「取」之證。

六三　拎，業也。謂基業也。音鉗。

維言案：爾雅釋詁：「業，事也。」「業，敘也。」「業，緒。」「業，大也。」易文言傳「君子以進德修業」，宋衷注云「業，事也」；繫辭傳云「富有之謂大業」；又云「舉而錯之天下之民謂之事業」；孟子梁惠王篇「君子創業垂統」：並與郭注「基業」義近。拎者，廣雅：「拎，業也。」案：「業」者，「丵」之誤。借「丵」爲「捉」，則「拎」即「捦」之別體也。

六四　帶，行也。隨人行也。

維言案：行者，義見卷六。帶者，廣雅：「帶，行也。」案：帶者，當是「遰」之假借字。説文「遰，去也」；夏小正云「九月遰鴻雁」，傳云「遰，往也」：皆「行」之義也。

六五　漮，空也。 漮窘〔一〕，空貌。「漮」或作「㼩虛」字也〔二〕。

維言案：爾雅釋詁：「空，盡也。」詩大東篇「杼柚其空」，論語先進篇「屢空」，何晏集解云「空猶虛中也」，西京賦云「察貳廉空」，薛綜注云「空，滅無也」：義並相近。漮者，說文：「漮，水虛也。」字亦作「康」。詩賓之初筵篇「酌康爵」，鄭箋云：「康，空也。」〔三〕又通作「㼩」。埤蒼「㼩瓠」，爾雅釋器作「康瓠」。史記索隱引李巡爾雅注云：「康謂大瓠也。」瓠中空，故「康、㼩」並訓「空」也。

六六　湛，安也。 湛然，安貌。

維言案：安者，義見卷六。湛者，廣雅：「湛，安也。」詩賓之初筵篇「子孫其湛」，毛傳云：「湛，樂之久也。」說文作「媅」，云：「媅，樂也。」「樂、安」義近。

〔一〕「窘」，匯證據戴震疏證、盧文弨重校方言、王念孫手校明本改作「宭」。
〔二〕「㼩」，戴震疏證本作「歑」。
〔三〕「空」，十三經注疏本作「虛」。

六七　嘍，樂也。嘍嘍，歡貌。音饡。

維言案：禮記禮運云「玩其所樂」，釋文云：「樂，好也。」論語雍也篇「知者樂水」，皇侃疏云：「樂，懽也。」通論云：「喜者主於心，樂者無所不被。」論語學而篇「不亦樂乎」，孟子梁惠王篇「與民同樂」：義並相近。

嘍者，廣雅：「嘍，樂也。」字或作「嗎」。廣雅：「嗎嗎，喜也。」楚辭大招云「宜笑嗎只」，王逸注云：「嗎，笑貌。」字亦作「嫣」。宋玉好色賦云「嫣然一笑」，義同。是「嘍、嗎、嫣」聲義並近。

六八　惋，歡也。歡樂也。音婉。

維言案：説文：「歡，喜樂也。」禮記曲禮云：「君子不盡人之歡。」孟子梁惠王篇：「而民歡樂之。」檀弓云：「啜菽飲水盡其歡。」樂記云：「欣喜歡愛，樂之官也。」字亦作「懽」。孝經孝治章云：「故得萬國之懽心，以事其先王。」又作「驩」。孟子盡心篇：「驩虞如也。」漢書王褒傳云：「驩然交欣。」是「懽、驩」並與「歡」聲義皆近。

惋者，集韻：「惋，歡樂也。」

六九　衎，定也。

維言案：説文：「定，安也。」爾雅釋詁：「定，止也。」「止」與「安」義近。詩六月篇「以定王國」，日月篇「胡能有定」，禮記曲禮云「昏定而晨省」，注並訓「定」爲「安」。又吕氏春秋仲夏紀注云：「定猶成也。」易繫辭「乾坤定矣」，虞注云：「定謂成列。」「成」與「安」義亦近。

衎者，亦作「衎」。廣雅：「衎，定也。」「衎」與「衎」同。爾雅釋詁：「衎，樂也。」重文亦然。廣雅：「衎衎，和也。」「和、樂」與「安」義近。又禮記檀弓云「飲食衎爾」，鄭注云：「衎，自得貌」，與「安」義亦近。

七〇　膞，膍也。謂息肉也。魚自反。

維言案：集韻：「膍，寄肉也。」玉篇：「膍，肉。」膞者，集韻：「膞，膍肉也。」「膍肉」與「息肉」同。「膍」亦作「瘜」。説文：「瘜，寄肉也。」三蒼：「瘜，惡肉也。」今俗呼謂「百日瘡」，蓋肬類也。

七一　讟，痛也。謗誣，怨痛也。亦音讀。

維言案：痛者，義見卷二。

讟者，義見上文。

七二　鼻，始也。獸之初生謂之鼻，人之初生謂之首。梁益之間謂鼻爲初，或謂之祖。祖，居也。鼻、祖皆始之別名也。轉復訓以爲「居」，所謂代語者也。

人也〔一〕。「育、養」義近。

七三　翳，掩也。謂掩覆也。

維言案：此節義並見卷六。

七四　臺，支也。

維言案：爾雅釋言：「支，載也。」周語云「天之所支，不可壞也」，韋昭注云：「支，拄也。」越語云「皆知其資財不足以支長久也」，注云：「支，堪也。」西周策云「魏不能

〔一〕按，句上疑有脱文。又下節「翳，掩也」前，戴震疏證本有「充，養也」條。疑此處正爲「充，養也」下釋義。

支」，高誘注云：「支，拒也。」大戴禮保傅篇云「燕支地計衆」，盧辯注云：「支猶計也。」後漢書郭泰傳注云：「支猶持也。」義並相近。

臺者，廣雅：「臺，支也。」釋名云：「臺，持也，築土堅高能自勝持也。」淮南子俶真訓云「臺簡以游太清」，高誘注：「臺猶持也。」「持」與「支」義近。

七五　純，文也。

維言案：文者，義見卷十二。

純者，廣雅：「純，文也。」「純，緣也。」「緣」有「文」之義。書顧命「黼純」，周禮司几筵「紛純」，儀禮士冠禮云「青絇繶純」，禮記曲禮云「衣冠不純素」，尚書大傳云「赭衣不純」，公羊定八年傳云「龜青純」，義並與「文」近。

七六　祐，亂也。亂宜訓治。

維言案：亂者，當讀論語「予有亂臣十人」之「亂」，訓爲「治」也。廣雅：「亂，治也。」爾雅釋言：「亂，治也。」論語泰伯篇馬融注云：「亂，治也。」說文：「亂，治也。」或曰「亂」本作「𤔔」，古「治」字也。

祐者，説文：「祐，助也。」易繫辭傳注云：「祐者，助也。」書太甲「皇天眷祐有商」，義並云「治」。近字通作「右」。詩大明篇「保右命爾」，時邁篇「實右序有周」，易大有卦「自天右之」，義並訓「助」。字又作「佑」。易繫辭釋文「祐，本作佑」；詩小明箋云「神明若祐而聽之」，釋文「祐，本作佑」：義與「治」亦近。

七七　恌，理也。 謂情理也。音條。

維言案： 理者，義見卷六。恌者，「料」之假借字。今俗猶呼「料理」也。「恌、料」叠韻字。案：「理」當訓「治理」之義。郭注以爲「情理」，失之。

七八　蘊，晠也。 蘊藹，茂盛。

維言案： 晠者，義見卷一。蘊者，義見卷十二。

七九　搪，張也。 謂彀張也。音堂。

維言案：張者，義見卷十二。

搪者，廣雅：「搪，揬也。」後漢書桓帝紀云：「水所唐突。」「唐突」與「搪揬」同，義與「張」近。

八〇　惲，謀也。謂議也。嘔憤也。

維言案：廣雅：「謀，議也。」爾雅釋詁：「謀，心也。」說文：「慮難曰謀。」周禮太卜云「四曰謀」，鄭衆注云：「謀，謂謀議也。」論語衛靈公篇「君子謀道不謀食」，皇侃疏云：「謀，圖也。」後漢書光武紀贊注云：「謀，算也。」思玄賦注云：「謀，察也。」義並相近。

惲者，廣雅：「惲，謀也。」

八一　陶，養也。

維言案：此節義並見卷一。

八二　㯳，格也。今之竹木格是也。音禁惡。

維言案：集韻：「格，籬落也。」莊子胠篋篇云：「削格羅落罝罘之知多，則獸亂于羣。」[一]吴都賦云：「峭格周施。」字亦作「落」。漢書鼂錯傳云：「謂之虎落。」羽獵賦：「謂之虎路。」「落、路」並與「格」通。今俗謂之「籬笆」也。

襟者，類篇「襟，竹木格」，是本郭注之義。

八三　眦，曉，明也。

維言案：明者，義見卷十二。

眦者，廣雅：「眦，明也。」

曉者，廣雅：「曉，明也。」餘義見卷一。

八四　扱，擭也。 扱猶級也[二]。

維言案：廣雅：「扱，收也。」説文：「扱，收也。」廣雅又云：「扱，引也。」爾雅釋

〔一〕「羣」，二十二子本作「澤」。

〔二〕匯證據戴震疏證、盧文弨重校方言推斷「級」作「汲」。

器：「扱衽謂之⿰糸賴。」[一]禮記曲禮云「以箕自鄉而扱之」，釋文云：「扱，斂也。」擭者，説文：「擭，擊擭也。」廣雅：「擭，持也。」西京賦云「擭獑猢」，薛綜注云：「擭，握取之也。」[二]義並與「扱」近。

八五　扶，護也。扶挾，將護。

維言案：説文：「護，救視也。」史記蕭何世家云「數以吏事護高祖」；漢書李廣傳云「有白馬將出護兵」，師古注云「護謂監視之」；張良傳云「煩公卒調護」，太子注云「護謂保安之」；素問離合真邪論云「適而自護」，王砯注云「護，慎守也」：義並相近。又廣雅「護，助也」，義亦近。

扶者，説文：「扶，佐也。」晉語云「侏儒扶盧」，韋昭注云：「扶，援也。」宋策云「若扶梁代趙」[三]，高誘注云：「扶，助也。」太玄玄進篇云「或杖之扶」，范望注云：「扶，助也。」淮南子本經訓注云：「扶，攀也。」釋名：「扶，傅也，傅近之也。」漢書天文志注

[一]「⿰糸賴」，十三經注疏本作「襰」。
[二]「握」，文選作「掘」。
[三]「代」，戰國策作「伐」。

云：「扶，附也。」義並與「護」近。

八六　淬，寒也。淬猶淨也。作憒反。

維言案：説文：「寒，凍也。」釋名云：「寒，扞也，言扞格也。」左氏哀十二年傳云「亦可寒也」，杜預注云「寒，歇也」；書洪範「曰寒」，鄭注云「寒，水氣也」：義並相近。孟子告子篇「十日寒之」，左氏僖五年傳云「脣亡齒寒」，義亦相近。今俗呼「冷」猶曰「寒」也。

淬者，廣雅：「淬，寒也。」

八七　漺，淨也。皆冷貌也。初兩、禁耕二反[一]。

維言案：集韻：「淨，冷貌。」

漺者，集韻「漺，冷貌」，皆本郭注之義。

八八　漉，極也。滲漉，極盡也。

[一]「禁」，匯證據劉台拱方言補校、吳承仕經籍舊音辨證改作「楚」。

維言案：極者，義見上文。

漉者，亦作「盪」。義見卷十二。

八九　枚，凡也。

維言案：説文：「凡，最括也。」小爾雅：「凡，要也。」廣雅：「凡，皆也。」三蒼：「凡，數之總名也。」書微子「凡有辜罪」，鄭注云「凡猶皆也」；儀禮公食禮注云「凡，非一也」；管子版法篇注云「凡謂都數也」；漢書揚子本傳注云「凡，大指也」：義並相近。

枚者，義見卷十二。

九〇　易，始也。易代，更始也。

維言案：始者，義見卷十二。

易者，周禮筮人云「五曰筮易」，鄭注云：「謂民衆不説，筮所改易也。」釋名云：「易，易也，言變易也。」易繫辭「生生之謂易」者，疏云：「陰陽變轉。」孔穎達周易正義云：「夫易者，變化之總名，改换之殊稱。」書堯典「平在朔易」；易繫辭「交易而退」；考工記玉人云「以易行」，釋文云「易，改也」：並與郭注「更始」義近。

九一　逌，周也。謂周轉也。

維言案：小爾雅：「周，帀也。」廣雅：「周，徧也。」「周，旋也。」周易釋文云：「周，遍也，備也。」詩崧高篇「周邦咸喜」，周禮司稼云「周知其名」，箋、注並云：「周，徧也。」禮記檀弓云「四者皆周」，鄭注云：「周，帀也。」左氏文三年傳云「舉人之周也」，杜預注云：「周，備也。」吴語云「周軍飭壘」，韋昭注云：「周，繞也。」楚辭九章云「水周兮堂下」，王逸注云：「周，旋也。」後漢書班固傳注云：「周，環也。」義並相近。案：「周」與「轉」義略同。「轉」義見卷十二。

逌者，義亦見卷十二。

九二　黖，色也。黖然，赤色貌也。音爽〔一〕。

維言案：説文：「色，顔气也。」周禮疾醫云「五氣五色」，鄭注云「面貌青、赤、黄、白、黑也」；素問三部九候論云「其色必壽」，王砅注云「色者，神之旗」：並訓「顔色」之義。又書皋陶謨「以五采彰施于五色」，鄭注云「未用謂之采，已用謂之色」；江淹別

〔一〕「爽」，戴震疏證本作「奭」。

賦「流黄」，注引環濟要略云「間色有五：紺、紅、縹、紫、流黄也」：是皆「間色」之名。若正色則五方之色，青、黄、赤、白、黑也。今人用爲「顏色」字。黵者，廣雅：「黵，色也。」玉篇：「黵，赤黑色也。」聲義近「奭」。詩采芑篇「路車有奭」，毛傳云：「奭，赤也。」瞻彼洛矣篇「韎韐有奭」，白虎通通義引作「赩」[一]。廣雅：「赩，赤也。」玉篇「赩、黵」音同，故郭注亦訓「黵」爲「赤色貌也」。

九三　**恬，靜也。**恬淡，安靜。

維言案：靜者，義見卷十。

恬者，廣雅：「恬，靜也。」説文：「恬，安也。」「安、靜」義近。吴語云「又不能自安恬逸」，韋昭注云：「恬猶靜也。」後漢書班彪傳論云「何其守道恬淡之篤也」，李賢注云：「恬淡猶清靜也。」漢書淮陽憲王傳云「大王奈何恬然」，師古注云：「恬，安靜貌也。」素問上古天真論云「恬淡虚無」，王砅注云：「恬淡，靜也。」並「恬」訓「靜」之證。

[一]　上句衍一「通」字。

九四　禔，福也。謂福祚也。音祇。

維言案：福者，義見卷七。禔者，廣雅：「禔，福也。」説文：「禔，安福也。」字亦作「提」。漢書司馬相如傳云「中外禔福」，史記作「提」，義同。又作「祇」。易坎卦「禔既平」，今本作「祇」，京房注云：「禔，安也。」「安」與「福」義近。

九五　禔，喜也。有福即喜。

維言案：喜者，義見卷十。禔者，義見上文。

九六　攋，洛旱反。**墮，**許規反。**壞也。**

維言案：壞者，義見卷六。攋者，集韻「攋，毀裂也」，亦「壞」之義。墮者，廣雅：「墮，壞也。」左氏定十二年傳云「帥師墮郈」，杜預注云：「墮，毀也。」昭二十八年傳云「毋墮乃力」，注云：「墮，損也。」僖二十三年傳云：「墮軍實而長寇鏙。」哀十二年傳云「是墮黨而崇鏙也」，注云：「墮，毁也。」老子道德經云「或挫或墮」，王弼注云：「墮，危也。」漢書刑法志云「法度墮」，淮南子脩務訓云「名立而不墮」，注並云：「墮，廢也。」義並與「壞」近。

九七　息，歸也。

維言案：廣雅：「歸，往也。」「歸」猶「歸返」也，義與「返」略同。今俗謂「返」猶曰「歸」也。

息者，廣雅「息，歸也」「息，安也」，亦「安息、歸來」之義，互相訓也。

九八　抑，安也。

維言案：安者，義見卷六。

抑者，廣雅：「抑，安也。」爾雅釋詁：「抑抑，密也。」詩抑篇正義引舍人爾雅注云「威儀靜密也」，義與「安」近。

九九　潛，亡也。

維言案：亡者，義見上文。

潛者，義見卷十。

一〇〇　曉，過也。

維言案：過者，義見上文。

曉者，義見卷一。

一〇一　曉，嬴也。

維言案：廣雅：「嬴，過也。」考工記弓人注云：「嬴，孰也。」「孰」與「熟」同，過火也。開元占經順逆略例篇引七曜云：「趨舍而前，過其所當舍之宿以上一舍、二舍、三舍，謂之嬴；退舍以下一舍、二舍、三舍，謂之縮。」項岱注幽通賦亦云：「嬴，過也；縮，不及也。」字又作「贏」。逸周書常訓解云「極不贏，八政和平」；史記天官書云「趨舍而前曰贏」；漢書天文志云「早出爲贏」；越語云「贏縮轉化」，韋昭注云「贏縮，進退也」：並有「過」之義。

曉者，義見卷一。

一〇二　**黜，短也。**蹶黜，短小貌。音剟。

維言案：短者，義見卷十。

黜者，廣雅：「黜，短也。」字通作「綴」。玉篇：「綴，短也。」又通「掇」。莊子秋水篇云「掇而不跂」，郭象注云：「掇猶短也。」又通作「叕」。淮南子脩務訓云「愚人之思叕」〔一〕，高誘注云「叕，短也」，字異義同。

一〇三　**隑，**剴切〔二〕。**陭也。**江南人呼梯爲隑，所以隑物而登者也。音剴切也。

維言案：陭，上黨陭氏坂也。從「長」爲義。字亦通作「猗」。詩節南山篇「有實其猗」，毛傳：「猗，長也。」又通「碕」。淮南子本經訓云：「以純修碕。」文選吳都賦注引許慎注云：「碕，長邊也。」「猗、碕」並與「陭」聲近義同。

隑者，廣雅：「隑，陭也。」「隑，長也。」漢書司馬相如傳云「臨曲江之隑洲兮」，張揖注云「隑，長也」，義與「陭」同。

〔一〕按，上引文實出人間訓。

〔二〕「剴切」與下注文「音剴切也」重復，戴震疏證刪去此二字。

一〇四　**迒，長也。** 謂長短也。胡郎反。

維言案：長者，義見卷一。迒者，廣雅：「迒，長也。」玉篇云：「迒，長道也。」

一〇五　**迒，迹也。** 爾雅以爲兔迹。

維言案：説文：「迹，步處也。」爾雅「迹，蹈也」[一]，楚辭悲回風篇注云「迹，道也」，天問注亦云「迹，道也」，釋名云「跡，積也，積累而前也」，義並相近。迒者，説文：「迒，獸迹也。」爾雅釋獸「兔，其迹迒」，是郭注所本。東京賦云「軌塵掩迒」，義亦訓「迹」。

一〇六　**賦，臧也。**

維言案：臧者，「藏」之假借字。易繫辭「藏諸用」，釋文云：「藏，鄭作臧。」「知以藏往」，釋文云：「藏，劉作臧。」莊子應帝王及徐无鬼篇釋文並云：「藏，本作臧。」並

[一] 按，小爾雅有此條。

「藏」借「臧」之證。字義見卷六。

賦者，廣雅：「賦，稅也。」是賦稅取於民，藏於上，故以「藏」爲義。

一〇七　蘊，饒也。音温。

維言案：廣雅：「饒，多也。」小爾雅：「饒，多也。」廣雅又云：「饒，益也。」今俗買物請益曰「討饒頭」，亦取「多」之義。

蘊者，義見卷十二。

一〇八　芬，和也。芬香，調和。

維言案：周禮食醫「掌和王之六食」，鄭注云：「和，調也。」詩烈祖篇「亦有和羹」、賓之初筵篇「酒既和旨」，義並訓「調」。字本作「盉」。説文：「盉，調味也。」蓋「盉」本字，「和」爲假借字。

芬者，廣雅：「芬，和也。」周禮鬯人注云：「鬯，釀秬爲酒，芬香條暢於上下也。」詩鳧鷖篇「燔炙芬芬」，廣雅「芬芬，香也」，皆「調和」之義也。

一〇九　**擣，依也。**謂可依倚之也。

維言案：説文：「依，倚也。」廣雅：「依，恃也。」詩那篇「依我磬聲」，毛傳云：「依，倚也。」又禮記學記云「不學博依」，鄭注云：「博依，廣譬喻也。」案：「依」又爲「衣」之假借字。説文：「衣，依也。」白虎通云：「衣者，隱也。」「衣、隱」雙聲，「依、衣」通用。又詩載芟篇「有依其士」，鄭箋云：「依之言愛也。」「愛」亦有「隱」義。

擣者，廣雅：「擣，依也。」又爲「島」之假借字。説文：「水中有山可依止曰島。」是「島」有「依」之義也。「擣、島」聲同。又爲「翿」之假借字。卷二云：「翿，翳也。」「翳」與「隱」義同。

一一〇　**依，禄也。**禄位可憑依也。

維言案：禄者，義見卷六。

依者，義見上文。

一一一　**𥈭，腯也。**腯腯，肥充。音豚，音窔〔一〕。

〔一〕「音豚，音窔」，匯證據王引之經義述聞、胡芷藩書周祖謨方言校箋後改作「亦作腞，音突」。

維言案：廣雅：「腯，盛也。」説文：「牛羊曰肥，豕曰腯。」禮記曲禮云「豕曰肥腯」，鄭注云：「腯，充也。」左氏桓六年傳云「吾牲牷肥腯」[一]，杜預注云：「腯，亦肥也。」服虔注云：「牛羊曰肥，豕曰腯。」並以「肥盛」爲義。

䫄者，義見卷一。

一一二 䀋、雜，猝也。皆倉卒也。音古。

維言案：猝者，義見卷十。

䀋者，廣雅：「䀋，猝也。」玉篇：「䀋，倉卒也。」

雜者，字亦作「襍」。義見卷三。

一一三 蹻，行也。謂跳蹻也。音藥。

維言案：行者，義見卷六。

蹻者，廣雅：「蹻，行也。」字亦作「蹫」。義見卷一。

[一] 「犧」，十三經注疏本作「牲」。

一一四　盬，且也。

維言案：且者，「姑且」也。詩山有樞篇：「且以喜樂。」又「苟且」也。莊子庚桑楚篇云：「老子謂南榮趎曰：『與物且者，其身不容，焉能容人。』」是「姑且、苟且」，皆「倉猝」之義。

盬者，義見上文，亦「倉卒」之義也。

一一五　抽，讀也。

維言案：小爾雅：「讀，抽也。」詩牆有茨篇「不可讀也」，毛傳云：「讀，抽也。」鄭箋云：「讀猶出也。」[一]

抽者，説文：「抽，引也。」莊子天地篇云「挈水若抽」，李注云：「抽，引也。」太玄經玄攡篇云「抽不抽之緒」，范望注云：「抽，出也。」是「抽」與「讀」義同。

一一六　賸，託也。

[一]「讀」，十三經注疏本作「抽」。

維言案：說文：「託，寄也。」禮記檀弓云：「久矣，予之不託於音也。」莊子達生篇云「踵門而託」，李注云：「託，屬也。」「屬」與「寄」義近。

媵者，義見卷三。

一一七　適，牾也。 相觴迕也[一]。

維言案：牾者，亦作「啎」。說文：「啎，屰也。」廣雅：「啎，裂也。」「裂」與「逆」近。呂氏春秋明理篇云「長短頡啎」，高誘注云「啎，逆也」；高唐賦云「陬互橫啎」，李善注云「啎，逆也」：義並同。

適者，廣雅：「適，牾也。」「牾」與「啎」通。史記韓非傳云：「大忠無所拂悟。」是「悟」通「啎」之證。字亦通「祇」。詩我行其野篇「亦祇以異」，毛傳云：「祇，適也。」「適」之言「枝」也，相枝梧也。「梧」與「啎」亦通。

一一八　埤，予也。 予猶與。音卑。

[一]「觴」當作「觸」。

維言案：予者，義見卷六。

埤者，廣雅：「埤，與也。」「與」與「予」同。爾雅釋詁「埤，厚也」，説文「埤，增也」，廣雅「埤，益也」「埤，助也」，義並與「予」近。

一一九　彌，縫也。

維言案：説文「縫，以鍼紩衣也」；廣雅「縫，合也」；禮記玉藻云「縫齊倍要」，鄭注云「縫，紩也」：義並相近。

彌者，廣雅：「彌，縫也。」「彌，合也。」左氏昭二年傳云「敢拜子之彌縫敝邑」，杜預注云：「彌縫，猶補合也。」案：「彌、縫」二字，對文則異，散文則通。

一二〇　譯，傳也。

維言案：廣雅：「傳，舍也。」案：傳于路必有官舍，如今驛站尖宿處，因又以傳爲舍。漢書王莽傳云「厨傳勿舍」，師古注云：「傳，置驛之舍也。」又説文：「傳，遽也。」爾雅釋言：「馹、遽，傳也。」案：以車曰「傳」，亦曰「馹」；以馬曰「遽」，亦曰「驛」：皆所以達急速之事。左氏成四年傳云「晉侯以傳召伯宗」，謂「馹」也；周禮行人「掌邦國傳遽之小事」，鄭注云「若今時乘傳騎驛而使者也」：義並相近。譯者，廣雅：「譯，傳也。」案：「譯」當是「驛」之假借字。說文：「驛，置騎也。」左氏文十六年傳云「楚子乘驛」，襄二十七年傳云「使驛謁諸王」，義並同。孟子公孫丑篇：「速於置郵而傳命。」「郵」蓋統「驛、馹、遽、傳」而渾言之也。

一二一　譯，見也。傳宣語，即相見。

維言案：見者，說文：「見，視也。」案：「見」乃「相見」之義。譯者，說文：「譯，傳譯四夷之語者。」禮記王制云「北方曰譯」，疏云「通傳北方語官謂之譯。譯，陳也。」劉氏曰：「譯，釋也。猶言謄也。謂以彼此言語相謄釋而通之也。越裳氏九譯而朝是也。」義並與郭注相合。

一二二　梗，略也。梗概，大略也。

維言案：廣雅：「略，要也。」孟子萬章篇「嘗聞其略也」，公羊哀五年傳云「喪數略也」，義並近。郭注以爲「大略」者，孟子滕文公篇「此其大略也」。今俗謂「大略」爲「大概」，即此義也。

梗者，廣雅：「梗，略也。」郭注以爲「梗概」者，東京賦云：「故粗謂賓言其梗槩如此。」薛綜注云「梗槩，不纖密，言粗舉大綱如此之言也」，義與「略」同。

一一三　臆，滿也。愊臆，氣滿之也。

維言案：滿者，義見卷六。臆者，廣雅：「臆，滿也。」字亦作「意」。説文：「意，滿也。」「意」與「臆」通。餘義見卷六「愊」字注。

一一四　隔，益也。謂增益也。音罵。

維言案：益者，義見卷三。隔者，廣雅：「隔，益也。」案：「隔」爲「傿」誤字。説文：「傿，引爲賈也。」後漢書崔烈入錢五百萬，得爲司徒。及拜，靈帝顧謂親倖曰：「悔不小傿，可至千萬。」謂張大其價也，是「有益」之義。

一二五　空，待也。來則實也。

維言案：說文：「待，竢也。」廣雅：「待，逗也。」易歸妹卦「有待而行也」，左氏隱元年傳云「子姑待之」，宣十二年傳云「待諸乎」，論語子罕篇「我待賈者也」，禮記中庸「待其人而後行」，孟子公孫丑篇「不待三」，莊子漁父篇云「竊待於下風」，並訓「待」爲「俟」。

空者，廣雅：「空，待也。」江淹別賦云「巡層楹而空揜」，李善注云：「空，息也。」「息」與「待」義近。字又作「控」。詩大叔于田篇「抑磬控忌」，毛傳云：「止馬曰控。」「止」與「待」義亦近。

一二六　珇，好也。

維言案：好者，義見卷二。

珇者，廣雅：「珇，好也。」字通作「組」。法言吾子篇云「霧縠之組麗」，義與「好」相近也。

一二七　珇，美也。美好等互見義耳。音祖。

維言案：美者，義見卷二。珇者，廣雅：「珇，美也。」字通作「駔」。晏子春秋諫篇：「今君之服駔華。」「駔」與「珇」同，亦「美」之義也。

一二八　嫗，色也。嫗煦，好色貌。

維言案：色者，義見上文。嫗者，廣雅：「嘔，色也。」「嘔」與「嫗」通。字又通作「呴」。莊子駢拇篇云「呴俞仁義」，釋文云：「呴俞，本又作傴呴，謂呴俞顔色爲仁義之貌。」

一二九　闓，開也。謂開門也。

維言案：此節義並見卷六。

一三〇　靡，滅也。或作靡滅字。音麋〔一〕。

〔一〕「麋」，匯證據王念孫手校明本、周祖謨方言校箋改作「糜」。

維言案：滅者，義見卷六。

靡者，説文：「靡，披靡也。」爾雅釋言：「靡，無也。」詩采薇篇「靡室靡家」，鄭箋云：「靡，無也。」秦策云「靡不有初」，高誘注云：「靡，無也。」義並與「滅」近。

一三一　**菲，薄也。**謂微薄也。音翡。

維言案：薄者，訓「微薄」之義，凡「單薄、輕薄、鄙薄」義皆相近。周禮大司徒：「一曰薄征。」禮記月令：「薄滋味。」大學：「其所厚者薄。」論語衛靈公篇：「躬自厚而薄責於人。」孟子離婁篇：「薄乎云爾。」凡言「薄」者，皆與「厚」對文，皆「微薄」之義也。

菲者，小爾雅：「菲，薄也。」廣雅：「菲，𧛔也。」「𧛔」與「薄」通。禮記坊記云「不以菲廢禮」，亦「薄」之義也。論語泰伯篇「菲飲食」，何晏注云：「菲，薄也。」是「菲」訓「薄」之證。

一三二　**腆，厚也。**

維言案：厚者，「薄」之對文，義見卷十二。

腆者，説文：「腆，設膳腆腆多也。」小爾雅：「腆，厚也。」左氏僖二十三年傳云「不腆敝邑」，文二年傳云「不腆敝器」，襄十四年傳云「有不腆之田」，昭七年傳云「鄭雖無腆」，公羊昭二十五年傳云「有不腆先君之服」，注皆訓「厚」。又廣雅：「腆，美也。」禮記聘禮注云：「腆猶善也。」「美、善」並與「厚」義近。

一三三　**媟，狎也。**相親狎也。

維言案：爾雅釋詁：「狎，習也。」廣雅：「狎，輕也。」禮記曲禮云「賢者狎而敬之」，鄭注云：「狎，習也，近也。」左氏襄六年傳云「少相狎」，杜預注云：「狎，親習也。」晉語云「陽人未狎君德」，楚語云「神狎民則」，韋昭注並云：「狎，習也。」又左氏昭二十年傳云「民狎而翫之」，杜預注云：「狎，輕也。」論語季氏篇「狎大人」，鄭注云：「狎，慣忽也。」荀子正論篇注云「狎，戲也」，臣道篇注云「狎，輕侮也」，義並相近。

媟者，説文：「媟，嬻也。」通俗文云：「相狎習謂之媟。」漢書枚乘傳云「以故得媟黷貴幸」，師古注云：「媟，狎也。」敘傳云「魚鱉媟之」，注云：「媟，謂侮狎之也。」並「媟」訓「狎」之證。

一三四　芋，大也。 芋猶訏耳。香于反。

維言案： 大者，義見卷一。

芋者，廣雅：「芋，大也。」字亦作「訏」。義見卷一。

一三五　煬、翕，炙也。 今江東呼火熾猛爲煬。音羊。

維言案： 釋名：「炙，炙也，炙于火上也。」廣雅：「炙，爇也。」漢書戾太子傳云「炙胡巫上林中」，師古注云：「炙，燒也。」案：「炙」與「燒」義略同，與「炙」訓「炮肉」之義稍别。

煬者，廣雅：「煬，爇也。」説文：「煬，炙燥也。」淮南子齊俗訓云「冬則短褐而煬竈口」[一]，高誘注云：「煬，炙也。」莊子徐无鬼篇云「抱德煬和」，李注云：「煬，炙也。」並「煬」訓「炙」之證。

翕者，亦作「熻」。廣雅：「熻，爇也。」「熻」與「翕」同。餘義見卷十二。

[一] 二十二子本「褐」下有「不掩形」三字。

一三六　煬、烈，暴也。

維言案：暴者，義見卷七。

煬者，義見上文。

烈者，説文：「烈，火猛也。」廣雅：「烈，暴也。」「烈，爇也。」詩生民篇「載燔載烈」，毛傳云「貫之加於火曰烈」；孟子滕文公篇「益烈山澤而焚之」，趙岐注云「烈，熾也」：義並與「暴」近。

一三七　馺，馬馳也。馺馺，疾貌也。索答反。

維言案：説文：「馳，大驅也。」廣雅：「馳，犇也。」「犇」與「奔」同，「馳」與「奔」義略同。

馺者，廣雅：「馺，馳也。」説文：「馺，馬行相及也。」楚辭九嘆云「雷動電發，馺高舉兮」；甘泉賦云「輕先疾雷而馺遺風」，注云「馺，疾意也」：義並與「馳」近。廣雅「馺，及也」，義亦相近。

一三八　選、延，徧也。

維言案：説文：「徧，帀也。」易益卦「徧，辭也」，虞翻注云：「徧，周帀也。」書「徧于羣神」，詩北門篇「室人交徧讁我」，禮記曲禮「殽之序，徧祭之」，公羊傳「不崇朝而雨徧天下」，周語「教施而宣則徧」，爾雅釋言「宣、徇，徧也」，義並相近。

選者，廣雅：「選，徧也。」詩猗嗟篇「舞則選兮」，毛傳：「選，齊也。」「齊」與「徧」義相近。

延者，書呂刑「延及于平民」，大禹謨「賞延于世」，義並訓「徧」。重文亦然。廣雅：「延延，長也。」「長」與「徧」義近，餘義見卷一。

一三九　**澌，索也。**盡也。

維言案：小爾雅：「索，空也。」廣雅：「索，獨也。」説苑權謀篇云：「索也者盡也。」儀禮鄉射禮云「命曰取矢不索」，鄭注云：「索猶盡也。」歎逝賦云「索然已盡」，義並同。

澌者，廣雅：「澌，盡。」餘義見卷三。

一四〇　**晞，燥也。**

維言案：説文：「燥，乾也。」釋名云：「燥，焦也。」易文言傳：「火就燥。」詩汝墳釋文云「楚人名火曰燥」，亦「乾」之義也。字亦作「鐰」。廣雅：「鐰，乾也。」又作「灱」。廣雅：「灱，乾也。」「鐰、灱」並與「燥」同。

晞者，義見卷七。

一四一　梗，覺也。 謂直也。

維言案：詩斯干箋云：「覺，直也。」抑傳云：「覺，直也。」字亦作「梏」。爾雅釋詁：「梏，直也。」禮記緇衣引詩「有梏德行」，今詩作「覺」。是「梏」與「覺」同義，並訓「直」。

梗者，廣雅：「梗，覺也。」爾雅釋詁：「梗，直也。」字亦作「挭」。廣雅「挭，覺也」，義並與郭注近。

一四二　萃，集也。

維言案：此節義並見卷三。

一四三　睍、俾倪。**睪**，音亦。**明也。**

維言案：明者，義見卷十二。

睍者，説文：「睍，衺視也。」左氏哀十三年傳云：「余與褐之父睍之。」禮記中庸：「睨而視之。」孟子滕文公篇：「睨而不視。」莊子山木篇云：「雖羿、逢蒙不能眄睨也。」天下篇云：「日方中方睨。」衍義云：「日斜如人睨目。」楚辭惜賢篇云：「睨玉石之嵾嵯。」漢書李廣傳云：「睨其旁。」洞簫賦云：「魚瞰雞睨。」是凡言「睨」者，義並訓「視」。「視」與「明」義近也。

睪者，廣雅：「睪，明也。」字亦作「斁」。小爾雅：「斁，明也。」又作「燡」。王延壽魯靈光殿賦注云：「燡燡，火明也。」〔一〕「斁、燡」並與「睪」聲近義同。

一四四　暟、臨，照也。

維言案：説文：「照，明也。」字亦作「炤」。廣雅：「炤炤，明也。」詩正月篇：「亦孔之炤。」「炤」與「照」同。淮南子本經訓云「照燿輝煌」，楚辭靈懷篇云「指日月使延

〔一〕「火明也」，文選作「光明貌」。

照兮」，義並同。詩日月篇「照臨下土」，左氏桓二年傳云「以照臨百官」，義亦相近。

暟者，廣雅：「暟，照也。」

臨者，廣雅：「臨，照也。」爾雅釋詁：「臨，視也。」詩大明篇「上帝臨汝」、皇矣篇「臨下有赫」，義並訓「視」。「視」與「照」義近。

一四五　暟，美也。暟暟，美德也。呼凱反。

維言案：美者，義見卷二。

暟者，廣雅：「暟，美也。」

一四六　箄、方氏反。**簍、**音縷。**籅、**音餘。**䈪，**弓弢。**篆也。江沔之間謂之籅，趙代之間謂之䈪，淇衛之間謂之牛筐。**淇，水名也。**篆，其通語也。**

維言案：篆者，古「䈪」字。亦作「篆」。説文：「篆，飤牛筐也。方曰筐，圓曰篆。」呂氏春秋季春紀云「具栚曲篆筐」，高誘注云：「員底曰篆。」禮記月令作「籧筐」，淮南子時則訓作「䈪筐」。是「篆」即「䈪」也。詩采蘋篇「維筐及䈪」，毛傳云「方曰筐，圓曰䈪」，義與説文略同。

箄者，廣雅：「箄，簏也。」説文：「箄，簁箄也。竹器。」蓋筐類也。

簍者，廣雅：「簍，簏也。」説文：「簍，竹籠也。」師古急就篇注云：「簍者，疏目之籠，言其孔樓樓然也。」

籅者，廣雅：「籅，簏也。」案：「籅」與「簏」略同。

箈者，廣雅：「箈，簏也。」案：「箈」之言「韜」也，自上覆物謂之「韜」，自下盛物亦謂之「韜」。郭注音「弓弢」，得其義矣。

一四七　籭小者，南楚謂之簍，自關而西秦晉之間謂之箄。今江南亦名籠爲箄。

維言案：此節義見上文。

一四八　籠，南楚江沔之間謂之篣，今零陵人呼籠爲篣，音彭。**或謂之笯。**音都墓〔一〕，亦呼藍〔二〕。

〔一〕「音都墓」，匯證據戴震疏證、周祖謨方言校箋改作「音那墓反」。

〔二〕「藍」，戴震疏證本作「籃」。

維言案：説文：「籠，舉土器也。」論語子罕篇包咸注云：「簣，土籠也。」周禮遂師云「共丘籠」，淮南子説山訓云「貂裘而負籠」，精神訓云「負籠土」，漢書王莽傳云「荷籠負鍤」，並以「籠」爲「盛土器」。又「鳥檻」亦謂之「籠」。莊子庚桑楚篇云「以天下爲之籠，則雀無所逃」，鸚鵡賦云「閉以雕籠」，並以「籠」爲盛鳥之器。

篣者，廣雅：「篣，籠也。」

筊者，廣雅：「筊，籠也。」説文：「筊，鳥籠也。」楚辭九章云「鳳皇在筊兮」，王逸注云「筊，籠落也」，並「筊」訓「籠」之證。

一四九　**⿱竹旅**，盛餅筥也。**南楚謂之筲**，今建平人呼筲，爲鞭鞘[一]。**趙魏之郊謂之去⿱竹旅**[二]。今遍通也[三]。

維言案：⿱竹旅者，即「筥」字也。古者「筥、⿱竹旅」同聲。「⿱竹旅」，又通作「篪、⿱竹豦」，皆古字通用也。

[一]「爲」，匯證據戴震疏證、劉台拱方言補校、錢繹方言箋疏改作「音」。
[二]「去」，匯證據戴震疏證、錢繹方言箋疏、周祖謨方言校箋改作「⿱竹云」。
[三]「遍通」，戴震疏證本作「通語」。

郭注以爲「盛餅筥」者，「餅」與「飯」同，即今俗所謂「飯筐」也。「餅」字坊本訛作「餠」字，今訂正。

箸者，廣雅：「箸，篆也。」字亦作「籍」。説文：「筥，籍也。」〔一〕「籍，飯筥也，受五升，秦謂筥爲籍。」字又通「籕」。説文：「籕，一曰飯器，容五升。」論語子路篇「斗箸之人」，鄭注云：「箸，竹器，容斗二升。」與説文異，未知孰是。

去篆者，郭注以爲「遍通」。師古急就篇注云：「竹器之盛飯者，大曰篅，小曰筥。」然則「遍通」即「篅箸」也。

一五〇　**錐謂之鍣。**廣雅作「鉊」字。

維言案：説文：「錐，鋭也。」釋名：「錐，利也。」今俗借爲「錐刀」字。

鍣者，廣雅：「鍣，錐也。」

郭注謂「廣雅作『鉊』」者，今本廣雅異。「鍣」字坊本訛作「鍩」字，注「鉊」字亦訛作「銘」字，今並訂正。

〔一〕「籍」，説文作「籕」。

一五一　**無升謂之刁斗。**謂小鈴也。音貂。見漢書。

維言案：漢書李廣傳云「不擊刁斗」，孟康注云：「以銅作鐎，受一升[一]，晝炊飲食，夕擊夜行。」案：刁斗即軍中炊飯之器，夜則擊以警衆。郭注謂是小鈴，失之。

一五二　**匕謂之匙。**音祇。

維言案：説文：「匕，所以比取飯。」案：匕者，撓鼎之器，如今飯橾，有淺斗狀，其柄有刻飾者曰「疏匕」。詩大東篇「有捄棘匕」，毛傳云：「匕，所以載鼎實。」儀禮士昏禮「匕俎從設」，鄭注：「匕，所以別出牲體也。」字亦作「朼」。又作「枇」。禮記雜記：「枇以桑，長三尺，或曰五尺。」又儀禮少牢禮注云：「所以匕黍稷者也。」亦名「柶」。三禮舊圖：「柶長尺。」案：匕，吉禮用棘，喪禮用桑。柶，吉事用角，喪事用木。士冠禮「角柶」、士喪禮「木柶」，此酌醴之「柶」也。少牢禮皆有「柶」，此羞鉶之「柶」，不獨取飯有之。

匙者，廣雅：「匙，匕也。」説文：「匙，匕也。」字亦作「鍉」。後漢書隗囂傳云：

[一]「升」，漢書作「斗」。

「奉盤錯鍉。」「鍉」與「匙」同。今俗謂之「湯匙、羹匙」，亦謂之「調羹」，亦謂之「飯橾」，然其制與古不同。

一五三　盂謂之樺。子殄反。河濟之間謂之盞𥂗。

維言案：盂者，義見卷五。

樺者，廣雅：「樺，盂也。」廣韻引埤蒼亦云：「樺，盂也。」

盞𥂗者，廣雅：「案，盂也。」「盞，杯也。」「案」與「盞」同，「盞」與「𥂗」同。玉篇：「盞𥂗，大盂也。」餘義見卷五。

一五四　椀謂之盦。

維言案：椀者，與「盌」同，義見卷五。

盦者，廣雅：「盦，盂也。」「盂」亦「椀」也。

一五五　盂謂之銚銳，謡音。木謂之梋杖。盂亦椀屬，江東名盂爲凱，亦曰甌也。蠲、決兩音。

維言案：盂乃銚銳，義並見卷五。

梋柍者，廣雅：「梋柍，盂也。」

一五六　餌謂之餻，或謂之粢，或謂之䬹，音鈴。**或謂之餣**〔一〕，**或謂之䬴。**音元。

維言案：說文：「餌，粉餅也。」釋名：「餌，而也，相粘而也。」

餻者，廣雅：「餻，餌也。」玉篇：「餻，糜也。」御覽引方言作「饈」。玉篇：「饈，餌也。」集韻引方言：「饈，餌也。」或作「𩛷」。據此，則「饈」或「𩛷」之訛字。

粢者，一本作「餈」。說文：「餈，稻餅也。」亦作「𩟐」。廣雅：「𩟐，餌也。」「𩟐」與「餈」同。釋名：「餈，漬也，蒸糝屑使相潤漬餅之也。」周禮籩人「糗餌、粉餈」，鄭注云：「合蒸曰餌，餅之曰餈。」賈公彥疏云：「今之餈糕名出於此。」字又作「粢」。呂氏春秋仲秋紀注云：「今之八月，比户賜高年鳩杖粉粢。」「粢」亦與「餈」同。

䬹者，廣雅：「䬹，餌也。」玉篇：「䬹，餌也。」

餣者，廣雅：「餣，餌也。」玉篇：「餣，餈也。」廣韻：「餣，餌也。」

䬴者，廣雅：「䬴，餌也。」玉篇：「䬴，餌也。」

〔一〕戴震疏證本「餣」下有「央怯反」三字。

一五七　餅謂之飥，音乇[一]。**或謂之餦餛。**長、渾兩音。

維言案：說文：「餅，麪餈也。」釋名：「餅，并也，溲麪使合并也。」廣雅：「餅，食也。」今之「餅」名出于此。

飥者，玉篇：「餺飥，餅屬。」齊民要術云：「麥麪可作餅飥。」案：餺飥，五代史李茂貞傳作「不托」，王闢之澠水燕談作「餢飥」，並字異義同。

餦餛者，皆方俗呼「餅」之名。說文「餅，亦曰餦，亦曰餛」，是其證。

一五八　餳謂之餦餭。即乾飴也。**飴謂之餧。**音該。**𩜍謂之䭘。**以豆屑雜餳也。音髓。**餳謂之餹。**江東皆言餹，音唐。**凡飴謂之餳，自關而東陳楚宋衛之通語也**[二]。

維言案：說文：「餳，飴和饊者也。」釋名：「餳，洋也，煮米消爛洋洋然也。」詩有瞽篇釋文：「餳即乾餹也。」今俗謂之「條餹」者，即「餳」也。

餦餭者，廣雅：「餦餭，餳也。」楚辭招魂云「粔籹蜜餌，有餦餭些」，王逸注云：「餦

[一]「飥」，匯證據王念孫廣雅疏證、錢繹方言箋疏、吴予天方言注商、周祖謨方言校箋改作「飩」。「乇」作「屯」。

[二]匯證據戴震疏證、周祖謨方言校箋推出「之」下當有「間」字。

餭，餳也。」字亦作「張皇」。詩有瞽正義、釋文引方言並作「張皇」，字音與「餦餭」同。

飴者，廣雅：「飴，餳也。」説文：「飴，米蘖煎也。」釋名云：「飴，小弱於餳，怡怡然也。」禮記内則云「棗栗飴蜜以甘之」，釋文：「飴，餳也。」今俗之軟餹即飴也。皆以米芽或用大麥芽煎成液，所謂「飴」也，和之以饊，則曰「餳」。

餏者，廣雅：「餏，餳也。」集韻：「餏，飴也。」或曰「餏」字與「飴」同。

餣者，廣雅：「餣謂之餣。」字亦作「豋」。玉篇：「豋，飴和豆也。」

餚者，玉篇：「豆屑雜餹也。」今俗之芝麻餹，是其遺制。

餹者，廣雅：「餹，餳也。」或曰：「餹」字與「餳」同。「餳」即「餹」也，古人呼「餳」，今人呼「餹」。

一五九　𪌉、音哭。**麰**、音才。**𪍿**、于穴反。**𪍨**、音牟。大麥麴。**𪎉**、音脾。細餅麴。**𪎊**、音蒙。有衣麴。**𪍣**，音魺[一]。小麥麪爲𪍣[二]，即䴷也。**麴也。自關而西秦豳之間曰𪌉；**豳即邠，音斌。**晉之舊都曰**

[一]「音魺」，匯證據戴震疏證、劉台拱方言補校改作「𩟉音」。

[二]「麪」，戴震疏證本作「麴」。按，本條下王維言釋義亦作「麴」。

⿰麥才；今江東人呼麴爲⿰麥才。**齊右河濟曰⿰麥穴，或曰麰；北鄙曰䴷**[一]**。麴，其通語也。**

維言案：説文：「⿱竹麴，酒母也。」經傳皆作「麴」。釋名：「麴，朽也，鬱之使生衣朽敗也。」今俗猶呼「酒麴」。

⿱𣪊麥者，説文：「⿱𣪊麥，餅⿱竹麴也。」廣雅：「⿱𣪊麥，麴也。」

⿰麥才者，説文：「⿰麥才，餅⿱竹麴也。」廣雅：「⿰麥才，麴也。」

⿰麥穴者，説文：「⿰麥穴，餅⿱竹麴也。」廣雅：「⿰麥穴，麴也。」

麰者，廣雅：「麰，麴也。」釋名「煮麥曰麰，麰，齲也，煮熟亦齲壞也」，亦「麴」之義也。

䴷者，廣雅：「䴷，麴也。」玉篇：「䴷，細餅麴。」

⿰麥蒙者，廣雅：「⿰麥蒙，麴也。」玉篇：「⿰麥蒙，有衣麴也。女麴也。」廣韻：「⿰麥蒙，麴生衣貌。」

⿰麥果者，廣雅：「⿰麥果，麴也。」廣韻：「⿰麥果，麴名。」

郭注以爲「小麥麴即麲」者，玉篇：「麲，小麥麴也。」酒經云「烏梅女麲」是也。集韻「麲，小麴也，小麥爲之。一名麲子，一名黃子」[二]，並與郭注義合。

[一]「北鄙」，匯證據王念孫手校明本、錢繹方言箋疏、周祖謨方言校箋改作「北燕」。

[二]「小麴」，集韻作「女麴」；「一名麲子」下無「一名黃子」四字。

一六〇　**屋梠謂之欞。** 雀梠即屋檐也〔一〕，亦呼音連綿〔二〕。音鈴。

維言案：説文：「梠，楣也。」亦曰「檐」，亦曰「櫋」。釋名：「梠，旅也，連旅之名也。或謂之櫋；櫋，緜也。緜連榱頭，使齊平也。」

欞者，廣雅：「櫺，梠也。」欞者，櫺也。「櫺」之言「檻」也。故檻謂之「櫺」，窻檻謂「屋梠」，亦謂之「櫺」，其義一也。

一六一　**甑謂之甑。** 即屋檐也，今字作甍，音萌。甑，音霤。

維言案：甑者，郭注以爲即「甍」字。説文：「甍，屋棟也。」郭注：「即屋檐也。」「檐」字當是「櫋」之訛字。程氏瑶田云：「凡屋通以瓦覆之曰甍。晉語：『譬之如室，既鎮其甍矣，又何加焉？』若甍爲棟，安得無所加。左傳『援廟桷動于甍』，是甍爲覆桷之瓦，若棟，何能遠動之。」此説精確可從。

甑者，廣雅：「甍謂之甑。」是霤處之瓦名「甑」也。

〔一〕「雀」，匯證據文義和王念孫手校明本改作「屋」。

〔二〕「音」，戴震疏證本作「爲」。

一六二一　**冢，秦晉之間謂之墳，**取名於大防也。**或謂之培，**音部。**或謂之㙸，**音臾。**或謂之埰，**古者卿大夫有采地，死即葬之，因名也。**或謂之埌，**消浪〔一〕。**或謂之壠。**有界埒似耕壠，因名之。**自關而東謂之甘**〔二〕，**小者謂之塿，**培塿，亦堆高之貌。洛口反。**大者謂之甘，**又呼冢爲墳也。**凡葬而無墳謂之墓，**言不封也〔三〕。**所以墓謂之墲。**墲，謂規度墓地也。漢書曰「初陵之墲」，是也。

維言案：説文「冢，高墳也」，徐鍇傳云：「地高起若有所包也。」釋名：「冢，腫也，象山頂之高腫起也。」春秋説題辭云：「冢，種也，羅倚于山，分尊卑之名者也。」周禮春官「冢人」注云：「冢，封土而丘壠〔四〕，象冢而爲之。」玉篇「冢，鬼神舍也」，是本西山經注。

墳者，説文：「墳，墓也。」禮記檀弓「古者墓而不墳」，鄭注云：「土之高者曰墳。」聲轉爲「播」。孟子離婁篇「卒之播間之祭者」，亦言「冢」也。

培者，集韻：「培，小阜也。」是阜之小者曰「培」，墳之小者亦曰「培」，其義同也。

〔一〕「消浪」，戴震疏證本作「波浪」。
〔二〕「甘」，戴震疏證本作「丘」。
〔三〕匯證據戴震疏證、周祖謨方言校箋推斷「言不封也」下當補「墓猶慕也」四字。
〔四〕「而」，十三經注疏本作「爲」。

堬者，集韻：「堬，冢也。」

壠者，説文：「壠，丘壠也。」小爾雅：「壠，塋也。」「塋」亦「冢」也。禮記曲禮「適墓不登壠」，齊策云「曾不如死士之壠也」，亦「冢」之義。字通作「隴」。楚辭沉江篇「封比干之丘隴」，義與「冢」同。

埌者，廣雅：「埌，冢也。」

埰者，廣韻：「埰，采地。」正字通云「采官也。因官舍地，故曰埰地」，義與郭注同。

塿者，集韻：「塿，小阜也。」

墓者，説文：「墓，丘也。」爾雅釋文引説文：「墓，兆域也。」廣雅：「墓，冢也。」周禮墓大夫注云：「墓，冢塋之地。」釋名：「墓，慕也，孝子思慕之處也。」秦策「因以宜陽之郭爲墓」，高誘注云：「墓，葬也。」案：古者墓而不墳，謂平地不起墳也。是平曰「墓」，封曰「冢」，高曰「墳」，是其辨也。

墲者：集韻：「墲，墓地也。」

主要參考文獻目録

輶軒使者絶代語釋別國方言十三卷　漢揚雄撰，晉郭璞注　叢書集成初編影印武英殿聚珍版

説文解字　漢許慎撰　中華書局一九六三年影印大徐本

釋名　漢劉熙撰　上海古籍出版社一九八九年清疏四種合刊本

原本玉篇殘卷　梁顧野王編撰　中華書局一九八五年影印初版

宋本玉篇　宋陳彭年等撰　北京中國書店一九八三年影印張氏澤存堂本

經典釋文　唐陸德明撰　中華書局一九八三年黄焯斷句本

群書治要　唐魏征等撰　中華書局二〇一四年版

一切經音義　唐玄應撰　商務印書館一九三六年叢書集成初編本

正續一切經音義　唐慧琳、遼希麟撰　上海古籍出版社一九八六年影印日本獅谷白蓮社刊本

宋本廣韻　宋陳彭年等撰　北京中國書店一九八三年影印張氏澤存堂本

集韻　宋丁度等撰　上海古籍出版社一九八五年影印述古堂影宋鈔本

郝經集校勘箋注　元郝經著　三晉出版社二〇一八年版

輶軒使者絶代語釋别國方言十三卷　漢揚雄撰，清戴震疏證　續修四庫全書影印孔繼涵微波榭叢書本

方言疏證　清戴震撰　黄山書社一九九五年戴震全書本

方言疏證　清戴震撰　清華大學出版社一九九七年戴震全集本

重校方言　清盧文弨　乾隆甲辰杭州刻抱經堂本

方言補校　清劉台拱　道光十四年劉端臨先生遺書本

説文解字注　清段玉裁撰　上海古籍出版社一九八一年影印經韻樓原刻本

爾雅義疏　清郝懿行撰　上海古籍出版社一九八九年清疏四種合刊本

方言箋疏　清錢繹，錢侗撰　上海古籍出版社一九八四年影印紅蝠山房本

釋名疏證補　清王先謙撰　上海古籍出版社一九八九年清疏四種合刊本

説文句讀　清王筠撰　中華書局一九八八年影印王氏家刻本

方言疏證補　清王念孫撰　江蘇古籍出版社二〇〇〇年高郵王氏遺書本

廣雅疏證　清王念孫撰　江蘇古籍出版社二〇〇〇年高郵王氏遺書本

說文通訓定聲　清朱駿聲撰　中華書局一九八四年影印臨嘯閣刻本
正字通　張自烈、廖文英撰　康熙秀水王氏芥子園重刻本
十三經注疏　清阮元校刻　中華書局一九八〇年影印世界書局縮印本
爾雅詁林　朱祖延主編　湖北教育出版社一九九八年初版
說文解字詁林　丁福保輯　中華書局二〇一四年縮印本
廣雅詁林　徐復主編　江蘇古籍出版社初版
新編諸子集成　中華書局二〇一八年版
小爾雅義證十三卷　清胡承珙撰　四部備要據墨莊遺書本校刊本
二十二子　浙江書局彙刻　上海古籍出版社一九八六年影印本
康熙字典　中華書局一九五八年版
國語　春秋左丘明撰　上海古籍出版社一九七八年點校本
戰國策　漢劉向集録　上海古籍出版社一九八五年排印本
文選　梁蕭統編，唐李善注　中華書局一九七七年影印本
急就篇　漢史游撰，唐顏師古注，宋王應麟補注，福山王氏天壤閣叢書本
大戴禮記　漢戴德編　中華書局一九八三年王聘珍解詁本

史記　漢司馬遷撰　中華書局一九六四年出版標點本
法言　漢揚雄撰　中華書局一九八七年新編諸子集成本
太玄　漢揚雄撰　中華書局一九八七年新編諸子集成本
漢書　漢班固撰　中華書局一九六二年出版標點本
後漢書　劉宋范曄撰　中華書局一九六五年出版標點本
二十四史　中華書局一九六二年版
逸周書　晉孔晁注　商務印書館一九三七年叢書集成初編據抱經本影印
三國志　晉陳壽撰　中華書局一九五九年出版標點本
陳書　唐姚思廉撰　中華書局一九七二年版
晉書　唐房玄齡等撰　中華書局一九七四年版
楚辭補注　宋洪興祖撰　中華書局一九八三年排印本
毛詩草木鳥獸蟲魚疏　三國吴陸璣撰　古經解匯函本
易林　漢焦延壽著，元佚名注　鳳凰出版社二〇一七年版
全上古三代秦漢三國六朝文　清嚴可均輯　中華書局一九五八年版
本草綱目　明李時珍編著　明萬曆二十四年金陵胡成龍刻本

鬼谷子集校集注　戰國鬼谷子著　中華書局二〇一〇年版
白虎通疏證　清陳立編著　中華書局一九九四年版
風俗通義校釋　吴樹平校釋　天津人民出版社一九八〇年版
汗簡　宋郭忠恕撰　中華書局一九八三年版
漢語大詞典　羅竹風編　漢語大詞典出版社一九九三年初版
漢語大字典　徐中舒等編　四川辭書出版社湖北辭書出版社一九九五年縮印本
漢語方言大詞典　許寶華宫田一郎編　中華書局一九九九年版
山東省圖書館館藏珍品圖録　趙炳武等編　齊魯書社二〇〇九年版
山東通志（卷一百四）　楊士驤修，孫葆田纂　民國七年鉛印本
續修歷城縣誌　毛承霖纂修　民國十五年鉛印本
濟南方言詞典　李榮主編，錢曾怡編纂　江蘇教育出版社一九九七年版
現代漢語方言大詞典　李榮主編　江蘇教育出版社二〇〇二年初版
方言注商　吴予天　商務印書館一九三三年國學小叢書本
經籍舊音辯證　吴承仕　中華書局一九八六年吴檢齋遺書本
方言校箋　周祖謨校箋　科學出版社一九五六年初版

揚雄方言校釋匯證　華學誠匯證　中華書局二〇〇六年初版
周秦漢晉方言研究史　華學誠著　上海人民出版社二〇一四年版
王維言方言釋義初探　范晴著　現代語文二〇一八年六月
四部叢刊電子版　北京書同文數字化技術有限公司二〇〇一年
文淵閣四庫全書電子版　上海人民出版社　迪志文化出版有限公司一九九九年

後記

能够有機會整理出版王維言的方言釋義，這與很多前輩、同仁的無私幫助、支持和指導是分不開的。

記得在二〇〇九年的秋天，我到山東大學參加學術會議，有幸見到了山東大學教授、博士生導師杜澤遜先生，當時杜先生正帶領他的學術團隊擬整理影印出版藏於山東省圖書館的山東文獻集成，其中有王維言的手稿方言釋義。他知道我師從長於歷史方言研究的華學誠先生，便慷慨地給我複印了一套，希望能在華老師的指導下得以整理出版。我把此事報告給華老師，華老師説他正在籌劃整理出版「古代方言文獻叢刊」，此書可以列入其中。這樣我就幸運地成爲華老師主持的國家古籍整理出版規劃項目「古代方言文獻叢刊」（批准號143）的課題參與者，隨後又參與了華老師主持的國家社科基金重點項目「七種明清方言校注本整理集成」（批准號14AYY013）和國家社科重大項目「中國古代方言學文獻集成」（批准號16ZDA202）。這成爲我對王維言方言釋義進行長期關注和點校整理的動力。因爲是手稿，再加上傳世文獻中有關王維言以及方言釋義整理研究的資料很少，所以整理起來難度不小。當時也想退出，正是華老師的鼓勵給了我堅持不懈的勇氣。他還從録入、標點到凡例的擬定、前言的寫作、方言正文的校勘，都給予了我很多指導和幫助。尤其是華老師的揚雄方言校釋匯證對我從事方言釋義的整理、校勘起到了至關重要的作用。可以説，没有華老師及其著作的幫助，也就整理不出這本方言釋義。借此機會，我要對杜澤遜先生和恩師華學誠先生道一聲：謝謝。

給予拙著幫助的還有我的同事魏鵬飛博士。他文獻功底扎實，已經在中華書局出版了一百多萬字的經義述聞點校本。他還在中華書局做過兼職編輯，熟悉中華書局的編校體例。所以我很依賴他。從開始標點斷句時，鵬飛博士就幫我分憂；直到提交出版社之前，還在逐字逐句地幫我校對整理。這讓我非常感動。中華書局的張可師妹也提出了不少寶貴意見，從而使拙著在付梓前能進一步修正錯誤。在電腦録入時，也得到了我的同事孫榮耒、褚紅，友生席德育、王方領等人的幫助和支持，感激之情無以言表。

但是限於學力，深知還有很多漏洞和不足，懇請海内方家批評指正。

王彩琴於洛陽理工學院馨園

二〇二一年六月

筆畫索引

説明:

1. 本索引收入方言原文及郭璞注中的解釋詞和被釋詞。王維言釋義所疏證詞語與方言原文及郭璞注中不一致時,亦酌情收入。

2. 所有反切,只保留上下字,不保留"切、反"等。

3. 本索引依據首字筆畫多寡排列,首字筆畫數相同者按筆形順序排列,首字筆畫、筆形相同者按第二字筆畫、筆形順序排列,以此類推。

4. 索引項後標明所在頁碼。同一索引項在書中不同頁碼出現時,按先後次序依次列明所在頁碼。來自郭注的以小字"注"、來自王維言釋義的以小字"釋"標於頁碼之後,以示區別。

七畫

八畫

十畫

十二畫

十三畫

十四畫

十五畫

十九畫

二十畫

二十三畫

二十四畫

二十五畫以上